PREDIGTEN DES HERRN

Predigten des Herrn

Durch das Innere Wort erhalten

und niedergeschrieben von

GOTTFRIED MAYERHOFER

8. Auflage

LORBER - VERLAG BIETIGHEIM/WÜRTT.

ISBN 3-87495-106-5

Druck: Druck- und Verlagsgesellschaft Bietigheim mbH

Vorwort

Nach Jakob Lorber, dem gottbegnadeten steirischen Mystiker des 19. Jahrhunderts (1800—1864), war Gottfried Mayerhofer in Triest einer der ersten, die das ‚Innere Wort' in sich vernahmen und das Gehörte für ihre Mit- und Nachwelt niederschrieben.

Die meisten und wichtigsten Eröffnungen, die Mayerhofer auf dem Wege der Inspiration erhielt, finden sich in folgenden Werken des Lorber - Verlages: „Lebensgeheimnisse", „Schöpfungsgeheimnisse", „Kennzeichen der Zeit" und vor allem in den hier vorliegenden „Predigten des Herrn".

Der Schreiber dieser „Predigten des Herrn", Gottfried Mayerhofer, war im November 1807 in München als Sohn eines höheren bayerischen Offiziers geboren. Nach Ablauf seiner Studien, die vor allem der Mathematik gewidmet waren, schlug der junge Mayerhofer ebenfalls die militärische Laufbahn ein. Als der bayerische Prinz Otto, zum König der Hellenen gewählt, 1833 nach Athen übersiedelte, folgte ihm Mayerhofer als Major *à la suite*. In Athen verheiratete er sich dann mit Aspasia d'Isay, der Tochter eines Großkaufmanns in Athen.

Der Aufenthalt in Griechenland war jedoch nur von kurzer Dauer. Als um das Jahr 1837 Mayerhofers Schwiegervater sein Geschäft nach Triest verlegte und mit seiner ganzen Familie dorthin übersiedelte, entschloß sich Mayerhofer auf Drängen seiner Gemahlin, die sehr an ihrem Vater hing, nach längerem Sträuben, seinen Dienst zu quittieren und ebenfalls nach Triest zu ziehen. Da die griechische Regierung nach dem Auslande keine Pension zahlte, so war diese Änderung des Wohnsitzes für Mayerhofer insofern schmerzlich, als er nun finanziell vollkommen vom Vermögen seiner Frau abhängig war.

In Triest lebte Mayerhofer 40 Jahre, bis zu seinem 1877 erfolgten Tode. In dieser langen Zeit seines Ruhestandes widmete er sich anfänglich mehr seinen Lieblingsstudien, der Musik und der Malerei. Mit der Zeit trat aber bei ihm das Interesse an geistigen Dingen in den Vordergrund.

Dieser Hang zum Religiösen, Geistigen fand reiche Nahrung durch die Lektüre der Schriften Jakob Lorbers, die Mayerhofer in Triest kennenlernte. Je mehr letzterer sich in die Schriften des steirischen Mystikers, den er persönlich nie kennenlernte, vertiefte, um so mehr wuchs seine Begeisterung für die Offenbarungen des Innern Worts, und um so innerlicher und gottergebener wurde sein Wesen. Dank dieser Verinnerlichung gelangte Mayerhofer bald in den Zustand geistiger Erweckung. Im März 1870 vernahm er zum ersten Male selbst in sich des Herrn Stimme. Dieser diente er als treuer ‚Schreibknecht' sieben Jahre lang, bis zu seinem Todesjahre 1877.

Die Art und Weise, wie sich zumeist das Innere Wort bei Mayerhofer einstellte, ist beachtenswert. Gewöhnlich standen, ehe Mayerhofer in sich den Drang zur Niederschrift fühlte, die zu behandelnden Gegenstände frühmorgens in Bildern von herrlicher Klarheit vor seinem geistigen Auge. Bei der dann folgenden schriftlichen Wiedergabe des Geschauten trübte sich leider — wie Mayerhofer selbst stets bedauerte — diese Klarheit des Gesichtes sehr. In diesem Umstande haben wir wohl auch eine der Ursachen zu suchen, die zu den stilistischen Unvollkommenheiten der Mayerhofer'schen Niederschriften führte.

Zum Schluß möchten wir noch einige das Innere Wort betreffende Erklärungen Mayerhofers selbst wiedergeben, die dieser in einem Briefe an einen Freund richtete. Sie lauten: „Daß Ihnen die letzten Kundgebungen nicht so ansprachen wie die über „Licht, Leben und Liebe", da müssen Sie bedenken, daß meine Freunde hier (in Triest; d. Hsg.) nicht alle auf gleicher Stufe geistiger Ausbildung stehen und auch mit Ihnen selbst nicht in Vergleich gebracht werden können. Der Herr gibt mir in Seiner Gnade oft nur das, was zum Teil meinen Freunden hier verständlich, teils auch vielleicht einst — wer weiß, wann und durch wen — in geregelter Folge zur stufenweisen Ausbildung dienen soll. Und so kommen oft Diktate, die nichts Neues sagen, sondern nur früher Dagewesenes unter einer andern Form vortragen; denn ich bin immer *ganz passiv* bei solchen Mitteilungen, weiß höchst selten, um was es sich handelt. Es erfaßt mich gewöhnlich eine nicht zu erklärende Unruhe, ich muß mich dann zum Schreibtische setzen, und erst, wenn ich den Bleistift in die Hand nehme, erfahre ich, *was der Herr will,* und auch da noch weiß ich weder Anfang noch Folge, noch

Ende, ja nicht ein Wort früher als das andere. So z. B. sagt es (Sein Wort) mir: ‚Nimm Evangelium Johannes Kap. 3, Vers 7!' Ich, in der Bibel nicht im mindesten bewandert, weiß also nichts von dem Inhalte dieses Kapitels noch Verses, suche es auf, setze mich hin und schreibe, was mir darüber diktiert wird. — So entstehen meine Diktate, willenlos, ohne zu wissen warum und weswegen, eben so und nicht anders."

Diese Ausführungen Mayerhofers lassen erkennen, daß es sich bei seinen Niederschriften um wirkliche Inspirationen handelt und nicht um Erzeugnisse der eigenen Phantasie. Dafür spricht die Mayerhofer'sche Originalhandschrift auch *äußerlich;* denn sie ist äußerst rasch und sehr fließend geschrieben und enthält nur verschwindend wenige Verbesserungen von der Hand Mayerhofers.

Um dem Leser ein bequemes Vergleichen mit den zugrunde gelegten Bibeltexten zu ermöglichen, haben wir bei dieser Neuauflage jeder Predigt den betreffenden Bibeltext in kleinem Drucke vorangesetzt.

Die Herausgeber:
LORBER-VERLAG
Bietigheim/Württ.

Vorrede

(Empfangen vom Herrn durch Gottfried Mayerhofer in Triest, 22. Nov. 1871)

Schon seit vielen Jahren wird in den Kirchen an jedem Sonntag ein Evangelium aus der Geschichte Meines Erdenwandels den Besuchern vorgelesen und, je nach dem geistigen Standpunkt des Predigers, den Zuhörern erklärt.

Die Zeit naht heran, da in dem ganzen christlichen Kultus eine Reform vorgenommen und vielleicht das meiste, von den bisher ausgeübten Gebräuchen und Zeremonien ausgemerzt wird, daß bei den Zusammenkünften einer christlichen Gemeinde nur die Predigt oder die Erklärung Meines euch hinterlassenen Evangeliums übrigbleibt. Ich will daher durch Meinen Schreiber allen jetzigen und künftigen echten Nachfolgern und Verehrern Meines Worts eine Reihe von Bibeltexten aus dem Neuen Testament näher erklären, wie sie eigentlich im innersten Sinn verstanden werden sollen — wie sie aber bis jetzt noch von niemand ausgelegt und erklärt wurden —, damit nicht falsche und irrige Auslegung zu Abgötterei und Anbetung von Dingen führt, die höchstens verehrt, aber nicht angebetet werden sollten.

Diese Reihe von Stellen aus den Evangelien, welche euch Meine Worte wieder ins Gedächtnis rufen, sollen so dargelegt werden, wie sie für euren Erdenwandel zutreffen, und sollen euch nebenbei zeigen, wie diese Worte — vor beinahe zweitausend Jahren gesprochen — in Erfüllung gehen; denn schon dort sagte Ich: „Die Welt und alles, was darauf steht, wird vergehen, doch Meine Worte werden ewiglich bleiben!“ Amen.

1

Am 1. Advent

Die Zeichen der Zukunft

Luk. 21, 25—26: Und es werden Zeichen geschehen an Sonne, Mond und Sternen; und auf Erden wird den Leuten bange sein, und sie werden zagen, und das Meer und die Wasserwogen werden brausen, und die Menschen werden verschmachten vor Furcht und vor Warten der Dinge, die auf Erden kommen sollen; denn auch der Himmel Kräfte werden sich bewegen.

(Den 23. Nov. 1871)

Dieses ist der erste Evangelientext, mit welchem gewöhnlich das Kirchenjahr seinen Anfang nimmt. Er wird alle Jahre den Gläubigen in der Kirche vorgelesen, alle Jahre erklärt — so oder so —, wie es dem Prediger gerade zu seinem Zweck paßt. Wenn auch mancher von Zeichen und Wundern spricht, so wissen doch wenige von ihnen, worin diese Zeichen bestehen und auf welche Art sie die künftige Zeit verkünden werden. Die meisten Prediger nehmen ihre Erklärungen für den Text aus dem politischen Staatenleben und wollen so Geistiges durch Weltliches erläutern. Das ist ein ebenso eitler Versuch, als wollte man die geistige Welt durch die materielle erklären, während das Umgekehrte geschehen sollte, sind doch die weltlichen Ereignisse eine Folge von geistigen Umwälzungen.

Seht, Meine Kinder, als Ich in jener Zeit von den Zeichen sprach und den Juden die Zerstörung ihres Tempels voraussagte, glaubten wenige von ihnen Meiner Aussage, weil sie Mich nicht kannten. Jetzt, da Ich euch das nämliche zurufe, gibt es ebenso viele Zweifler und Ungläubige, die die Zeichen von woandersher erwarten, als von wo sie wirklich kommen werden.

In jener Zeit sagte Ich den Untergang des Tempels von Jerusalem und das Aufhören des jüdischen Stammes als selbständiges Volk voraus. Ich sagte ihnen voraus, daß die Art und Weise, wie sie ihre Religionsgesetze beachten, gerade das Entgegengesetzte von dem sei, was

Moses und die Propheten ihnen geben wollten, und daß dieser Art der Anschauung und werktätigen Ausübung ein Ende gemacht werden müßte, eben durch die eigentliche Auslegung, wegen der Ich gekommen bin und auch Mein Leben für diese Lehre gelassen habe.

Sie wollten sich nicht von dem längst als Glauben oder Religion Angewöhnten trennen. Für sie galt der Tempel zu Jerusalem als Repräsentant des geistigen Religionsgebäudes. Da es aber in diesem Tempel so heillos zuging, und die Religion so gepredigt und ausgeübt wurde, wie es den Interessen der Priester und Pharisäer angemessen war, mußte, sollte die Menschheit nicht im Sumpfwasser ihrer schlechtesten Leidenschaften verfaulen, dieser materielle Tempel fallen. Erst auf seinen Ruinen konnte ein anderer, geistiger, ewig dauernder Tempel erbaut werden, zu dem Ich während Meines Erdenlebens den Grundstein gelegt habe.

Schon von damals an, sowie nach Meinem Heimgang bis zu Meiner nächsten Wiederkunft fehlte und fehlt es nicht an Zeichen der Mahnung zur Umkehr; allein immer schien es nicht an der Zeit, den jetzigen Tempel — nämlich Rom und seine Wirtschaft — zu zerstören. Wenn auch vielen Menschen in besseren Augenblicken ein Lichtstrahl der Zukunft das Herz erleuchtete, — in Rom blieb es finster, und statt heller wurde es immer finsterer.

Was einst in Jerusalem geschah, wo die bewaffnete Macht der Römer lange Zeit die Religion der Juden und ihre Gebräuche achtete und sie gewähren ließ, das geschah auch bis auf den heutigen Tag, wo die Machthaber mit dem Schwert in der Hand dem Unfug in Rom, wenngleich sie ihn kannten, nicht steuern wollten, sondern ihn zu ihrem eigenen Interesse ausbeuteten. Allein, wie einst die Juden durch ihren Übermut und ihre Empörungssucht den Fall des Tempels und den Ruin ihrer eigenen Existenz herbeiführten, so wird auch jetzt das Gebäude des Unfehlbaren auf Petri Stuhl in Rom durch Übermut und Blindheit seiner eigenen Mithelfer fallen und wieder wie einst Meiner Lehre Platz machen müssen.

Was bei Meiner ersten Darniederkunft als Mensch geschah, wird sich wieder ereignen. Es werden Zeichen geschehen. Wohl denen, die sie verstehen und sie zu ihrem eigenen und dem Besten der Mitmenschen benutzen werden!

Das Vorausgesagte wird, im *geistigen* Sinn, mit ebendiesen Symptomen beginnen — und hat eigentlich schon längst seinen Anfang genommen —, wie einst während Meines irdischen Erdenwandels. Kriege und Empörungen, Verfolgungen Meiner Anhänger, ängstliches Bangen der Dinge wegen, die da kommen würden, Krankheiten aller Art, waren die Vorboten in jenen Zeiten; und auch jetzt werden sie nicht fehlen. Nicht aber, daß Ich sie schickte, sondern dieses Schicksal bereiten sich die Menschen nur selbst durch ihr Nichtverstehen Meiner göttlichen Worte, die stets die gleichen bleiben werden. Auch jetzt weht der Wind der geistigen Freiheit und durchdringt alle menschlichen Herzen. Die schon längst mit Füßen getretenen Menschenrechte wollen sich Geltung verschaffen, wollen geachtet und nicht, wie schon seit mehr als tausend Jahren, nur von einer Sekte oder Kaste — nämlich der stärkeren — mit Füßen getreten sein.

Man sagt auch: ‚Der Wurm krümmt sich, wenn er getreten wird!' Nun, die geistlichen und weltlichen Machthaber haben den Wurm lange genug getreten, wollten sich denselben ganz untertänig und botmäßig machen und die menschliche Würde erst bei sich anfangen lassen. Zuviel schadet! Und so ist, nachdem sie den Bogen zu sehr gespannt haben, das Reißen nahe. Sie fühlen es wohl; daher ihre Angst, ihre Suche nach Mitteln, selbem zu steuern. Aber umsonst! Wie einst zu Jerusalem, so graben sich diese Machthaber selbst die Grube, in welche sie eigentlich andere hineinwerfen wollten.

Damals riet Ich Meinen wenigen Anhängern, mäßig zu sein, ihre Seelen und Körper rein zu halten und nicht zu schlechten Handlungen zu mißbrauchen, damit sie gereinigt vor dem Menschensohne stehen können, wenn Er kommen wird.

Und jetzt gilt derselbe Mahnruf: Wachet und betet, daß ihr nicht in Versuchung fallet! Haltet euch rein, stärkt euch mit dem Glauben an Meine Liebe und an Meine göttliche Fürsorge, die, wenn sie auch das Schrecklichste zuläßt, doch nie die strafen wird, welche Meiner Lehre mit kindlichem Gemüt angehangen und mit gläubigem Eifer danach tätig waren.

Die Zeichen der Zeit werden dann spurlos an euch vorübergehen, wenn ihr euern Körper auf wenige leibliche Bedürfnisse habt beschränken lernen, aber desto mehr auf das Aufbauen eures geistigen

Seelenmenschen bedacht seid. Sodann werdet ihr wie einst in jenen Zeiten Meine Anhänger ein Halleluja ertönen lassen, auch über rauchenden Trümmern weltlichen Glanzes und über Schlachtfeldern, wo zwar die Materie erlegen, jedoch der Geist frei geworden ist, zum Zeichen Meiner Größe, Meiner Liebe und Erbarmung. Amen.

2

Am 2. Advent

Die Anfrage des Johannes

Matth. 11, 2—6. 27—30: Da aber Johannes im Gefängnis die Werke Christi hörte, sandte er seiner Jünger zwei und ließ ihm sagen: „Bist du, der da kommen soll, oder sollen wir eines andern warten?" Jesus antwortete und sprach zu ihnen: „Gehet hin und saget Johannes wieder, was ihr sehet und höret: Die Blinden sehen und die Lahmen gehen, die Aussätzigen werden rein und die Tauben hören, die Toten stehen auf und den Armen wird das Evangelium gepredigt; und selig ist, der sich nicht an mir ärgert!" — Alle Dinge sind mir übergeben von meinem Vater. Und niemand kennet den Sohn denn nur der Vater; und niemand kennet den Vater denn nur der Sohn, und wem es der Sohn will offenbaren. Kommet her zu mir alle, die ihr mühselig und beladen seid, ich will euch erquicken! Nehmet auf euch mein Joch und lernet von mir, denn ich bin sanftmütig und von Herzen demütig; so werdet ihr Ruhe finden für eure Seelen! Denn mein Joch ist sanft und meine Last ist leicht.

(Den 4. Dez. 1871)

Als in jener Zeit Johannes im Gefängnis saß, schickte er einige seiner Jünger zu Mir, und ließ Mich fragen, ob Ich derjenige sei, welcher als der verheißene Messias kommen solle, um die Völker von ihrem materiellen Druck zu befreien und sie zur geistigen Würde zu erheben, deretwegen die Menschen eigentlich geschaffen wurden, — oder ob er auf einen andern warten solle.

Diese Frage, ob Ich eigentlich derjenige sei, von dem die Propheten weissagten, ist auch jetzt wieder in *den* Gemütern, die nicht recht im klaren mit sich selbst sind, aufgetaucht. Sie haben wohl eine leise Ahnung von einem künftigen geistigen Zustand, der die alten herkömmlichen Religionsgewohnheiten zum Teil vernichten wird und zum Teil auf ihr rechtes Maß zurückführen soll.

Deswegen schicken auch sie ihre Jünger und lassen fragen: „Bist Du derjenige, der da kommen soll, oder müssen wir auf einen andern warten?"

Diese Jünger oder Anhänger der eigentlichen, wahren Religionslehre sind noch befangen von den ihnen von Jugend an eingeprägten Religionsgrundsätzen, die nicht immer Meine Lehre ins rechte Licht stellten und, vermischt mit Gebräuchen, den Gläubigen stets zum Schwanken brachten.

Diese Jünger oder Männer, welche sich an die Spitze der Religions- und Glaubensbewegungen gestellt haben, sind noch nicht frei von Vorurteilen. Sie fragen in ihrem Innern bei Mir an: ‚Handeln wir so recht oder nicht?' Und Ich, der Ich jetzt durch Meine Knechte die Lehre, wie Ich sie einst gab, wiedergegeben habe, und noch fortwährend erläutere, sage ihnen: Seht Meine Taten; seht Meine Kinder, wie sie die Gottes- und Menschenliebe auffassen; seht, welche Willenskraft in einzelnen Wunder wirkt, nicht wie einst durch Meine eigene Hand, aber doch so, daß sie in vielen Fällen eure Gelehrten und Doktoren zuschanden machen werden.

Auch damals sagte Ich: „Ihr seid wie die Kinder! Ihr habt gepfiffen, und eure Gespielen wollten nicht tanzen; ihr habt geklagt, und sie wollten nicht weinen!" Und jetzt sage Ich wieder: ‚Ihr Unmündigen glaubt und hofft, die Menschen werden euren Führern folgen, und ihr werdet das Gegenteil sehen! Ihr Menschen nebst euren Führern werdet klagen und doch niemandem Tränen entlocken oder Mitleid erwecken können!'

Ja, wie einst, so ist es auch jetzt und wird es stets sein: Dem Himmelreich muß Gewalt angetan werden! Es muß mit Gewalt der alte Adam verdrängt und mit festem Willen der neue angezogen werden, sonst ist alles Reformierenwollen umsonst. Mittelwege einschlagen und teilweise Meine Lehre, teilweise Gebräuche veralteter Institutionen gebrauchen wollen, geht nicht an. Ich bin ein Geist, und wer Mich anbeten will, muß Mich im Geist und in der Wahrheit anbeten *Mit Wahrheit* anbeten heißt: mit unerschütterlichem Vertrauen — mit Gewalt! Und wer mit Gewalt den Himmel ergreift, dessen Eigentum wird er auch sein.

Die Menschen von damals und die Menschen von heute hatten und haben eine irrige Idee von Johannes, Meinem Vorgänger, und von Mir selbst. Johannes glaubten sie zu finden, wie sie selbst waren, nach ihren *weltlichen* Begriffen. Mich stellten sie sich ebenfalls vor als einen die *weltlichen* Verhältnisse Verbessernden. Jedem Vorgänger und ernsten Kämpfer für Meine Lehre wird es ergehen wie dem Johannes; er wird ebensowenig begriffen werden wie Ich, der Ich schon in dieser Meiner

Lehre mehrere Jahre hindurch unter euch weile, mittelbar und unmittelbar Mich euch kundgebend durch Meine Schreiber und Knechte.

Überall möchten die Menschen, wenn sie auch von Meiner Lehre etwas wissen oder neuerdings erfahren, dieselbe dem Leben so anpassen, daß es keiner Aufopferung, keiner Verleugnung bedarf, um Meine Jünger, Meine Kinder zu werden.

Was Ich einst über die Stadt Judas sagte, gilt auch heute noch für die großen Hauptstädte eurer Erde. Dort, wo die größte Aufklärung walten sollte, herrscht die größte Finsternis, und in jenen Städten, wo Ich Mich den Menschen direkt kundgebe, dort nimmt man am wenigsten Notiz von Mir, wie einst in Kana, wo Ich das erste öffentliche Wunder wirkte.

Ihr seht, daß ein Jahrtausend verflossen ist, aber die Menschen stets die nämlichen geblieben sind.

Einst sagte Ich: „Mich, den Sohn, kennt nur der Vater, und den Vater kennt allein der Sohn." Und auch jetzt muß Ich leider ebenfalls sagen: ‚Mich, die mit Weisheit tätige Liebe, kennt nur allein die Gottesliebe im höchsten Sinn.'

Die Menschen möchten Mich finden, doch verstehen sie nicht zu suchen. Noch sind Führer und Geführte befangen, noch hängt ihnen, wie einst Moses, eine dreifache Decke über den Augen, und wenn Ich sie auch lüften möchte, wenn Ich auch rufe: „Kommet her, ihr alle, die ihr beladen seid, auf daß Ich euch erquicke!", so verstehen sie diesen Ruf nicht. Sie kennen des Hirten Stimme noch nicht, sie sind verirrte Schafe, die erst nach langem Herumtappen im Finstern zum Licht der Liebe, der Wahrheit und des freien Bewußtseins gelangen werden.

Auch jetzt wird es so sein, wie Ich einst sagte: „Den Hochmütigen wird vorenthalten werden, was den Unmündigen, mit dem Herzen Suchenden geoffenbart wird!"

Alle Reformer, die sich jetzt an die Spitze der Gläubigen gestellt haben, welche ein besseres geistiges Los ahnen, werden so manches von ihren Lieblingsansichten fahren lassen müssen wie ihre Nachfolger. Sie werden noch manches Bittere durchzumachen haben, bis sie Mein Wort von damals begreifen, welches heißt: „Mein Joch ist sanft, und Meine Bürde ist leicht!" Lernt von Mir die Demut, die Sanftmut und die Nächstenliebe oder in religiöser Hinsicht die Toleranz, so werdet ihr Ruhe finden für eure Seele und auch fähig werden, anderen diese Ruhe zu geben, die ihnen jetzt noch mangelt.

So wie dort vor Meinen Lehrjahren sich alle diese Ereignisse zutrugen und Johannes als Vorläufer in der Wüste predigte, so ist es auch jetzt, ehe Mein wirkliches Darniederkommen erfolgt. Meine direkte Kundgebung an einzelne ist wieder Mein Vorläufer.

Der geistige Wind bläst. Er kommt von Meinen Himmeln, um eure mit allerlei schlechten Dünsten geschwängerte geistige Luft zu reinigen. Dieser geistige Wind ist der Erwecker, Läuterer und Träger einer neuen Ära, damit die Menschheit ihrem geistigen Ziele nähergebracht werde und endlich begreife, was Religion im geistigen Sinne bedeutet, was es heißt: Mich im Geist und in der Wahrheit anbeten.

Noch immer klammern sich die Menschen an Zeremonien und Gebräuche, — ein Zeichen, daß sie selbst noch sehr materiell sind, nur Materielles wünschen und verstehen.

Wenn die Menschen erst geistig gebildet sein werden, wenn sie erkennen werden, daß Ich als Geist kein materielles Mittel brauche, um von ihnen verstanden zu werden, wenn sie einsehen werden, was eigentlich Geist und geistige Bildung heißt, dann werden sie begreifen, wie weit sie vom rechten Weg abgekommen sind. Sie nötigten Mich zu dem Ausruf, daß nur Ich als Sohn den Vater kenne und Er Mich. Dabei lehrte Ich einst körperlich auf Erden, wie diese Erkenntnis auch euch Menschen, die ihr doch alle einen Funken Meines göttlichen Ichs in eurem Herzen tragt, welcher euch stets zur Vereinigung mit Mir antreibt, gegeben werden könne.

Alle diese nun folgenden Erklärungen der im christlichen Kirchenjahr festgesetzten Sonntagsevangelien werden euch zeigen, wie die geistige Bildung der Menschheit stufenartig nach und nach vor sich geht. Die Erklärungen werden euch zeigen, wie ihr selbst, schon längst in diesem geistigen Strom mit fortgerissen, dem Weg der Aufklärung entgegengeht, um das zu werden, wozu Ich euch geschaffen, erzogen und bestimmt habe.

Wacht auf, Meine Kinder! Verschließt eure Ohren nicht den Worten des Predigers in der Wüste, den Diktaten, die Ich euch in solcher Fülle schicke! Wacht auf, und höret die himmlischen Harmonien, die von oben herabgesandt werden, um euch zu beweisen, daß ihr — geistigen

Ursprungs — ein anderes Ziel und eine andere Aufgabe habt, als nur im Weltlichen zu leben!

Es bläst der geistige Wind und durchzieht alle Herzen; und wenn auch Tausende sein Tönen nicht verstehen, so seid doch *ihr* nicht taub, die ihr seine Bewegung und seinen Zweck deuten könnt! Wacht auf, werft das Weltliche weit hinter euch! Ihr seid Geister, Bewohner einer andern, größeren, unendlichen, ewigen Welt! Vergeßt nicht, daß dieses Erdenleben, das so flüchtig an euch vorübereilt, ein Probe-, ein Prüfungsleben ist! Der größere, ja größte Teil harrt euer dort, wo ewig keine Sonne mehr untergeht, wo die Nacht verbannt ist und nur Licht, gleichbedeutend mit Liebe, als Erreger das ganze himmlische Gebiet durchdringt.

Laßt euch raten, jene Worte des Evangeliums, die Ich einst vor mehr als tausend Jahren ausgesprochen habe, in ihrem höchsten, geistigen Sinne zu deuten und zu fassen! Sie enthalten Meine ganze Vaterliebe zu Meinen Kindern.

Schon damals wollte Ich dem Judenvolk beweisen, welche Liebe ein Schöpfer als Vater haben kann und auch haben muß; allein sie verstanden Mich nicht. Und jetzt — leider muß Ich es bekennen —, jetzt verstehen Mich die Menschen im ganzen noch weniger.

Einst rief Ich ihnen zu: „Mein Joch ist sanft!", — und heute sage Ich es wieder: ‚Wie kann denn ein Joch der Liebe anders sein als sanft, wie die Last leichter, als wenn Liebe sie tragen hilft?'

Begreift es wohl! Laßt die Welt, sie kann euch nur auf Augenblicke ergötzen, nie aber auf die Länge befriedigen; denn mit dem Besitz eines weltlichen Gutes hört die Hoffnung auf, es zu erlangen! Nicht aber so im Geistigen!

Mein Reich ist unendlich. Der geistige Besitz hat keine Grenzen und keine Schranken; daher ist das ewige Fortschreiten möglich. Mit jeder Stufe ist ein größerer Genuß, mit jeder Stufe größere Kraft und größere Fähigkeit zu erreichen.

Während im Weltlichen immer erst Verhältnisse und Umstände zusammentreffen müssen, um ein Erwünschtes zu erreichen, bietet der geistige Fortschritt immer Gelegenheit, vorwärtszugehen. Während im Weltlichen das meiste von andern abhängt, ist im Geistigen euer Inneres die größte Fundgrube, wo alle Schätze einer unendlichen, geistigen Welt verborgen liegen. Es ist euer Inneres, worin Ich Mich als Vater, als Sohn und als höchster Geist kundgeben kann, von welcher Kundgebung euer Friede und eure Ruhe abhängt, und wodurch ihr sodann alle Mißhelligkeiten des Lebens nicht als Strafen, sondern nur als weise und nötige Prüfungen ansehen lernt und den Satz erst ganz begreifen werdet: „Kommet her zu Mir, die ihr beladen seid!" Die Liebe, die ewige, unendliche Liebe eines himmlischen Vaters hat euch diese Last zwar aufgeladen, — aber Er hilft sie euch auch tragen.

Die Leiden und Mißgeschicke des menschlichen Lebens sind dann keine Plagen, sondern nur Segnungen eines Vaters, der Seine Kinder nicht zu weltlichen Herren, sondern zu geistigen Vorkämpfern Seiner Liebelehre hier und einst in jenem Reich ohne Ende machen möchte.

Dies nehmt alles wohl zu Herzen! Das Endresultat wird euch gewiß beweisen, was am Ende des Evangeliums (Matth. 11, 30; d. Hsg.) steht: „Denn Mein Joch ist sanft, und Meine Last ist leicht." Amen.

3

Am 3. Advent

Das Zeugnis des Johannes

Joh. 1, 1—27: Im Anfang war das Wort, und das Wort war bei Gott, und Gott war das Wort. Dasselbe war im Anfang bei Gott. Alle Dinge sind durch dasselbe gemacht, und ohne dasselbe ist nichts gemacht, was gemacht ist. In ihm war das Leben, und das Leben war das Licht der Menschen. Und das Licht scheint in der Finsternis, und die Finsternis hat's nicht begriffen. Es ward ein Mensch von Gott gesandt, der hieß Johannes. Dieser kam zum Zeugnis, daß er von dem Licht zeugte, auf daß sie alle durch ihn glaubten. Er war nicht das Licht, sondern daß er zeugte von dem Licht. Das war das wahrhaftige Licht, welches alle Menschen erleuchtet, die in diese Welt kommen. Es war in der Welt, und die Welt ist durch dasselbe gemacht; und die Welt kannte es nicht. Er kam in sein Eigentum und die Seinen nahmen ihn nicht auf. Wie viele ihn aber aufnahmen, denen gab er Macht, Gottes Kinder zu werden, die an seinen Namen glauben; welche nicht von dem Geblüt, noch von dem Willen des Fleisches, noch von dem Willen eines Mannes, sondern von Gott geboren sind. Und das Wort ward Fleisch und wohnte unter uns, und wir sahen seine Herrlichkeit, eine Herrlichkeit als des eingeborenen Sohnes vom Vater, voller Gnade und Wahrheit. Johannes zeugt von ihm, ruft und spricht: „Dieser war es, von dem ich gesagt habe: Nach mir wird kommen, der vor mir gewesen ist; denn er war eher denn ich. Und von seiner Fülle haben wir alle genommen Gnade um Gnade. Denn das Gesetz ist durch Moses gegeben, die Gnade und Wahrheit ist durch Jesum Christum geworden. Niemand hat Gott je gesehen; der eingeborene Sohn, der in des Vaters Schoß ist, der hat es uns verkündigt." Und dies ist das Zeugnis des Johannes, da die Juden sandten von Jerusalem Priester und Leviten, daß sie ihn fragten: „Wer bist du?" Und er bekannte und leugnete nicht; und er bekannte: „Ich bin nicht Christus!" Und sie fragten ihn: „Was denn? Bist du Elia?" Er sprach: „Ich bin es nicht!" „Bist du der Prophet?" Und er antwortete: „Nein." Da sprachen sie zu ihm: „Was bist du denn? daß wir Antwort geben denen, die uns gesandt haben. Was sagst du von dir selbst?" Er sprach: „Ich bin eine Stimme eines Predigers in der Wüste: Richtet den Weg des Herrn, wie der Prophet Jesaja gesagt hat!" Und die gesandt waren, die waren von den Pharisäern und fragten ihn: „Warum taufst du denn, wenn du nicht Christus bist, noch Elia noch der Prophet?" Johannes antwortete ihnen und sprach: „Ich taufe mit Wasser; aber er ist mitten unter euch getreten, den ihr nicht kennt. Der ist es, der nach mir kommen wird, welcher vor mir gewesen ist, dessen ich nicht wert bin, daß ich seine Schuhriemen auflöse."

(Den 9. Dez. 1871)

Dieses Evangelium handelt von Johannes dem Täufer, der als Vorläufer und Prediger, Mir den Weg bahnen und das Judenvolk auf Mein Kommen und Meine Lehre aufmerksam machen sollte; daher seine Antworten an die Abgesandten vom Tempel, daher seine Beteuerungen, daß er nicht Christus, noch Elias, noch ein Prophet sei, und daß er nicht einmal wert sei, Mir die Schuhriemen aufzulösen.

Johannes war sich in diesem Punkt seiner Mission erstens wohl bewußt, und war zweitens unter den Juden das einzige Beispiel der Demut, der Unterwürfigkeit unter Meinen Willen.

Der Evangelist Johannes fängt sein Evangelium mit den Worten an: „Im Anfange war das Wort, und das Wort war bei Gott, und Gott war das Wort."

Sehet, dieser erste Satz aus dem Evangelium Meines Lieblings Johannes beweist euch, welche Stellung Johannes unter seinen Brüdern sowie zu Mir eingenommen hat. Was Johannes der Täufer durch seine materielle Taufe ausdrücken wollte, das sagt geistig Mein Apostel, indem er offen bekennt, daß das Wort oder die Idee Gottes zuerst die geistige Taufe über ihn ausgegossen und er am ehesten unter allen seinen Mitaposteln die Tiefe Meines Geistes begriffen und verstanden hatte. Er war der erste, der begriff, daß durch das Wort (Ausdruck einer Idee, eines Gedankens oder Willens) die ganze Sichtbarkeit geschaffen, daß das Wort, Leben verbreitend, Licht schuf, und eben dieses Licht in jener Zeit von wenigen begriffen und verstanden wurde.

Er, Mein Liebling, war es, der zuerst mit dem Herzen auffaßte, was dem Verstand allein nicht begreiflich ist und nur *dem* Leben und Licht gibt, der die Liebe hat, so wie sie im Weltall von Mir verbreitet, gehalten und verlangt wird.

Er liebte Mich im Geiste, und die anderen Apostel verstanden Mich in der Wahrheit. Deswegen seine ersten Ausrufe im Evangelium, die von Meiner Macht, Meiner Liebe, Meiner Schöpfung zeugen, und wie Ich als Christus körperlich als Lehrer auftrat, in Meinem Eigentum aber nicht er-, sondern verkannt wurde.

Zu diesen Ausrufen, als Zeugnis seines tiefen Verständnisses Meiner Lehre und Meiner Sendung, trugen die Bekenntnisse seines Namensbruders Johannes des Täufers wesentlich bei, der vor Mir hergesandt war, die Wege zu ebnen und das Judenvolk zur Aufnahme Meiner Lehre vorzubereiten.

Ein Schritt wie der Meinige mußte vorbereitet werden. Wie den Blinden nach Erlangung ihrer Sehkraft das Licht des Tages erst in Form des Zwielichts oder der Dämmerung gezeigt wird, da sie den hellen Sonnenschein nicht gleich ertragen können, so war auch Johannes der Täufer der Erwecker und Bearbeiter der Herzen, um sie für Edleres empfänglich zu machen. Daher rief Johannes aus: „Einer wird kommen, der schon vor mir gewesen ist!“ Er meinte damit das Wort, welches das ganze Universum schuf. Dieses Wort oder die mächtige Willenskraft ist es, die sich bewogen fühlte, sich in menschliche Form einzukleiden und körperlich wesenhaft selbst, wie bei der Schöpfung einst das *materielle,* jetzt das *geistige* Licht und Leben denen zu bringen, die im Finstern wandelten.

Denn der Ausruf des Johannes: „Im Anfang war das Wort, und das Wort war Gott!“ will soviel sagen als: Im Anfang war Gott, der mächtige Schöpfer, welcher das Licht und Leben verbreitete und durch die weiten Räume sandte, um Leben zu erwecken. Und jetzt ist es in Christus derselbe Gott, der wieder Sein Wort als Licht durch die weiten Räume des geistigen Universums sendet, um dort Licht, Liebe und Leben zu verbreiten.

Und wie der Morgenstern der Vorläufer der *Sonne* ist, so war Johannes der Vorläufer und Wegbereiter Christi. Johannes der Täufer erkannte seinen Herrn, als er Ihn zum ersten Male sah; denn die innere Sehe war ihm gegeben, und er sah in der Gestalt einer Taube (geistig das Sinnbild der Unschuld) die Verbindung Christi mit der geistigen Welt. Johannes vollführte die äußere Taufe an Mir, während Ich die innere an ihm vollzog.

Auch seine Jünger erkannten bald, wer der eigentliche Herr und wer der Diener sei; deswegen folgten sie Mir und verließen Johannes. Und Nathanael, welchem Ich Dinge enthüllte, die nur er allein zu wissen glaubte, ward durch dieses Zeugnis für Mich gewonnen. Damals sprach Ich die prophetischen Worte: „Wahrlich, wahrlich, von nun an werdet ihr den Himmel offen und die Engel Gottes herabfahren sehen auf das Haupt des Menschensohnes!“

Alles, was in jenen Zeiten, im Anfang Meiner Lehrjahre, Meiner geistigen Geburt, auf Erden geschehen ist, wird sich jetzt wiederholen und wiederholt sich täglich.

Auch jetzt gibt es Johannesse als Täufer und Johannesse als Meine Lieblinge und Apostel; nur ist die Art und Weise des Wirkens anders als damals.

In *jener* Zeit galten unter dem Judenvolk nur Moses und die Propheten. Es handelte sich darum, sie nicht umzustoßen, sondern ihre Worte vor Verunglimpfungen zu bewahren, das Erz von den Schlakken zu reinigen und zu beweisen, daß Ich als Christus nichts Neues bringen, sondern nur geistig erklären und ins Leben übertragen will, was wörtlich verstanden und aufgefaßt wurde.

In *jetziger* Zeit aber, als dem Vorabend Meiner zweiten und letzten Ankunft auf diesem Erdball, ist die Kulturstufe der Menschen und ihr Verstandesleben ein ganz anderes als einst in jener Zeit. Jetzt habe Ich es mit grübelnden Philosophen und Stubengelehrten oder mit fanatischen Anhängern des Worts im materiellsten Sinne zu tun, mit Menschen, denen das angenehme Weltleben zu sehr am Herzen liegt, als daß sie sich einer Religion hingeben möchten, die statt Vergnügungen und Ergötzlichkeiten — Aufopferung und Verleugnung von ihnen fordert.

Auch jetzt komme Ich wieder unter euch Menschen wie einst. ‚Und das Licht kam in die Finsternis, und die Finsternis begriff es nicht.'

Schon seit langer Zeit erschallen Stimmen, die zur Rückkehr, zur Einkehr ins Innere predigen; in verschiedener Form und Rede wird der eingeschlafene Menschengeist geweckt. Die Johannesse predigen aber auch heute wie einst meist nur tauben Ohren.

Selbst die, welche sich als Meine Stellvertreter auf dieser Erde eingesetzt haben, sind taub und oft noch tauber als die andern, denen sie Meine Lehre einprägen wollen. Auch jetzt, wie einst, fallen die Anhänger von diesen Führern ab und suchen das Licht, suchen das Wort — als Ausdruck ihres Gottes —, suchen, was ihnen ihre eigenen Führer nicht geben können. So entsteht der allgemeine Drang nach Licht, nach geistigem Leben, nach Liebe, nach erwärmender und rechter geistiger Lehre. So regt sich die geistige Tendenz trotz allen Widerstandes derjenigen, die bis jetzt nur ein verzinsliches Kapital für sich daraus machen wollten. So regt sich der Drang nach Freiheit des Denkens, nach geistiger Freiheit, und obgleich nun die Aufgeklärten eurer Welt mit ihrem Verstandeslicht die geistige Fackel, die über ihren Häuptern brennt, nicht sehen, so wird doch bald die Dämmerung des wissenschaftlichen Lebens durch sie verdrängt werden, und den Unmündigen wird sich klar zeigen, was den sich mündig Dünkenden bis jetzt verhüllt blieb.

Das Wort, welches im Anfang Himmel und Erde schuf, wie Moses sich ausdrückte, das Wort als tatsächliches Leben und Licht, ist es wieder, welches von oben herabströmend euch Wärme und Liebe in die Herzen gießt.

Am *Anfang* war das Wort, und das Wort war Ich, und am *Ende* wird das Wort noch ewig forttönen und Ich werde ewig fortdauern, Licht, Leben mit Liebe verbreitend, nicht die vom Geblüt, nicht die vom Fleisch, sondern die vom Geist Mir ergebenen Kinder beglückend und führend.

Das Wort ward einst Fleisch, und die damals Lebenden sahen Seine Herrlichkeit, aber erkannten sie nicht; und das Wort wird wieder Fleisch werden, aber vergeistigtes Fleisch, und wird von den Lebenden in Seiner Herrlichkeit erkannt und begriffen werden, und von Seiner Fülle werden sie alle Gnade um Gnade nehmen.

Wie Johannes einst mit Wasser taufte, so wird jetzt mit dem Geist getauft. Ströme des Himmelswassers ergießen sich auf die Herzen der Menschen, erweichen und erwecken manche; viele aber bleiben unberührt, oder verstecken sich vor diesem Regen.

Glücklich, wer noch für das Wasser von oben ein empfängliches Herz hat, das aufwärtsgekehrt den Einflüssen himmlischer Segnungen den Eingang nicht wehrt! Es wird sich auf alle diese, wie sich einst auf Christus ein Strahl göttlichen Lichts gleich einer Taube herniedersenkte, das göttliche Gnadenlicht von oben ergießen und Ruhe und Frieden in ihren Herzen und in ihrer Umgebung verbreiten.

Viele werden Mir als eifrige Diener, wie einst Johannes der Täufer, und viele als Meine Lieblinge, wie Johannes der Apostel, Meine Lehre verbreiten und lehren.

Schon regt es sich. Wie der leichte Wellenschlag am Ufer des Meeres der Vorbote von größeren Wellen ist, so ist die jetzige religiöse Bewegung der erste Anfang einer noch größeren, hervorgebracht von der Bewegung des geistigen Lebens, das, zwischen Materie und Geist gleichsam eingeklemmt, sich den Ausweg schaffen will, indem das Geistige die Eigenschaft hat, daß es sich auch zusammendrücken läßt und bei zu großem Zwange die Fesseln zersprengt.

Auch ihr, Meine Kinder, die ihr berufen seid, durch eure Taten und Worte zu bezeugen, daß ihr Wegweiser und Ebner der geistigen Lebensbahn seid, werdet oft gefragt werden: „Wer seid ihr? Was wollt ihr eigentlich?“ Die Welt wird auch euch nicht sogleich alles glauben, wie einst dem Johannes; aber seid getrost! Streut Samen aus, gebt gern denen, die euch um Nahrung bitten, und es kümmere euch nicht, wenn oftmals der ausgestreute Same nicht die Frucht bringt, die ihr wünscht! Auch in einem Walde wachsen nicht alle Bäume gerade. Es gibt dort verkrüppelte, krumme und schlechte; aber deswegen ist der Wald mit seinen Bäumen doch ein Wald, der Tausenden lebender Wesen Schutz und Nahrung angedeihen läßt, und in welchem selbst die mißratenen Gewächse und Bäume noch vielen Nutzen geben. So auch im geistigen Wald der Menschenseelen!

Johannes predigte für viele vergebens, wie später Ich selbst, und doch gingen Meine Worte nicht verloren, sondern werden ewig bestehen, teils weil Ich sie sprach, teils weil Meine Worte unumstößliche Wahrheiten sind.

Trachtet vorerst danach, euch selbst zu reinigen, euch vom Weltlichen loszumachen, wie es Johannes getan hat! Auch er fröhnte nicht dem Wohlleben des Fleisches, als dem vergänglichen Kleid eines unvergänglichen, ewigen Geistes; nein, durch mäßige Lebensart — nach dem Sinne jener Zeit — machte er den Körper bereit, dem Geist und seiner Seele zu dienen.

Und so sollt auch ihr alles Überflüssige, was den Körper verweichlicht, vermeiden. Euer Augenmerk soll darauf gerichtet sein, den Geist und die Seele zu kräftigen. Nicht der Taufe mit materiellem, nein, mit geistigem Wasser sollt ihr euch bestreben, würdig zu sein, damit ihr stets Größeres sehen, Größeres erleben und mit geistiger Sehe die Gemeinschaft der Geisterwelt mit der materiellen Welt begreifen lernt.

Euer Trachten soll dorthin gerichtet sein: im Geiste wiedergeboren zu werden. Dann braucht ihr nicht wie einst die zwei Jünger Johannes des Täufers zu fragen: „Rabbi, wo ist Deine Herberge?"; dann ist Meine Herberge in eurem Herzen. Dort bergt ihr den Herrn, der vom Anfang her das Wort, das Licht, die Liebe und das Leben war und dies alles denen verleihen wird, die sich mit geistigem Wasser zu Seinen Kindern taufen lassen. Amen.

4

Am 4. Advent

Die Bußpredigt Johannes des Täufers

Luk. 3, 2—20: Als Hannas und Kaiphas Hohepriester waren, da geschah der Befehl Gottes an Johannes, des Zacharias Sohn, in der Wüste. Und er kam in alle Gegend um den Jordan und predigte die Taufe der Buße zur Vergebung der Sünden; wie geschrieben steht in dem Buch der Reden Jesajas, des Propheten, der da sagt: „Es ist eine Stimme eines Predigers in der Wüste: Bereitet den Weg des Herrn und machet seine Steige richtig! Alle Täler sollen voll werden, und alle Berge und Hügel sollen erniedrigt werden, und was krumm ist, soll richtig werden, und was uneben ist, soll schlichter Weg werden. Und alles Fleisch wird den Heiland Gottes sehen." Da sprach er zu dem Volk, das hinausging, daß es sich von ihm taufen ließe: „Ihr Otterngezüchte, wer hat denn euch gewiesen, daß ihr dem zukünftigen Zorn entrinnen werdet? Sehet zu, tut rechtschaffene Früchte der Buße und nehmet euch nicht vor, zu sagen: ‚Wir haben Abraham zum Vater!' Denn ich sage euch: Gott kann dem Abraham aus diesen Steinen Kinder erwecken. Es ist schon die Axt den Bäumen an die Wurzel gelegt. Welcher Baum nicht gute Frucht bringt, wird abgehauen und in das Feuer geworfen!" Und das Volk fragte ihn und sprach: „Was sollen wir denn tun?" Er antwortete und sprach zu ihnen: „Wer zwei Röcke hat, der gebe dem, der keinen hat; und wer Speise hat, tue auch also!" Es kamen auch die Zöllner, daß sie sich taufen ließen, und sprachen zu ihm: „Meister, was sollen denn wir tun?" Er sprach zu ihnen: „Fordert nicht mehr, als gesetzt ist!" Da fragten ihn auch die Kriegsleute und sprachen: „Was sollen denn wir tun?" Und er sprach zu ihnen: „Tut niemand Gewalt noch Unrecht, und lasset euch genügen an eurem Solde!" Als aber das Volk im Wahn war und alle in ihren Herzen von Johannes dachten, ob er vielleicht Christus wäre, antwortete Johannes und sprach zu allen: „Ich taufe euch mit Wasser; es kommt aber ein Stärkerer nach mir, dem ich nicht genugsam bin, daß ich die Riemen seiner Schuhe auflöse. Der wird euch mit dem heiligen Geist und mit Feuer taufen! In dessen Hand ist die Wurfschaufel, und er wird seine Tenne fegen und wird den Weizen in seine Scheune sammeln, und die Spreu wird er mit ewigem Feuer verbrennen!" Und viel anderes mehr ermahnte er das Volk und verkündigte ihnen das Heil. Herodes aber, der Vierfürst, da er von ihm gestraft ward um der Herodias willen, seines Bruders Weib, und um alles Übels willen, das Herodes tat, legte über das alles Johannes gefangen.

(Den 10. Dez. 1871)

Dieses Kapitel behandelt eine Bußpredigt Johannes des Täufers, welche er am Jordan an die um ihn versammelte Volksmenge hielt, mit welcher er die Juden für Den vorbereiten wollte, dem — wie er sagte — er nicht wert sei, die Schuhriemen aufzulösen.

Ein jeder seiner Zuhörer fragte den Johannes, was er in bezug auf seine Lebensweise, auf sein Gewerbe oder seinen Stand zu tun habe; und allen gab er zur Antwort: ‚Das Gesetz der Nächstenliebe!', das er ausdrückte in Worten, wie sie gerade zu den Fragen paßten.

Was damals Johannes getan und gepredigt hat, das tue auch Ich schon seit langer Zeit. Auch Ich mahne die Menschheit mit verschiedenen Mitteln, Worten und Ereignissen zur Umkehr. Wie dort die Ankunft des eigentlichen Lehrers vorausgesagt und vorbereitet wurde, so geschieht es auch jetzt schon seit längerer Zeit, als Vorbereitung zu Meiner nächsten Wiederkunft. So wie die Juden damals dachten und handelten, waren sie nicht geeignet, Meine Lehre richtig aufzunehmen und zu fassen. Und wie die Menschen heute sind, da sie noch mehr im Schlamme des Eigennutzes vergraben liegen, ist es noch dringender, sie zu wecken und zu mahnen. Die Zeit zum Überlegen, was man eigentlich tun solle, oder wohin man sich wenden möchte, ist kurz bemessen. Wie dem Schlafenden die Zeit seines Traumlebens schnell entschwindet und Stunden wie Minuten vorüberfliehen, ebenso eilt die Zeit mit Sturmesflügeln dahin für den, welcher so ohne Nachdenken in den Tag hineinlebt. Daher die Ereignisse, Krankheiten, drohende soziale Umwälzungen, welche nötig sind, um die so fest im Weltschlaf versunkene Menschheit aus ihrer Trägheit aufzurütteln.

Damals schon sagte Johannes: „Der, welcher nach mir kommt, hat schon die Wurfschaufel in der Hand, um auf der Tenne das Korn von der Spreu zu säubern." Und jetzt, da ihr Maschinen erfunden habt, die mittels starker Luftbewegung das Getreide säubern, jetzt brauche auch Ich statt der Wurfschaufel geschwindere Mittel, um zu Meinem Zweck zu gelangen und die Gutwilligen von den Saumseligen und Trägen zu scheiden. Schon dreht sich das Schaufelrad in Meiner geistigen Wind- und Getreidesäuberungsmühle. Wirbelnd regt es die Massen auf, weit von sich schleudernd das leichte, schalenartige Gesindel, welches gegen jede Mahnung taub der Welt und ihren Freuden huldigt. Und wie Johannes einst selbst des Herodes, des Vierfürsten von Galiläa, Lebenswandel rügte, ebenso rügt auch jetzt die Volksmeinung die ehrgeizigen Pläne so mancher Herrscher. Damals ließ Herodes den Johannes einsperren; jetzt möchten die Herrscher ebenfalls die Zungen hemmen und dem Volk die Gedanken aus dem Kopfe treiben. Allein das wäre jetzt — wie einst — vergebliche Mühe! Das Wort, der geistige Träger Meines Willens, ist weit mächtiger als Waffen und Zwang. Es überschreitet als körperloses Wesen die Schranken der materiellen Welt und regiert im Geistigen alles, da Ich das Wort selbst bin.

Dort hörte das Volk den Johannes an; aber sobald es auf Verleugnung und Aufopferung ankam, wandte es ihm den Rücken, wie einst der reiche Jüngling Mir. Und jetzt lacht die größere Anzahl der Menschen auch über die, denen Ich Meine Lehre direkt kundgebe. Hohnlächelnd blicken sie auf solche herab, sich mit ihrem Weltverstand bei weitem gescheiter dünkend als jene mit ihrer Herzenssprache.

Arme, verirrte Kinder! Es wird eine Zeit heranrücken, wo all euer Weisheitskram nicht ausreichen wird, euch einen Trost oder auch nur Ruhe zu geben. Bei den Ereignissen, die über euch hereinbrechen, werdet ihr zwischen zwei Welten stehen und Gott und euer Schicksal der Grausamkeit anklagen, weil die materielle Welt euch mit Hohn zurückstoßen und die geistige euch nicht aufnehmen wird.

Solche Seelen-Qualen ahnte schon damals Johannes. Er wollte das Judenvolk wecken und zur Umkehr antreiben; und heute, wo schon beinahe alle edlen Eigenschaften der menschlichen Natur zu Grabe getragen wurden und nur der Egoismus mit all seinen Eigenschaften herrscht, ergeht dieser Mahnruf wieder, bekräftigt mit Unglücksfällen und Drangsalen, um mit Gewalt das zu erreichen, was mit Milde bei der größeren Masse der Menschheit bis jetzt ohne Erfolg geblieben ist.

Damals unterzog sogar Ich Mich als Jesus der äußeren Taufe mit Wasser; jetzt sollt ihr euch freiwillig der geistigen, unsichtbaren Taufe mit Meinem Geist unterziehen. In jener Zeit strömte das göttliche Licht in Form einer Taube über Meinem Haupt, Meine Abkunft, Meinen früheren und Meinen künftigen Wohnort bezeichnend. O Kinder, tut jetzt, soviel euch möglich ist, auf daß die Ströme des Lichts und der Gnade von oben nicht umsonst auf euch ergossen werden! Zeigt euch würdig eurer Abkunft und eurer künftigen Bestimmung! Wie dort einst die Stimme ertönte: „Dies ist Mein lieber Sohn, an dem Ich

Mein Wohlgefallen habe!", so möge jetzt über eurem Haupt und in eurer Brust die nämliche Stimme ertönen, welche euch versichert, daß ihr auf dem rechten Weg seid, Meine Kinder zu werden.

Dort sprach Johannes: „Wer zwei Röcke hat, der gebe einen weg, wer viel Speise hat, der teile sie mit den Bedürftigen; wer etwas zu verlangen hat, der fordere nicht mehr, als rechtens ist!" All diese Beispiele sagen mit anderen Worten: Seid mildtätig, seid gerecht, wie es euer Vater im Himmel ist! Gebet, damit auch euch gegeben, — vergebet, damit auch euch vergeben wird!

Laßt euch nicht betören durch den Schein der Welt mit ihren Gütern! Es naht die Zeit, wo ihr alles zurücklassen müßt und euch nur *die* Güter bleiben, die ihr im Innern errungen habt, und die weder Pest noch Krieg, weder Bedrängnis noch der Tod rauben kann.

Laßt die sich gelehrt Dünkenden mit ihrer Scheinweisheit! Ihre Zeit des Triumphs ist kurz. Folgt Meinem Rat, Meinem Mahnruf, der nicht, wie des Johannes Bußpredigt, euch als Otterngezücht, sondern als Meine Kinder betitelt, die Ich euch einst nach Meinem Ebenbild geschaffen und wieder zu diesem Ebenbild neu gestalten will! Damals war die äußere Gestalt mit der des Geistes eins, heutzutage ist wohl äußerlich noch die Ähnlichkeit der schon längst verschwundenen paradiesischen Schönheit in entfernter Form geblieben, aber die Seele, als Tempel und Sitz Meines Gottesfunkens, ist zum Zerrbild geworden. Dieser Zwiespalt kann nach Meinen Gesetzen nicht geduldet werden, und es muß das Innere zum Äußeren wieder in Harmonie gebracht werden. Wenn ihr auch die äußere Hülle, auf welcher die Leidenschaften ihre Spuren zurückgelassen haben, nicht mehr ändern könnt, so trachtet doch wenigstens aus allen Kräften danach, den inneren Geistmenschen wieder dem Urbild nachzubilden; denn es gibt kein schöneres, größeres und geistigeres Vorbild in der Schöpfung. Es ist jenes Bild, von dem jedes erschaffene Wesen mehr oder weniger als Abdruck gestaltet ist, und von dem ihr, als letzter Ausdruck der ganzen materiellen und geistigen Schöpfung, die Form in euch tragt, *jenes* Urbild, — das nicht allein euer Schöpfer und Herr, sondern auch euer Vater sein will, der euch mit unerbittlicher Strenge und Willenskraft Gesetze vorschreiben und euch entweder göttlich belohnen oder unerbittlich vernichtend strafen könnte, aber statt Strafe nur Verzeihung und Versöhnung, nur Liebe will.

In jener Zeit war ein Vorläufer nötig, der die Menschen auf Meine Ankunft vorbereitete; jetzt bin Ich es selbst, der euch die Friedenshand entgegenstreckt, um euch hilfreich in den Bedrängnissen zu leiten, welche nach und nach über die Menschheit hereinbrechen werden, weil sie zu halsstarrig ist. Verstoßt diese Hand nicht; denn ihr findet keine stärkere, keine kräftigere! Jeder menschliche Arm ist zu kurz, nur der Meine reicht für alle Entfernungen und erreicht den Flehenden selbst weit über jene Räume hinaus, in denen der letzte Stern seine Strahlen verbreitet und das ewige Geisterreich seinen Anfang nimmt. Auch dort noch ist es dieselbe Hand, die den Liebenden an sich zieht und ihn leitet.

Hört auf die Stimme, die, wie einst in der Wüste, euch auch jetzt in der Wüste des Welttreibens zuruft: ‚Vergeßt Den nicht, der über den Sternen Seinen Sitz hat, ihn aber auch ebenso in jedes Menschen Brust haben möchte!' Johannes predigte in der Wüste. Er tat dies absichtlich, weil die Wüste, in der alles vegetative Leben aufgehört hat, den Zuhörern keine Ablenkung gab. Jetzt predige Ich euch in der Wüste des geistigen Lebens, das — infolge des überheblichen Menschenverstandes — leer geworden ist von allem, was das Herz erquickt. So suche Ich, wie Johannes, inmitten des Sand- und Steinreichs die geistige Blume der Liebe zu pflanzen, die, vom Erdreich keine Nahrung ziehend, Nahrung nur von oben bekommt. Und jetzt, inmitten des vom Egoismus ausgetrockneten Bodens der spekulativen Verstandeswelt, in der gedankenleeren Wüste des geistig göttlichen Lebens, ergeht wieder der Ruf:

‚Wacht auf! Vertieft euch in euer Innerstes, um dort die Quelle der nie versiegenden Freude, des nie endenden Trostes und der nie verwelkenden Liebe — als Grundprinzip alles Geschaffenen und Belebten — zu finden. Erkennt Den wieder, der durch blumenreiche Gärten, durch schattige Wälder und erhabene Berge weit hinauf bis zur letzten Weltensonne immer derselbe ist, der sich nie ändert und — eben weil Er alles erschaffen hat — von Seinen geschaffenen Wesen nur *die* Erkenntnis fordert, die eine Mutter, ein Vater von ihrem Kinde als erstes Zeichen der Verwandtschaft erwarten, nämlich die Liebe.'

Während eure schwachen, weltlichen Herrscher euch durch Gewalt und eine Menge Gesetze zur Achtung zwingen wollen, setze Ich euch frei in die Schöpfung hinaus. Frei könnt ihr wählen zwischen Liebe oder Haß, Leben oder Tod, Licht oder Finsternis. Noch ist es jedem anheimgestellt, zu wählen. Die Zeit kommt stets näher, wo diese Wahl entscheidend getroffen werden muß.

Wie einst der Mahnruf vor Meinem ersten Auftreten erscholl, so erschallt jetzt Mein zweiter Ruf, damit ihr nicht schlaftrunken von den Ereignissen überrascht werdet, sondern mit klarem Bewußtsein und ruhigem Herzen den Dingen entgegengehen könnt, die nur für die bestimmt sind, die sich durch sanfte Mittel nicht wecken ließen.

Während *eure* Herzen für die leisen Harmonien der Liebe empfänglich sind, müssen dort die Posaunen ertönen, von denen Mein Liebling, der Apostel Johannes, spricht, wenn die Engel die Zornschalen über die Häupter der Harthörigen ausgießen werden, die trotz aller Mahnungen Meinen Liebeworten kein Gehör geben.

Oft genug habe Ich verkündet: ‚Es werden böse Zeiten kommen!' — Ich wiederhole es nochmals: Die Zeiten werden böse werden! Trachtet, *vor* der Zeit gut zu werden, damit ihr in diesem Bewußtsein der guten Tat einen Schild habt gegen alle bitteren Ereignisse. Sie sind nur bitter für jene, die, stets an den Honig des weltlich materiellen Genußlebens gewöhnt, das Bittere nicht als Heil-, sondern als Vernichtungsmittel ansehen.

Dies ist der Sinn von jener Bußpredigt, für euch und für die jetzt kommenden Zeiten! Wer Ohren hat, der höre! Amen.

5

Am Weihnachtstage

Die Geburt Jesu

Luk. 2, 1—14: Es begab sich aber zu der Zeit, daß ein Gebot von dem Kaiser Augustus ausging, daß alle Welt geschätzt würde. Und diese Schätzung war die allererste und geschah zur Zeit, da Cyrenius Landpfleger in Syrien war. Und jedermann ging, daß er sich schätzen ließe, ein jeglicher in seine Stadt. Da machte sich auch Joseph auf aus Galiläa, aus der Stadt Nazareth, in das jüdische Land zur Stadt Davids, die da heißt Bethlehem, darum daß er von dem Hause und Geschlechte Davids war, auf daß er sich schätzen ließe mit Maria, seinem vertrauten Weibe, die war schwanger. Und als sie daselbst waren, bekam sie ihren ersten Sohn und wickelte ihn in Windeln und legte ihn in eine Krippe; denn sie hatten keinen Raum in der Herberge. Und es waren Hirten in derselben Gegend auf dem Felde bei den Hürden, die hüteten des Nachts ihre Herde. Und siehe, des Herrn Engel trat zu ihnen, und die Klarheit des Herrn leuchtete um sie, und sie fürchteten sich sehr. Und der Engel sprach zu ihnen: „Fürchtet euch nicht! Siehe, ich verkündige euch große Freude, die allem Volk widerfahren wird; denn euch ist heute der Heiland geboren, welcher ist Christus, der Herr, in der Stadt Davids! Und das habt zum Zeichen: Ihr werdet finden das Kind in Windeln gewickelt und in einer Krippe liegen!“ Und alsbald war da bei dem Engel die Menge der himmlischen Heerscharen, die lobten Gott und sprachen: „Ehre sei Gott in der Höhe und Friede auf Erden und den Menschen ein Wohlgefallen!“

Dieses Kapitel handelt von Meiner Geburt, einem Fest, welches ihr jedes Jahr nach kirchlichem Brauch am 25. Dezember feiert.

Schon früher habe Ich Worte über dieses Fest gegeben. Die Einzelheiten, welche Meine Geburt begleiteten, wißt ihr teils aus Meiner Jugendgeschichte *, teils aus dem Evangelium Meiner Apostel; und doch liegt noch manch Unaufgeklärtes in diesem Akt Meiner ersten sichtbaren Erscheinung auf eurer Erde, dessen tiefere Bedeutung ihr in geistiger Entsprechung noch nicht kennt. So will Ich, veranlaßt durch den Text dieses Kapitels im Lukas, die weiteren Enthüllungen für euch und alle Meine künftig gläubigen Kinder geben, damit ihr seht, daß auch das Kleinste, was Mich und Meine Erscheinung auf Er-

* „Die Jugend Jesu“.

den betrifft, eine hohe Bedeutung hat und sich geistig bei Meiner Wiederkunft auf diesen kleinen Stern, als Wohnort Meiner einst großen Kinder, wiederholen wird.

Wie einst durch die Verhältnisse der Erde gerade jener Zeitpunkt und jenes Volk bestimmt war, Zeuge von dem großen Gnaden- und Liebesakt zu sein, welchen Ich für euch und für die ganze Geisterwelt vollzog, so werden auch bei Meinem zweiten sichtbaren Erscheinen Zeit und Land so gewählt werden, daß sie diesem Schlußakt am meisten angemessen sein werden.

Nicht umsonst habt ihr dieses Fest „Weihnachten" benannt. Es war eine geweihte Nacht, wo Ich Mich, euch und der ganzen materiellen Schöpfung zuliebe, als Opfer der Demut weihte, indem Ich, der unendliche Herr der Schöpfung, ein zerbrechliches, verwesliches Kleid anzog, das unter Millionen anderer lebender Wesen auf anderen Welten, was das Äußere betrifft, weit hinter der höchsten Urform eines Menschenbildes zurücksteht. Viele Bewohner sind so ausgestattet, daß der Mensch dieser Erde nur als eine schwache Nachahmung dessen erscheint, was Ich als Abbild Meines eigenen Ichs in diese Form hineingelegt habe. Obgleich die auf anderen Welten lebenden Menschen die Erdbewohner in vielem übertreffen, so sind diese doch in geistiger Hinsicht zu etwas weit Größerem bestimmt als die in den paradiesischen Welten und Sonnen Lebenden. Wenn jenen auch ein ewiger Frühling lacht und sie in glücklichen Verhältnissen leben, die sich eure Einbildungskraft nicht vorzustellen vermag, so geht ihnen doch die klare Kenntnis Meines Ichs, Meiner geistigen Schöpfung und Meiner Vaterliebe ab.

Sie sind gut, weil nichts Böses sie zum Gegenteil zu verleiten sucht. Sie erkennen ein höchstes Wesen, sinken vor Ehrfurcht vor Ihm nieder; aber keines von ihnen wagt zu denken, daß dieses höchste Wesen ein von Ihm Geschaffenes an Seine Vaterbrust drücken wolle und ihm den süßen Namen des Kindes geben.

Das ist nur jenen vorbehalten, die solch eine Stellung durch Kampf und Sieg erringen müssen, damit sie Kinder Gottes werden können. Wo also die Bildungsschule solcher Kinder ist, muß neben der größtmöglichen geistigen Erhebung auch das Gegenteil, die größtmögliche Erniedrigung, ja der Abfall vom Guten, stattfinden können. Um euch zu zeigen, daß zwischen solchen Gegensätzen ein Fortschreiten zum Besseren, ein Siegen über alle Hindernisse möglich ist, kleidete Ich Mich in die Hülle einer der letzten, unangesehensten Menschengestalten. Ich stieg selbst auf diesen finsteren Erdball hinunter, der in bezug auf Ausstattung und Größe in Meiner Schöpfung so gerechnet werden kann wie *der* Rang eines Infusionstierchens zwischen allen Schönheiten und Wundern eurer Erde.

Wie aber in Meiner ganzen Schöpfung alles mit gleicher Sorgfalt gebildet und das letzte Infusionstierchen in seiner Art ebenso vollkommen gebaut ist wie der Mensch als Herr der Erde, so zeigt euch Mein Schöpfungsprinzip, das durch alle Stufen des Geschaffenen geht, daß Ich gerade im Kleinsten am größten bin und gerade im Kleinsten als mächtiger Schöpfer und Herr dastehe. Dies war der Grund, warum Ich einen der kleinsten Weltkörper wählte, um da Meine ganze Größe zu zeigen, indem Ich Meiner Geister- und Seelenwelt bewies, daß gerade im Kleinsten nur das Größte möglich, und in der größten Erniedrigung die größte Herrlichkeit zu erlangen ist, ja, daß gerade der, welcher alles hingibt, würdig ist, alles zu besitzen.

So fand Meine Geburt nicht in einem Palast und nicht von hochgestellten Menschen, sondern in niedriger Stellung statt. Es mußte aber doch in allen Umständen, die dort zusammentrafen, das Hohe, Geistige Meiner Geburt angedeutet werden.

So war es bestimmt, daß die Volkszählung durch Herodes anbefohlen wurde, und Ich nicht in einem von Menschen erbauten Haus, sondern in *Meinem* Haus, d. h. unter freiem Himmel in einer Höhle das Licht der Welt erblickte.

Zeugen Meiner Geburt waren nicht Kaiser und Könige, nicht einmal gewöhnliche Menschen, sondern nur Tiere, — Geschöpfe, die, nicht verdorben, das waren, wozu Ich sie erschaffen habe.

Die Volkszählung mußte dazu beitragen, daß Maria sich zur Reise nach Bethlehem aufmachte, um das zu vollführen, was dem König aller Schöpfung zur Ehre gereichte.

Millionen von höheren Geistern sangen Mir das Loblied: „Ehre sei Gott in der Höhe und Friede den Menschen auf Erden!“ Diese und die Tiere, wie sie aus Meiner Hand hervorgingen, waren bei Meiner Geburt gegenwärtig. Solche Zeugen gebührten Mir, dem in Windeln eingehüllten Herrn aller Heerscharen.

Durch die Volkszählung konnte Meine Geburt nicht unbeachtet bleiben. Auch mußte gerade der grausame Herodes als Landpfleger oder Vierfürst in Jerusalem herrschen, um Meine fernere Erziehung und Meinen späteren Lebenslauf zu erschweren. Durch Überwindung all dieser Schwierigkeiten sollte bewiesen werden, daß, obwohl Ich Mich in die niedrigste Stellung gesetzt hatte, Ich im Angesicht Meiner ganzen Geisterwelt Meine Aufgabe doch lösen werde, nämlich: außer dem Beispiel der Demut und Verleugnung aus dieser kleinen Erde eine Pflanzschule für Meine Kinder zu machen, die einst bestimmt sind, den auf den anderen Sternen und Sonnen lebenden Wesen das Bild des großen Geistes und Schöpfers aller sichtbaren Natur in das eines liebenden Vaters umzuwandeln.

Was Ich vor Äonen von Zeiträumen beschloß und vor mehr als tausend Jahren begonnen habe, das nähert sich jetzt der Vollendung. Meine Religionslehre, Mein Wort, das mit keinem besseren vertauscht werden kann — es mögen die Menschen noch so grübeln und denken —, Meine Liebelehre muß zur allgemeinen Geltung gelangen! Es muß die Liebe allein regieren, und alle Leidenschaften des menschlichen Herzens, die nur darum von Mir in dasselbe gelegt wurden, um durch Kampf gegen sie die Liebe zu verdienen und zu erringen, alle diese Leidenschaften des menschlichen Herzens müssen beherrscht zu den Füßen des Altars der Liebe liegen. Haß, Rache, Stolz und wie sie alle heißen, diese mächtigen Triebe des Bösen im Menschen, müssen alle zum Schweigen gebracht werden. Das Kreuz, auf welchem Ich einst angenagelt für die verirrte Menschheit um Verzeihung bat, muß als Symbol der Versöhnung von jedem geliebt, geehrt und im Prüfungsfall selbst getragen werden, zur Erinnerung an den Weg, den Ich gezeigt, und der den Menschen allein zur geistigen Höhe führen kann.

Wie in Meinem Lebenswandel auf Erden gegen das Ende hin die Umstände scheinbar gegen Mich arbeiteten, scheinbar Meinen Untergang und Tod herbeiführten und doch durch die Auferstehung aus der Materie und die Heimkehr in Mein geistiges Reich Meinen größten Triumph bewirken mußten, so mehren sich auch jetzt für die Menschen scheinbar die Unglücksfälle, mehren sich die Anzeichen furchtbarer

Katastrophen. Der Mensch soll aus ihnen wie der Vogel Phönix aus der Asche verbrannter, weltlicher Ansichten und Vorurteile unversehrt als geistiges Produkt seines Schöpfers, als geistiges Kind eines noch höheren geistigen Vaters hervorgehen.

Dahin zielt alles, dahin treibt wie ein steuerloses Schiff die ganze Menschheit. Zerbrochen werden müssen alle die künstlichen Schutzwände, die der menschliche Verstand wie Eisenpanzer um das für die Liebe schlagende Herz gezogen hat. Es müssen vernichtet werden die Schranken von Geburt, von Rang, von oberflächlichem Wissen. Der Mensch muß aufhören, mit dem Verstand zu denken, und mit dem Herzen fühlen lernen. Das warme Feuer der Liebe muß zuerst seine ganze Seele erwärmt haben, dann erst kann die Weisheit, als regelnder Trieb der Liebe Schranken setzen und die Menschheit all das fühlen lassen, womit Ich sie ausgestattet und wozu Ich sie so und nicht anders erschaffen habe.

Sooft Ich als Christus auf der Welt Meinen Vater im Himmel anrief, war es stets die Weisheit, welche die Liebe anrief, um durch dieses Anrufen ihr unbegrenztes Wirken zu zügeln. So wie die Weisheit und Liebe nur miteinander bestehen können, ebenso war Ich als Christus mit Meinem Vater, der Liebe, verbunden nur eins, und deswegen konnte Ich sagen: „Mich kennt niemand als der Vater im Himmel, und nur Ich kenne Ihn!“ oder „Ich gehe heim zum Vater!“ usw. Dadurch wollte Ich sagen: Die ganze Welt ist geschaffen aus Liebe; aber die Weisheit hat ihre Bedingungen geregelt. *Die Liebe schuf, die Weisheit erhält.* Die Liebe als ‚Vater‘ stellte das höchste Symbol der Reinheit auf, und Ich, die Weisheit, als ‚Sohn‘ bewies sie durch die Tat. Und wie Liebe und Weisheit, nur vereinigt, das ganze Ich Meines eigenen Wesens ausmachen und dort im vollkommensten Abbild bestehen, so soll auch der Mensch als Abkömmling von Mir der Ausdruck der Liebe und Weisheit werden. Er soll zuerst lieben und dann weise sein lernen, um Mich, Meine Schöpfung und seine Mission ganz zu erkennen und zu begreifen.

Dahin zielt Mein Streben mit euch, alle die Ereignisse treiben euch dahin, die Wiedergeburt eures Jesus im Innern zu vollführen, Er möchte euch dort als Ausdruck von Weisheit und Liebe führen und leiten, bis in kurzer Zeit dieser Schöpfer alles Sichtbaren, der Herr aller Heerscharen, als Vater (Liebe) gepaart mit dem Sohne oder Christus (Weisheit), in Person wieder sichtbar auf die Erde treten und zum zweiten und letzten Mal aussprechen kann, was Er am Kreuz vor mehr als tausend Jahren ausgerufen hat, nämlich: „Es ist vollbracht, — es ist vollbracht das große Werk der Sühne!“

Ich habe Meinen Geistern gezeigt, wie das für sie Unmögliche möglich geworden ist. Ich bin mit dem Beispiel vorangegangen und habe nun Meine Wesen auf dieser kleinen Erde zu großen Bürgern Meines unendlichen Reichs, zu Meinen einzigen Kindern gemacht.

Es ist vollbracht, was Ich einst in der Wiege, in einer Höhle bei Bethlehem, als unmündiges Kind begonnen habe, was dort schon von Millionen Engelsgeistern besungen, aber von den Menschen nicht verstanden, höchstens von einigen schwach geahnt wurde.

Ich habe es vollbracht das Werk der Sühne, der Liebe, der Verzeihung. Gereinigt ist die Welt von allen unreinen Schlacken des Eigennutzes, und wenn auch Drangsale und Unglücksfälle die irdischen Körper der Menschen zerstören, — dem Geist- und Seelenmenschen können sie nichts anhaben. Er steht hocherhaben über den Trümmern der Welt, seine Arme ausbreitend nach dem göttlichen Retter, der — wie einst dort — allen zurufen wird: Kommet her, ihr alle, die ihr beladen seid, auf daß Ich euch eure Last abnehme und euch erquicke! Kommet her, ihr Kämpfer für Liebe und Weisheit, euch sei die Krone des Lebens, euch seien die Schranken der Geisterwelt geöffnet, damit ihr sehen möget, wie die Engelscharen wieder frohlocken und Loblieder singen dem Herrn, dem Vater, mit den nämlichen Worten wie einst: „Ehre sei Gott in der Höhe und Friede den Menschen auf Erden!“ Denn Er kam in Sein Eigentum, und Seine Kinder haben Ihn erkannt. Amen.

6

Am Sonntage nach Weihnachten

Die Darstellung Jesu im Tempel

Luk. 2, 33—40: Und sein Vater und seine Mutter wunderten sich dessen, was von ihm geredet ward. Und Simeon segnete sie und sprach zu Maria, seiner Mutter: „Siehe, dieser wird gesetzt zu einem Fall und Auferstehen vieler in Israel und zu einem Zeichen, dem widersprochen wird (und es wird ein Schwert durch deine Seele dringen), auf daß vieler Herzen Gedanken offenbar werden!" Und es war eine Prophetin, Hanna, eine Tochter Phanuels vom Geschlecht Asser; die war wohl betagt und hatte sieben Jahre mit ihrem Manne gelebt nach ihrer Jungfrauschaft und war nun eine Witwe bei vierundachtzig Jahren; die kam nimmer vom Tempel und diente Gott mit Fasten und Beten Tag und Nacht. Diese trat auch hinzu zu derselben Stunde und pries den Herrn und redete von ihm zu allen, die auf die Erlösung zu Jerusalem warteten. Und da sie es alles vollendet hatten nach dem Gesetz des Herrn, kehrten sie wieder nach Galiläa zu ihrer Stadt Nazareth. Aber das Kind wuchs und ward stark im Geist, voller Weisheit, und Gottes Gnade war bei ihm.

(Den 25. Dez. 1871)

Dieses Kapitel handelt im Anfang von Meiner Geburt, später von Meiner Beschneidung und dann von den drei Tagen, welche Ich im zwölften Jahr im Tempel zu Jerusalem zubrachte. Es sind in diesem Kapitel die Ankunft der drei Weisen aus dem Morgenland, der Kindermord und noch weiteres — wie die Flucht nach Ägypten und die Rückkehr nach dem Tod des Herodes — verschwiegen. Auch Ich will das meiste davon übergehen, da ihr es aus dem Evangelium Jakobs, Meiner Jugendgeschichte, und anderen Aufzeichnungen Meiner Apostel wißt.

Wir wollen also bei dem oben angeführten Text stehenbleiben, wo es heißt: „Joseph und Maria wunderten sich."

Worüber wunderten sie sich?

Sie wunderten sich über die prophetischen Worte Simeons und die Aussagen Hannas, die beide mit geistigem Auge in dem zur Beschneidung nach Jerusalem gebrachten Kind den Erlöser nicht nur der Juden, sondern der ganzen Menschheit erkannten, welcher gekommen war, den Geist von dem Zwang der Materie zu befreien.

Daß Joseph und Maria es nicht verstanden, was ihnen jene beiden prophezeiten, ist leicht einzusehen; denn wer von der Empfängnis Marias angefangen bis zur Geburt und Tempeltragung, all das rätselhaft Mystische in Betracht zieht, wird leicht bemerken können, daß weder Maria noch Joseph wußten, wie sie sich dazu zu verhalten hatten.

Obgleich die Juden gewohnt waren, durch Propheten direkte Mitteilungen von Mir zu erhalten, so war es bei ihnen doch auch, wie es stets ist: sie glaubten ihnen wenig, solange diese lebten, und ihre Aussagen gewannen erst Wert, wenn sie anfingen in Erfüllung zu gehen.

Sie hofften auf einen Messias, — nur war ihre Hoffnung auf weltliche Wünsche gegründet; sie hofften auf einen Messias, der, vielleicht in einem Palast geboren, als ein großer Held sie einst vom verhaßten Joch der Römer befreien sollte. Daß aber ein Kind eines Zimmermanns, als den sie Meinen Nährvater kannten, ihr Erlöser werden sollte, das lag außer dem Bereich ihrer gehegten Hoffnung, außer ihrer Fassungskraft.

Deshalb staunten auch Joseph und Maria ob der Worte Simeons und Hannas. Maria hatte ja in kurzer Zeit so Wunderbares an sich erlebt, daß sie nicht wußte, was mit ihr geschehen war und was sich noch ereignen würde. Sie gebar einen Sohn, ohne die Hinneigung zu einem Mann gekannt zu haben. Sie war Mutter, ohne eigentlich das Muttergefühl in seiner ganzen Fülle zu kennen; denn im allgemeinen ist ein Kind erst das Glied, das die Lebenswege des Mannes und des Weibes verbindet und sie zu einem Ganzen, zu einer Familie zusammenfügt.

So war Maria Mutter und fühlte wohl die Freude, eine Frucht ihres Leibes vor sich zu sehen; allein es war mehr Mitleidsgefühl für den unmündigen Säugling als das Wonnegefühl einer Mutter, ein Pfand der Liebe ihres Gatten an die Brust zu drücken. So begriff sie nicht und konnte es nicht begreifen, was bei ihrer Empfängnis, was bei der Geburt und ferner geschah; denn sie handelte nur nach Weisung höheren Einflusses und verhielt sich dabei mehr passiv als aktiv, als Weib und Mutter nur ihren Gefühlen folgend, welche sie an ihren Säugling banden.

Dieses unbewußte Gefühl wurde natürlich gesteigert, als sie zu den Zweifeln und bangen Ahnungen, welche nur sie allein im Busen zu tragen glaubte, das gleiche und noch Größeres von anderen erfuhr, als sie das Jesuskind in den Tempel trug. Durch die gesetzmäßige Beschneidung und Opferung sollte Ich als Kind in die israelitische Religion aufgenommen und in ihr erzogen werden.

Was Simeon sagte, war ihr ein noch größeres Rätsel, um so mehr, als er das Kind als Das erkannte, wovon sie noch keine Ahnung hatte und haben konnte. Was sie aber noch weniger begriff, waren Simeons letzte Worte, welche so lauteten:

„Siehe, Dieser wird gesetzt zu einem Fall und Auferstehen des Volkes Israel und zu einem Zeichen, dem widersprochen wird (und es wird ein Schwert durch deine Seele dringen), auf daß vieler Herzen Gedanken offenbar werden!"

Daß aus ihrem Sohn etwas Außerordentliches werden könnte, war für sie denkbar — waren ja die Empfängnis, die Geburt usw. mit so außerordentlichen Erscheinungen begleitet —; doch einen Gott als Mensch unter dem Herzen getragen zu haben und den zu erwartenden Messias den geistigen Wiederhersteller nicht allein ihres Volkes, sondern der ganzen Menschheit, das waren Begriffe, die in ihrem Kopf keinen Platz fanden. Sie hat Mich noch bei Meinem Kreuzestod nicht als Gott, sondern nur als Menschen, als ihren Sohn beweint; erst durch die Auferstehung wurde sie, wie auch Meine Apostel, in *dem* bekräftigt, was Ich ihnen oft gesagt hatte.

Das Schwert, welches in Zukunft durch ihre Brust gestoßen wurde, war der mütterliche Schmerz; denn hätte sie gewußt und erkannt, wer Ich eigentlich war, so hätte sie nicht trauern, sondern bei Meinem Hingang frohlocken sollen.

Ich selbst habe es ihr und Meinen Aposteln oft vorausgesagt, was Mir bevorstehen und wie Ich den Tod und die Hölle überwinden werde; allein, wo ist die Überzeugung — besonders in jenen Zeiten der Propheten und wunderwirkenden Essäer —, daß Ich, ein Mensch mit Fleisch und Knochen wie sie, der ißt und trinkt, ein Gott, und zwar der Herr aller Heerscharen sei, der in menschlicher Form, beim unmündigen Kind angefangen, am Kreuz — in jener Zeit das Zeichen der Schande und Entehrung — enden sollte!

Deswegen waren Joseph und Maria erstaunt. Sie begriffen nicht, wer Der sei, welcher gekommen ist zum Fall und Auferstehen der Juden, — zum ‚Fall': die Zerstörung des Judenreiches fünfzig Jahre nach Meinem Heimgang, und zum ‚Auferstehen' vieler Juden zu Christen, sowie die Veränderung des Kreuzzeichens, — früher Zeichen der Schande, später Zeichen der höchsten Verklärung.

Und wenn Ich wiederkomme, glaubt ihr, es werde dann *mehr* Verständnis unter den Menschen sein? Mitnichten! Es wird auch dann eine Masse Bewunderer geben, die Mich, für nichts anderes ansehen werden als einen von Gott begeisterten Menschen. Bei Meiner künftigen Darniederkunft, welche natürlich nicht wie einst als Kind, sondern im Mannesalter anfangen wird, wird es auch viele Zweifler geben, und Ich werde vielen Mein Gottsein durch Wunder beweisen müssen, weil die Kraft des Wortes allein bei ihnen nichts ausrichten würde.

So wird sich Meine Jugendgeschichte zumindest stets in ihren Hauptzügen und Ereignissen wiederholen, nur nicht in materieller, sondern in geistiger Hinsicht, weil dann das geistige Verständnis bei weitem ausgebildeter sein wird und die Gläubigen in der Mehrzahl, die Ungläubigen und Zweifler in der Minderzahl sein werden.

Seht, Meine Kinder, wie Ich Mich einst nach jüdischem Brauch der Beschneidung unterzogen habe, so laßt auch ihr euch mit der geistigen Taufe — gleich der Beschneidung als erster Schritt und Eintritt in eine Kirchengemeinde —, mit dem Geiste Meiner Liebe taufen! Entfernt aus eurem Herzen, was nicht dorthin gehört, fangt an, Mich und Meine Welt tagtäglich immer mehr zu begreifen, damit nicht auch euch ein Schwert durch die Brust gestoßen werde und ihr, dem Weltlichen zu viel Wert gebend, beweint, was der Trauer nicht wert ist!

Befleißigt euch, die Dinge zu nehmen, wie sie sind, und erfüllt so jeden Tag eure Aufgabe auf diesem Erdball, solange euer Wandel hier noch bestimmt ist, damit ihr nichts zu bereuen und nichts zu beweinen braucht, wenn die ernste Stunde des Scheidens schlägt.

So mögt ihr, wie Maria, als Ich zum Vater heimging, Mich erkennen, — erkennen, daß Der, den ihr als Christus wohl kennt, bei weitem größer und liebreicher ist, als ihr Ihn euch vorgestellt habt, daß aber auch Meine Forderungen an euch strenger sind, als ihr dachtet.

Viele leben jetzt, glauben und lieben Mich wie Maria Mich zu Lebzeiten geliebt hatte. Allein das genügt nicht. Maria erkannte erst am

Kreuz und bei Meiner Auferstehung, daß Der, den sie geboren, kein Mensch, sondern Gottes Sohn, das heißt die von der Liebe getrennte Weisheit war, der nach dreitägigem Im-Grabe-liegen wieder in Sein Himmelreich zurückkehrte und später nicht mehr körperlich, sondern nur vergeistigt Seinen harrenden Aposteln und Seiner Leibesmutter erschien.

Macht, daß auch in euch Christus auferstehe, wie Er ist und war, damit ihr euch einst nicht zu verwundern braucht, wenn ihr Ihn anders als gedacht findet.

Dies zur Mahnung und Darnachachtung! Amen.

7

Am 1. Sonntage nach Epiphanias

Der zwölfjährige Jesus im Tempel

Luk. 2, 42—50: Und als Jesus zwölf Jahre alt war, gingen sie hinauf gen Jerusalem nach Gewohnheit des Festes. Und als die Tage vollendet waren und sie wieder nach Hause gingen, blieb das Kind Jesus zu Jerusalem, und seine Eltern wußten es nicht. Sie meinten aber, er wäre unter den Gefährten, und kamen eine Tagereise weit und suchten ihn unter den Gefreunden und Bekannten. Und da sie ihn nicht fanden, gingen sie wieder gen Jerusalem und suchten ihn. Und nach drei Tagen fanden sie ihn im Tempel sitzen mitten unter den Lehrern, daß er ihnen zuhörte und sie fragte. Und alle, die ihm zuhörten, verwunderten sich seines Verstandes und seiner Antworten. Und als sie ihn sahen, entsetzten sie sich. Und seine Mutter sprach zu ihm: „Mein Sohn, warum hast du uns das getan? Siehe, dein Vater und ich haben dich mit Schmerzen gesucht!" Und er sprach zu ihnen: „Was ist es, daß ihr mich gesucht habt? Wißt ihr nicht, daß ich sein muß in dem, das meines Vaters ist?" Und sie verstanden das Wort nicht, das er mit ihnen redete.

(Den 26. Dez. 1871)

Auch dieser Text ist aus dem Evangelium des Lukas genommen und behandelt die drei Tage Meines Aufenthalts im Tempel. Was Ich dort tat und lehrte, wißt ihr, da Ich es euch vor Jahren näher erklärt habe. Wir wollen also diesen Akt aus Meiner Jugendgeschichte übergehen und ihn nur insofern in Betracht ziehen, als er sich geistig vor Meiner künftigen Darniederkunft ebenfalls wiederholen wird und bereits wiederholt. Was ihr aus diesem geistigen Wiederholungsakt Lehrreiches ziehen könnt, wird der Schluß dieses euch heute gegebenen Wortes sein.

Sehet, Meine Kinder, schon öfter habe Ich euch gesagt, daß jede Handlung in damaliger Zeit, von Meiner Geburt bis zu Meiner Auferstehung und Himmelfahrt, eine zweifache, ja eine dreifache Bedeutung hatte. Was Ich tat und redete, war nicht nur für das Judenvolk, sondern für die ganze damals lebende und zukünftige Menschheit, es war auch, weit über eure Erde hinausreichend, für Mein ganzes Geisterreich bestimmt, das mit neugierigen Augen Meinem Tun und Handeln folgte, um zu sehen, ob und wie Ich als Erdenmensch Meine Mir selbst auferlegte Mission vollenden werde.

Da Ich ganz in die menschliche Natur eines Erdbewohners eingekleidet war, mußte Ich, um wieder aus derselben herauszukommen und vergeistigt dahin zurückzukehren, von wo Ich gekommen war, alle Leidenschaften der menschlichen Natur bekämpfen. Ich mußte, wie jedes Kind, nach und nach Meine Seele ausbilden, Meine Begriffe und Anschauungen entwickeln, um die Mir selbst eingehauchte Seele Meinem Geist anzupassen, damit Ich am Ende Meiner irdischen Laufbahn Meinen Geistern zeigen konnte, wie Ich nicht allein Meinen eigenen Geist wieder in seiner ganzen Größe zurückbrachte, sondern wie Ich auch Mein Seelisches zu vergeistigen verstand.

So zeigte Ich dem großen Geisterreich, wie man zu Meiner Kindschaft gelangt, und gab als lebendes, kämpfendes und duldendes Menschenkind das Beispiel, wie und um welchen Preis die Vereinigung mit Mir erreicht werden kann.

Wenn diese geistige Entwicklung Meiner Mir eingekleideten Menschenseele schneller ging als bei gewöhnlichen Menschenkindern, wenn Ich in Meiner frühesten Kindheit schon Worte des Geistes sprach, wo andere Kinder noch unverständliche Laute hervorbringen, wenn Ich, wie während des dreitägigen Aufenthalts im Tempel, Aufklärungen gab und sogar Wunder wirkte, so müßt ihr bedenken, wessen Geist in diesem Jesus verborgen lag, und wie leicht er bei der geringsten Erregung durch die Menschenhülle durchleuchtete. Auch müßt ihr bedenken, daß Ich nicht, wie andere Menschen, ein ganzes Menschenleben vor Mir hatte, sondern nur dreiunddreißig flüchtige Jahre, innerhalb deren erstens bis zum dreißigsten Jahre Mein Erdenmensch zum großen Werk reifte und zweitens dann nur drei Jahre übrigblieben, in denen der Grundstein zur höchsten, nie vergehenden großen Geistlehre gelegt werden mußte, ohne welche die Geisterwelt und indirekt auch die materielle Welt nicht hätten fortbestehen können.

Es genügte nicht, Geister mit ungeheuren Kräften und Eigenschaften geschaffen zu haben. Sie mußten auch wissen, wozu und warum Ich ihnen diese Vollkommenheit gegeben habe, damit sie, nur weisen Gebrauch von ihr machend, Mir, ihrem Schöpfer, Ehre bringen, Mich ganz verstehen und Meine Schöpfung ganz begreifen lernen sollten. Um das große Geisterreich rein göttlich zu errichten, dem Ganzen wie dem

Einzelnen seinen wahren, geistigen Wert zu geben und selbst in der Materie nur gefestetes Geistiges sie erblicken zu lehren, welches ebenso wie die Geister selbst — nur auf längerem Wege — den Gang der Vergeistigung durchmachen muß, um — gleichsam als Teil Meines geistigen Ichs — einst vergeistigt zu Mir zurückzukehren: das war der Zweck Meines Darniederkommens auf diese Erde, diesem Zweck diente Meine ganze irdische Laufbahn, so wie ihr sie bis zum Ende kennt!

So waren die Ereignisse Meiner Geburt, Meiner Flucht und Meiner Rückkehr nach dem Judenlande nur einzelne vorausbestimmte Stufen in der geistigen Ausbildung der Mir gegebenen Menschenseele. Auch im Tempel zu Jerusalem bestätigte sich das nämliche Prinzip, indem Ich schon im zwölften Jahr anfing, einzelne Gedanken, die über die damals gewohnten Lebens- und Religionsansichten weit hinausreichten, aufzuzeigen. So mancher Meiner Zuhörer wurde dadurch zum weiteren Nachdenken aufgeweckt, da im ganzen Judenvolk der Gedanke vom kommenden Messias, durch die früheren Prophezeiungen angeregt, gerade auf diese Zeit Meines Erscheinens gerichtet war.

Daß sie alle einen ganz anderen Messias wollten, war nicht anders zu erwarten, weil die Menschen — und besonders das Judenvolk — in jener Zeit, unter dem Druck einer fremden Nation stehend, einen Befreier mit aller Sehnsucht erwarteten. Sie hatten alle den Blick nach *unten* gerichtet, während der Messias von *oben* kam.

Was Ich im Tempel lehrte — wo Ich, statt Fragen zu *beantworten*, den gelehrten Priestern Fragen *aufgab*, die sie in Verlegenheit brachten —, hatte den Zweck, ihnen einen kleinen Beweis ihrer oberflächlichen Kenntnis von dem zu geben, was sie allein zu wissen vorgaben. Ich habe es im Tempel, der geistigen Schule jener Zeit, und vor vielen Zuhörern getan, weil das Wort als Träger des unendlich großen Geistigen ewig fortwirkte und so den Keim zu Meiner künftigen Lehre legte. Ich erwarb schon während dieser drei Tage eifrige Verehrer Meiner Person und Meiner Lehre, die es auch später geblieben sind. Wie Ich dort Gönner gewonnen hatte, so machte Ich Mir die Pharisäer und Priester zu Feinden; und eben durch diese beiden Gegensätze lebte Mein hingeworfenes Stück geistiges Brot fort und brachte seine wohlberechneten Früchte. Wären alle mit Mir einverstanden gewesen, hätte am vierten Tag kein Mensch mehr an Mich und Meine Lehre gedacht, — zumal man Mich nur als einen aufgeweckten, etwas kritischen Knaben betrachtete.

Daß Ich Mich nachher wieder unter die Scheinhülle eines Zimmermanns zurückzog und jahrelang die Aufmerksamkeit von Mir ablenkte, hatte seine Gründe: erstens die früheren Äußerungen Meines göttlichen Geistes — besonders im Tempel — vergessen zu machen; zweitens erst als Mann mit Wort und Tat zu bekräftigen, was man Mir als Knabe und Jüngling nicht geglaubt hätte.

So verstand auch Maria, Meine Leibesmutter, Meine Worte nicht, als Ich auf ihre Liebesvorwürfe, wegen des langen Suchens, antwortete: „Wisset ihr nicht, daß Ich sein muß in dem, das Meines Vaters ist?" Joseph und Maria begriffen nicht, was Meines Vaters war; sie waren selbst noch zu sehr dem jüdischen Kultus ergeben und glaubten, die ganze Religion bestände in Haltung der Gebräuche. Sie kannten *Mich* nicht — und Meinen Vater noch weniger; denn für sie gab es nur *einen* unteilbaren Gott. Daher, hätten sie auch Mein göttliches Ich anerkannt, so wäre ihnen dieses zweifache Wesen, Ich und der Herr — oder Sohn und Vater —, nicht faßbar gewesen.

So mußte es geschehen, daß Mein Ich reif wurde, — zur Zeit der Lehre, in der die menschliche Verwandtschaft ihrem Ende zuging und die große geistige für die Menschheit und das große Geisterreich ihren Anfang nahm, — Meine Mission in vollem Maß zu erfüllen, indem Meine Seele, mit dem göttlichen Geiste vereint, *das* lehrte und wirkte, was ihr im Evangelium Johannes aufgezeichnet findet. Das ist seit jener Zeit mit unvertilgbaren Schriftzügen auf den großen Plan der ganzen Schöpfung geschrieben mit den Worten: ‚Einsetzung und rechte Auffassung der göttlichen Eigenschaften, Erklärung und richtiges Erfassen der menschlichen und geistigen Würde im Hinblick auf den Schöpfer alles Seienden und das wechselseitige Verhältnis.'

Dieses war der Zweck Meiner in jener Zeit gegründeten Lehre, die göttlich ist und bleibt, weil sie *Gott* gegeben, weil sie Gott Seinen göttlichen Abkömmlingen als Maßstab hinterließ und zeigte, wie man Gott als Herrn, als Schöpfer, aber auch als Vater lieben und sich Ihm nähern kann.

Und nun, Meine Kinder, nachdem ihr begreifen könnt, warum Ich zur Welt kam, warum bis zu Meinem zwölften Jahr sich die Ereignisse so und nicht anders gestalten mußten, will Ich euch von jener Vergangenheit hinweg in eure Gegenwart führen und euch das Knabenalter Jesu und Seine Fragen an die Priester in euren jetzigen Weltverhältnissen vor Augen führen.

Sehet, in der Welt geht es oft so, daß man die Augen in die Ferne richtet und das Nahe nicht sieht, oder wie ein Sprichwort sagt, den Wald vor lauter Bäumen nicht sieht.

Was ist das Knabenalter im allgemeinen? — Es ist das Erwachen des inneren Geistes, wo die Seele sich intellektuelle Kenntnisse verschaffen will, und sie das Äußerliche, sie Umgebende, einer tieferen Betrachtung unterzieht, auch nicht mehr taub ist für die Stimme, die im Innern oft anders spricht, als man es wünscht.

Dieses Knabenalter der Menschheit, dieses Erwachen vom langen Glaubensschlaf, besonders in religiösen Dingen, diese Zeit Meines zwölften Jahres ist jetzt da. Die geistige Bewegung, die sich aller bemächtigt, zeigt sich in dem Abwägen des zum Glauben Gebotenen, in den Fragen, welche die erwachten Gemüter den geistigen Machthabern, den Theologen und Schriftgelehrten, die gelehrt und allein unterrichtet sein wollen, zur Lösung geben, welche aber, weil sie unfähig sind, die gestellten Fragen zu beantworten, Frage mit Frage lösen wollen.

Dieses ‚zwölfte Jahr', als Vorläufer Meiner späteren, reiferen Lehre, ist es, das die einen zur Ruhe, die andern zur Verzweiflung führt. Es ist wieder das Wort: „Im Anfange war das Wort, und das Wort war bei Gott, und Gott war das Wort." Das Wort ist es wieder — als Ausdruck geistiger Gedanken —, welches, allmächtig durch alle Herzen zuckend, tausend andere Gedanken hervorruft und zu tausend anderen Worten Anlaß gibt.

Auch in jener Zeit warf Ich den Stein nur an den Abhang; seine Schwere zog ihn dann von selbst, brachte ihn ins Rollen und endlich zum Fallen. So das Wort! Es ist wie eine Lawine. Zwar klein im Anfang, vergrößert sie sich dann immer mehr und zieht alles mit sich in den Abgrund. So wie die Lawine schneebedeckte Abhänge von ihrer Decke befreit und dem Lichte der Sonne wieder den Zugang zur Mutter Erde erleichtert, ebenso stürzt die Gedanken- und Wortlawine das künstliche Gebäude von Lug und Trug ein, und der Gnadenschein des göttlichen Liebelichts erleuchtet und erwärmt die unter der Eis- oder Schneedecke erstarrt gehaltenen Herzen.

So geht die Vorbereitung zum großen Reinigungsprozesse vor sich. Selbst die sozialen Verhältnisse, Resultate der geistig-religiösen, rühren sich und verlangen nach Ausgleich, nach Wiedereinsetzung göttlich-menschlicher Rechte.

Es ist das ‚zwölfte Jahr', das Frühlingsjahr, welches dem heißen Sommer, in dem die Früchte ausgereift werden, vorausgehen muß, um im Herbst die volle Ernte halten zu können.

Auch Mein zwölftes Jahr, Mein Knabenalter, war Mein Frühlingsjahr; Meine Zeit der Lehrjahre — Mein Sommer; Meine letzten vierzig Tage bis zur Himmelfahrt — Meine Erntezeit.

So werdet ihr sehen, wie sich alles nach diesen Gesetzen und Perioden entwickeln wird. Nach den Frühlingsjahren, der Zeit der Gärung, werden die Sommerjahre des Ausreifens mit ihren Stürmen und Gewittern — und dann die Herbstjahre kommen, in denen Ich als Schnitter die Spreu vom Weizen sondern, das Bessere in Meine geistigen Himmel und vergeistigten Erdkörper aufnehmen, das Schlechtere aber in die gefestete Materie bannen werde, in der sodann auf weitem Wege das erreicht werden muß, was auf kürzerem verschmäht wurde.

Bereitet euch also vor, im Frühjahr des geistigen Lebens — durch den Gärungs- und Läuterungsprozeß jedes einzelnen in seinem Innern — dasselbe zu tun, was Ich im Großen bewirkte. Reinige ein jeder sein Herz von allem Weltlichen soviel wie möglich, damit er die Stürme und Gewitter des nachfolgenden Sommers mit Geistesstärke ertrage und, wie die Pflanzen und Bäume auf freiem Feld, siegreich aus dem Kampf hervorgehe, damit im Herbste nicht leere Blätter, sondern schön ausgereifte Früchte in Taten und Worten, würdig eines Kindes des göttlichen Vaters, das Endresultat sein mögen!

So nur gewinnt ihr dann Meine Liebe, Mein Reich und euren Seelenfrieden und seid durch Wind und Wetter erstarkte Bäume und keine schwankende Schilfrohre geworden.

Dieses ist der Grund der Bewegung der Zeit, der Gemüter und die Bewegung auch in eurem eigenen Herzen, das immer zum Vorwärtsschreiten drängt. Beachtet daher den Ruf, den Ich nun in so vielen

Formen an euch ergehen lasse! Er hat immer euer Bestes zum Ziel, und dieses könnt ihr mit Meiner Gnade auch erreichen, wenn ihr nur wollt. Amen.

8

Am 2. Sonntage nach Epiphanias

Die Hochzeit zu Kana

Joh. 2, 1—11: Und am dritten Tage ward eine Hochzeit zu Kana in Galiläa, und die Mutter Jesu war da. Jesus aber und seine Jünger wurden auch auf die Hochzeit geladen. Und da es an Wein gebrach, spricht die Mutter Jesu zu ihm: „Sie haben nicht Wein." Jesus spricht zu ihr: „Weib, was habe ich mit dir zu schaffen? Meine Stunde ist noch nicht gekommen!" Seine Mutter spricht zu den Dienern: „Was er euch sagt, das tut." Es waren aber allda sechs steinerne Wasserkrüge gesetzt nach der Weise der jüdischen Reinigung, und es ging in je einen zwei oder drei Maß. Jesus spricht zu ihnen: „Füllet die Wasserkrüge mit Wasser." Und sie füllten sie bis obenan. Und er spricht zu ihnen: „Schöpfet nun und bringet es dem Speisemeister!" Und sie brachten es. Als aber der Speisemeister kostete den Wein, der Wasser gewesen war, und wußte nicht, woher er kam (die Diener aber wußten es, die das Wasser geschöpft hatten), ruft der Speisemeister den Bräutigam und spricht zu ihm: „Jedermann gibt zum ersten guten Wein und, wenn sie trunken geworden sind, alsdann den geringeren; du hast den guten Wein bisher behalten." Das ist das erste Zeichen, das Jesus tat, geschehen zu Kana in Galiläa, und offenbarte seine Herrlichkeit. Und seine Jünger glaubten an ihn.

Dieses Kapitel des Johannes beginnt mit der Hochzeit zu Kana in Galiläa, wo Ich die erste öffentliche Wundertat verrichtete, indem Ich Wasser in Wein verwandelte.

Mit diesem Ereignis, welches in den Anfang Meiner Lehrjahre fällt, wollte Ich, obwohl Ich noch nicht lehrend aufgetreten war, gerade durch die Verkettung der Umstände bei dieser Hochzeit die Aufmerksamkeit vieler auf Mich lenken; denn in Kürze war Mein Wandel im Verborgenen zu Ende.

Eine Hochzeit ist zwar ein schon oft dagewesener und sich stets wiederholender Akt. Er wird aber, obwohl viel Geistiges in ihm verborgen ist, von den meisten Menschen nur materiell verstanden und begangen.

Wenn es nur eine solche Hochzeit gewesen wäre, so würde man Mich dort nicht gefunden haben. Ich hatte weit größere Zwecke im Auge, die jedoch nicht durch zu auffallende Ereignisse erreicht werden sollten. Es sollten die Juden langsam auf Mein künftiges Lehr- und Tatenleben aufmerksam gemacht werden.

Was diese Handlung und alle weiteren betrifft, so ist ihre jetzige, geistige Wiederholung in einem größeren und tieferen Sinne aufzufassen. Jetzt werden auch die Zeiträume größer sein als während Meiner kurzen Lehrjahre und Meines Aufenthalts auf eurer finsteren Erde. Dort war Mir nur kurze Zeit gegeben, um Großes für eine ewige Dauer zu verrichten; jetzt,wo es sich um die künftige Vollendung der geistigen Bildung der Menschheit handelt, fließt der Strom der Ereignisse langsamer, aber desto gewaltiger, —, alle Hindernisse überwindend, die sich bis zu Meiner letzten Ankunft gegen Meine Pläne erheben möchten.

Um bei der Hochzeit zu Kana wieder anzuknüpfen, muß Ich vorausschicken, was eine Hochzeit eigentlich ist, wie sie bei euch gefeiert wird, und wie Ich sie gefeiert haben möchte, damit ihr später die geistige Bedeutung derselben inbezug auf die ganze Menschheit erkennen möget, indem die Verbindung zweier Menschen, in der Entsprechung, auch für die ganze Menschheit ihre tiefe Bedeutung hat.

Eine Hochzeit ist der Abschluß eines vorhergegangenen Übereinkommens zweier Menschen verschiedenen Geschlechts, welche, durch Sympathie angezogen, dem Drang ihrer Seele nachgeben und gesonnen sind, diese einmal angefangene geistige Verbindung während ihrer Lebensdauer nicht mehr aufzugeben, sondern, stets mehr eins miteinander werdend, Freud und Leid gemeinsam zu tragen. So wird, infolge dieser gleichen Gesinnung, durch einen gesetzlichen Akt die Ehe geschlossen, in der die einzelne Individualität eigentlich aufhört, und ein gemeinsames Leben, das Leben der Familie, vorgezogen wird.

Solch ein Akt zweier Seelen, die sich erkannt haben, und ihre dauernde Verbindung sollten nicht nur für dieses kurze Erdenleben, sondern auch für das jenseitige Leben gelten, wo beide durch das Streben nach gleichem Ziele sich stets mehr und mehr vereinigen und am Ende — wie ihr sagt — „ein Herz und ein Sinn“ werden sollen.

Eine solche Verbindung sollte die wahre geistig-sittliche Liebe als Grundlage haben, um darauf das Familienleben zu gründen, welches gegenseitige Achtung bedingt. Durch das von Mir bestimmte Naturgesetz der Paarung wollte Ich nicht allein das Zusammenleben zweier

Individuen bezwecken, sondern Ich wollte auch aus solcher Liebe gezeugte Früchte haben, welche die besseren Eigenschaften des Gemüts des einen und anderen fortpflanzen und noch mehr veredeln sollten.

So war Mein Ehegesetz, welches Ich in die Natur als Drang zur Fortpflanzung einlegte, die Ursache einer ewigen Stufenleiter, von Wesen zu Wesen, bis zu Mir. Das wollte Ich, — und was habt ihr Menschen daraus gemacht? Einen Markt mit Menschenfleisch und Seelenverkäufern!

Als Ich in Kana zur Hochzeit ging, war es gewiß nicht die sinnlich-materielle Seite, die Mich bestimmte, dieser Einladung Folge zu leisten, sondern Ich wollte einesteils den Wünschen Meiner Leibesmutter nachgeben, andernteils aber schon dort den ersten Grundstein Meines großen Geisterreiches legen. Daß Ich Wein aus Wasser machte, und daß die Brautleute den Wein für den besten erklärten, ist eben für die jetzige Zeit in geistiger Entsprechung von Bedeutung.

Seht! was Ich euch von der ehelichen Verbindung zweier Personen sagte, das soll nun geistig, auf der Grundlage der in den Evangelien niedergelegten Liebelehre, zwischen den verschiedenen Sekten der Christen geschehen; auch sie sollen sich in der Liebe zu einer einzigen Familie verbinden. Schon nähert man sich, und tritt mehr in geistigen Verkehr; man kommt nach und nach zu der Erkenntnis der geringen Unterschiede in den Ansichten und Auslegungen der immer sich gleich gebliebenen Bibel, durch welche die Trennung verursacht wurde.

Schon beginnen sich durch diesen Austausch von Meinungen die vermeintlichen Hindernisse zu verringern, kleiner zu werden, um einst ganz zu schwinden. In der jetzigen Zeit werden die Vorbereitungen zu einem gemeinschaftlichen Leben getroffen, um dann einst das Vereinigungsfest, die Hochzeit, zu feiern, zu welcher es wahrlich höchste Zeit ist.

Wenn diese Vereinigung ihrem Ziele nahen wird, dann werde auch Ich wieder das bis jetzt von allen getrunkene Glaubenswasser in Meinen geistigen Liebewein verwandeln; und wie einst der Speisemeister, werden dann die Harrenden fragen: „Warum haben wir denn bisher den schlechten Wein getrunken und den besten bis zum Ende aufgespart?“

Und Ich werde antworten: ‚Weil ihr früher nicht fähig wart, Meinen Liebewein gehörig zu würdigen und zu schätzen, und nur Mißbrauch das Resultat gewesen wäre! Jetzt aber, wo ihr euch an eurem schlechten, von Menschen zusammengemischten Wein sattgetrunken habt, jetzt, wo ihr in der Trinklust ruhiger geworden seid und Gutes von Schlechtem klarer unterscheiden könnt, jetzt komme Ich und gebe euch nichts Neues, was ihr nicht schon kennet, sondern denselben Wein, den ihr schon früher getrunken habt, nur von seinen schlechten Teilen getrennt, als reinen göttlichen Trank, den nur jene verdienen, welche, die Sinnlichkeit und das Materielle weit hinter sich lassend, ihre geistige Natur erkennen und nur nach geistigem Trank und geistiger Speise lechzen.'

Dahin zielt jetzt alles Treiben der Menschen. Alle sind satt der schlechten Brühe, die ihnen als göttlicher Trank vorgesetzt wurde. Sie ahnen etwas Besseres; jeder glaubt, ein anderer habe vielleicht das, was ihm selbst fehlt. Durch dieses Suchen und Fragen fallen die Hindernisse des religiösen Fanatismus, und die Vereinigung wird möglich, wo Ich dann kommen werde und es nur *einen* Hirten und *eine* Herde geben wird.

Das ist die geistige Bedeutung der Hochzeit zu Kana.

Beachtet dieses Wort wohl, und richtet euer Auge auf die kommenden religiösen Bewegungen, und ihr werdet sehen, wie die gleichgesinnten Geister sich finden, sich einander nähern, um den Hochzeitstag, den Tag der ewigen Verbindung zu begehen, wo alle, miteinander vereint, Mir entgegenstreben werden, um *den* Namen zu verdienen, welchen Ich allen vorbehalten habe, die Meine Lehre ausüben und den ersten Grundsatz Meiner ganzen geistigen und materiellen Schöpfung zu ihren Lebensgrundsatz gemacht haben, um des himmlischen Vaters würdige geistige *Kinder* zu werden. Amen.

9

Am 3. Sonntage nach Epiphanias

Die Heilung eines Aussätzigen

Matth. 8, 1—4: Da er aber vom Berge herabging, folgte ihm viel Volk nach. Und siehe, ein Aussätziger kam und betete ihn an und sprach: „Herr, wenn du willst, kannst du mich wohl reinigen!“ Und Jesus streckte seine Hand aus, rührte ihn an und sprach: „Ich will es tun, sei gereinigt!“ Und alsbald ward er von seinem Aussatz rein. Und Jesus sprach zu ihm: „Siehe zu, sage es niemand, sondern gehe hin und zeige dich dem Priester und opfere die Gabe, die Mose befohlen hat, zu einem Zeugnis über sie.“

(Den 11. Jan. 1872)

Dieses Kapitel Meines Apostels Matthäus bespricht mehrere Heilungen und Wunder aus Meinen ersten Lehrjahren. Es sind dies Taten, welche notwendig waren, um den strenggläubigen Juden eine andere Idee von ihrer mosaischen Gesetzgebung und von ihrem Jehova-Zebaoth zu geben. Ich mußte vor ihnen Taten vollbringen, weil Worte allein nicht ausgereicht hätten.

Hier ist angeführt, wie Ich durch bloße Berührung einen Aussätzigen heilte. Diese Art der Heilung ist jetzt nicht mehr möglich oder nicht in Meinem Willen gelegen; denn wenn ihr die Krankheit ‚Aussatz‘ im geistigen Sinn nehmen wollt, so müßte Ich viele Menschen, und zwar nicht die besten, auf einmal zu Engeln machen, welches aber weder für Mich und Mein Geisterreich, noch für den plötzlich verwandelten Geist- und Seelenmenschen von Nutzen wäre.

Was ist denn eigentlich der Aussatz für eine Krankheit? Woher kommt er, und wie kann er geheilt werden?

Diese Fragen müssen wir zuerst beantworten, ehe uns das geistig Entsprechende klar vor Augen treten kann. Aussatz ist jene Krankheit, bei der man — sei es durch Ausschweifung, sei es durch unnatürliche Lebensweise im Essen und Trinken, sei es durch Unreinlichkeit — so viele fremde, giftige Stoffe in seinen Organismus hineingeschafft hat, daß das ganze menschliche Uhrwerk nicht weitergehen kann. Um nun die normale und natürliche Tätigkeit und Geschäftsleitung in allen Teilen des Körpers wiederherzustellen, wirft die menschliche Natur alle seit Jahren aufgenommenen fremden Stoffe oder Gifte auf ihr größtes und auch sehr wichtiges Organ, auf die Haut, durch welche die größte und ausgebreitetste Verbindung mit der Außenwelt besteht, erstens um auf diese Weise sich ihrer fremden, lästigen Bürde zu entledigen, zweitens um selbst durch dieses giftige Reizmittel eben die Haut anzuregen, mit mehr Tätigkeit den ganzen Organismus zu unterstützen, und ihm so wieder zu seiner früheren Gesundheit zu verhelfen.

Geheilt wird diese Krankheit natürlich am besten auf demselben Wege, auf dem sie entstanden ist, d. h. der Aussatz kam von innen nach außen, und so muß auch die Heilung den nämlichen Weg gehen. Das verdorbene Blut, welches seine schlechten Bestandteile in der Haut abgesetzt hat, muß durch neues und gesundes ersetzt werden. Von außen gehört natürlich auch die Reinhaltung der Wunden dazu, damit das Zersetzte, dem Körper nicht mehr Taugliche, entfernt und dem allenfalls noch Nachkommenden Platz gemacht wird.

So erfolgt dann die Heilung, wodurch bei Beachtung einer naturgemäßen Lebensweise der Körper sich erneuert, seinem Organismus volle Kraft und dem Menschen ein langes, gesundes Leben sichert.

Hier habt ihr in kurzen Umrissen ein Bild vom Wesen des Aussatzes als körperliche Krankheit. Jetzt wollen wir dieselbe in ihrer geistigen Entsprechung betrachten, damit ihr auch dort die Krankheitserscheinung und die Heilmittel erkennen mögt. Nur der Wunderheiland, der diese Krankheit durch bloße Berührung oder durch ein Wort zu heilen vermag, der wird und muß hier wegbleiben; denn in geistiger Hinsicht muß jeder Aussätzige sich selbst heilen und so selbst sein Heiland werden.

Sehet, ‚aussätzig', d. h. mit vielen giftigen Beulen behaftet, ist ein großer, ja der größte Teil der Menschen; aber eben, weil die Mehrzahl aussätzig ist, so nimmt man an dieser Krankheit keinen Anstoß. Denn die wenigen von ihr Gereinigten ziehen sich von den mit dieser Krankheit Behafteten nicht zurück, sondern pflegen sie mit der Liebe und Geduld des christlichen Glaubens, um die Kranken, wenn sie zu schwach sind, mittels Rat und Unterstützung zur Wiederherstellung ihrer verlorenen moralischen Gesundheit zu führen.

Der Aussatz ist eine Krankheit, die niemand verbergen kann. Sie zeigt sich offen am menschlichen Körper. Das bedeutet in geistiger Hinsicht das Offen-zur-Schau-Tragen aller schlechten Eigenschaften, aller bösen Leidenschaften und Gewohnheiten, die das Resultat schlechter Ansichten und vernachlässigter Erziehung sind. Wenn, geistig genommen, eine Seele in ihrem Innersten so verdorben ist, daß sie beinahe ihren geistigen Wert eingebüßt hat, so treibt der Geist, Mein in sie gelegter göttlicher Funke, sie so weit, daß sie sich nicht mehr schämt, diese schmutzige Innenseite selbst nach außen öffentlich zu zeigen. Die Seele wird durch diesen Prozeß gleichsam gezwungen, ihr Gewissen dem Nebenstehenden zu enthüllen und durch ihre Lebensart und Denkweise, die die Folge der eingesogenen falschen Grundsätze ist, sich an der Welt zu stoßen, bittere Erfahrungen zu machen, um am Ende doch zu der Einsicht zu kommen, daß ein besseres, höheres, moralisches Bestreben und Wirken erst zum rechten Frieden führt.

Um diese geistig Aussätzigen schneller zu heilen, lasse Ich Ereignisse in der Welt zu, durch welche der Ausscheidungsprozeß schneller vor sich geht und auch zur Heilung Kräftigeres, Geistigeres ins Innere, ins Seelenleben, eindringt.

So wie die äußere Heilung von innen kommen muß, so muß auch die geistige Genesung von dort ausgehen. Dadurch, daß das Schlechte bis in die Öffentlichkeit gedrungen ist, durch das Zusammenleben mit andern zersetzt und von der Außenwelt aufgenommen wurde, wird im Innern das Leere durch moralisch-geistige Heilmittel wieder ergänzt und so der Mensch zu seinem Normalzustande, als Ebenbild seines Schöpfers, zurückgeführt und dem Geisterreiche wieder gewonnen.

Wie der materielle Aussatz ansteckend ist für den, der mit solchen Kranken in Berührung kommt, ebenso ist auch der geistige Aussatz ansteckend, weil er durch seine schlechten Grundsätze auch andere zu schlechten Handlungen verleitet. Und so entstand, indem einer den andern ansteckte, diese unmoralische Welt, wie ihr sie jetzt seht. Das, was Ich in jener Zeit getan habe, daß Ich durch Berührung einen Aussätzigen heilte, weil sein geistiges Inneres nicht seiner Haut entsprach, ist jetzt im Geistigen nicht möglich. Der Mensch muß sich geistig selbst heilen. Mein Berühren besteht oft nur darin, daß Ich ihn in Verhältnisse führe, durch die er schneller und mit Gewalt von seinen anklebenden Unreinigkeiten befreit wird; aber ihn auf einmal geistig rein herzustellen, würde ein Eingriff in die freie Würde des Menschen sein.

Wenn Ich aus Teufeln plötzlich Engel machen wollte und sie — ohne Kampf und Verleugnung zu ihrem Besten — umgewandelt würden, — wo bliebe dann ihr Verdienst?

Diese Art Wunderheilung bleibt also in jetziger und künftiger Zeit aus; wohl aber wiederholt und ereignet sich oft, was dem Hauptmanne von Kapernaum begegnet ist, der mit starkem Glauben und fester Zuversicht der Macht Meines Wortes vertraute und durch seine Rede: „Herr, ich bin nicht wert, daß Du eingehst in mein Haus; sprich nur ein Wort, und mein Knecht wird gesund!“ zeigte, wie der eigentliche Christenmensch beschaffen sein sollte, der trotz allem widrigen Anschein auf Mich und Meine Führung vertraut, Meinen Worten glaubt und dabei — Meine Größe öffentlich bekennend — seine eigene Unwürdigkeit nicht vergißt.

Solche Seelen, die so mit Mir reden, die bittend zu Mir kommen, sich selbst erniedrigend, die berühre Ich mit Meinem Finger und heile sie mit Meinem Wort, d. h. Ich sende ihnen Trost und Frieden ins Herz, die auf keine andere Weise zu erlangen sind. Bei solchen Seelen gilt auch, was Ich in Kapernaum sagte, daß solcher demütig Glaubenden das Himmelreich ist, — aber nicht denen, die sich noch mit ihrem Aussatz brüsten. Diese müssen sich zuerst läutern und reinigen lassen, oder sie werden die Finsternis ihres Herzens durch traurige Erfahrungen, erkennen müssen, und daß es besser gewesen wäre, die schlechten Eigenschaften (den geistigen Aussatz) auszumerzen, welche sie öffentlich zur Schau trugen und sich sogar mit denselben brüsteten, da dieses nicht der Weg zum Geistigen, nicht der Weg zum ewigen Leben, nicht der Weg zu Mir ist.

Solange sie nicht begreifen werden, daß Demut und Liebe, mit unbegrenztem Vertrauen verbunden, die Schlüssel sind, um bei Mir alles zu erreichen und sich selbst am schnellsten fortzuhelfen, solange werden Krankheiten und Mißhelligkeiten aller Art auf sie einwirken, bis der Aussatz verschwunden und durch Lebens-, Glaubens- und Liebeselemente ersetzt wird.

Auch ihr habt noch so manche Aussatzbeulen an eurer Seelenhaut, welche oft im Außenleben deutlich zeigen, daß ihr noch lange nicht gereinigt seid, und noch lange nicht alle geistige Nahrung, die Ich seit Jahren zu euch sende, bis in euer Außenleben verwirklicht habt. Vieles ist es, das ihr wohl lest, manchmal auch glaubet, das aber an der Außenseite der Lebenshaut noch keine Spuren gezeigt hat, als wäre diese Gnaden- und Liebekost bis dorthin durchgedrungen. Nur wenige von euch erkennen ihre Unwürdigkeit wie der Hauptmann zu Kapernaum, auf daß auch sie ausrufen möchten: „Herr, ich bin so vieler Gnaden nicht würdig! Nur ein Wort des Trostes genügt, und auch dieses ist schon zuviel für mich armes, schwaches und wankelmütiges Kind!"

Die meisten von euch glauben, wie die Juden jener Zeit, alles getan zu haben, wenn sie sich buchstäblich an die Satzungen und Lehren Meiner Worte klammern. Sie sind aber noch weit entfernt von der praktischen Ausübung der Worte ihres Vaters. Wie die Juden oberflächlich nur das hielten, was ihnen materiell das Wichtigste zu sein schien, so ist es auch bei euch! Mit der Begeisterung für Mein Wort, mit dem Bekehrenwollen anderer, da seid ihr gleich bereit! Ihr wollt gleich helfen, den Unrat vor anderer Leute Türen aufzuräumen; nur den eigenen laßt ihr gemütlich liegen und wartet wie dieser im Evangelium genannte Aussätzige, daß Ich vielleicht komme und mit Meiner Berührung euch gleich zu höchst moralischen Wesen stempeln solle.

Hier liegt der große Fehler! Weil ihr eure Eiterbeulen nicht kennt, so sucht ihr sie auch nicht zu heilen.

Hier in diesem Worte ermahne Ich euch: Untersucht eure Lebens- und Seelenhaut! Und wenn ihr solche Aussatzgeschwüre entdeckt, so möge euch das ein Zeichen sein, daß ihr noch manches Fremde, nicht eurem geistigen Wesen Angehörige, in eurem Innern bergt. Trachtet danach, solches auszumerzen und durch neue, kräftige Lebenssubstanzen zu ersetzen, damit ihr nicht Meine direkte Berührung, sondern nur Mein Wort nötig habt, auf daß eure Seele gesund werde! Amen.

10

Am Sonntage Septuagesimä

Das Gleichnis von den Arbeitern im Weinberge

Matth. 20, 1—16: Das Himmelreich ist gleich einem Hausvater, der am Morgen ausging, Arbeiter zu mieten in seinen Weinberg. Und da er mit den Arbeitern eins ward um einen Groschen zum Tagelohn, sandte er sie in seinen Weinberg. Und er ging aus um die dritte Stunde und sah andere am Markte müßig stehen und sprach zu ihnen: „Geht ihr auch hin in den Weinberg; ich will euch geben, was recht ist!" Und sie gingen hin. Abermals ging er aus um die sechste und neunte Stunde und tat gleich also. Um die elfte Stunde aber ging er aus und fand andere müßig stehen und sprach zu ihnen: „Was steht ihr hier den ganzen Tag müßig?" Sie sprachen zu ihm: „Es hat uns niemand gedingt." Er sprach zu ihnen: „Geht ihr auch hin in den Weinberg, und was recht sein wird, soll euch werden!" Da es nun Abend ward, sprach der Herr des Weinbergs zu seinem Schaffner: „Rufe die Arbeiter, gib ihnen den Lohn und hebe an bei den letzten bis zu den ersten!" Da kamen, die um die elfte Stunde gedingt waren, und es empfing ein jeglicher seinen Groschen. Da aber die ersten kamen, meinten sie, sie würden mehr empfangen; und sie empfingen auch ein jeglicher seinen Groschen. Und da sie den empfingen, murrten sie wider den Hausvater und sprachen: „Diese letzten haben nur eine Stunde gearbeitet, und du hast sie uns gleich gemacht, die wir des Tages Last und Hitze getragen haben!" Er antwortete aber und sagte zu einem unter ihnen: „Mein Freund, ich tue dir nicht unrecht! Bist du nicht mit mir eins geworden um einen Groschen? Nimm, was dein ist, und gehe hin! Ich will aber diesem letzten geben gleich wie dir. Oder habe ich nicht Macht, zu tun, was ich will, mit dem Meinen? Siehst du darum scheel, daß ich so gütig bin? Also werden die Letzten die Ersten und die Ersten die Letzten sein. Denn viele sind berufen, aber wenige sind auserwählt."

(Den . . . Jan. 1872)

Dieses Gleichnis, sowie viele andere, hatte den Zweck, den damals lebenden Juden geistige Wahrheiten in der Form von Vergleichen und Schilderungen aus dem praktischen Leben leichter verständlich zu machen. Außerdem war damals — wie heute noch im Orient — die Bilder- und Gleichnissprache mehr gebräuchlich als in heutiger Zeit, wo man bei allen Mitteilungen die direkte Darstellung vorzieht.

Es liegt in diesen Gleichnissen immer ein tieferer, geistiger Sinn, der sowohl damals paßte, wie auch für alle kommenden Zeiten stets den gleichen Wert haben wird.

Diesen geistigen Sinn wollen wir nun etwas mehr beleuchten und seine Bedeutung hervorheben, weil er das Wesentliche, der Kern, — das Gleichnis nur seine Schale oder Umhüllung ist.

Seht, in jenem Gleichnis sagte Ich: „Das Himmelreich gleicht einem Weinberge." Der geistige Sinn dieser Worte muß auf den eigentlichen Begriff, was denn ein Weinberg ist, zurückgeführt werden.

Seht, ein Weinberg ist ein Stück Land, aus dessen Boden durch Anpflanzung von Reben das Ätherische der Erde in Geistiges, in der Traube zu Wein verwandelt wird. Durch Zersetzung der Elemente werden gröbere Stoffe in feinere, geistigere umgewandelt.

Was ist aber neben der Erde zum Ausreifen der Traube noch besonders nötig?

Es ist das Licht der Sonne; denn ohne den Wecker von oben entwickelt sich aus der Erde kein geistiges Produkt. Die Sonne muß mit ihren Lichtstrahlen erst die in der Erde schlafenden Elemente wecken, sie mit ihrer Wärme vergeistigen helfen und so durch den Kreislauf im Rebstock, durch Wurzeln, Äste, Blätter und Blüten, das Höchste absetzen, das endlich nach seinem Zersetzungsprozeß sichtbar zeigt, welche Fülle geistigen Stoffes in der Traube verborgen lag, welch geistiger Stoff sich jedoch erst dann zu zeigen beginnt, wenn die Traube aufgehört hat, Traube zu sein.

Hier habt ihr also den Weinberg, bei dem drei Dinge — nämlich Erde, Wasser und Licht — zusammenwirken müssen, um auf höherer Stufe etwas Geistiges hervorzubringen.

Nun wird euch der Vergleich Meines Reichs oder des Himmelreichs mit einem Weinberg schon leichter verständlich sein, wenn ihr die oben angeführte Erklärung auf Mein Reich anwendet.

In Meinem Reich ist ebenfalls das Höchste nur Geist; aber dieser Geist, verkörpert in geistigen Wesen, kann erst aus den unter dem Geist stehenden, niederen Produkten der Schöpfung gewonnen werden. So wie der ganze Bildungsprozeß des Weins, vom eingesaugten Saft der Wurzel des Rebstocks bis zum im Fasse gärenden Mostwein, ein fortwährendes Verwandeln, Läutern und Verfeinern der Stoffe ist, so werden auch in Meiner ganzen Schöpfung alle geschaffenen Dinge — stets weiter vorrückend — geläutert und verfeinert, bis nach ihrem Ende als Materie, bei dem Zerfall des Bestandes, das Geistige mit leichter, ätherischer Umkleidung heraustreten kann. So wie die Wurzel des Rebstockes aus der Erde die ihr zusagenden Stoffe zieht, die zum weiteren Aufbau der ganzen Pflanze gehören, ebenso liegt die Wurzel des einst Geistigen im Materiellen vergraben. Dort sind ihre ersten Anfänge, von dort entbindet sich, was einer höheren Stufe fähig ist, und steigt aus der Finsternis der Erdrinde in die feinere Luft auf. Hier tun sodann Licht, Luft und Wasser das ihre, um den Vergeistigungsprozeß zu vollenden und feste Elemente der Bestandteile der Erde in wässerige umzuwandeln, die leichter Geistiges, Edleres enthalten können, weil sie, — den unteren Regionen entwachsen, von Licht und Wärme durchdrungen, sich den Einwirkungen der höheren Regionen leicht hingeben können.

In entsprechender Weise geht auch der Erziehungsprozeß zum Einwohner Meiner geistigen Himmel vor sich.

Durch den Licht- und Wahrheitsstrahl von oben muß das im Grabe Schlafende aus der groben Materie gezogen, dann geläutert und in ihm der Drang erweckt werden, stets höher und höher zu steigen. Ihr seht es auf eurer Erde, wie alles sich von der gröbsten Materie zur leichteren Existenz hindurchringt durch alle Klassen des Erdreichs zum Pflanzen- und Tierreich und von dort, sich stets weiter entwickelnd, aufwärtssteigt zum Menschen, der dann die erste geistige Stufe zu Meinem Reich bildet. Er ist schon der Traube gleich, in welcher alle Elemente zum köstlichen Weine vorbereitet liegen.

Auch im Menschen ist alles so geformt und gebildet, daß der Einfluß von oben der mächtigere und der von unten der schwächere ist. Wenigstens war das so Meine Bestimmung. Die Entartung und das Abweichen des Menschen von diesem von Mir ihm gebahnten Weg wird später an der betreffenden Stelle dieses Gleichnisses zur Sprache kommen.

Durch die Auflösung der menschlichen Hülle tritt der Mensch ins Geisterreich über, wo sich geistig der nämliche Prozeß wiederholt.

Wie der unterste, in die feste Materie gebundene Geist vorher bis zur obersten Stufe, die auf Erden möglich ist, zum Menschen emporstieg, so muß er im Geisterreich wieder als einfache Menschenseele anfangen, um bis zum größten Engelsgeist, ja bis zu Mir selbst, fortzuschreiten.

In dieser Hinsicht also gleicht das Himmelreich einem Weinberge, weil im einen wie im andern der Läuterungsprozeß vom Groben zum Feinsten, vom Festen zum Beweglichsten, von der Materie zum Geist vollzogen wird. In dieses Himmelreich als Weinberg — wie das Gleichnis sagt — sucht also ein Hausherr Arbeiter, die den Weinberg bearbeiten sollen.

Was der Eigentümer eines Weinberges im *weltlichen* Sinn sucht, das suche Ich im *geistigen.* Ich suche ebenfalls Seelen, die sich selbst und Meine Schöpfung begreifen und sich dazu hergeben, Meine Liebesgebote zu erfüllen, und die durch ihre Lehren und ihr Beispiel dazu beitragen sollen, die in der Materie gebundenen Geister zu befreien, um so das einst von Mir Ausgegangene Mir wieder — und zwar geläutert, verfeinert, vergeistigt — zurückzuführen.

Wie der Hausherr frühmorgens ausgeht, die ersten müßig Dastehenden findet und sie zur Arbeit dingt, so gehe auch Ich aus und suche auf Menschenseelen schon in den frühesten Jahren einzuwirken, um sie für Mein Reich tauglich zu machen. Wie dieser Herr des Weinberges zu verschiedenen Stunden ausgeht, um neue Arbeiter zu finden, suche auch Ich in den verschiedenen Altersstufen, im Jünglings-, Mannes- und selbst im Greisenalter, diejenigen wiederzugewinnen, welche — Mir bis dahin verloren — nicht wußten, was ihre Mission auf dieser Welt war, und was ihr Zweck in der andern sein wird.

Wie Meine Kinder in den verschiedenen Altersstufen stehen, so stehen auch — im größeren Maßstabe — die Völker teils im Kindes-, teils im Jünglings-, Mannes- oder Greisenalter. Auch die Völker gehen den gleichen Gang der Entwicklung wie der einzelne Mensch in seinen Lebensphasen.

Die ersten Anfänge einer Lehre für Mein Reich waren die Zeiten des Glaubens, die dem Kindesalter entsprechen. Dann kamen die Zeiten der Zweifel und des Fragens, — des Jünglingsalters. Später folgten die Zeiten des klaren Bewußtseins, die des Mannesalters, und endlich *die* Periode, die der nahe bevorstehenden Verwandlung vorausgeht, das Greisenalter.

Mein erstes Kommen fiel in die Zeit des Jünglingsalters der Menschheit, als die erwachten Gemüter anfingen, das ihnen als Religion Gegebene zu kritisieren und zu erklären, woraus verschiedene Glaubensbekenntnisse entstanden. Damit nun diese große Fragezeit die Menschheit ihrer geistigen Existenz nicht ganz beraube, trat Ich gerade in jener Zeit auf und rettete so das in der Kindheit angenommene Gute, entfernte das durch spitzfindiges Grübeln Angeklebte und gab so dem Menschen seine Geisteswürde wieder, die sonst im weltlichen, egoistischen Treiben verlorengegangen wäre.

In diesem Jünglingsalter, wo sich höchste Begeisterung und größte Erniedrigung die Hand gaben, suchte Ich Meine Arbeiter für Meinen himmlischen Weinberg. Als Märtyrer bestiegen viele den Scheiterhaufen — auf den wohl andere, aber nicht sie hingehörten —, um ihre Mission zu vollenden.

Unter diesem Treiben und Hin- und Herwogen zwischen großen Ideen, zwischen Geistlehre und Materialismus, reifte das Mannesalter der Menschheit heran. Mein in der Jugendzeit gelegter Same trug seine Früchte, wenngleich an vielen Orten entartet. Und wieder ging Ich aus und sammelte Kämpfer für Mein Reich — und fand sie, wenn auch spärlich. Einige wagten es wieder, den Weizen von der Spreu zu reinigen, damit nicht im reifen Mannesalter, trotz klarer Einsicht, die ganze geistige Saat wegen weltlicher Interessen wieder unterdrückt werde. Es begannen die Religionskriege und die Verfolgungen, man wollte mit Feuer und Schwert, mit Haß und Rache bekämpfen, was nur allein durch Liebe und Duldung hätte besiegt werden können.

Auch dieses Mannesalter mit seinem ernsteren Charakter ging vorüber. Diejenigen, die die Welt nach ihren Ideen verdummen und sie mit Blindheit schlagen wollten, fielen in die Grube, die sie anderen gegraben hatten. Sie gehen einer Reform entgegen, die ganz anders ausfallen wird, als sie es sich dachten.

Und so hatten Meine Arbeiter, wenngleich noch nicht alles vollbracht, doch wenigstens bedeutend dazu beigetragen, die Pflanze des Geistes, die den reinsten Wein des Himmels enthält, vor der Zerstörung, vor der Verwesung zu bewahren.

Nun komme Ich wieder im Greisenalter der Menschheit, in welchem sie reif ist, bald einer geistigen Verwandlung entgegenzugehen. Wiederum suche Ich Meine Arbeiter und finde deren schon mehrere. Obwohl im Greisenalter der Menschheit — wie in dem des einzelnen Menschen — viel Angewohntes ist, das nicht leicht auszurotten ist, so wird doch die Kraft der Umstände das meiste dazu beitragen, mit Gewalt zu entfernen, was nicht mit Sanftmut und Liebe einem Besseren weichen will.

So dingte und sandte Ich Meine Arbeiter, und wenn diese einst in Meinem Reich angekommen sein werden, so mögen sie sich zu den anderen, schon früher Gegangenen scharen, um mit ihnen das Fest des Sieges zu feiern und die Krone der Verdienste zu teilen.

Alle Menschen hatte Ich zu diesem Läuterungswege berufen; allein nur wenigen gelang es, die Auserkorenen genannt zu werden, die, über Elend, Gram, Sorge und Kampf triumphierend, stets Meine Fahne des Glaubens hochtrugen. Manche haben *auch* gelitten und erduldet in ihrem frommen, aber verkehrten, bis zum Fanatismus ausgearteten Sinn. Diese werden im Jenseits die Murrer sein, wenn sie diejenigen *zuerst* belohnt sehen, auf die sie bei Lebzeiten vielleicht mit Verachtung herabschauten. Sie waren zwar auch die Auserwählten, doch es fehlte ihnen an Kraft, die Auserkorenen zu werden; so werden sie sehen müssen, wie die Letzten die Ersten und die Ersten die Letzten werden.

Doch die ewige Liebe, die alles ausgleicht, wird auch dort Mittel wissen, um die Wunden des Eigenstolzes zu heilen, denen falsche Ansichten zugrunde lagen.

Ihr, Meine Kinder, und die ganze Menschheit seid jetzt in das Greisenalter eingetreten. Es naht die Zeit der Auflösung — im geistigen Sinne genommen —, es naht Mein letztes Kommen. Daher die Unruhe in den Gemütern, weil sie den baldigen Wechsel der weltlichen und geistigen Dinge dunkel ahnen! Daher diese Hast, noch *vor* der Zeit das Schlechte auszumerzen, um nicht von Ereignissen überrascht zu werden, in denen das bis jetzt Geglaubte nicht ausreicht! Daher der Eifer der Arbeiter am Abend, um in diesen wenigen Stunden des geistigen Lebens noch das zu ersetzen, was sie bis dorthin nicht verrichten konnten!

So ist der Hausherr des Weinbergs bald mit der Lohnauszahlung beschäftigt. So werde auch Ich bald die Kronen und Siegespalmen denen verteilen, die — ob spät oder früh — die wahren Vertreter und Ausbreiter Meiner Lehre waren.

Seht auch ihr, daß ihr nicht nur zu den *Berufenen* gehört, Mein Wort zu vernehmen, sondern daß ihr zu den *Auserkorenen* gezählt werdet, die, wie die fleißigen Arbeiter in einem Weinberg, am meisten dazu beigetragen haben, noch am Lebensabend einer greisenartigen Menschheit dem starren, lieblosen Treiben der Welt soviel Geistiges wie möglich abzugewinnen, welches dann im Himmelreich, nach dem Gärungsprozeß, geistige Früchte tragen soll! Amen.

11

Am Sonntage Sexagesimä

Das Gleichnis vom Sämann

Lukas 8, 4—15: Da nun viel Volk beieinander war und aus den Städten zu ihm eilte, sprach er durch ein Gleichnis: „Es ging ein Sämann aus, zu säen seinen Samen. Und indem er säte, fiel etliches an den Weg und ward zertreten, und die Vögel unter dem Himmel fraßen es auf. Und etliches fiel auf den Fels; und da es aufging, verdorrte es, darum daß es nicht Saft hatte. Und etliches fiel mitten unter die Dornen; und die Dornen gingen mit auf und erstickten es. Und etliches fiel auf ein gutes Land; und es ging auf und trug hundertfältige Frucht." Da er das sagte, rief er: „Wer Ohren hat, zu hören, der höre!" Es fragten ihn aber seine Jünger, was dies Gleichnis wäre. Er aber sprach: „Euch ist es gegeben, zu wissen das Geheimnis des Reiches Gottes; den andern aber in Gleichnissen, daß sie es nicht sehen, ob sie es schon sehen, und nicht verstehen, ob sie es schon hören. — Das ist aber das Gleichnis: Der Same ist das Wort Gottes. Die aber an dem Wege sind, das sind, die es hören; danach kommt der Teufel und nimmt das Wort von ihrem Herzen, auf daß sie nicht glauben und nicht selig werden. Die aber auf dem Fels, sind die: wenn sie es hören, nehmen sie das Wort mit Freuden an; und die haben nicht Wurzel; eine Zeitlang glauben sie, und zu der Zeit der Anfechtung fallen sie ab. Das aber unter die Dornen fiel, sind die, die es hören und hingehen unter den Sorgen, Reichtum und Wollust dieses Lebens und ersticken und bringen keine Frucht. Das aber auf dem guten Land, sind die, die das Wort hören und behalten in einem feinen, guten Herzen und bringen Frucht in Geduld."

(Den 20. Jan. 1872)

Dieses Gleichnis vom Sämann und dem Samen, das Ich einst Meinen Jüngern und dem Mich umgebenden Volke gab, ist nach seiner Form, in der es gegeben ist, leicht zu verstehen, um so mehr, als selbst im Evangelium die zeitgemäße Erklärung steht, wie Ich sie Meinen Aposteln, aber nicht dem Mir zuhörenden Volke gegeben habe.

Gemäß dieser Erklärung ist der Same Mein Wort. Wo dieses auf den Weg fällt und zertreten wird, bezeichnet es die Gleichgültigkeit derjenigen, welche es hören, aber sich nicht darum kümmern, es mißachten und, ihren weltlichen Interessen allein huldigend, darüber hinweggehen. Der felsige Grund, auf den der Same fällt, bezeichnet diejenigen Herzen, die — wie die Gelehrten und Theologen — den Samen nur insoweit annehmen, als er in ihre wissenschaftlichen Systeme paßt. Sobald sich aber bei ihnen andere Ansichten geltend machen, so findet dieser Same auf dem felsigen Grund keine oder sehr wenig Nahrung und muß verdorren.

Wenn der Same zwischen die Dornen fällt und mit ihnen aufgeht, so heißt das soviel, daß Meinem Wort nur insofern geglaubt und danach gelebt wird, wie es sich mit den weltlichen Ansichten vereinen läßt. Stößt es gegen diese an, oder verlangt Mein Wort Aufopferung und Verleugnung, so wird es beiseitegesetzt und bringt deshalb auch keine Frucht. Es bleibt dann höchstens bei schönen Worten, aber zu Taten kommt es nicht!

So weit die Erklärung, die Ich schon Meinen Aposteln gegeben habe. Es kommt jetzt darauf an, wie dieses Gleichnis auf die *jetzige* Zeit anzuwenden und ob ihm nicht noch eine andere, wichtigere Seite abzugewinnen ist.

Bevor wir in der Erklärung weitergehen wollen, müssen wir uns erst folgende Fragen beantworten: Was ist eigentlich der Same? Was bezweckt sein Ausstreuen, und was ist die Absicht des Sämanns selbst? — Erst nach Beantwortung dieser Fragen kann eine wahre Deutung und Erklärung durch geistige Entsprechung folgen; denn im allgemeinen sprecht ihr der Worte gar viele aus und seid euch doch nicht ihrer tiefen und geistigen Bedeutung bewußt. Nur wer der Worte tiefsten Sinn und deren geistige Entsprechung kennt, der erst ist seiner Sprache mächtig. Er hat das Geschenk, mittels seines Mundes Töne hervorzubringen, in geistigem Sinne aufgefaßt, und jedes Wort, das aus seinem Munde fließt, ist ein Strahl des Geistlichtes, welches in ihm die Seele erleuchtet, vergeistigt und sie stufenweise zur Vereinigung mit Mir weiterleitet. Daher ist zwischen Sprechen und Reden ein großer Unterschied. Man kann viel sprechen — und doch nichts sagen, während der gewichtige Sinn einer geistigen Rede sich inhaltsschwer gestalten kann.

So müssen wir also mit dem Worte ‚Samen' zuerst anfangen und es in seiner Bedeutung näher betrachten.

Seht, im Samen liegt die Unendlichkeit. Aus einem Samenkorn entstehen immerfort Produkte derselben Gattung, zu welcher der Same gehört.

So war es bei der Erschaffung der materiellen Welt begründet, daß Ich nur *einmal* die Dinge einzeln erschuf. Ich legte in dieselben schon den Keim zur weiteren Fortpflanzung, so daß die erste Wirkung, das Aus-sich-selbst-Entwickeln, in Ewigkeit nie mehr aufhören wird, solange die Elemente bestehen, welche im Erdboden und in der Luft zur Entwicklung des Samens vorhanden sind.

Wie der Same eines Baumes alle Keime seiner zukünftigen Bestimmung in sich trägt, ebenso Mein Wort, welches als Produkt Meines Geistes fortwährend Neues zeugt, nie vergeht und ewig fortdauert. — Daher sagte Johannes: „Im Anfange war das Wort, und das Wort war Gott!"

Auch Ich bin das Samenkorn, aus dem stets und ewig nur wieder Göttliches hervorgehen wird. Wohin dieses Wort als Same fällt, erregt es den Grund, auf den es fiel, zur Tätigkeit — oft bleibend, oft nur vorübergehend.

Da Ich aber auch der Sämann bin, der seinen Samen über die gesamte Schöpfung ausschüttet, so geschieht es natürlich auch — wie im Gleichnisse gesagt ist —, daß nicht aller Same gleich gedeiht. Der eine bringt mehr, der andere weniger, der dritte gar keine Frucht. Erstens weil selbst die Welten Meiner Schöpfung nebst ihren Bewohnern nicht alle auf ein und derselben Stufe stehen, und zweitens, weil überall die Menschen ihren freien Willen haben, zu tun und zu lassen, was ihnen gut dünkt. Deswegen die verschiedenen geistigen Resultate auf allen Weltkörpern und bei allen Menschen, und deswegen die längeren oder kürzeren Wege, die sämtliche erschaffene Wesen gehen müssen, um zu ihrem Ziel, zur Vergeistigung ihrer Seele zu gelangen.

Ich als Sämann streue Meinen Samen überall aus. Wo er gleichgültig aufgenommen wird, liegt die Schuld an den Seelen selbst, wenn sie durch bittere Zulassungen dann eine herbe Schule durchmachen müssen. Wo Mein Same auf felsenharte Herzen fällt, da des Bleibens nicht ist, weil jeder leichte weltliche Wind denselben verweht und keine Spur von ihm zurückläßt, dort wird auch diese Härte der Herzen mit der Zeit mürbe gemacht werden. Wo Mein Same auf dornigen Boden fällt und mit dem Unkraut aufwächst, dort wird sein Schicksal auch das des Unkrauts sein, welches mit der Zeit ausgerottet werden muß. Dann wird jenen Menschen gar nichts übrigbleiben als die gänzliche Brachlage des Ackerfelds ihres Herzens, auf welchem nichts bleibend fortkommen konnte, weder das Laster noch die Tugend. Nur da, wo Mein Wort auf guten Boden fällt, wo die Herzen durch Mich schon vorher bereitet wurden, dort wird der Same Meines Worts aufgehen, blühen und Früchte tragen, an denen dann andere sich ein Beispiel nehmen können.

Mein Wort also, als Same, wurde und wird noch täglich ausgesät, um die Menschen zu wahren Menschen, um sie Mir würdig zu machen, damit sie als Ebenbilder Meines göttlichen Ichs nach und nach das werden, wozu Ich sie bestimmt habe.

Zu allen Zeiten, seit Meinem Erdenwandel, wurde durch Mich und Meine Auserwählten Mein göttliches Wort der Liebe ausgesät. Und weil einst Meine Zuhörer aus verschieden gearteten Menschen bestanden, so wollte Ich durch das Gleichnis dem einen seine Leichtfertigkeit, dem andern seine Gleichgültigkeit und dem dritten seine Weltsüchtigkeit zeigen und ihnen damit beweisen, welches Endresultat es hat, wenn man Mein Wort bloß hört und nicht tätig ausübt. Was Ich dort Meinen Zuhörern und Aposteln zurief: „Wer Ohren hat, der höre!", das sage Ich jetzt wieder, da Ich als Sämann bald kommen werde, um von Meinem Samen Ernte zu halten.

Mehr als je ist jetzt Mein Wort als geistiger Same zur ewigen Glückseligkeit auf allen Wegen zertreten und von den Vögeln aufgefressen worden, welch letztere sich das Wort nur für *ihr* Interesse zu eigen machen wollten. Es ist schon längst auf zu steinigen Boden egoistischer Herzen gefallen, wo es, ohne Nahrung, verdorren muß. Und wo noch hier und da ein Hälmchen blüht, steht es zwischen den Genüssen der Welt, da es nur so lange gelitten und gepflegt wird, wie es mit den Ansichten der Welt harmoniert. Verlangt es aber Opfer, so wird es bei groß und klein über Bord geworfen.

Wenige sind es, die trotz aller Mißhelligkeiten, Kämpfe und Leiden Mein Wort im Herzen behalten, es sorgfältig pflegen und es auch in Taten ausüben. Wie Ich einst sagte, daß viele berufen seien, sich durch den Samen Meines göttlichen Wortes nach diesem kurzen irdischen Dasein jenseits eine bleibende Seligkeit zu erwerben, sind unter diesen vielen Berufenen nur wenige auserkoren, die Siegespalme zu erlangen, die Ich selbst einst durch das Kreuz und am Kreuze als Mensch errungen habe.

Ich ging der Menschheit als Beispiel voran. Wie *Mein* Leben sich nicht durch hohe Geburt und andere günstige Verhältnisse auszeichnete und Ich schließlich vor der Menge als Verbrecher am Schandpfahl Mein irdisches Leben lassen mußte, ebenso ergeht es allen, die Mir folgen werden. Auch sie werden verfolgt, verachtet und mißhandelt werden. Aber wie Meine Auferstehung und später die Heimkehr in Mein Reich alle Pläne der Menschen zunichte machten und Ich vergeistigt in Meinen Himmeln ankam, so werden auch diejenigen, welche ihr Herz als gutes Erdreich Meinen Worten darboten, einst ernten, was Ich hier in ihre Brust gesät habe. Sie werden belohnt werden durch das Bewußtsein, gekämpft, gelitten, aber auch gesiegt zu haben. Sie werden den Lohn empfangen, da sie nie — wie eitle Wanderer — Mein auf ihren Weg gestreutes Liebeskorn zertraten, noch ihr Herz zu Stein werden ließen, noch wegen der weltlichen Freuden, welche die Dornen fürs Geistige sind, die aufkeimende Frucht vernachlässigt haben. Sie werden als gutes Erdreich edle Früchte tragen, wie auch Ich einst sagte: „An ihren Früchten sollt ihr sie erkennen!"

So ist die Aussaat reif geworden, damit endlich der Weizen von der Spreu gesondert, die Dornen und Disteln einer feuerähnlichen Reinigung übergeben und das gereifte Korn in Meine Scheunen gebracht wird. Schon seht ihr überall, wie die Sichtung beginnt. Ich komme, um für Meinen ausgesäten Samen Verantwortung zu verlangen. — Wie die Arbeit, so der Lohn!

Mein Wort ist göttliche Aussaat, ist Aussaat der Ewigkeit für die Ewigkeit. Wenngleich die Aussaat mißachtet, wenngleich sie mit Füßen getreten wird, wenngleich sie unter Dornen aufgeht, — stets bleibt der göttliche Keim, und *ein* Samenkorn genügt, des Guten in Fülle zu zeugen und über die Welt auszugießen. Daher ist es ganz gleich, wenn auch Tausende dieser Samenkörner vergeblich ausgestreut wurden. Diejenigen, welche auf gutes Erdreich, in gläubige Herzen fielen, werden Licht verbreiten über die Dunkel-Gebliebenen. Und so wird nie vernichtet werden, was Ich als Schöpfer schuf, was Ich als Jesus mit dem Kreuzestode besiegelte, und was Ich jetzt in kurzer Zeit als Erntemann von den Feldern des geistigen Wirkens heimbringen werde. Wenn die

Ernte auch klein sein wird, so liegt eben im Kleinen der Beweis, daß das Große nie verwelkt und verwest, so es, im Kleinsten eingehüllt, die größten Wirkungen hervorzubringen vermag.

Daher laßt auch ihr eure Herzen nicht versteinern, nicht mit Unkraut und Disteln bewachsen! Haltet sie stets bereit, um Mein Wort, das in so verschiedener Weise eure Seele erquickt, auch tatsächlich aufkeimen zu lassen, damit ihr nicht das Schicksal derer teilet, die Mein Wort nur oberflächlich aufnehmen und dann, wenn es zur Tat kommt, beweisen, daß der Same nur auf der Oberfläche ihres Herzens klebte, nie aber in dasselbe tiefer eingedrungen ist!

Bedenket wohl: ein Sämann sät, um einst auch zu ernten! Die Erntezeit rückt heran! Machet auch euch bereit, um in Meine Scheunen aufgenommen zu werden und nicht mit den Dornen und Disteln den längeren Weg zur Besserung antreten zu müssen!

Darum: Wer Ohren hat, der höre, solange es noch Zeit ist! Amen.

12

Am Sonntage Estomihi

Die Heilung eines Blinden

Lukas 18, 35—43: Es geschah aber, da er nahe zu Jericho kam, saß ein Blinder am Wege und bettelte. Da er aber hörte das Volk, das hindurchging, forschte er, was das wäre. Da verkündigten sie ihm, Jesus von Nazareth ginge vorüber. Und er rief und sprach: „Jesus, du Sohn Davids, erbarme dich mein!" Die aber vornean gingen, bedräueten ihn, er solle schweigen. Er aber schrie viel mehr: „Du Sohn Davids, erbarme dich mein!" Jesus aber stund stille und hieß ihn zu sich führen. Da sie ihn aber nahe zu ihm brachten, fragte er ihn und sprach: „Was willst du, daß ich dir tun soll?" Er sprach: „Herr, daß ich sehen möge!" Und Jesus sprach zu ihm: „Sei sehend! Dein Glaube hat dir geholfen." Und alsobald ward er sehend und folgte ihm nach und pries Gott. Und alles Volk, das solches sah, lobte Gott.

(Den 21. Jan. 1872)

Hier habt ihr ein Beispiel, in dem der feste Glaube eines Blinden an Meine Allmacht ihm das Licht seiner Augen wiedergegeben hat.

Wie viele Blinde gibt es jetzt auf eurer Erde, die alle das Licht sehr nötig hätten, und doch sind unter ihnen nur wenige, die den Drang haben, ihr Augenlicht wiederzuerhalten!

Die meisten sind mit ihrer geistigen Blindheit zufrieden und haben sich an sie so gewöhnt wie ein Blindgeborener, der, weil ihm der Gesichtssinn von Geburt aus mangelt, seine übrigen Sinne, besonders den Tastsinn, so verfeinert und vervollkommnet hat, daß letzterer den ersteren beinahe ganz ersetzt. Sie sind mit ihrer Lage zufrieden, weil sie keine bessere kennen. Sie bedauern den Mangel des Augenlichts nicht, weil sie keinen Begriff von dem haben, was eigentlich Licht und seine Wirkung ist.

Wie diese Blindgeborenen *materiell* in dieser Weise fortleben, so leben Tausende von Menschen *geistig* fort. Durch Erziehung und Umstände wurde ihnen nie etwas von geistigem Licht, von höheren Stufen der Auffassung selbst des Materiellen gesagt. Für sie bestehen nur die Begriffe des Materiellen. Sie glauben, alles sei Materie, und die Materie sei die eigentliche Welt, aus Materie werde alles ausgeboren, und zur Materie kehre alles wieder zurück.

Zu diesen Stockblinden gehören auch jene Gelehrten und Naturforscher, die sich selbst um den letzten Funken geistigen Lichts durch die verkehrte Richtung ihres Studiums gebracht haben. Die ersteren *sind* blind und wissen nicht warum, — die letzteren *wollen* blind sein, weil das Licht, wenn es über sie hereinbräche, nicht mit ihrer Denk- und Lebensweise zusammenpassen würde.

Außer diesen mit ihrer Blindheit Zufriedenen gibt es noch eine andere Art Blinde, die den Wunsch hegen, sehend zu werden. Das sind diejenigen, welche wie die blinden Bettler am Lebensweg sitzen und die Vorübergehenden, wenn sie ihrer durch das Geräusch gewahr werden, um geistige Nahrung bitten, damit ihre Blindheit entweder erträglich oder gar geheilt werde.

Solche Blinde sind jene Menschen, die in ihrem Lebenswandel auf manches gestoßen sind, was sie zum Nachdenken veranlaßte, worüber sie gerne Licht und Bescheid haben möchten, aber sich selbst nicht von der Finsternis befreien können. Es sind dies jene Menschen, die den religiösen Zeremonien huldigen, in sie *mehr* Wert hineinlegen, als sie wirklich haben. In einzelnen Fällen fühlen sie sehr wohl, daß über diesem Kultus doch noch etwas Höheres, Geistiges ist, das ihnen den eigentlichen Trost in den Fällen geben könnte, wo sie die menschliche Weisheit im Stich läßt.

Diese Menschen sitzen am großen Lebensweg der Geister, welche alle im Fortschreiten begriffen sind. Sie sind es, die als Bettler um geistige Almosen bitten, damit auch sie an der Erdenscholle, auf die sie ihr Schicksal gestellt hat, nicht ewig haften bleiben, sondern damit auch sie den geistigen Flug antreten können, welcher anderen zuteil wurde, die sie an sich vorüberrauschen fühlen. Manche gehen diese große Heerstraße des geistigen Fortschritts; aber nicht alle fühlen sich berufen und gedrungen, den Anflehenden zu helfen. Wie auch nicht alle einem Bettler Almosen darreichen, sondern nur die, die den Begriff der Nächstenliebe näher verstanden haben. So wird diesen geistigen Bettlern nur spärlich der Lebensunterhalt gewährt, weil niemand — sei es aus Mangel an Kraft, sei es aus Mangel an Kenntnis — den Bittenden geben kann, was sie eigentlich verlangen, d. h. die geistige Sehe, welche nur wenige der Vorübergehenden ganz besitzen.

Damit aber eben diesen nach göttlicher Speise Hungernden, sich nach dem Wahrheitslichte Sehnenden, ihre Bitte erfüllt werde, und damit denjenigen das Gesicht wiedergegeben werde, die, schon längst Meiner harrend, mit unerschütterlichem Vertrauen abwarten wollten, bis Ich selbst als der große Lichtbringer ihnen *das* in ganzer Fülle geben würde, was andere nur teilweise ihnen hätten darreichen können, — so habe Ich Mich selbst auf den Weg gemacht.

Wie der Bettler bei Jericho von weitem Meine Stimme erkannte und Mich flehend anrief: „Du Sohn Davids, erbarme dich meiner!“, ebenso rufen Mich in ihrem Seelendrange manche an, und zwar im vollsten Vertrauen, daß Ich ihr Flehen erhören werde. Diesen kann Ich dann Mein ganzes Gnadenlicht geben; denn ihr Glaube hat ihnen geholfen. Sie waren fest überzeugt, daß Ich derjenige bin, welcher ihnen geistiges Licht bringen und den rechten Weg zur Erlangung der Seligkeit zeigen kann. Diese mache Ich sehend und lege ihnen die Worte ins Herz: „Sei sehend, dein Glaube hat dir geholfen!“

Solche Blinde wart ihr alle, Meine Kinder, die Ich aus vielen herausfand, weil ihr Mich aus innerem Drang und Bedürfnis schon längst gesucht und in euch gefühlt habt, daß das angelernte Glaubenswissen der christlichen Religion nicht ausreicht, für alle Fälle des menschlichen Lebens stets den rechten Trost zu geben.

Ich ließ Euch so manche bittere Arzneien kosten, um euch desto eher von den verkehrten und falschen Ansichten zu heilen, welche die Welt in euch hineingelegt hat. Euch erzog Ich durch Verwicklung von Umständen zu den Vorkämpfern Meiner Lehre, wie sie jetzt bald auf dem ganzen Erdenrund als einzige anerkannt werden soll, damit ihr nicht allein durch Worte, sondern auch durch Taten das beweisen sollt, was die Worte aussagen.

Einzelnen von euch gab Ich die Fähigkeit, Meine Stimme direkt in ihrem Innern zu vernehmen, damit Meine eigentliche Lehre, wie Ich sie für das ganze Universum als ewig bleibend aufgestellt habe, nicht wieder verfälscht und anders ausgelegt werde, als Ich sie während Meines Erdenwandels Meinen Jüngern gegeben habe.

Damals und für die nachfolgenden Generationen, mußte Ich Mein Wort oft in Gleichnisse und mystische Aussprüche hüllen; denn Ich wußte, was die nachfolgenden Generationen mit diesem Worte machen würden. Ich wußte, wie viele Umwälzungen Mein Wort im sozialen

Leben hervorrufen und wie viele Verfolgungen und unschuldige Opfer es Meine Anhänger kosten würde. Damit die Feinde, trotz allen Eifers, den Kern Meiner Lehre zu vernichten, und bis auf den heutigen Tag, nur an seiner Schale nagen, redete Ich in Gleichnissen.

Jetzt, wo die Menschheit reif geworden ist, und statt nur einzelnes aus dem jetzigen Religionsgebäude auszuschalten, geneigt ist, das ganze Gebäude nebst seinen Bewohnern über den Haufen zu werfen, ist der Zeitpunkt gekommen, wo klarer Wein, im allgemeinen nicht mehr schädlich und für die Mehrzahl nur stärkend wirken kann. Jetzt sind die Blinden am großen Wege zu Meinem Geisterreich fähig, das Licht zu empfangen, das schon längst auf sie in Fülle herabströmt. Jetzt ist der Zeitpunkt gekommen, wo das große Gebäude der Pfaffenwirtschaft — wie einst die Mauern Jerichos — durch die Posaunenstöße Meiner göttlichen Lehre umgestoßen wird, damit den hinter diesen Mauern harrenden Blinden die freie Aussicht über das Tal des Jordans gegeben werde, in dessen Wellen Ich Mich einst taufen ließ, und wo die Stimme aus den Himmeln erscholl: „Dies ist Mein Sohn, an dem Ich Mein Wohlgefallen habe!"

So sollt auch ihr jetzt durch Mein Wort und Mein Licht aus der ewigen Quelle des unversiegbaren Stromes Meiner Gnade getauft und sehend werden, damit auch Ich ausrufen kann: Ihr seid Meine Kinder, an denen Ich Wohlgefallen habe! Ihr seid diejenigen, die getauft mit Meinem Geist und begabt mit geistiger Sehe, den am Wege des Lebens euch ansprechenden Blinden das Licht zu verleihen habt, welches Ich euch in so großer Fülle und schon seit so langer Zeit gegeben habe.

Bereitet euch vor, würdige Schüler des Zimmermannssohnes, des Lehrers und Versöhners am Kreuz und des Gottes und Vaters zu sein, der weit über alle Räumlichkeiten hinaus mit großen, helleuchtenden Buchstaben Seine zwei Liebesgesetze in die ganze Schöpfung eingeprägt hat!

Bereitet euch vor, Licht zu verbreiten, wo Blinde euch um dasselbe anflehen, damit auch sie *der* Gnade teilhaftig werden mögen, damit sie durch direkte Mitteilung auf dem kürzesten Weg erfahren, was andere oft erst sehr spät, nach langen Mühen und Drangsalen erkannt haben, daß Ich — der Herr und Schöpfer alles Daseienden — auch der *Vater* bin, der dem Flehenden nie etwas verweigert, wenn es zu seinem Besten ist, und der gerne dem Blinden die Augen erschließt, damit er seinen Vater in der Einfachheit des Jesus und in der Herrlichkeit des Schöpfers erkenne und würdige! Amen.

13

Am Sonntage Invokavit

Die Versuchung des Herrn

Matth. 4, 1—11: Da ward Jesus vom Geist in die Wüste geführt, auf daß er von dem Teufel versucht würde. Und da er vierzig Tage und vierzig Nächte gefastet hatte, hungerte ihn. Und der Versucher trat zu ihm und sprach: „Bist du Gottes Sohn, so sprich, daß diese Steine Brot werden!" Und er antwortete und sprach: „Es stehet geschrieben: „Der Mensch lebt nicht vom Brot allein, sondern von einem jeglichen Wort, das durch den Mund Gottes geht!" " Da führte ihn der Teufel mit sich in die heilige Stadt und stellte ihn auf die Zinne des Tempels und sprach zu ihm: „Bist du Gottes Sohn, so laß dich hinab; denn es steht geschrieben: „Er wird seinen Engeln über dir Befehl tun, und sie werden dich auf den Händen tragen, auf daß du deinen Fuß nicht an einen Stein stoßest!" " Da sprach Jesus zu ihm: „Wiederum steht auch geschrieben: „Du sollst Gott, deinen Herrn, nicht versuchen!" " Wiederum führte ihn der Teufel mit sich auf einen sehr hohen Berg und zeigte ihm alle Reiche der Welt und ihre Herrlichkeit und sprach zu ihm: „Das alles will ich dir geben, so du niederfällst und mich anbetest!" Da sprach Jesus zu ihm: „Heb dich weg von mir, Satan; denn es steht geschrieben: „Du sollst anbeten Gott, deinen Herrn, und ihm allein dienen!" " Da verließ ihn der Teufel; und siehe, da traten die Engel zu ihm und dienten ihm.

(Den 21. Jan. 1872)

Dieses Kapitel handelt von Meiner Versuchung durch Satan während Meines Erdenwandels. So, wie diese Versuchung durch Satan in den Evangelien Meiner Apostel niedergeschrieben ist, ist sie nicht *wörtlich* zu nehmen; denn es ist ganz natürlich, daß Satan Mich wohl kannte und in Jesus seinen *Herrn* sah. Deswegen wäre es auch keine Versuchung von seiner Seite gewesen, Mir anzubieten, Ich sollte aus Steinen Brot machen — da er wohl wußte, daß Ich ganz anderer Dinge mächtig war —, oder Mir anzuraten, Ich sollte Mich von den Zinnen des Tempels hinunterstürzen, und es würde Mir, wenn Ich Gottes Sohn wäre, kein Leid geschehen. Führte doch *er* Mich durch die Lüfte aus der Wüste bis auf diese Zinnen und wußte, daß Ich weder der Erde ganz angehöre, noch daß die Anziehungskraft dieses Planeten auf Mich eine Wirkung haben könne, wenn Ich nicht wolle.

Oder wenn er Mich auf einen Berg führte und Mir dort alles anbot, was Mein menschlich Auge von dort aus erblickte, so wußte Satan wohl, daß er seinem Herrn und Schöpfer nicht die winzigen Reiche eurer finsteren Erde oder gar die ganze Erde selbst anbieten konnte; denn er konnte Mein unermeßliches Schöpfungsreich so wie kein anderer Geist mit seinen geistigen Augen überschauen.

Ihr seht, daß die *wörtliche* Erklärung dieser Stellen — wie sie im Evangelium geschrieben sind — nicht *die* Erklärung sein kann, die den Worten zu entnehmen ist. Der Sinn dieser Versuchung, und was sie bedeutet, liegt tiefer und ganz wo anders! Denn diese Versuchungen, wie sie im Evangelium beschrieben sind, sind wohl für *Menschen* vielleicht solche, aber für den *Gott* und *Schöpfer* alles Endlichen — wenngleich in Menschengestalt — können sie nie und nimmer solche sein und werden.

Seht, wenn sich bei euch ein Student auf eine Prüfung vorbereitet, so schließt er sich gewöhnlich mehr als sonst in sein Kämmerlein ein und studiert da Tage und Nächte fort. Er entsagt deswegen manchen weltlichen Genüssen, entweder in Speise und Trank oder in sonstigen Unterhaltungen, damit in ersterem Falle der Magen nicht soviel Einfluß auf seinen Geist gewinne, und im zweiten Falle, damit nicht Unterhaltungen seinen Geist zerstreuen, während er gerade zum Studieren ihn gesammelt braucht.

Was jeder Mensch tut, der sich auf einen wichtigen Schritt in seinem Leben vorbereitet, das tat auch Ich!

Nachdem die Zeit gekommen war, in der Ich Mein Lehramt antreten mußte — nämlich als Mensch, in dessen Hülle Meine Göttlichkeit eingekleidet war —, mußte auch Ich Mich sammeln, mußte die Nahrungsmittel für den Körper auf das nötigste heruntersetzen, weil Mein Geist Geistiges und Ewiges schaffen wollte und von der Materie nicht beeinträchtigt werden durfte.

Mein irdischer Mensch fastete, während Mein geistiger im Übermaße aller Seligkeiten schwelgte, deren nur ein geistiges Wesen fähig ist, welches, mit Hintansetzung alles Großen und Mächtigen, sich den von ihm geschaffenen Wesen und Geistern aus Liebe opfern will.

An Mich traten in jenen Momenten alle Einflüsse menschlicher Leidenschaften heran. Nur dadurch, daß Ich ganz Mensch wurde und das Göttliche sich in Mein Innerstes zurückzog, konnte Ich Meinen Geistern das Beispiel geben, wie man siegen, wie man allen Anfechtungen widerstehen kann. Ich wollte mit dieser Probe allen als ewiges Beispiel vorangehen und ihnen begreiflich machen, daß derjenige, der Mein Kind werden will, es nur durch Besiegung der mächtigen schlechten Einflüsse werden kann.

Der Hunger war das *erste,* was Mich, als irdischen Menschen, belästigte. Der Sieg darüber steht in den Worten, die Ich dem Teufel auf sein erstes Anerbieten geantwortet habe, und die da lauten: „Der Mensch lebt nicht vom Brot allein, sondern von einem jeglichen Wort, das durch den Mund Gottes geht!" Mit anderen Worten sagt dies: Wenn leibliches Gelüsten des Menschen Seele bestürmt, so soll er dieses Spruches gedenken, daß nämlich des Menschen geistiges, inneres Ich in erster Linie genährt, ja sogar auf Kosten des Leibes gepflegt und erzogen werden muß. Der Ausspruch, den Ich an den Teufel richtete, lautet für euch also: „Gedenket stets, daß ihr nicht zur Pflege eures Körpers, sondern zur Vervollkommnung eurer Seele geschaffen worden seid!"

Der *zweite* bildlich dargestellte Versuch des Teufels bestand darin, die göttliche Macht, die in Mir wohnte, zu versuchen. Dies heißt mit anderen Worten: Über Mich kam das Begehren, Mich mit Meinen göttlichen Eigenschaften zu brüsten.

Diese Versuchung gleicht derjenigen eines Menschen, der — mit größeren Fähigkeiten und Kenntnissen ausgerüstet, ja mit göttlicher Macht begabt, Dinge zu verrichten imstande ist, die anderen Menschen versagt sind, und ihnen deswegen wie Wunder erscheinen müssen. Wenn er solche Eigenschaften benützt, nicht um seinen Mitmenschen zu helfen oder des Gebers Herrlichkeit zu vergrößern, sondern diese Eigenschaften mißbraucht, um damit zu prunken.

Hierher gehört meine zweite Antwort an Satan: „Du sollst deinen Gott und Herrn nicht versuchen!" Das heißt: „Du sollst dich nicht dem Wahn hingeben, daß der Herr, wenngleich Er dir Macht verlieh, nicht auch imstande wäre, dir dieselbe zu nehmen, sobald du sie zu deinen und nicht zu Seinen Zwecken gebrauchen willst!" Ein solcher Wunsch ist Erhebung über die eigenen menschlichen Fähigkeiten, ist Mißbrauch eines göttlichen Geschenkes, der beim Gelingen nicht die Demut, sondern nur den Hochmut nähren würde. Satan versuchte Meine menschliche

Eitelkeit zu wecken und glaubte, Ich würde aus dieser niederen Stellung, in der nach Meiner Ansicht nur allein das Gelingen Meines großen Planes lag, vielleicht heraustreten.

Der *dritte* Versuch war, Meine Herrschsucht zu wecken; denn im menschlichen Herzen liegen als Grundlage für alle anderen diese drei mächtigsten Leidenschaften: erstens der Hang zum leiblichen Wohlleben, zweitens der Wunsch, *mehr* als andere zu sein — d. h. eine soziale, glänzende Stellung innezuhaben, in der die Mittel zur Befriedigung der ersten Leidenschaft liegen —, und endlich drittens die Sucht, statt zu gehorchen herrschen zu können, statt der Letzte der Erste zu sein, der anderen Gesetze vorschreibt, während er sich selbst über alles Gesetz erhoben und sich von der Erfüllung auch nur des geringsten Gesetzes losgesagt hat.

Auf diesen dritten Versuch Satans erfolgte die Antwort an ihn: „Hebe dich weg, Satan; denn es steht geschrieben: Du sollst anbeten Gott deinen Herrn und Ihm allein dienen!" Das heißt mit anderen Worten: Hinweg mit dieser schmutzigen Leidenschaft des Herrschenwollens, die in ihrem Gefolge alle anderen Leidenschaften hat, wie Hochmut, Haß, Rache, Zorn und Vergeltung! Das Geistige im Menschen gebietet Demut, Liebe, Verzeihung und Bruderliebe. Das Geistige, dem Menschen von Gott in die Brust gelegt, verlangt von dir, du sollst abwärts-, heruntersteigen, sollst der Kleinste werden, sollst allen andern dienen wollen, — wenn du einst über Großes gesetzt werden willst. Du sollst deine Wünsche, den anderen zu unterwerfen, gänzlich aufgeben. Du sollst gehorchen lernen, um einst befehlen zu können, aber nicht befehlen mit richterlichen Worten, sondern befehlen mit Liebe, mit Geduld und mit der Überzeugung, daß nur auf diesem Wege der Befehl nie hart erscheint und genau befolgt wird, — weil der Gehorchende ebenfalls einsieht, daß dies alles nur zu seinem Besten ist. *So* dient dann der Mensch seinem Gott und Herrn, wobei er, Meinem Beispiele nachfolgend, im Kleinsten, im Niedrigsten, die größten Resultate erreichen wird.

Wie also Ich selbst als Mensch einst alle menschlichen Leidenschaften durchkämpfen mußte, die Ich als Schöpfer absichtlich in eure Natur gelegt habe, ebenso müßt auch ihr, wollt ihr Mir nachfolgen, dasselbe tun. Den mächtigen Trieb des leiblichen Wohllebens müßt ihr bekämpfen, müßt alle diese Genüsse einem höheren Zwecke unterordnen, euch von Fesseln frei machen, die die Schwingen eurer Seele hemmen. Ihr müßt die Eitelkeit — als erste Lügnerin — von euch verbannen, da sie euch euer eigenes Bild schöner ausmalt, als es ist, und Triebe der schlechtesten Art mit klügelnder Weisheit entschuldigt, wodurch ihr dann oft glaubt, mehr und besser zu sein, als ihr wirklich seid, — was euch natürlich im Fortschritt hindern muß.

Traut euch keine Kräfte zu, die ihr nicht besitzt! Denkt euch schwach und unwürdig, um im Glauben und Vertrauen auf Mich zu erstarken, dann wird euch die dritte schlechte Eigenschaft, die Herrschsucht, nicht übermannen, nicht zu Sklaven eurer selbst machen! Es gibt nichts Schlechteres auf der Welt, als stets den Eigendünkel zu haben, etwas Besseres als andere zu sein, und stets das Bestreben zu haben, jedem Druck des Gehorsams auszuweichen und immer über die Schultern anderer emporzuklimmen, wo dann der eine bloß Herr ist und die andern Sklaven. Zum Herrschen über andere gehören ganz andere Eigenschaften als die, die jetzt auf eurer Erde nach Herrschaft über ihre Mitmenschen drängen! Um einen Maßstab zu haben, sehet nur Mich selbst an! Wie herrsche Ich? Herrsche Ich mit Gewalt? Herrsche Ich durch augenblickliche Bestrafung oder durch unerbittliches Richteramt über Gefallene und Verirrte? Herrsche Ich durch Zorn, Rache und Bestrafung? Gewiß nicht! So wie ihr Mich kennt, seht ihr, daß Ich nur durch und mit Meiner alles umfassenden Liebe herrsche, daß Verzeihung Mein erstes Prinzip ist, und daß Ich nicht den verfolge, der vielleicht ohne Verschulden fehlt, sondern ihm nachsichtig alle Mittel in den Weg schiebe, sich zu bessern.

Alles Schlechte, das sich in der Welt augenscheinlich als solches zeigt, ist nicht von Mir geschaffen worden, sondern ein Produkt des Mißbrauchs des freien Willens von seiten der Menschen. Sie als freie Wesen können tun, was sie wollen, müssen aber auch die Folgen davon nur sich selbst zuschreiben, — wie Ich in dem Wort über die Wahrheit sagte: Es gibt nur *eine* Wahrheit, und wer dagegen sündigt, muß die Folgen der Lüge fühlen!

So ist dieses Evangelium ein Beispiel, wie Ich als Mensch trotz Meiner großen Machtstellung die Leidenschaften kräftigst bekämpfte, um euch und allen Geistern zu zeigen, daß das Schlechte, wenn Ich es auch in der Welt zugelassen habe, doch nur zum Besten, zum Fortschritt dient.

Gott allein sollt ihr dienen; ihr dienet Ihm aber nur, wenn ihr die großen Liebesgesetze befolgt, die euch dazu antreiben sollen, euren Leib zu beherrschen und die schlechten seelischen Eigenschaften der Eitelkeit und Herrschsucht zu bekämpfen. Nur durch Verleugnung und Bekämpfung dieser starken Triebe eurer menschlichen Natur könnt ihr einst in Meinem Reiche begreifen, was es heißt, über vieles gesetzt zu werden, oder was der Spruch bedeutet: „Wer sich erniedrigt, der wird erhöht werden!"

Auch dort werdet ihr diese nämlichen Eigenschaften wiedertreffen, — die erste zwar nicht in materieller, doch aber in geistiger Hinsicht, d. h. als Begierde, alles wissen, alles begreifen zu wollen. Die anderen zwei Eigenschaften werden dort im Jenseits mächtiger als hier in euch hervortreten; denn dort ist das Bewußtsein einer Kraft noch größer als hier. Das seht ihr gerade an Luzifer und seinen Scharen, welche — ebenfalls im Bewußtsein ihrer Kraft — das Gleichgewicht verloren, von der Demut in Übermut übergingen und dann wie Satan selbst sogar über Mich herrschen wollten.

Um dort das rechte Maß zu wissen, wie und wann man seine Kraft gebrauchen darf, um zu begreifen, wieviel der Kenntnis bei jeder Aufgabe notwendig sein wird, um zu wissen, daß man jenseits, wenngleich man über Großes gesetzt wird, doch dem niedrigsten Wesen in dessen Bereiche ein Diener sein soll, — dazu müssen diese Leidenschaften schon hier in diesem Prüfungsleben bekämpft und bezwungen werden, damit man auch in jenen Verhältnissen, mit größerer Macht betraut, ihr Herr sein kann.

Deswegen nehmt euch Meine Worte zu Herzen! Ihr wißt nicht die Hälfte eurer Mission, ihr kennt nicht zum dritten Teil eure eigene Natur und wißt ganz und gar nicht, warum sie so und nicht anders geschaffen ist. Eure Augen sind noch bedeutend mit dem Star behaftet. Das Licht Meiner Weisheit kann noch nicht bis zu eurem Innersten dringen, höchstens ein Funken der Liebe bewegt manchmal euer Herz und läßt euch fühlen, daß es noch etwas Höheres, Größeres gibt. Aber kaum daß dieser Lichtstrahl die innersten Kammern eures Herzens erleuchtet, so sind es diese drei Leidenschaften — Egoismus, Eitelkeit und Herrschsucht —, welche jene wieder verdunkeln. Sie raunen euch tausend Ausreden ins Ohr: „Ja, man kann sich aber doch von der Welt nicht ganz lossagen!?“, „Ja, man kann nicht so leben!“, „Ja, so ist die Welt einmal gemacht!“ usw., — lauter Ausflüchte der Trägheit, weil ihr alle zwar Hörer Meiner Worte, aber keine Täter werden wollt!

Gerade jetzt, wo euch von Sonntag zu Sonntag Mein Evangelium erklärt wird, wie ihr es nie gehört, eben jetzt möchte Ich euch zum Nachdenken zwingen über Meine Darniederkunft, damit ihr ein wenig ihre Größe und Wichtigkeit erkennen und einsehen möchtet, was das heißen will: Gott, der Schöpfer der ganzen Unendlichkeit, stieg auf eure Erde herab, und zwar in die niedrigsten Verhältnisse, ließ sich durch euch verirrte und blinde Geschöpfe verfolgen und sogar leiblich kreuzigen! Er machte alle Phasen eures Lebens durch, bekämpfte die menschlichen Leidenschaften, um eben euch und allen Geistern als leuchtendes Beispiel für alle Zeiten voranzuleuchten. Er zeigte, daß, will man geistig Ihm gleichen, man auch das Geistige als Höchstes achten und ihm alles andere unterordnen muß, um so die mächtigsten Leidenschaften bekämpfend, einst würdig zu werden, auch anderen Geistern als Führer und Leiter zu dienen und in der Tat zu beweisen, daß der Mensch nicht allein von materieller, sondern vor allem von geistiger Speise lebt. Er zeigte, daß man Gott nicht in Seiner Gnade versuchen soll, daß man, Seine zwei Liebesgesetze befolgend, sich und andere dorthin führt, wohin Er, der Vater aller, euch schon längst haben wollte, das heißt: in Sein Reich als Seine würdigen Kinder. Amen.

14

Am Sonntage Reminiszere

Die Verklärung Jesu

Matth. 17, 1—13: Und nach sechs Tagen nahm Jesus zu sich Petrus und Jakobus und Johannes, seinen Bruder, und führte sie beiseits auf einen hohen Berg. Und er ward verklärt vor ihnen, und sein Angesicht leuchtete wie die Sonne, und seine Kleider wurden weiß wie ein Licht. Und siehe, da erschienen ihnen Mose und Elia, die redeten mit ihm. Petrus aber antwortete und sprach zu Jesu: „Herr, hier ist gut sein; willst du, so wollen wir hier drei Hütten machen, dir eine, Mose eine und Elia eine!" Da er noch also redete, siehe, da überschattete sie eine lichte Wolke. Und siehe, eine Stimme aus der Wolke sprach: „Dies ist mein lieber Sohn, an welchem ich Wohlgefallen habe; den sollt ihr hören!" Da das die Jünger hörten, fielen sie auf ihr Angesicht und erschraken sehr. Jesus aber trat zu ihnen, rührte sie an und sprach: „Stehet auf und fürchtet euch nicht!" Da sie aber ihre Augen aufhoben, sahen sie niemand denn Jesus allein. Und da sie vom Berge herabstiegen, gebot ihnen Jesus und sprach: „Ihr sollt dies Gesicht niemand sagen, bis des Menschen Sohn von den Toten auferstanden ist!" Und seine Jünger fragten ihn und sprachen: „Was sagen denn die Schriftgelehrten, Elia müsse zuvor kommen?" Jesus antwortete und sprach zu ihnen: „Elia soll ja zuvor kommen und alles zurechtbringen. Doch ich sage euch: Es ist Elia schon gekommen, und sie haben ihn nicht erkannt, sondern haben an ihm getan, was sie wollten. Also wird auch des Menschen Sohn leiden müssen von ihnen." Da verstanden die Jünger, daß er von Johannes dem Täufer zu ihnen geredet hatte.

(Den 25. Jan. 1872)

Hier habt Ihr wieder eine Begebenheit aus Meinem irdischen Lebenswandel, die Tiefes und Himmlisches in sich birgt und wie einst für Meine Mich begleitenden Jünger so auch für euch und die ganze lebende Menschheit ein bedeutungsvolles Ereignis und in seiner geistigen Entsprechung von großer Tragweite für die Zukunft ist, der ihr entgegengeht. Wir wollen dieses Ereignis betrachten, wollen erklären, was es in *jener* Zeit und für Meine Jünger für eine Bedeutung hatte, und wollen dann auf seine geistige, große Entsprechung übergehen: wie, wann und wo es in *jetziger* Zeit sich wiederholt, und wie es als Regenerationswerk jetzt ebenso wirken wird, wie einst auf Meine drei Mich begleitenden Jünger und ihre fernere Lebensweise und Handlungen.

Das Evangelium sagt, Ich nahm Meine Jünger Petrus, Jakobus und Johannes mit auf einen Berg. Dort sahen sie Mich verklärt, d. h. sie sahen Mich mit ihren geistigen Augen als Denjenigen, der Ich eigentlich bin, war und sein werde. Sie sahen Mich vor sich als einen hohen Geist, dessen Kleid, die Wahrheit, in Entsprechung weiß war, und dessen Angesicht leuchtete wie die Sonne, d. h. von Liebe strahlte. Sie sahen daneben zwei mächtige Stützen Meines ganzen zukünftigen Lehrgebäudes, die am meisten dazu beitrugen, Mir Mein Werk zu erleichtern, und die Vorläufer und Wegbereiter waren, — sie sahen Moses und Elias, mit denen Ich redete. Ferner hörten sie aus einer Wolke eine Stimme die Worte sprechen, die einst bei Meiner Taufe am Jordan ebenfalls ertönten: „Dies ist Mein lieber Sohn, an dem Ich Wohlgefallen habe; den sollt ihr hören!"

Dieses Gesicht, das den drei Jüngern von Mir zugelassen wurde, hatte den Zweck, ihnen einen Vorgeschmack ihrer eigenen Bestimmung zu geben. Petrus, den Ich den ‚Felsen' nannte, auf den Ich Meine Kirche bauen wollte, hatte eine ähnliche Aufgabe wie einst Moses, der das jüdische Volk auf Mein Kommen vorbereitete. Er gab ihnen Gesetze und Verhaltungsregeln, die das Judenvolk leichter als jedes andere aufnehmen konnte, um es zu dem auserwählten Volk zu machen, in dessen Mitte Ich Mein Darniederkommen auf eure Erde beschlossen hatte.

Wie Elias, nach seiner nochmaligen Einkleidung in die menschliche Form des Johannes des Täufers im Kleinen dasselbe vollzog, was Moses im Großen bewirken mußte, so war Johannes, Mein Liebling, bestimmt — durch sein spezielles Wirken und dadurch, daß gerade er länger am Leben blieb als alle seine übrigen Mitjünger —, noch in seinen letzten Jahren in seiner Offenbarung der Welt ihren geistigen Gang bis zur Läuterung im voraus zu beschreiben und ein Zeugnis zu hinterlassen, daß die Gesetze, die Ich in Meine Schöpfung gelegt habe — seien es moralische oder physische —, nicht mit Füßen getreten werden dürfen.

Diesen Jüngern als noch Lebenden und dem Moses und Elias als Verstorbenen wurde es als Zeugen zuteil, Mich in Meiner ganzen Herrlichkeit zu schauen, Mich als Den zu erkennen, für dessen großes, geistiges Reich sie alles opfern mußten, um die Dauerhaftigkeit Meines Werkes zu begründen.

Sie sahen Mich in jener Glorie, die ein menschlich Herz in irdischer Hülle nur auf wenige Augenblicke ertragen kann, und eben diese nie geahnte Seligkeit und Wonne veranlaßte Petrus auszurufen: „Herr, hier ist gut sein; willst Du, so wollen wir hier drei Hütten bauen!“

Allein, da solche Momente nur als Wecker, Aneiferer und Stärker dienen, wenn Gefahr droht oder Wankelmütigkeit das Herz beschleicht, so waren sie von kurzer Dauer. Damit sie aber in der Erinnerung von nachhaltiger Wirkung blieben, so erschollen noch aus der weißen Wolke, als geistiger Überschattung Meiner Person, jene geheimnisvollen, wichtigen Worte: „Dieses ist Mein lieber Sohn, an dem Ich Wohlgefallen habe; den sollt ihr hören!“ Die Stimme riet also Meinen Jüngern, noch mehr auf Meine Rede aufmerksam zu sein, sie recht ins Herz zu prägen, damit aus ihnen einst des Lebens grünender Baum erwachse, der schirmend unter seinem Schatten die ganze Menschheit versammeln soll, wo diese Schutz und Trutz für alle Leiden und Unbilden finden wird.

Daß Ich den Jüngern auftrug, von diesem Ereignis zu schweigen, bis Ich Mein Lehrgebäude mit Meiner Auferstehung gekrönt hätte, hatte darin seinen Grund, weil die anderen Jünger an dem Gesicht gezweifelt oder es nicht verstanden hätten. Auch Meine Jünger, wie alle Menschen, besaßen nicht gleiche Fassungsgabe.

Dies war der eigentliche Hergang jenes feierlichen Aktes, welcher sich auch jetzt wiederholen muß.

Was in jener Zeit Moses war, der das jüdische Volk für Meine Lehre vorbereitete, das ist später ebenfalls durch Petrus als Gründer der katholischen Kirche geschehen. Was Elias als Johannes der Täufer in jener Zeit war, ist in eurer Zeit die Schar *der* Männer gewesen, welche die von Petrus gegründete Kirche zu reinigen und zu läutern hatten, damit sie den eigentlichen geistigen Wert nicht ganz einbüße.

Was in jener Zeit Petrus als künftige Stütze Meiner Lehre war, werden jetzt wieder andere Männer werden, die Mein Reich von neuem aufrichten. Und wie das jüdische Volk zu Meiner Zeit durch seine Pharisäer und Schriftgelehrten in die Irre geführt wurde, so lebt jetzt ebenfalls das ganze Menschengeschlecht in Zeremonien und Gebräuchen, lebt in Erfüllung des Buchstabens, ohne den geistigen Sinn der Worte Meines doch so einfachen Evangeliums zu verstehen. Es muß also eben jetzt wieder Männer geben, die Meine Lehre von neuem auf ihre erste Grundlage, auf Meine eigenen Worte zurückführen.

Wenn diese berufenen Männer auch nicht gleich siegen werden bei dem Versuch, die ganze Menschheit zu belehren — wie es auch Meinen Jüngern nicht auf einmal gelungen ist —, so sind sie doch bestimmt, den Samen auszustreuen. Ob dieser nun überall auf guten Erdboden oder auf den Weg oder auf steinigen Boden und Felsen fallen wird, das tut nichts zur Sache. Die aufkeimende Saat wird das Verlorengegangene wohl ersetzen und den Geistesboden so vorbereiten, daß er würdig sein wird, Mein Wiederkommen mit Freude zu erwarten.

Wie Ich in jener Zeit die Jünger mit Mir auf eine Höhe nahm und ihnen einen kleinen Vorgeschmack des Lohnes gab, welcher ihrer wartet, wenn sie bei Mir treu ausharren, so geschieht es auch heute noch, daß Ich so manchen Mir Ergebenen, der im einsamen Kämmerlein oder bei nächtlicher Stille sich Mir hingibt, ebenfalls weit über die irdische Welt hinaufführte, ihm dort gleich einer großen Fernsicht die glorreiche Zukunft zeige, welche er zu erwarten hat, wenn er Mir und Meiner Lehre treu bleibt. Ja, Ich lasse manchen sogar die ganze Wonne Meines mächtigen Einflusses auf sein Herz fühlen, wobei Ich ihm der höchsten Wahrheit Schimmer im rosigen Lichte der Liebe zeige und ihm so in herrlicher Verklärung Mein eigenes Ich kundgebe, ausgedrückt durch eine Seligkeit, welche nicht hier, sondern nur in höheren Sphären in geistiger Umhüllung zu ertragen möglich sein wird.

Moses baute im mosaischen Gesetz seine nie umzustoßenden Grundsätze der jüdischen Religion auf die einzige Idee: Es gibt nur *einen* Gott! Und deswegen war das jüdische Volk — und kein anderes — geeignet, Mich in Zukunft zu den Seinigen zählen zu können. Denn da in jener Zeit überall Vielgötterei herrschte, so wäre es unmöglich gewesen, alle Götter auf einmal zu entfernen und einen einzigen dafür aufzustellen. Aber bei den Juden bestand der *eine* Gott; es ging also bei ihnen der Aufbau einer göttlichen Religion leichter von statten.

So war Moses der Vorarbeiter, wie ein Arbeiter im Weinberg, der die Erde umgräbt. Nach ihm kam der, welcher die Reben beschneidet, und das war Elias. Er beschnitt in seiner Zeit, und später als Johannes der Täufer nochmals, die Rebenzweige, erregte durch dieses Beschneiden die Tätigkeit, um bessere Früchte zu erzielen, damit dann der Einsammler mit seinen Vorarbeitern zufrieden sei. So war Johannes der Täufer der zweite Arbeiter in Meinem Weinberg, bis Ich selbst kam und die letzte Hand anlegte, das Fehlende ergänzte und die Frucht zur Reife brachte, d. h. aus der um den Stamm der Rebe im Verwesungszustande liegenden Erde neues Leben hervorrief, welches den Stamm entlang sich verfeinernd, von der groben Materie zur höheren, geistigen Frucht, der Traube ausgereift und erzogen wurde.

So wie Moses zuvor, war später Petrus der Felsen, auf den Meine Kirche gegründet wurde. Alle Umwälzungen und Stürme konnten sie nicht vernichten. Entstellt ist sie zwar oft genug worden durch die Herrschsucht und Macht einzelner Menschen; aber wie einst vor Meinen Aposteln Meine Verklärung zugelassen wurde, bei der durch Meine irdische Form Meine geistige, göttliche hindurchleuchtete, so geschieht es auch jetzt: Aus dem irdischen Prunk und den Zeremonien des katholischen Kultus und seiner Irrlehren beginnt das geistige Gewand hindurchzuleuchten. Die Klärung und Verklärung beginnt. Aus Nacht wird Dämmerung, aus Dämmerung — Tag!

Das Licht der so lange zurückgehaltenen Wahrheit bricht durch. In allen Gemütern lebt die Ahnung einer höheren Extase, einer Verklärung. Alle fühlen den Geisteswind, der durchs Weltliche hindurchströmt und die Eingeschlafenen weckt. Wie wenn ein Lichtstrahl durch einen Fensterladen auf einen Schlafenden fällt und dieser, durch dessen Lebenskraft geweckt, anfängt, sich im Bette herumzuwälzen, und doch nicht weiß, wie ihm geschieht, — so bricht diese Verklärung an. Es dämmert schon in vielen Köpfen.

Moses bereitete das mit ihm lebende Judenvolk zu Meinem Empfange vor, Petrus das nach ihm kommende Geschlecht, und die in der Jetztzeit von Meiner Lehre begeisterten Lehrer, welche noch kommen, werden die Johannesse sein, die — wie einst Mein Jünger — auch Meine Lieblinge werden und bis in ihr spätes Alter Zeugen Meiner Liebe, Meiner Gnade sein sollen. So vollzieht sich stets der nämliche geistige Läuterungsprozeß, zuerst vom Festen ins Leichtere, dann vom Leichteren ins Flüchtige und vom Flüchtigen ins Luftartige und endlich ins Geistige!

Wie Ich in jener Zeit ans Kreuz genagelt, Meine Lehre verhöhnt und Meine Jünger beschimpft und verfolgt wurden, so wird es wieder sein. Statt Meiner Person werden die Menschen Meine Lehre ans Kreuz schlagen und sie verhöhnen. Meine Kämpfer werden ebenfalls mit allerlei Unbilden zu kämpfen haben; aber auch sie werden siegreich hervorgehen und Mich dann bei Meiner nächsten Wiederkunft verklärt erblicken, und die Stimme ihres Gewissens wird ihnen dann zurufen: „Segen euch, weil ihr Diesem treu geblieben, Seine Worte gehört, ausgeübt und auch andern mitgeteilt habt, so, wie Er sie von den Menschen verstanden wissen wollte!"

Die Verklärung wird aber dann nicht — wie einst bei Meinen Jüngern — ein Ende haben, sondern Meine Vorkämpfer werden Mich ewig von Angesicht zu Angesicht sehen können, werden mit allen früher Hinübergegangenen sich Meines und ihres Sieges freuen können.

Dies ist der entsprechende Sinn der Verklärung. Trachtet auch ihr danach, daß ihr solcher teilhaftig werden möget, damit auch ihr zu jenen gezählt werden könnt, die, alles Weltliche hintansetzend, nur Mich und Meine Lehre zum Hauptzweck ihres Lebens, ihres Strebens gemacht haben! Dann werdet ihr in Momenten der höchsten Wonne, wo eure geistige Sehe geöffnet wird, *Den* in Person verklärt sehen können, der euch schon so lange mit Seinen Segensworten überhäuft und zu Seinen Kindern machen möchte. Amen.

15

Am Sonntage Okuli

Die Austreibung eines Teufels

Luk. 11, 14—28: Und er trieb einen Teufel aus, der war stumm. Und es geschah, da der Teufel ausfuhr, da redete der Stumme. Und das Volk verwunderte sich. Etliche aber unter ihnen sprachen: „Er treibt die Teufel aus durch Beelzebub, den Obersten der Teufel!“ Die anderen aber versuchten ihn und begehrten ein Zeichen von ihm vom Himmel. Er aber vernahm ihre Gedanken und sprach zu ihnen: „Ein jeglich Reich, so es mit sich selbst uneins wird, das wird wüst, und ein Haus fällt über das andre. Ist denn der Satanas auch mit sich selbst uneins, wie will sein Reich bestehen, dieweil ihr saget, ich treibe die Teufel aus durch Beelzebub!? So aber ich die Teufel durch Beelzebub austreibe, durch wen treiben sie eure Kinder aus? Darum werden sie eure Richter sein. So ich aber durch Gottes Finger die Teufel austreibe, so kommt ja das Reich Gottes zu euch. Wenn ein starker Gewappneter seinen Palast bewahret, so bleibt das Seine mit Frieden. Wenn aber ein Stärkerer über ihn kommt und überwindet ihn, so nimmt er ihm seinen Harnisch, darauf er sich verließ, und teilt den Raub aus. Wer nicht mit mir ist, der ist wider mich; und wer nicht mit mir sammelt, der zerstreuet. Wenn der unsaubere Geist von dem Menschen ausfährt, so durchwandelt er dürre Stätten, sucht Ruhe und findet ihrer nicht; so spricht er: ‚Ich will wieder umkehren in mein Haus, daraus ich gegangen bin!‘ Und wenn er kommt, so findet er’s mit Besen gekehrt und geschmückt. Dann geht er hin und nimmt sieben Geister zu sich, die ärger sind denn er selbst; und wenn sie hineinkommen, wohnen sie da, und es wird hernach mit demselben Menschen ärger denn zuvor.“ — Und es begab sich, da er solches redete, erhob ein Weib im Volk die Stimme und sprach zu ihm: „Selig ist der Leib, der dich getragen hat, und die Brüste, die du gesogen hast!“ Er aber sprach: „Ja, selig sind, die das Wort Gottes hören und bewahren!“

(Den 27. Juni 1872)

Um diese Tat zu verstehen und zu würdigen, müßt ihr erst wissen, wie die Teufel in den Menschen hineinkommen, und was sie in der Tat sind, damit euch das Austreiben derselben verständlich werden kann.

Um euch dieses deutlich vor Augen zu führen, muß Ich weiter ausholen und euch in frühere Zeiträume zurückführen, in denen noch keine materielle Welt, sondern nur das Geisterreich bestand.

Aus Übermut und Trotz mißbrauchte der erste Engel, Lichtträger bis in die fernsten Räume des Geisterhimmels, seine Macht und lehnte sich nebst seinem Anhang gegen Mich auf. Da er, sowie seine Spießgesellen von einer Rückkehr nichts wissen wollten, wurden sie in die Materie gebannt und mußten auf langen Wegen der stufenartigen Läuterung den Rückgang zum einst gewesenen besseren Zustand antreten, welcher Läuterungsprozeß auch heute noch fortdauert, bis alle wieder das geworden sind, was sie einst waren, nämlich: Erkenner Meiner Macht und Liebe und werktätige Förderer Meines großen Schöpfungsplanes.

Nun seht, in jener fernen Zeit, in der — wie jetzt noch gültig — die individuelle Freiheit des Geistes als unantastbar festgesetzt wurde, stand es den Geistern, sowie Satan selbst frei, von ihrer verkehrten Richtung umzukehren oder nicht. Da die Geister aber nicht alle gleich an Erkenntnis, Güte und Einsicht waren — wie es auch heute noch nicht zwei Geschöpfe gibt, die geistig einander gleichen —, so war die Art und Weise jener Wesen, zu denken und zu handeln, sehr verschieden. Dem einen genügte seine geistige Stufe, dem andern nicht. Der eine war standhaft und widerstand den Anfechtungen Schlechterer, der andere dagegen widerstrebte dem Einfluß Besserer. — So bestand nicht eine gleichsam geordnete Stufenreihe, sondern, soviel es geistig denkende Wesen gab, ebenso vielseitig waren auch die Ansichten und Vorstellungen von Mir, von der Welt und von dem nötigen Fortschreiten.

Diese große Verschiedenheit, die sowohl bei den *guten* Geistern wie auch bei den *schlechten* besteht, welche eher den Satan als Höchsten ansehen — wie die guten Mich —, bedingte eben das geistige Leben und Treiben, welches zum Bestand des großen Geisterreichs notwendig ist.

Wenngleich die große Masse abgefallener Geister unter ihren Hauptanführern eine andere Richtung als die für alle bestimmte einschlug, so mußten doch auch ihre, Mir und Meinem Prinzip des Guten entgegengesetzten Handlungen nur Meinen Zwecken dienen. Sie müssen in den Resultaten, welche ihren Wünschen nicht entsprechen, Meine Allmacht erkennen, der sie sich — sie mögen tun, was sie wollen — nicht entziehen können.

Das gleiche Sein und Treiben der Geister findet sich bei den von allen Welten abberufenen Seelen, die im Jenseits leben. Auch sie haben Willensfreiheit. Sie können vor- oder rückwärtsschreiten, können tun, was sie wollen, können in einer Minute von der Höllenqual eines peinigenden Gewissens bis zur Seligkeit eines Engels gelangen, können das bleiben, was sie im Erdenleben waren, oder durch Umgang mit anderen, schlechteren Seelen selbst noch böser, noch schlechter werden. Ihr Wirkungskreis ist durch nichts beengt als durch die Existenzmittel, welche jede geistige Stufe mit sich bringt.

Ursprüngliche, noch nicht inkarnierte Geister, sowie Abgeschiedene, aus menschlichen Leibern, welche keinen Drang zum Vorwärtsschreiten haben, suchen — da Tätigkeit ein Lebensgesetz ist, ohne das nichts bestehen kann — sich zu beschäftigen, indem sie versuchen, entweder Geister oder noch lebende Wesen, deren Neigung eine Beeinflussung zuläßt, in ihren Bereich zu ziehen und ihnen *ihre* Ansichten und Neigungen beizubringen. Daher kommt es, daß der Mensch, je mehr er seine eigenen bösen und schlechten Leidenschaften nährt, immer leichter diesem jenseitigen Einfluß unterworfen ist und endlich ganz diesen bösen, von Langeweile geplagten Geistern zur Beute wird. So wie durch Schreiben, Klopfen und sonstige Mittel die Geister auf einzelne (empfängliche) Seelen einwirken können und indirekt wenigstens dazu beitragen, daß die Ungläubigen zu der Erkenntnis kommen: ‚Es gibt eine andere Welt!‘, ebenso wirken die schlechten Geister der Verstorbenen auf das Gemüt, ja auf die körperliche Organisation des Menschen ein, wovon Tobsucht und andere Krankheiten die äußerlich sichtbaren Folgen sind.

So könnt ihr, würdet ihr mit geistigen Augen sehen, eine ganz neue Welt in und um euch erblicken, die ebenso wie die äußere materielle bemüht ist, euch den Gang zu Mir soviel wie möglich zu erschweren. Deswegen rief Ich auch einst Meinen Jüngern im Garten von Gethsemane zu: „Wachet und betet, auf daß ihr nicht in Versuchung fallet!“

Diese geistigen Einflüsse sind anfangs so gelinde und sanft, unter spitzfindigen Gründen der Eigenliebe ihr verderbliches Gift verbergend, daß ein feines Gefühl und stete Wachsamkeit dazu gehören, um nicht statt des eigenen Willens den Willen anderer zu tun. Ist aber Standhaftigkeit da und sieht der böse oder schlechte Geist, daß seinen

Einflüssen nicht Gehör gegeben wird, so läßt er von selbst ab, weil auch er seine Zeit nicht unnütz verlieren will.

Dieses unsichtbare Beeinflussen und Verändern der Materie, dieses Entstehen und Vergehen und In-andere-Formen-Übergehen, alles dieses würde — hättet ihr die geistige Sehe — sich in der geistigen Welt vor euren Augen abwickeln, in einem noch größeren Maßstab, weil ihr die Geister durchschauen und schon von vornherein bemerken könntet, welche Idee jetzt den einen oder andern bewegt, dieses oder jenes zu tun. Ihr würdet an diese geistige Welt einen ganz anderen Maßstab anlegen müssen als an eure materielle Welt, da dort schon die *Gedanken* gewogen werden, während in eurer sichtbaren Welt tausend Gedanken unbemerkt an euch vorübergehen, bis vielleicht erst der letzte, durch die Tat, die Idee eines anderen lebenden Wesens verrät.

Ihr würdet staunen, wie die Hinübergehenden dort anlangen, wie sie von anderen Geistern entweder mit Liebe oder mit Haß empfangen werden. Ihr würdet staunen, welche moralischen Kämpfe dort eine Seele durchmachen muß, bis sie ihren Weg selbständig gehen kann. Dort hilft kein Verbergen, kein Heucheln und Verstellen. Dort ist der Mensch als Geist nur der Abdruck seines geistigen Ichs, erworben hier auf dieser Welt, und zwar nicht durch Taten, sondern bereits durch Gedanken; denn diese waren die Urheber der Taten, und diese geben auch in der geistigen Welt den Ausschlag. Jeder durch euern Kopf oder euer Herz flüchtig laufende Gedanke ist in eueren inneren Geistesmenschen als unabänderlicher Abdruck eingeprägt worden und wird einst die äußere geistige Umkleidung eures Seelenmenschen bedingen.

Wenn die Menschen wüßten, was sie tun, wenn sie entweder mit Groll von dieser Erde scheiden, oder wenn die Zurückgebliebenen den Hinübergegangenen fluchen, sie würden schaudern vor den Folgen solcher Gedanken; denn solche Gedanken sind fähig, Qualen auf Qualen — natürlich geistiger Natur — den Hinübergegangenen zu bereiten und in ihnen den Wunsch entfachen, die noch Lebenden mit Rache zu empfangen. Daher seid streng mit euren Gedanken! Ihr ruft oft mit *einem* Gedanken ein Heer gleichgesinnter, schlechter Geister der andern Welt in eure Nähe, und während ihr glaubt, ihr hinget diesen Gedanken bloß nach, sind es diese Geister, die euch in ihr Netz zu verstricken trachten, die eure guten Eigenschaften zu vernichten streben, um dann den Entschluß zu einer bösen Tat zur Reife zu bringen, welche wieder unendliche Folgen für euch und andere Menschen und Geister hat.

Dies ist im Evangelium ausgedrückt, wo Ich von dem mächtigen bösen Geist, der aus dem Kranken oder Stummen getrieben wurde, sagte, daß er öde und wüst umherging, dann aber wieder zurückkehrte mit sieben anderen Geistern, die ärger waren als er selbst.

Das ist das geistige Bild eines Menschen, der wohl eine Leidenschaft besiegt, glaubt einen Teufel von sich entfernt zu haben, sich aber nachlässig wieder diesen Gedanken, seinen Lieblingsideen hingibt. Dieser Mensch nährt ein Flämmchen, und wie die Mücken, von weitem das Licht bemerkend, alle dorthin ziehen, ebenso ist diese geistige Gedankenrichtung ein Licht, das in der Geisterwelt gerade den im Finstern tappenden Geistern als Leitfaden dient. Dort strömen sie hin, beginnen ihr teuflisches Spiel mit verstärkter und vereinter Kraft, bis der geplagte Mensch in ihr Netz fällt und hier auf Erden und dort im Jenseits auf lange Zeit für Mein Reich verloren ist.

Die andere Welt, die Welt des Unsichtbaren, ist nicht so rosig, wie eure Priester sie euch vorstellen; sie ist aber auch nicht so höllisch, wie die Phantasie gewisser Religionsfanatiker sie euch vormalen möchte. Das ganze Gemälde besteht darin: Wie der Mensch geistig beschaffen ist, so sieht er auch die geistige Welt. So seht ihr ja auch die materielle Welt, ob hüben oder drüben, das bleibt sich gleich.

Ein veredeltes, reines, Mir ergebenes Herz wird dort nichts von alledem sehen, wie es auch hier nichts davon sah. Es wird dort verirrte Geister, wie hier verirrte Menschen, erblicken und helfend jedem unter die Arme greifen, wie es während seiner Lebenszeit getan hat. Frieden mitbringend, sieht die Seele dort Frieden; Haß und Stolz mitbringend, wird sie auch dort das nämliche von anderen erfahren und das gleiche auch an anderen ausüben.

Es ist nur *ein* Gesetz, das in Meiner Schöpfung gilt, — es ist das Gesetz der Schwere, der Anziehungskraft. Das Materielle wird gefestet und erhalten durch dieses Gesetz; das Geistige ebenfalls. Je schwerer, d. h. je dichter ein Körper ist, desto größer ist die Kraft, die seine Urelemente zusammenhält; er ist Stein und ist auf festen

Grund gebaut. Je leichter die Substanzen sind, und je geringer ihre Bindekraft ist, desto leichter ist ihre Erhebung möglich. Je fester die Atome zusammengefügt sind, um so weniger sind sie für Licht und Wärme aufnahmefähig; je leichter sie sind, desto mehr sind sie empfänglich für das von oben Kommende.

So ist es auch in der Geisterwelt. Das moralische Gewicht bannt die Geister an die Materie; je leichter es ist, desto eher können sie sich von der Materie entfernen. Im ersteren Falle sind die Geister finster, im zweiten desto lichter. Die finsteren Geister also sind es, die sich am Licht anderer beleben und erwärmen wollen, da ihnen selbst die Wärme fehlt. Deswegen suchen sie entweder, so sie schlecht bleiben wollen, die anderen mit in ihre Finsternis hineinzuziehen, oder sich selbst dieser zu entwinden.

So ist das geistige Treiben im ganzen Äther beschaffen: Ewig Kampf neben Ruhe, Verfolgung und Abstoßung neben Einigung und liebender Zusammengesellung, da die Geister ihren geistigen Prozeß erfüllen müssen. Auf die Zeit kommt es nicht an; denn die Ewigkeit ist lang. Niemand wird gezwungen; was er sein will, das ist er, oder wie Paulus sagte: „Wie der Baum fällt, so bleibt er liegen!"

Daher gebet euch alle Mühe, schon hier so viel Stärke zu erlangen, daß ihr dort den Versuchungen widerstehen könnt und auch sogleich mit besseren Geistern zusammenkommt, bei denen natürlich von Kampf und Verführung nicht die Rede ist! Enthaltet euch der Flüche und Verwünschungen; denn die auf diese Art beleidigten, an ihrem Fortschritte gehemmten Geister suchen sich zu rächen! Können sie es *hier* nicht, so erwarten sie euch gewiß *dort*, um euch zu vergelten, was ihr in blinder Eigenliebe an ihnen verschuldet habt.

Im Evangelium sagte Ich: „Wer nicht mit Mir ist, der ist gegen Mich; wer nicht mit Mir sammelt, der zerstreut!" Merkt euch das; es heißt: Es gibt nur zwei Wege: zu Mir hin — und hinweg von Mir! Daher selig diejenigen unter euch, die Meine Worte hören und auch befolgen werden! Vieles werden sie sich in jener Welt ersparen, was sonst eine unausbleibliche Folge irdischen Handelns gewesen wäre.

Ich könnte euch noch viel über jene Welt sagen. Einen kleinen Blick in sie tatet ihr schon in der Beschreibung der geistigen Sonne. Zwar ist das nur ein Schattenriß der großen Wahrheit, aber genau durchdacht genügt er als Mahnwort, um Mich einst nicht zu beschuldigen, als hätte Ich euch nicht einen Blick in *jene* Welt tun lassen, die einst euer Aufenthalt, und zwar der bei weitem längere sein wird.

Die extremen Fälle, in denen ein oder sogar mehrere böse Geister einen Menschen derart in der Gewalt haben, daß selbst sein physischer Organismus mit in ihrer Gewalt ist, sind selten und oft sogar aus guten Gründen zugelassen. Um solch kranke und von bösen Geistern besessene Menschen zu heilen, gehört ein willensstarker, religiöser Mensch, der Mich und Meine Macht kennt und auch das Vertrauen zu Mir hat, daß Ich ihm helfe, wenn er darum bittet. Da kann dann durch Gebet und Händeauflegen in Meinem Namen geholfen werden, so wie Ich es während Meines irdischen Lebenswandels getan habe; nur muß stets dabei gedacht werden: wenn es Mein heiliger Wille ist, daß es geschehe!

Hier habt ihr ein kleines Bild des großen Geisterlebens, welches Ich euch bei diesem Anlaß aus dem Evangelium geben wollte. Es ist zu wichtig, als daß ihr nur wisset, was ihr *sehet;* ihr müßt auch nach und nach begreifen lernen, was außer der sichtbaren Welt besteht, was derselben seinen Typus aufgedrückt hat und den weit größeren und wichtigeren Teil Meines Reiches ausmacht.

Geist bin Ich, Geist seid ihr, und geistig wird selbst die Materie noch werden. *Also* diesen großen Kreislauf mit all seinen Stufen zu erkennen, zu überblicken und in ihm sich seine eigene Stellung zu erringen, das ist die Aufgabe, die euch gegeben wurde. Zu ihrer leichteren Lösung scheue Ich kein Mittel, um euch den unabweisbaren Weg zu erleichtern und zu verkürzen, damit ihr hier schon das Meiste und Schwerste bewältigt — und dort nur Weniges und Leichteres zu überwinden habt. Amen.

16

Am Sonntage Lätare

Die Speisung der Fünftausend

Joh. 6, 1—15: Darnach fuhr Jesus weg über das Meer an der Stadt Tiberias in Galiläa. Und es zog ihm viel Volk nach, darum daß sie die Zeichen sahen, die er an den Kranken tat. Jesus aber ging hinauf auf einen Berg und setzte sich daselbst mit seinen Jüngern. Es war aber nahe die Ostern, der Juden Fest. Da hob Jesus seine Augen auf und sieht, daß viel Volks zu ihm kommt, und spricht zu Philippus: „Wo kaufen wir Brot, daß diese essen?" (Das sagte er aber, ihn zu versuchen; denn er wußte wohl, was er tun wollte.) Philippus antwortete ihm: „Für zweihundert Groschen Brot ist nicht genug unter sie, daß ein jeglicher unter ihnen ein wenig nehme." Spricht zu ihm einer seiner Jünger, Andreas, der Bruder des Simon Petrus: „Es ist ein Knabe hie, der hat fünf Gerstenbrote und zwei Fische; aber was ist das unter so viele?" Jesus aber sprach: „Schaffet, daß sich das Volk lagere!" Es war aber viel Gras an dem Ort. Da lagerten sich bei fünftausend Mann. Jesus aber nahm die Brote, dankte und gab sie den Jüngern, die Jünger aber denen, die sich gelagert hatten; desgleichen auch von den Fischen, wieviel sie wollten. Da sie aber satt waren, sprach er zu seinen Jüngern: „Sammelt die übrigen Brocken, daß nichts umkomme!" Da sammelten sie und füllten zwölf Körbe mit Brocken von den fünf Gerstenbroten, die übrig blieben denen, die gespeist worden. Da nun die Menschen das Zeichen sahen, das Jesus tat, sprachen sie: „Das ist wahrlich der Prophet, der in die Welt kommen soll!" Da Jesus nun merkte, daß sie kommen würden und ihn haschen, daß sie ihn zum Könige machten, entwich er abermals auf den Breg, er selbst allein.

(Den 16. Febr. 1872)

Hier habt ihr eine jener Taten vor euch, die bei den Juden am meisten Aufsehen erregten, und zwar in solchem Grade, daß die Augenzeugen Mich zum Könige ausrufen wollten und Mich deshalb zwangen, ihren Absichten auszuweichen, indem Ich Mich allein auf den Berg in die Einsamkeit zurückzog.

Nun, die Handlung an und für sich ist für Mich, als Herr und Schöpfer eine nicht so große und wichtige gewesen, wenn Ich veranlaßte, daß sich aus den Stoffen der Luft die fünf Gerstenbrote und die zwei Fische stets ergänzten, und zwar so, daß sie bequem für fünftausend Mann ausreichten und vom Brote noch zwölf Körbe voll übrigblieben. Für die Mich umlagernden Menschen aber war es wohl ein Wunder, welches Meine göttliche Abkunft und Meine Macht schlagend bewies. Es wurde von den Juden nicht geistig, sondern ihrem materiellen Interesse gemäß aufgefaßt, da sie Mich nach dieser Handlung zu ihrem König ausrufen wollten. Ich mußte Mich von ihnen zurückziehen; denn erstens war jenes nicht der Zweck Meines Erdenwandels, und zweitens war Meine Zeit des ‚Erhöhtwerdens' noch nicht gekommen, welches Wort — sooft Ich es auch aussprach — ebenfalls nie begriffen wurde, bis die Kreuzigung es erklärte und Meine Himmelfahrt auch geistig die Erhöhung in Erfüllung brachte.

Die Handlung des Verteilens der Gerstenbrote und Fische hat aber ihre geistige Entsprechung, die eigentlich das Wesentliche ausmacht. Schon einmal sagte Ich euch, daß Mein ganzer irdischer Lebenswandel, besonders Meine Lehrjahre und Meine während dieser Zeit gesprochenen Worte und ausgeübten Taten, sich bei Meinem künftigen Wiederkommen wiederholen werden, und zwar geistig.

So ist auch diese Handlung eine derjenigen, die jetzt in ihrer Entsprechung vor sich geht. Was einst für die fünftausend Mann gegolten hat, das gilt jetzt für die Menschen im allgemeinen. Damals war Mein Wirkungskreis das Judenvolk, als der mit Mir lebende, empfänglichste Teil der Menschheit, und sein Land, als die für Meine Taten ausgewählte Welt. Jetzt, da Meine Lehre über die ganze Erde ausgebreitet und, obgleich nur von wenigen befolgt, doch vielen bekannt ist, — jetzt ist auch jede Tat aus jenen Zeiten im größeren, im geistigen Sinn zu nehmen, wenn sie sich wiederholt, wie Ich es angedeutet habe.

Nun fragt es sich: Was haben die Gerstenbrote, was die Fische zu bedeuten? Warum waren es bloß fünf Gerstenbrote und zwei Fische? Denn seht, bei Handlungen Gottes hat alles eine geistige und tiefe Bedeutung, und es ist nicht wie bei euch Menschen, die ihr oft viel redet oder sogar handelt, aber nicht im mindesten wißt, was ihr sagt, oder was ihr tut.

Um nun das erste — nämlich die Frage: Was waren die Gerstenbrote, und was waren die Fische? — zu erklären, muß Ich euch darauf aufmerksam machen, aus welchem Teil der Erde das eine, und woher das andere seinen Ursprung hat.

Die Gerstenbrote stammen aus der Erde, aus der das Korn vom

Dunklen der Erde entwachsend zur höheren Lichtweihe der Sonne emporstrebt und so das in der Erde Aufgesogene durch Licht und Wärme zur Frucht ausreift, welche Frucht dann, geistigere Elemente enthaltend, durchs Brotbereiten geeignet wird, diese Erdstoffe in geistig höhere des menschlichen Körpers umzuwandeln.

Die Brote sind also das Resultat von Prozessen der Erde und des Himmels.

Die Fische sind Produkte des im Wasser vorhandenen Stoffes, zu lebendigen Wesen ausgeboren.

Das Wasser selbst ist ein leichtbewegliches Element, ist verdichtete Luft. Und wie die Luft verdichteter Äther ist und der Äther die Geburtsstätte aller Elemente, so ist die Luft die Erzeugerin der Stoffe im Wasser und das Wasser selbst wieder Erzeuger der festen Erdteile und der darauf vorkommenden Pflanzen und Tiere. Das Wasser war und ist die große Mutter, aus welcher euer Erdball entstand, und noch jetzt könnt ihr, wenn ihr chemisch die Körper der lebenden Wesen, ja selbst euren Körper untersucht, sehen, daß das Wasser der Träger, Ernährer und Erhalter eures eigenen Leibes ist.

Was die Vögel in der Luft sind, das sind die Fische im Wasser; sie sind die Vögel in der verdichteten Luft. Wie das Gerstenkorn, aus Grobmateriellem bis zur höheren geistigen Stufe sich herausringend, fähig wird, als Ausgleichsstoff vom menschlichen Körper aufgenommen zu werden, so ist der Fisch ebenfalls ein Bestandteil der im Wasser aufgelösten Stoffe, welche, in ihm zum Festen, Körperlichen gestaltet, fähig gemacht werden können, sich mit den Bestandteilen des menschlichen Körpers zu verbinden. Nur müssen vorher durch die Wärme der Luft oder des Feuers seine festeren Teile von den Lichtteilen getrennt werden, d. h. er muß getrocknet oder gekocht werden, um dem Menschen in seinem Organismus nützlich zu sein, so wie auch das Gerstenkorn, nachdem es zermalmt, zu Teig gemengt und durch die Wärme der wässerigen Bestandteile wieder entledigt ist, dem Menschen zu gesunder Nahrung dienlich sein kann.

Hier hätten wir also die Bestandteile des Brotes und die der Fische erörtert; es handelt sich also jetzt noch um die Zahl. Warum waren es gerade *fünf* Brote und *zwei* Fische?

Seht, wenn ihr diese Gegenstände zusammenzählt, so erhaltet ihr die Zahl Sieben, eine Zahl, die in allen Dingen mehr oder weniger vorhanden ist und stets mit der Zahl Drei einen Faktor ausmacht, welcher zur Erschaffung, Erhaltung und Verwandlung eines jeglichen Dinges nötig ist, wenn es auf höhere Stufen fortschreiten soll.

Die Zahl Sieben ist, ebenso wie die Zahl Drei, eine Meiner Grundzahlen, die Ich in Mir selbst, als Gott, Schöpfer und Herr, vorstelle.

Seht, wenn ihr die Zahl Sieben genau betrachtet, so werdet ihr finden, daß drei auf der einen, drei auf der anderen Seite und die vierte Zahl in der Mitte steht. Das heißt: Die Göttlichkeitszahl Drei ist in der Gotteszahl Sieben zweimal enthalten und gestaltet sich so, daß eben die vierte Zahl in der Mitte, vereint mit den beiden drei auf jeder Seite, die heilige Zahl Sieben ergibt, die Mein geistiges Ich ausdrückt.*

Wenn in jedem geschaffenen Wesen die Dreizahl als Prinzip seiner Existenz nötig ist, so steht diese Zahl in der Gottheit selbst zweimal da, und zwar noch mit dem Zusatz einer Mitte, um die sich alles andere schart.

Die geschaffenen Wesen können die Dreizahl in ihrer höchsten Vollkommenheit wohl erreichen, wie die Engelsgeister, — aber die Gottheit hat stets dieselbe Zahl im doppelten Maß und eine nie erreichbare Mitte, welche sie zum Herrn alles Geschaffenen stempelt.

Daß ihr die Siebenzahl in so vielen Gegenständen der Schöpfung findet, hat seinen Grund darin, daß diese Gegenstände, in denen diese Zahl am meisten hervortritt, dem Schöpfer alles Seienden am nächsten stehen und reine Ausflüsse von Ihm selbst sind. So seht ihr z. B. die Siebenzahl in den Farben und in den Tönen, weil eben die Lichtstrahlen in ihrer Brechung materiell die sieben Eigenschaften des Schöpfers und die sieben Töne die sieben großen harmonischen Gesetze des geistigen Lebens in sich einschließen.

Wollt ihr nun diese Siebenzahl von Broten und Fischen mit Worten ausgedrückt lesen, so heißen sie:

*) ✳ ✩ ✳ ✩ ✳ ✩ ✳

Liebet Gott über | alles und | den-Nächsten wie euch-selbst!

Die ersten vier Worte bezeichnen die Gerstenbrote, die geistig den Menschen ernähren und ihn zum höheren, geistigen Sein auszeitigen sollen, wovon wieder die ersten drei den Grad der Liebe zu Gott ausdrücken, während die andern drei das Maß der Nächstenliebe bezeichnen. Das Wort ‚alles' und das Bindewort ‚und' aber bezeichnen den Mittelpunkt der göttlichen Liebe, d. h.: mehr als alles soll die Liebe zu Gott sein, welche aber nur durch die Verbindung mit den nächstfolgenden drei — den-Nächsten wie euch-selbst — in Ausführung gebracht werden kann. Denn ihr könnt Mich als Gott nicht lieben ohne die Nächstenliebe; ihr könnt Mich nicht über alles lieben, wenn ihr nicht euren Nächsten wie euch selbst liebt.

Also die drei ersten Worte mögen erreicht werden, sowie die drei letzten, nur das mittlere ‚alles' nebst dem Bindungswort ‚und' bezeichnen die Unerreichbarkeit, obwohl ewiges Fortschreiten möglich ist; denn — was ist ‚alles', und wo hört die Nächstenliebe auf?

Das ‚alles', sowie die größte Nächsten- und Vaterliebe gipfeln nur in Mir! Ich allein bin gesättigt von dieser Liebe. Ich allein repräsentiere das ‚alles' in seiner ganzen Unendlichkeit, und in Meiner nie versiegenden Langmut und Geduld seht ihr die Nächsten- oder Bruder- und Vaterliebe in ihrer höchsten Ausbildungsstufe in Mir vereinigt.

Wie Ich euch früher sagte, daß das Gerstenkorn, aus der finsteren Erde zum Licht sich drängend, seine Frucht zur Reife bringt, so ist es auch mit der Gottesliebe, welche den materiellen Menschen aus seinen finsteren Leidenschaften zum höheren moralischen Licht erheben und führen soll.

Und wie Ich euch sagte, daß die Fische Produkte der verdichteten Luft sind, also eines leichteren Elements als der Erde, so soll die Nächstenliebe, euch vom festen Materiellen abziehend und statt der Sorge für sich selbst, geistigeren Gefühlen in euren Herzen Platz machend, die Ähnlichkeit der Gottesliebe ausdrücken; denn nur in der Nächstenliebe könnt ihr zeigen, wie ihr Gott liebt, und das nie zu erreichende ‚alles' erhält dort einen annähernden Maßstab in dem Worte ‚wie euch selbst'.

Wie das Brot gemacht wird aus zermalmtem Korn unter dem Einfluß von Wasser und Wärme, so soll auch die Gottesliebe entstehen aus der Vernichtung des Materiellen, erwärmt durch Meine Lehre. Und wie die Fische getrocknet oder gekocht werden, so soll auch die Nächstenliebe, an der Sonne der ewigen Liebe alle ihre Nebengedanken des Egoismus aufgebend, sich mit allem Eifer dem Wohle des Mitbruders widmen und der Mensch kein anderes Wort als Maßstab seiner Handlungen erkennen als das ‚Für dich, und nicht für mich!'

So ist schon seit längerer Zeit mit diesen wenigen Worten Meiner einzigen Gesetze, die Ich den Menschen zur Befolgung gegeben habe, der Weg angebahnt worden, ihnen zu entsprechen.

Stets wird der Drang, unter welchem diese zwei Gesetze ihre Beachtung fordern, reger werden; und es muß auch der Zeitpunkt kommen, wo, durch diese sieben Worte des Himmels gesättigt, die ganze Menschheit Mich zu ihrem König ausrufen wird. Dann werde Ich aber nicht — wie einst —, Mich verbergen, den Wünschen Meiner Kinder ausweichen, sondern in aller Glorie und Macht zu allen kommen, die Mich gesucht, erkämpft und gefunden haben.

Aber nicht einen *König* werden sie finden, sondern einen *Hirten*, der seine Schafe dann in die Gefilde des Lichts führen wird, wo jedes materielle Streben aufgehört hat und im ewigen geistigen Fortschreiten die immer mehr zunehmende Gottes- und Nächstenliebe Wonnen an Wonnen, Seligkeiten an Seligkeiten reihen wird, um euch zu beweisen, daß Ich das, was Ich einst mit fünf Gerstenbroten und zwei Fischen getan, nun auch mit sieben Worten des größten geistigen Inhalts ebenfalls erreicht habe, nämlich: wie einst die materielle Sättigung Meiner Zuhörer und Nachfolger, so jetzt die Sättigung Meiner vergeistigten Kinder. So ist immer, auch im kleinsten Wort aus Meiner irdischen Lebensbahn, ein Stein zum einstigen großen Geistesgebäude gelegt worden, in welchem alles den Endschluß finden wird, der in der zwischen den Dreizahlen stehenden Mitte, Meinem Ich, mit Meiner geistigen und materiellen Schöpfung das ‚alles' ausmacht, aus dem alles hervorging, und zu dem wieder alles zurückkehren wird und muß. Amen.

17

Am Sonntage Judika

Der Juden Versuch, Jesus zu steinigen

Joh. 8, 59: Da hoben sie Steine auf, daß sie ihn würfen; Jesus aber verbarg sich und ging zum Tempel hinaus.

(Den 17. Febr. 1872)

Hier habt ihr wieder einen Beweis, wie wenig die Mehrzahl des jüdischen Volkes Mich, Meine Mission, Meine Herkunft und Meine Lehre verstand.

Wenn ihr dieses ganze Kapitel vom Anfang bis zum Ende lest, so müßt ihr bekennen, daß Ich Ströme des Lichts über Meine Zuhörer im Tempel ausgoß; aber es war umsonst! Die meisten nahmen Meine Worte im buchstäblichen Sinn, die Pharisäer und Schriftgelehrten, gekränkt durch Meine tief treffenden Worte wegen der Ehebrecherin, schlichen sich davon, und die übrigen, an Einsicht Beschränkten, verstanden nicht, was Ich sagte.

Diese Mißdeutung Meiner Worte in jenen Zeiten besteht heute noch ebenso, und vielleicht in noch größerem Maße. Denn während damals der Verstand eines jeden Menschen die Bibel und auch Meine Worte buchstäblich nahm, wollen jetzt eure Gelehrten und Naturforscher aus der sichtbaren Natur euch beweisen, daß es weder einen Gott, noch einen Schöpfer gibt, und daß daher auch keines Seiner Worte — sei es durch Propheten oder durch Jesus gesprochen — göttlichen Ursprungs ist. Damals wollten Mich die Juden steinigen, weil Ich ihnen nicht nur die Wahrheit ins Gesicht sagte, sondern weil Ich Mir anmaßte, von Meiner göttlichen Herkunft zu sprechen, von der sie keinen Begriff hatten, ob eine solche möglich sei.

Die Juden in jener Zeit hielten zwar dem Buchstaben gemäß streng an ihren Satzungen, machten sich aber die Lehren Mosis so bequem wie möglich. Es war daher nicht anders zu erwarten, als daß Meine Lehre, den Geist vom toten Buchstaben trennend, ihnen nicht behagen konnte, da sie sich bei Haltung Meiner Lehre einschränken und ihren Leidenschaften hätten den Zaum anlegen müssen. Sie waren — was heutzutage noch viele Tausende sind — reine Tempelläufer und Zeremonienreiter. In dieser Hinsicht hatten auch die Priester ihr Volk erzogen, damit es ihnen nicht aus der Hand schlüpfe, und sie es zu ihrem Interesse ausbeuten konnten, wie sie wollten.

Nehmt die Geschichte zur Hand und lest sie aufmerksam durch, so werdet ihr sehen, daß von *der* Zeit an, als eine Kirche mit den dazugehörigen Priestern ins Leben trat, nach kurzer Zeit die Lehren Meiner Apostel zu dem Zwecke ausgebeutet wurden, dem Priesterstande Macht und Ansehen zu verschaffen, worauf ja auch zu Meiner Zeit das Hauptaugenmerk der Templer in Jerusalem gerichtet war. Die Erziehung der Jünglinge zu dieser Kaste wurde planmäßig ausgerichtet, damit sie ja nichts anderes lernen und verstehen sollten, als was den Zwecken der ganzen Priesterschaft heilbringend war. So kamen dann infolge zu großen Unfugs die Religionskriege, die Verfolgung und die Scheidung in zwei Hauptlager, in Katholiken und Protestanten, zum Vorschein, welche zwei Klassen, stets in Buchstabenauslegung ihr Heil suchend, wieder in mehrere Sekten zerfielen, deren Grundlage — Meine Lehre — im ganzen die gleiche war, um deren Auslegungen sie sich bekämpften.

Jetzt, wo der Reinigungsprozeß angefangen hat, treten die gleichen Kämpfe auf, nur auf friedlicherem Wege. Jetzt streiten sich die Sekten und Kasten wieder. Einzelne Männer verlangen Reinigung der großen Masse zeremonieller Gebräuche, welche das ganze Religionsgebäude fast verdecken. Sie wollen dieselben zurückführen auf den ersten Kultus, der einfach war, und in welchem jede Zeremonie, wenn eine solche festgesetzt wurde, eine *geistige* Grundlage hatte, die auch der Nichtpriester oder Laie verstehen konnte. Noch irren auch diese Männer; denn sie leiden unter der Last der genossenen Erziehung, auch sie begreifen noch nicht ganz, was Ich einst sagte: daß Mein Wort Geist und Wahrheit ist, und wer Mich anbeten will, Mich im Geist und in der Wahrheit anbeten muß.

Mehrere Meiner Apostel rieten den Gemeinden, die sich damals gebildet hatten, von zeremoniellen Gebräuchen ab. Denn die Zeremonie tötet den Geist und wird leicht mißverstanden; es wird ihr mehr Wichtigkeit beigelegt, als ihr zukommt, und sie führt im ganzen, statt *zu* Mir, von Mir *weg*.

Dieses Sehnen, das jetzt viele Gemüter ergriffen hat, und das einen

Religionskultus zum Ziele hat, der mehr dem Zeitgeist und der Bildung der jetzt lebenden Christenheit entspricht, ist aber der Übergang zum letzten, geistigen und höchsten Kultus, welcher angebahnt wird durch Meine direkten Mitteilungen, die Ich euch schon seit mehr als dreißig Jahren zukommen lasse.

Noch gibt es viele, denen Meine Lehre nicht zu ihren weltlichen Ansichten paßt, und die sie totschlagen möchten, wie einst die Juden Mich steinigen wollten. Auch jetzt geht Meine Lehre mitten durch diese Hindernisse hindurch ihren eigenen Weg und wird der Menschheit zugänglich werden, wenn der geeignete Zeitpunkt durch herbe Schicksale, Drangsale und Leiden herbeigeführt sein wird, wenn alle trügerischen Hoffnungen auf weltliche Macht und Größe in ihrer Nacktheit als Irrlichter dastehen werden, die den ihnen folgenden Menschen, statt auf trockenen Boden, in Sumpf und Morast leiteten. Dann wird erst die klare Einsicht Meines Worts sich geltend machen und selbst diejenigen zum Glauben zwingen, die sich früher auf ihr Verstandeswissen stützend schon wähnten, es gäbe keinen Gott, sondern der Gott — wenigstens für diese Erde — seien sie selbst, d. h. der Verstandesmensch mit seinen ausgedachten Hirngespinsten. Meine Lehre wird sie alle zuschanden machen, und sie werden notgedrungen einsehen müssen, daß das, was sie andere glauben machen wollten — nämlich: es gäbe keinen Gott —, eine verkehrte Schlußfolgerung all ihres einstudierten Krames war.

So wie Ich in jener Zeit im Tempel Meinen Mördern ausgewichen bin, weil Meine Zeit noch nicht gekommen war, so weicht auch jetzt noch Meine Lehre, wie ihr sie empfangt, den Kritikern aus. Und wenn auch hie und da einer oder der andere sie, wie einst die Juden Mich, zum Tod verdammen möchte und all seinen giftigen Geifer darüber ausschüttet, so schadet er sich nur selbst; denn die Zeit wird auch ihn eines anderen belehren und ihm beweisen, daß das, was *Ich* will, geschehen wird, und nicht das, was *er* in seiner beschränkten Einsicht haben möchte.

Noch manche werden Steine auf Meine Lehre werfen, Steine harter Worte, die unter ihrer Last die sanfte Lehre der Liebe erdrücken sollen. Doch fürchtet nicht, daß sie siegen werden! Denn wie in jener Zeit Mein Ich auch bestimmt war, noch härtere Proben zu bestehen, bis Meine Verklärung vollführt und das Ende Meiner Mission erreicht war, ebenso wird auch jetzt Meine Lehre gesteinigt, verdammt, verhöhnt, gekreuzigt und dann, scheinbar besiegt, ins Grab gelegt werden, aus dem sie aber — wie einst Ich selbst, den Tod besiegend — glorreich auferstehen wird.

Denn das müßt ihr bedenken: Je mehr Meine Lehre Boden gewinnt, desto mehr werden sich Hindernisse gegen sie auftürmen; denn sie greift viele in ihrem materiellen, und noch mehrere in ihrem geistigen Wohlleben, in ihrer bis jetzt gewohnten Lebens- und Denkungsart an. Es muß also sein, damit sich bis zu Meiner nächsten Darniederkunft alles wiederhole, was einst sichtbar den Kern Meiner drei Lehrjahre ausmachte. Dort legte Ich den Samen Meiner Lehre unter Disteln und Dornen, und wenig fruchtbares Erdreich nahm ihn auf, wie er es verdient hätte. Er wucherte dennoch fort, wenngleich nur auf einzelnen Stellen. Auch jetzt fällt Mein Wort, das die Menschen frei machen will, auf steinigen Grund, von wenigen beachtet, von den meisten zertreten und von den Schaden witternden Füchsen mit Vernichtung bedroht. Und doch wird es ausreifen, wird zur Himmelsblume werden, die Ich einst selbst auf eure kleine Erde gebracht habe, und die Ich euch gleich einer Rose übergab, die durch Wohlgeruch die Sinne ergötzt, aber gar leicht des Unvorsichtigen Hand durch ihre Dornen verletzen kann!

Die Rose ist die schönste Blume auf eurer Erde, weil sie mit dem Wohlgeruch auch die schönste Farbe vereint, von denen das eine die Liebe, das andere die Weisheit ausdrückt. Wie nun die Rose in ihrem liebreizenden Gewand Schönheit mit Wohlgeruch verbindet, so läßt auch Mein Wort, das Wort der Liebe, mit guten Taten gepaart, den Liebreiz Meines göttlichen Wesens jeden Verehrer fühlen.

Die Dornen sind die weltlichen Leidenschaften, die vorerst durch Kampf und Leiden beseitigt werden müssen. Und so will die Rose eigentlich sagen: „Ich kann nicht bestehen ohne Dornen!“ Diese müssen überwunden werden. Wie nun die Rose durch ihre Dornen Elektrizität einsaugt und sie zur Verschönerung ihres eigenen Ichs verwendet, ebenso soll ein jeder, der Meiner Lehre folgen und sie ausüben will, die weltlichen Unannehmlichkeiten so ausbeuten, daß ebenfalls aus ihnen, wie aus den Dornen bei der Rose, Geistiges und Erhabenes erwächst.

So pfleget auch ihr Meine Worte! Lest sie nicht zum Zeitvertreib; denn es könnte eine Zeit kommen, welche euch dieses Vergnügen vertreibt oder verbittert, wenn ihr nicht durch Gedanken und Taten euer Ich veredelt habt! *Handelt* nach Meinen Worten, damit ihr, gewappnet mit dem Bewußtsein guter Taten, nicht wie die Mehrzahl hungrig am Buchstaben hängend, sondern an der Lebensquelle der ewigen Liebe Wonne und Seligkeit trinkend, Mich, Mein Wort und Meine göttliche Liebe als euren ‚Vater' auch unter Drangsalen nicht vergessend, die Fahne des Glaubens und Vertrauens hoch erhebt und nicht — wie vielleicht viele — Steine des Unwillens, sondern Segens- und Dankeswünsche Mir entgegensendet, wenn Ich kommen werde, die Palme des Sieges den Ausharrenden zu überreichen. Amen.

18

Am Palmsonntage

Der Einzug Jesu in Jerusalem

Matth. 21, 1—9: Da sie nun nahe an Jerusalem kamen, gen Bethphage an den Ölberg, sandte Jesus seiner Jünger zwei und sprach zu ihnen: „Gehet hin in den Flecken, der vor euch liegt, und alsbald werdet ihr eine Eselin finden angebunden und ein Füllen bei ihr; löset sie auf, und führet sie zu mir! Und so euch jemand etwas wird sagen, so sprechet: ‚Der Herr bedarf ihrer!'; sobald wird er sie euch lassen!" Das geschah aber alles, auf daß erfüllet würde, das gesagt ist durch den Propheten, der da spricht: „Saget der Tochter Zion: Siehe, dein König kommt zu dir sanftmütig und reitet auf einem Esel und auf einem Füllen der lastbaren Eselin!" Die Jünger gingen hin und taten, wie ihnen Jesus befohlen hatte, und brachten die Eselin und das Füllen und legten ihre Kleider drauf und setzten ihn darauf. Aber viel Volks breitete die Kleider auf den Weg; die andern hieben Zweige von den Bäumen und streuten sie auf den Weg. Das Volk aber, das vorging und nachfolgte, schrie und sprach: „Hosianna dem Sohn Davids! Gelobet sei, der da kommt in dem Namen des Herrn! Hosianna in der Höhe!"

(Den 18. Febr. 1872)

Dieses Kapitel beginnt mit Meinem Einzug in Jerusalem. Auf einer Eselin, dem Bild der Demut, nahm Ich als der demütigste Mensch die Huldigungen von so manchen Gläubigen entgegen und begab Mich dann zu den Hochmütigsten jener Zeit, zu den Hohenpriestern und Pharisäern, in den Tempel. Dort räumte Ich wohl dem Äußern nach dieses Bethaus vom materiellen Mist, indem Ich die Wechsler und Taubenhändler austrieb. Was die Reinigung von dem geistigen Unrate in den Gemütern der Machthaber in jenen Mauern betrifft, mußte Ich es der Zeit überlassen, welcher von ihnen einst gereinigt in Mein Reich gelangen werde.

Was sich dort während Meines Lebenswandels ereignete, das alles hatte seine geistige Bedeutung in bezug auf das ganze Geister- und Seelenreich. Ich, als Menschensohn auf eurer Erde, stellte das große Prinzip Meiner Liebeslehre vor, wie es alle Entwicklungsstufen des Lebens durchmachen mußten, damit es, als Beispiel und erreichbares Ziel nicht nur von allen geschaffenen Wesen angestrebt, sondern durch Mein eigenes Beispiel ausgeführt, auch als Wegweiser auf dem langen

Wege der geistigen Vervollkommnung im Strahlenglanz Meiner göttlichen Allmacht, Liebe und Weisheit euch zur Nachahmung anregen könne und solle.

Was Ich im Tempel tat — sowohl die Reinigung desselben als auch Meine Gleichnisreden an die Schriftgelehrten und Pharisäer —, ist geistig genommen das gleiche, was in eines jeden Menschen Herzen geschieht, sobald er sich nur im mindesten für Meine Lehre empfänglich zeigt. Denn auch dort ziehe Ich dann ein unter dem Bild der Demut und Sanftmut. Dort zieht Mir die frohlockende Seele ebenfalls angeregt durch den in ihr ruhenden Geist, mit Lobgesängen der Freude entgegen. Auch dort ist Mein erstes Augenmerk auf die Ausmerzung der weltlichen Leidenschaften, hauptsächlich des Egoismus — der Handel ist ja das ausgeprägteste Bild desselben —, gerichtet. Dann fange Ich an, der Individualität der menschlichen Seele gemäß, geistige Nahrung zu verabreichen, welche den Gleichnissen entsprechen, die Ich vor den Schriftgelehrten und Pharisäern redete, die zwar alles nicht im *geistigen* Sinn begriffen, in welchem Ich es meinte, doch aber die Wahrheit der Vergleiche nicht ableugnen konnten.

Was taten die Pharisäer und Schriftgelehrten nach Anhörung Meiner Worte? Sie trachteten Mir nach dem Leben und verwarfen Meine Lehre. — Und was tun so viele Menschen, bei denen Ich im Anfang mit Triumph eingezogen bin? Sie tun das gleiche. Sobald es im Ernst auf Verleugnung und Aufopferung ankommt, kehren auch sie Mir den Rücken, wollen lieber die Eindrücke Meines ersten Kommens vernichten, als ihr materielles Streben nach Glücksgütern und zeitlichem Wohlleben einem geistigen und höheren Leben unterordnen.

Mein Einzug in Jerusalem und im Tempel stellt auch die Epoche der Bekehrung des einzelnen Menschen, wie der Menschheit im ganzen dar. Hierbei wurden die Vorarbeiten zur geistigen Wiedergeburt in *äußeren* Verhältnissen angebahnt; dann, stets näher und näher rückend, ging der Angriff auf den Lebenskern, auf das Herz selbst über, um mit einem letzten Hauptversuch den ganzen Kampf gegen alle äußeren Widerwärtigkeiten mit dem Sieg über das Hauptbollwerk zu vollenden.

Auch während Meiner Lehrzeit hielt Ich Mich größtenteils in abseitsgelegenen Städten und Dörfern auf und suchte Mir gerade dort, unter dem mehr unverdorbenen Volk und unter den Heiden, Gläubige zu gewinnen. Erst als das Ende Meiner irdischen Laufbahn herannahte, begab Ich Mich, und zwar freiwillig, in jene Orte — wie eben Jerusalem und sein Tempel einer war —, von denen Ich im voraus wußte, daß Meine Lehre dort den größten Widerstand erfahren werde. Ich sah aber auch voraus, daß, wenn mit dem weiteren Erfolg in Meiner Lehrzeit sich materiell alles für Mich verschlimmern werde, dann gerade geistig der Triumph Meiner Wahrheits- und Liebelehre am größten sei. Ich wußte wohl, daß, wenn Ich — nicht wie früher, wo Ich Meinen größten Widersachern und Feinden aus dem Wege ging — jetzt Mich in ihre Nähe begeben würde, Ich ihren Racheplänen nicht entgehen werde; allein, so war es von Mir bestimmt, so mußte es kommen. Nur so konnte Meine Lehre für die Ewigkeit Bestand und Dauer gewinnen.

So würde der Same, welchen Ich in Judäa und Palästina und anderen Orten säte, nicht auf unreifen Boden fallen; denn mit Meiner Auferstehung krönte Ich Mein ganzes Werk, und jede spätere Verfolgung, jede größere Trübsal und jedes Leiden, welches Meinen Gläubigen zustieß, vermehrte und bestärkte Meine Anhänger. Jedes Ereignis in diesem Sinne legte einen Stein zum großen Gebäude Meiner geistigen Schöpfung, das einst als geistiges Jerusalem der Mittelpunkt alles geistig-himmlischen Lebens sein wird.

Was Jerusalem für die Juden war, das soll Meine Schöpfung für Meine Geister und Seelen werden; und was der Tempel als Wohnort Jehovas im Allerheiligsten war, das soll einst jedes lebende Herz werden, — nämlich der Tempel, in welchem Ich Meine Wohnung aufschlagen kann, ohne Mich Meiner Behausung zu schämen.

Wie es mir in jener Zeit ergangen ist, so wird es den Menschen im allgemeinen und dem Menschen im einzelnen ergehen. Je mehr der Mensch anfangen wird, sein Inneres Mir zuzuwenden, desto mehr der Widersprüche wird er vernehmen; denn mit dem geistigen Fortschritte wachsen die Feinde, welche ihn bekämpfen und verhindern wollen.

Ich ging in jener Zeit, nach Meinem letzten Erscheinen im Tempel, den größten Leiden entgegen, die ein Mensch ertragen kann. So geht auch der Mensch geistig bei seinem Vorwärtsrücken auf geistiger Bahn stets mehr Schwierigkeiten entgegen. Die Welt wird ihm stets fremder. Aber die Welt rächt sich dann auch ob dieser Mißachtung. Es türmen sich Hindernisse in der sozialen und Einsprüche in der geistigen Welt auf, die der beängstigten Seele das Wandeln auf Meinen Wegen erschweren. Alles wird ein treues Bild Meiner eigenen Leiden und Kämpfe werden, bis, angekommen an dem großen Wendepunkt, die Welt gänzlich verlassen und das geistige Reich mit aller Kraft ergriffen werden soll. Dann wird die Fahne des geistigen Triumphes auf der einen Seite und die der weltlichen Freuden auf der andern Seite den Menschen entweder *zu* Mir oder *von* Mir führen. Folgt er Meinem Beispiel, so wird auch ihm die Auferstehung in seiner geistigen Wiedergeburt zuteil werden; folgt er aber der Welt, so wird sein Schicksal das Jerusalems sein, welches, bei den Weltfreuden beharrend, nach kurzer Zeit ein Trümmerhaufen war, und dessen Einwohner als Sklaven anderer Nationen in allen Weltteilen zerstreut leben mußten.

Der Einzug in Jerusalem ist für die ganze Menschheit von einer weit größeren, geistigen Wichtigkeit, als sie es ahnt. Der Einzug in Jerusalem bedeutet die Annäherung Meines Ichs an die Menschheit und ist — wie dort — die eigentliche Weihe der lebenden Menschen und Geister. Durch den Einzug in Jerusalem und im Tempel heiligte Ich diese Mauern, erkannte sie offen als Mein Eigentum an, gab den Beweis, daß Ich es nicht für zu gering erachtet habe, als Herr der Schöpfung, im schlichten Kleid und auf einer Eselin reitend, demütig und sanft um Aufnahme bei den Menschen zu bitten.

Dieser Einzug besagt, geistig genommen, folgendes: Ich will das menschliche Herz zu Meinem Wohnorte machen. Dort will Ich verehrt und geliebt werden dadurch, daß Meine Lehre befolgt wird. Wie der Tempel in Jerusalem zu Meiner Ehre als Gotteshaus erbaut ward mit all dem Glanz und der Pracht, die jene Zeit aufbieten konnte, so soll das menschliche Herz und die Menschenseele ausgestattet sein mit allen geistigen Tugenden, die den Menschen zum Menschen, zu Meinem geistigen Ebenbild stempeln, zu dem Ich ihn einst erschaffen und bestimmt habe.

Der Tempel in Jerusalem war ein Haus von weltlicher Pracht, und in ihm sollte geistige Herrlichkeit wohnen; so soll auch der Mensch ein Wesen werden, das auf der Grenze zweier Welten stehend den Fuß zwar auf Materielles stützt, aber den Blick und das Herz nach Geistigem richtet und so durch das erste zum zweiten gelangt. Diese

Reinigung vom Materiellen und das Anziehen des Geistigen ist die Mission der Menschen auf dieser Welt, ist die Mission der Geister; sie war Meine eigene und ist noch immer die eure.

Überall weht jetzt der geistige Wind, um die Menschenherzen von weltlichen Dünsten zu reinigen; denn der Herr und Vater ist in der Nähe. Er wartet, auf Seine Eselin, auf das Symbol der Demut gestützt, den Augenblick ab, in dem Er triumphierend in eure Herzen einziehen kann, damit auch ihr Ihm ‚Hosianna' entgegensingen könnt!

Die große Zeit der geistigen Wiedergeburt steht vor der Tür, Eingang fordernd in jene Räume, die schon seit Schöpfungsanbeginn nur für den Herrn alles Seienden geschaffen und eingerichtet waren. Machet weit auf die Tore, damit der Liebewind eure Herzen von Wechslern und Taubenverkäufern, d. h. vom weltlichen, egoistischen Treiben reinige! Es kommt die Zeit, in der der Herr Rechenschaft begehren wird über das euch anvertraute Gut, über die euch allen geliehenen geistigen Gaben. Wie der Tempel in Jerusalem ein Gotteshaus hätte sein sollen, so ist auch euer Herz bestimmt, Mein Wohnhaus zu sein.

Bedenkt, die materielle Zeit eilt, euer Leben schwindet von Minute zu Minute, und bald wird der Todesengel den Rechenschaftsbericht von euch verlangen über das euch anvertraute Gut! Vergrabet es nicht, sondern beutet es aus, damit das Eintreten in ein großes geistiges Reich, in das große geistige Jerusalem nebst seinem Tempel — als Wohnort eures Vaters — euch erlaubt sei und ihr nicht, wie die verstockten Pharisäer, nachher als Sklaven eurer eigenen Leidenschaften in allen den großen Räumen Meiner Schöpfung herumirren müßt. — Wohl würdet ihr dort alles finden, was euch einst belustigte und Freude machte, aber bei all diesem flüchtigen Genusse müßtet ihr doch den größeren, weit wichtigeren Genuß, den Meiner Liebe, Meiner Gnade und Meines Wohnorts missen. Denn wisset: Wenn nicht euer Herz Mein Wohnort ist und ihr nicht überall, wohin ihr euch wenden möget, Mich stets im Herzen tragt, so bin Ich für euch nirgends zu finden, selbst in dem großen geistigen Jerusalem nicht, welches ja nichts anderes vorstellt als das geistige Liebesprinzip, welches alles geschaffen hat, erhält und stufenweise vorwärts zu höheren Genüssen führt.

Dies beachtet! Seht mit geistigen Augen eure Zeit, ihre Ereignisse und Tendenzen an, und ihr werdet leicht begreifen, daß die Zeit nahe ist, in der Ich, der Herr, auf einer Eselin reitend, Meinen Einzug in die geistige Welt, in die Seelen der Menschen halten will! Wohl dem, der vorbereitet ist; denn ihn überrascht Meine Ankunft nicht! Sie schreckt ihn nicht, sondern sie ist ihm das Fest des Einzugs in Jerusalem, wie es einst von Meinen Anhängern vor mehr als tausend Jahren gehalten wurde.

Bereitet euch also vor, Mir und Meiner Liebelehre den gehörigen Empfang zu bereiten und ihr das ‚Hosianna' entgegenzurufen! Amen.

19

Am Ostersonntage

Die Auferstehung des Herrn

Markus 16, 1—8: Und da der Sabbat vergangen war, kauften Maria Magdalena und Maria, des Jakobus Mutter, und Salome Spezerei, auf daß sie kämen und salbten ihn. Und sie kamen zum Grabe am ersten Tage der Woche sehr früh, da die Sonne aufging. Und sie sprachen untereinander: „Wer wälzt uns den Stein von des Grabes Tür?" Und sie sahen dahin und wurden gewahr, daß der Stein abgewälzt war; denn er war sehr groß. Und sie gingen hinein in das Grab und sahen einen Jüngling zur rechten Hand sitzen, der hatte ein langes weißes Kleid an; und sie entsetzten sich. Er aber sprach zu ihnen: „Entsetzet euch nicht! Ihr suchet Jesus von Nazareth, den Gekreuzigten; er ist auferstanden und ist nicht hier. Siehe da die Stätte, da sie ihn hinlegten! Gehet aber hin und sagt's seinen Jüngern und Petrus, daß er vor euch hingehen wird nach Galiläa; da werdet ihr ihn sehen, wie er euch gesagt hat." Und sie gingen schnell heraus und flohen von dem Grabe; denn es war sie Zittern und Entsetzen ankommen. Und sagten niemand etwas; denn sie fürchteten sich.

(Den 19. Febr. 1872)

Der vorherige Evangelientext behandelte Meinen Einzug in Jerusalem und im Tempel; der obenerwähnte beschreibt Meine Grablegung und Auferstehung, sowie Meine Erscheinung bei verschiedenen Meiner Jünger und der Magdalena. Zwischen dem Einzug in Jerusalem und Meiner Grablegung liegt Meine gerichtliche Verurteilung, liegen Meine größten, als Mensch und Gott ausgestandenen Schmerzen, Meine größte Demütigung als Schöpfer und Herr der Welt und der Beweis Meiner größten Liebe, der nur Ich allein fähig sein kann, indem Ich ungeschaffener, ewiger Gott und Herr Mich dem allem unterzog, um Meinen geschaffenen Wesen und Geistern als Beispiel voranzugehen, damit sie alle sehen können, was dazu gehört, ein Kind Desjenigen zu sein, der Welten, Sonnensysteme und große Geisterreiche ins Leben rufen konnte und auch wieder aus demselben vertilgen könnte, wenn Sein mächtiger Wille nicht eben durch die allumfassende Liebe zur Erhaltung statt zur Vernichtung des Geschaffenen angeregt würde.

Die letzten Tage Meines irdischen Lebenswandels sollten allen Geistern den tatsächlichen Beweis liefern, daß jeder, der einen Gottesfunken in sich trägt, auch, weit über alle Begriffe geschaffener Wesen hinaus, noch größerer Aufopferungen und Verleugnungen fähig ist, und zwar nicht seines eigenen, sondern des Heiles anderer wegen.

In nichts ist das zweite Liebesgebot so ausgeprägt, so in seiner ganzen Fülle erfüllt worden wie in den letzten Tagen Meines Leidens von Mir selbst. Ich erniedrigte Mich als Mensch, alle menschlichen Leiden, die dem irdisch Geschaffenen die größten scheinen — Torturen, Tod und öffentliche Entehrung —, geduldig zu ertragen, und zwar als Mensch für alle anderen Menschen, sie als Meine Brüder betrachtend, welche, obwohl feindlich gesinnt und Meine großen Wohltaten mit Undank und Rache lohnend, Mich doch im letzten Atemzuge noch betend und Verzeihung für sie erflehend am Kreuze sterben sahen.

Was kann die Nächstenliebe mehr tun, als was Ich in jenen Momenten getan habe? — Weil Ich es tat, erhob Ich dieses Gebot der Nächstenliebe, das auch als soziales für das Zusammenleben gilt durch den Satz: „Was du nicht willst, das man dir tu, das tue auch anderen nicht!", zu einem göttlichen, unzertrennlich verbunden mit dem ersten, nämlich: den Schöpfer über alles zu lieben.

Mein Scheiden von der kleinen Erde, welche Ich unter Millionen und Millionen von Erdkörpern und Sonnen zum Schauplatz Meiner größten, nur Mir möglichen Tat, auserkoren hatte, dieses Scheiden besiegelte mit dem letzten Atemzuge die Göttlichkeit der beiden von Mir aufgestellten Liebesgebote. Ich als Mensch übte beide in ihrer größtmöglichen Erfüllung und hinterließ so der Menschheit das Ideal eines Erdenmenschen, wie er sein soll. Ich zeigte als Geist Meinen höheren Wesen und Engeln, was sie zu vollbringen imstande sein und nach was sie streben sollen, wenn der Moment der Prüfung auch an sie herantritt.

Auf der Erde war der Schlußstein zur Gewißheit Meiner Göttlichkeit die Auferstehung von den Toten; denn ohne sie wären Meine Lehre, Meine Taten, überhaupt Mein Lebenswandel bald vergessen worden. Meine Jünger hätten sich zerstreut, wären für sich Mir vielleicht noch angehangen, aber für ihre Mitmenschen nicht mehr fruchtbringend gewesen.

Meine Jünger glaubten wohl an Meine Göttlichkeit unter dem Einfluß Meiner Gegenwart. Meine persönliche Erscheinung, Meine Worte und Meine Taten waren zu gewichtig, als daß sie nicht auf Meine Umgebung gewirkt hätten; jedoch, einmal Meiner Person entledigt und frei von diesem moralischen Druck, hätte die Welt nach und nach ihre Rechte wieder auf sie geltend gemacht und den von Mir gemachten Eindruck während Meines Lebenswandels stets mehr geschwächt und endlich gar verwischt. Wenn von Meinem Lebenswandel nichts übriggeblieben wäre als die Erinnerung an Vergangenes — obgleich Wunderbares und Unbegreifliches —, mußte, sollte all Mein Wirken nicht umsonst gewesen sein, durch ein Entgegenhandeln allen bis jetzt gewohnten Gesetzen, die Auferstehung vom Tode Meine Göttlichkeit beweisen und dadurch den Glauben Meiner Jünger und Anhänger kräftigen, um sie dadurch erst zu ihrer ferneren Mission reif zu machen.

So war Meine Auferstehung der Schlußstein dieses nie zu vernichtenden Glaubens- und Religionsgebäudes, welches bis jetzt allen Stürmen widerstand, und welches bald in seiner ganzen Reinheit und seinem Glanz auf Erden prangen und so der Vermittler zwischen zwei wichtigen Faktoren der Schöpfung sein wird, nämlich zwischen Materie und Geist oder zwischen dem Reich des Materiellen und dem Geisterreich.

Ja, so muß es geführt werden, und so muß es kommen, damit auf eurer Erde überall anerkannt wird, daß die Materie nur die Umkleidung des Geistigen ist, und daß die Materie oder das Weltliche nur des Geistigen wegen geschaffen wurde.

Alles Materielle muß vergeistigt werden, damit die Menschen sich Meinem Geistigen Reich nähern können, und damit die andern geschaffenen Wesen auf dem Erdball, der Vervollkommnung der Menschen nachstrebend, ebenfalls höher und höher steigen, bis der Erdball selbst, seiner Dichtigkeit entbunden, zur Auflösung keinen Gewaltschritt, sondern nur den des sanften Überganges nötig haben wird.

Um euch diesen Vergeistigungsprozeß klar durchschaubar und begreiflich zu machen, was Meine Auferstehung, sowie Meine Leidensgeschichte der letzten Tage Meines irdischen Lebenswandels bis zu Meinem Tode bedeuten, muß Ich euch daran erinnern — was Ich schon mehrmals wiederholt habe —, daß alle Meine Taten und Worte, ja selbst die Weltereignisse während Meiner Lehrjahre, sich nach und nach bis zu Meiner künftigen, nahe bevorstehenden Wiederkunft wiederholen werden, und zwar in geistigen Entsprechungen und nicht tatsächlich an Meiner Person wie in jener Zeit.

Was Ich in jener Zeit als Menschensohn auszustehen hatte, das galt auch für das Fortschreiten Meiner Lehre, welche Mich jetzt auf eurer Erde geistig darstellt. Auch sie wurde verunreinigt, verspottet und schändlicher Unfug mit ihr getrieben; endlich hat man sie in euren Kirchen, als großen Grabgewölben, zu Grabe getragen und auf sie einen schweren Stein, den Stein des nichtigen Kultus, gewälzt. Dort sollte sie ewig ruhen und nur denen nützen, die weltlichen, aber nicht geistigen Nutzen daraus ziehen wollten.

So war der Gang der Weltgeschichte das genaue Abbild Meiner Lehrjahre. Allein, wie es in eurem Leben in geistiger Hinsicht drei wichtige Abschnitte gibt, nämlich das Kindesalter — entsprechend dem unbedingten Glauben —, das Jünglingsalter — entsprechend dem Urteilen über das Geglaubte — und das Mannesalter — entsprechend dem Unterscheiden von Schein und wirklichem Sein —, so folgte auch Meine Lehre all diesen Phasen, teils während Meines eigenen Unterrichts, teils später nach Meinem Hingang bis jetzt und weiterhin.

Auch Ich zwang im Anfang die Mich umgebende Welt teilweise durch Meine Wunder zum Glauben und erzog die Menschen dann wie die Kinder. Und wenn sie Mich dann anfingen zu verstehen, so fanden sie bei ihrer Beurteilung die rechte Wahrheit des früher nur Geglaubten, d. h. kamen ins Jünglingsalter. Und als ihr Glaube und Wissen auf diese Weise gefestet war, wurden sie reif, traten mit aller Überzeugung für Meine Lehre, für Mich ein und bestätigten mit Wort und Tat, was ihnen als das Heiligste und Höchste erschien.

Die Geschichte Meiner Religion, ihre spätere Verbreitung, lehrt euch die gleichen Übergänge, nur mit dem Unterschied: Als Ich selbst lehrte, war kein Grund des Ausscheidens, des Protestierens vorhanden; aber als Menschen, von menschlichen Leidenschaften angetrieben und von weltlichen Ansichten und Interessen geleitet, es Mir nachmachen wollten, verkehrten sie das Göttliche in Weltliches, gaben den Menschen die Rinde statt den Kern des geistigen Lebens, was zur Folge hatte, daß — nachdem das Menschengeschlecht herangereift war und selbst urteilen konnte — von den meisten das Kind mit dem Bade ausgeschüttet wurde.

So kamen die Extreme von Alles-Gläubigen und Nichts-Gläubigen zum Vorschein. Jetzt, wo dieses geistige Sich-Regen stärker wird, wo der Leichnam im Grabe, mit Stein bedeckt und versiegelt, sich zur Auferstehung vorbereitet, jetzt wollen sie noch anfangen, wie einst Magdalena, mit irdischen Spezereien und Wohlgerüchen den Leichnam vor der Verwesung zu bewahren. Wie aber die Magdalena sich damals täuschte, weil sie das Grab leer fand, so werden auch jetzt die Hüter der geistigen Grabstätte Meiner Lehre enttäuscht sein. Sie werden das Grab leer und nur die Leichentücher finden, in welche sie den Leichnam meiner Lehre eingehüllt hatten; doch Der, den sie dort unter Schloß und Riegel verwahrt glaubten, wird auferstanden sein, wird Seine Anhänger und Jünger selbst aufsuchen und ihnen durch Seine Gegenwart wieder neuen Mut und Eifer einflößen.

Je mehr diese Zeit herannaht, desto größer ist der Eifer, den Leichnam ja wohl zu verwahren und zu bewachen. Wie einst römische Soldaten als Nichtgläubige Mein Grab bewachten, so möchte man auch jetzt, daß bewaffnete fremde Macht die Schänder und Richter Meiner Liebeslehre unterstütze. Allein es ist umsonst. Schon bricht der erste Strahl hervor und trifft den Steindeckel des Grabes. Und wie jeder Stein beim ersten Strahl der Morgensonne zu vibrieren anfängt und dieses Zittern und Vibrieren fortgeht, bis dadurch der Stein erwärmt wird und dann diese Wärme seiner Unterlage mitteilt, so vibriert auch schon dieser Sargdeckel. Sein Zittern und Bewegen wird sich vermehren, je mehr ihn die Reaktion zur ewigen Ruhe verdammen möchte. Der Strahl der geistigen Liebessonne wird den Stein wegwälzen, die geistig eingeschlafenen Mächte verscheuchen und ihnen und ihren Mithelfern nur die Leichentücher überlassend, den „Leichnam“ neu beleben und ihn zu seiner weiteren Vervollkommnung auf der Bahn des Lichts weiterführen.

Im Grabe herrscht Finsternis. Der Lichtgott der göttlichen Wahrheit will jedoch nur Licht; Licht aber verbreitet Wärme und Wärme Leben.

So wird auch der Leichnam meiner Lehre aus diesem Grabe, in das weltliche Selbstsucht und Herrschsucht ihn gelegt hatten, auferstehen, Licht, Wärme und Leben da vermehren, wo sie schon im Herzen glühen, und diese drei Elemente segensreich dort verbreiten, wo sie vielleicht gänzlich gemangelt haben.

Das ist das geistige Bild Meiner Auferstehung als Meine Liebelehre, welche Ich vor mehr als tausend Jahren wirklich vollführte, und die jetzt bald auf dem ganzen Erdenrund vor sich gehen wird. Wie Ich *dort* auferstand und Meine Jünger und Anhänger sich der Auferstehung erfreuten, so wird auch *diese* Auferstehung von der ganzen Menschheit und von jedem einzelnen im eigenen Herzen gefeiert werden. So werde Ich auferstehen in den Herzen Meiner Gläubigen, wenn auch sie alle Leichentücher, in welche sie Mich eingehüllt hatten, weit von sich geworfen haben, alles Weltliche und Zeremonielle des Religionskultus weit hinter sich lassen, nur dem Geistigen Meiner Lehre Glauben schenken und das Geglaubte auch tatsächlich ausüben werden.

Diese Auferstehung in den Herzen wird die Wiedergeburt, wird der letzte Schritt zum Bruch mit der Welt und der erste Schritt oder Anfang eines geistigen Lebens werden, wo kein materielles Band mehr mächtig sein wird, den Menschen zu verführen oder ihn auf seinem Vergeistigungsweg aufzuhalten.

Daher wachet auf, Meine Kinder! Öffnet eure geistigen Augen, Ohren und Herzen! Der Jesus, in Form Seiner sanften Lehre von Duldung und Liebe, der dort am Kreuze nicht nur Seinen Nächsten noch liebte, sondern selbst für Seine Feinde bat, dieser Jesus soll in euch auferstehen! Und wie die Erde Seine Kirche, Sein Bethaus werden soll, wo Friede, Ruhe und Seligkeit wieder einkehren sollen, so soll auch euer Herz, paradiesisch geziert, nur Blumen der Liebe, der Gottes- und Nächstenliebe tragen.

Bereitet euch vor auf dieses Fest der Auferstehung in euren Herzen! Es ist das Fest der Vergeistigung, der Verklärung eures eigenen Ichs.

Wie Ich damals verklärt mit vergeistigtem Leib dem dunklen Grab entstieg, so sollt ihr ebenfalls verklärt, vergeistigt, gebessert, veredelt und Meiner würdig eurem Grab weltlicher Leidenschaften und Begierden entsteigen. Wenn euch bis jetzt Welt, Erziehung und soziale Verhältnisse vielleicht mit Leichentüchern umhüllt, mit Spezereien und Wohlgerüchen geziert hatten, um euren irdischen Menschen vor Verwesung zu hüten, so werft sie weg, alle diese unnützen Mittel; denn sie sind Werkzeuge der Materie und nicht des Geistes! Bedenkt, ihr seid nicht von dieser Welt! Ihr wart vorher Geist und werdet wieder Geist werden. Dort ist euer Heimatland, dort winkt euch Der, welcher, um euch das fühlen und begreifen zu lassen, für euch den leiblichen Tod gestorben, aber auch geistig wieder auferstanden ist, damit auch ihr — Ihm nachfolgend, rein wandelnd wie Er und am Ende mit Triumph das Weltliche von euch werfend — geistig auferstehen und so Ihm im Kleinsten vergelten könnet, was Er im Größten an euch getan hat, indem ihr euch durch diese geistige Wiedergeburt zu Seinen Kindern erhöht. Bedenkt, was es heißt, ein Kind des Schöpfers und Herrn der Welt genannt und ein Bruder jener Geister zu werden, die schon längst, früher als ihr alle, diese Schule durchgemacht und siegreich bestanden haben und jetzt in ewiger Wonne und Seligkeit dieses immerwährende Auferstehen und Wiedergeborenwerden ihrer Brüder mit Freude betrachten und mit Bruderliebe teilen!

So nehmt die Auferstehung *geistig*, wie sie ist, und wie sie, als ewiges Denkmal und Beispiel für euch und Mein ganzes Geister- und Seelenreich vollzogen, von euch aufgefaßt werden soll!

Ich in jener Zeit streifte das Menschliche von Mir ab, nachdem Ich die menschliche Natur überwunden und die göttliche wieder angezogen hatte. Tut auch ihr das gleiche, so wird der Tag eurer geistigen Auferstehung oder Wiedergeburt euch der wichtigste auf eurer Erdenbahn, der Schlußstein eurer irdischen und Grundstein eurer geistigen Mission sein! Amen.

20

Am Sonntage Quasimodogeniti

Die Erscheinung des Herrn bei den Jüngern

Joh. 20, 19—31: Am Abend aber desselben ersten Tages der Woche, da die Jünger versammelt und die Türen verschlossen waren aus Furcht vor den Juden, kam Jesus und trat mitten ein und spricht zu ihnen: „Friede sei mit euch!" Und als er das gesagt hatte, zeigte er ihnen die Hände und seine Seite. Da wurden die Jünger froh, daß sie den Herrn sahen. Da sprach Jesus abermals zu ihnen: „Friede sei mit euch! Gleichwie mich der Vater gesandt hat, so sende ich euch." Und da er das gesagt hatte, blies er sie an und spricht zu ihnen: „Nehmet hin den heiligen Geist! Welchen ihr die Sünden erlasset, denen sind sie erlassen; und welchen ihr sie behaltet, denen sind sie behalten." Thomas aber, der Zwölf einer, der da heißt Zwilling, war nicht bei ihnen, da Jesus kam. Da sagten die andern Jünger zu ihm: „Wir haben den Herrn gesehen." Er aber sprach zu ihnen: „Es sei denn, daß ich in seinen Händen sehe die Nägelmale und lege meinen Finger in die Nägelmale und lege meine Hand in seine Seite, will ich's nicht glauben!" Und über acht Tage waren abermals seine Jünger drinnen und Thomas mit ihnen. Kommt Jesus, da die Türen verschlossen waren, und tritt mitten ein und spricht: „Friede sei mit euch!" Darnach spricht er zu Thomas: „Reiche deinen Finger her und siehe meine Hände, und reiche deine Hand her und lege sie in meine Seite, und sei nicht ungläubig, sondern gläubig!" Thomas antwortete und sprach zu ihm: „Mein Herr und mein Gott!" Spricht Jesus zu ihm: „Dieweil du mich gesehen hast, Thomas, so glaubst du. Selig sind, die nicht sehen und doch glauben!" Auch viel andere Zeichen tat Jesus vor seinen Jüngern, die nicht geschrieben sind in diesem Buch. Diese aber sind geschrieben, daß ihr glaubet, Jesus sei Christus, der Sohn Gottes, und daß ihr durch den Glauben das Leben habet in seinem Namen.

(Den 5. März 1872)

Dieses Kapitel bestätigt Meine Auferstehung und zeigt euch ihre Wichtigkeit und Notwendigkeit als Bedingung, wenn Meine mit so großen Opfern erkaufte Lehre Dauer und Erfolg haben sollte; denn ihr seht Meine Jünger furchtsam, ohne Mut und Glauben, sich in die Wohnungen einsperren.

War doch, als Ich Meinen Jüngern — wie der Magdalena am Grabe — erschien, einer Meiner Jünger so ungläubig, daß er erst durch unmittelbare Berührung Meiner Wunden sich von Meiner Auferstehung überzeugen wollte.

Dieses alles, was in jenen Zeiten geschah, nebst den anderen Zeichen, welche Ich vor Meinen Jüngern bei verschlossenen Türen ausübte — Zeichen, welche ihr später auch erfahren werdet —, dieses alles wird auch bei Meiner nächsten Darniederkunft sich nach und nach vor den Augen der Menschen abwickeln.

Je mehr die Gläubigen Meiner reinen Lehre, wie Ich sie euch jetzt gebe, sich vermehren werden, desto mehr werden sie auch alle Stadien der Begeisterung, des Zweifels, des Unglaubens und alle Erschütterungen des geistigen Lebens durchmachen müssen; denn die Verhältnisse werden oft gegen Mich zeugen. Die Menschen werden Meine Anhänger in ihrem Glauben irreführen, werden sie verfolgen, hassen und, wo es möglich sein wird, sich an ihnen rächen.

Es wird auch in der Zeit so Ungläubige wie Thomas geben, die irregeführt, entmutigt, allen früheren Seelenfrieden und Glauben über Bord geworfen haben, und die erst durch Mein persönliches Erscheinen zu heilen sein werden.

Was in der Zeit Meines Erdenwandels die Behausungen mit den verschlossenen Türen waren, das werden künftig die Herzen *der* Menschen sein, welche verschlossen weder dem Weltlichen, noch dem Geistigen einen Eingang erlauben wollen. Dort werde Ich auch gezwungen sein, mit sanfter Einsprache in das Herz Meiner Anhänger den Ruf ergehen zu lassen: „Fürchtet euch nicht!" und: „Der Friede sei mit euch!", weil auch sie, ohne Halt und Stütze, auf dem Punkte stehen, alles zu verlieren und in ewigen Zweifeln unterzugehen.

Der ganz Ungläubigen, wie Thomas, wird es dann viele geben, die — selbst Meiner Stimme nicht mehr Gehör gebend — nur durch tatsächliche Beweise auf den früher betretenen Weg zurückgeführt werden können.

So müssen auch Meine Gläubigen und zukünftigen Kinder die letzte Feuerprobe des wahren Vertrauens bestehen; denn wenn sie, wie einst Meine Jünger, ausgesandt werden sollen, um anderen Vertrauen und Glauben einzuflößen, so müssen sie diese im höchsten Grad im voraus besitzen. Sagte Ich ja einst selbst: „An Meinen Worten und Taten sollt ihr Mich erkennen!" Ebenso müssen auch Meine Kinder und zukünftigen Jünger an ihren Taten und Worten zu erkennen sein, und durch sie den anderen den tatsächlichen Beweis liefern, daß Vertrauen und fester Glaube die erste Bedingung sind, Meiner würdig zu werden.

In jener Zeit sagte Ich zu Thomas, nachdem er seine Finger in Meine Wunden gelegt hatte: „Du glaubst nun; aber Ich sage dir: Selig sind, die nicht sehen und doch glauben!"

Auch ihr, Meine Kinder, denen Ich schon so viel geistiges Brot gegeben habe, auch ihr seid nicht um ein Haar besser, als Meine Jünger es einst waren. Auch ihr seid verzagt, kleinmütig, fangt an zu zweifeln, grübelt an Meinen Worten und wendet euch der Welt mit ihren verführerischen Reizen zu, wenn nicht alles gleich so geht, wie ihr es wünschet. Auch ihr verschließt euch, wie die Schnecke in ihr Haus, und wollt von der Innen- und Außenwelt nichts wissen, wenn dem Anschein nach Widersprüche auftauchen, wo ihr gewisse Handlungen und Ereignisse mit Meiner allumfassenden Liebe nicht vereinbaren könnt. Euch muß Ich dann zurufen: „Was weint ihr? Spart eure Tränen auf andere Gelegenheiten! Der, welchen ihr von euch geschieden, entfernt glaubt, ist euch nahe, nur nicht körperlich, sondern geistig!" Auch der Magdalena mußte Ich zurufen: „Weib, rühre Mich nicht an!"; denn es war Mein vergeistigter Leib, welchen sie sah, der für menschlich-körperliche Berührungen nicht tauglich war. Als Ich zu Meinen Jüngern in ihre verschlossenen Wohnungen kam, ließ Ich es zu, als fühlten sie Mich körperlich; aber im eigentlichen Sinne war Ich es nicht mehr. Denn als Meine Mission mit dem Kreuzestod beendigt war, hörte das Menschliche auf, Meine Umkleidung zu sein; es war schon vergeistigt, um nach wenigen Tagen sich mit dem Quell seines Gottwesens wieder zu verbinden.

Meinen Jüngern wirkte Ich, wie dieses Evangelium sagt, noch andere Zeichen, d. h. Ich öffnete ihnen ihr geistiges Auge und Ohr, damit sie, von Meiner Gottheit noch mehr überzeugt, den Mut erlangen sollten, allen künftigen Gefahren zu trotzen, welche die Umstände und ihr Lehrberuf mit sich bringen würden.

Solange Ich körperlich lebend unter ihnen wandelte, hatten sie noch keine feste Überzeugung, daß Ich ein gottähnliches Wesen wäre, und daß Ich Kräfte und Eigenschaften hätte, die dem gewöhnlichen Menschen nicht eigen sind. Sie sahen wohl Meine Wunder, lebten und glaubten aber auch nur unter dem drückenden Einfluß derselben. Kaum war Ich von ihnen genommen, kaum ließ dieser direkte Einfluß nach oder hörte ganz auf, waren schon der feste Glaube, Zuversicht und das Vertrauen hinweggewischt! Wäre Ich nicht auferstanden, hätte Ich nicht alle Meine früheren Versprechungen erfüllt, so wäre nicht ein Mondesumlauf verflossen, und Meine Jünger, zu ihren alten Beschäftigungen zurückkehrend, hätten das mit Mir Erlebte nur als einen Traum angesehen, von welchem ihnen nur eine *Erinnerung* übriggeblieben wäre, von dessen Wirklichkeit sie aber niemand hätten überzeugen können.

Und wie Ich damals Mein Werk mit Meiner Auferstehung, mit Meinem vierzigtägigen Wandel unter Meinen Jüngern bekräftigen und mit Meiner Himmelfahrt besiegeln mußte, ebenso muß Ich auch jetzt euch, Meine Kinder, leiten, stärken und im Glauben und Vertrauen festigen.

Wenn Ich in jenen Zeiten Meinen Jüngern den heiligen Geist einblies, wenn Ich ihnen die Macht gab, die Sünden zu lösen und zu binden — eine Gewalt, die bei der späteren Priesterschaft so falsch verstanden und mißbraucht wurde —, so geschah es deshalb, weil sie zur festen Überzeugung gekommen waren, daß es nur *einen* Gott gibt, der, über alles Materielle erhaben, ein Geist ist und nur als solcher erfaßt werden kann, und daß eben dieser Gott, Jesus, ihr Führer war. So konnte auch Meine Macht auf sie übertragen werden, so mußte sie wirken, da Meine Jünger sie zu hohen Zwecken anwendeten und nur Mein geistiges Ziel, die Menschen zu Meinen Kindern zu machen, als Endresultat anstrebten.

So wie Meine Jünger Wunder wirken und Kranke heilen konnten, bloß durch den Machtspruch des Worts, ebenso sollt auch ihr und alle Meine künftigen Anhänger gestärkt werden, im festen Vertrauen auf Meine Macht und Mitwirkung Taten zu verrichten, die dem gewöhnlichen Menschen unmöglich, dem geistig Wiedergeborenen aber ein leichtes sein werden. Die Zeiten und Verhältnisse werden euch dazu erziehen. Viele habe Ich dazu berufen, aber das ‚Auserkoren-zu-diesem-Zweck' zu erreichen, liegt bei euch allein.

Verschließt euer Herz nicht Meiner Vaterstimme! Verzagt nicht, wenn auch die letzten Hoffnungsstrahlen schwinden! Ich bin und bleibe stets bei denen, die um jeden Preis bei Mir bleiben wollen. Wartet nicht auf Mein persönliches Erscheinen wie Thomas, sondern bereitet euch vor, fest zu glauben und fest zu vertrauen, damit Mein Erscheinen nur eine Bestätigung und Bekräftigung des schon früher Geglaubten und Gehofften ist! Ihr werdet dann tüchtig sein, Mir, euch selbst und euren Nächsten in dem Sinne zu nützen, wie Ich selbst einst Meinen Jüngern während Meines Wandels unter ihnen nützte.

Laßt euer Herz nicht von Zweifeln bestürmen, nicht mit Grübeleien euer Vertrauen schwächen! Meine Kinder sollen ihr Herz nicht verschlossen halten; sie sollen, erhaben über alles Weltliche den Blick nach oben richtend, stets Meines Opfers eingedenk sein, Meiner Liebe und Meiner väterlichen Fürsorge für sie und alle lebenden Kreaturen, damit ihr Herz, ein steter Tempel Meiner Liebe und des unerschütterlichen Glaubens an Meine Unfehlbarkeit, ihnen eine echte Stütze in allen Mißhelligkeiten des Lebens und ein fester Hort gegen alle Anfechtungen von Zweifeln und Unglauben sei. Dann werdet ihr stets den Ruf in euch ertönen hören: „Der Friede sei mit euch!" Denn wo im Hinblick auf Mich und Meine Liebe der Friede schon im Herzen thront, brauche Ich ihn nicht erst zu bringen, sondern kann ihn nur bestätigen!

So rufe Ich euch zu: Der Friede sei mit euch und weiche nie aus euren Herzen, damit Ich stets dort Eingang, und zwar freien Eingang, finde und nicht bei verschlossenen Türen durch die Gewalt Meines Willens eindringen muß, sondern ungehindert euer Gemüt bereit finde, Mich als Den anzuerkennen, welcher auch Seinen Jüngern in jener Zeit nichts anderes war als ihr Führer, Leiter und Vater! Amen.

21

Am Sonntage Miserikordias Domini

Der gute Hirte

Joh. 10, 1-16: „Wahrlich, wahrlich, ich sage euch: Wer nicht zur Tür hineingeht in den Schafstall, sondern steigt anderswo hinein, der ist ein Dieb und ein Mörder. Der aber zur Tür hineingeht, der ist ein Hirte der Schafe. Dem tut der Türhüter auf, und die Schafe hören seine Stimme; und er ruft seine Schafe mit Namen und führt sie aus. Und wenn er seine Schafe hat ausgelassen, geht er vor ihnen hin, und die Schafe folgen ihm nach; denn sie kennen seine Stimme. Einem Fremden aber folgen sie nicht nach, sondern fliehen von ihm, denn sie kennen der Fremden Stimme nicht." Diesen Spruch sagte Jesus zu ihnen; sie verstanden aber nicht, was es war, das er zu ihnen sagte. Da sprach Jesus wieder zu ihnen: „Wahrlich, wahrlich, ich sage euch: Ich bin die Tür zu den Schafen. Alle, die vor mir gekommen sind, die sind Diebe und Mörder; aber die Schafe haben ihnen nicht gehorchet. Ich bin die Tür; so jemand durch mich eingeht, der wird selig werden und wird ein- und ausgehen und Weide finden. Ein Dieb kommt nicht, denn daß er stehle, würge und umbringe. Ich bin gekommen, daß sie das Leben und volle Genüge haben sollen. Ich bin der gute Hirte. Der gute Hirte läßt sein Leben für die Schafe. Der Mietling aber, der nicht Hirte ist, des die Schafe nicht eigen sind, sieht den Wolf kommen und verläßt die Schafe und flieht, und der Wolf erhascht und zerstreut die Schafe. Der Mietling aber flieht; denn er ist ein Mietling und achtet der Schafe nicht. Ich bin der gute Hirte und erkenne die Meinen und bin bekannt den Meinen, wie mich mein Vater kennt, und ich kenne den Vater. Und ich lasse mein Leben für die Schafe. Und ich habe noch andere Schafe, die sind nicht aus diesem Stalle; und dieselben muß ich herführen, und sie werden meine Stimme hören und wird eine Herde und ein Hirte werden."

(Den 9. März 1872)

Dieses Kapitel handelt von dem *wahren* Führer zum Lichte der Wahrheit und von den *falschen* Führern, die vorgeben, nur durch sie ginge der Weg zum Licht, während sie selbst die ausgeprägteste Finsternis sind. Denn was dort ‚Diebe und Mörder' bezeichnet, ist in geistiger Bedeutung das Streben, der Seele des Menschen das ihr gehörige Geistige entweder zu entwenden oder gar zu vernichten.

Was im Evangelium besagt ist mit der ‚Tür', die nur Ich allein sei, bedeutet den einzigen, rechtmäßigen Weg zur wahren Erkenntnis und will soviel heißen wie: Nur jene Menschen, welche durch die Welt und ihr Treiben den geistigen Instinkt nicht verloren haben, oder welche sich ihn nicht haben nehmen lassen oder, wenn er ihnen einst genommen wurde, ihn wiederfanden, — nur jene Menschen wissen Meine Stimme und Meine Lehre von der falschen Propheten Stimme und von der unrechten Lehre zu unterscheiden, und nur jene werden Meinem Ruf folgen, weil sie Meine Stimme erkennen und sie von den anderen verführerischen zu unterscheiden wissen.

Gerade jetzt seid ihr in dieser geistigen Bewegung, wo — bildlich gesagt — in Mein Wohnhaus Diebe und Mörder zu allen Fenstern und möglichen Öffnungen einsteigen, um sich des Schatzes zu bemächtigen, welcher in ihm verborgen ist. Gerade jetzt seht ihr in den aufgeregten Gemütern die religiöse Bewegung, wie sie die Herzen ergreift, erweckt, sie hin- und herzieht, und wie es vor lauter Anpreisungen schwer zu erkennen ist, wo eigentlich die wahre Tür und der wahre Hirte ist. Denn je mehr der Instinkt die gläubigen Herzen zu Mir führt, desto mehr wehren sich die andern, welche nur allein ihren Vorteil im Auge haben, damit nicht *Ich*, sondern *sie* den Sieg davontragen möchten.

Dieses Drängen, Verleumden und Hassen wird sich stets steigern. Je mehr Mein Einfluß wächst, desto mehr steigert sich der Widerstand. Meine Kinder werden dadurch auf die härtesten Proben gestellt, in denen ihr Ausharren geprüft und ihr Glaube und Vertrauen am meisten angegriffen werden. Meine Lehre ist nur *eine*, und das ist die Liebe, während die Lehren der anderen vielseitig sind und gerade statt Liebe — Haß, statt Demut — Stolz, statt Duldung — Unduldsamkeit gepredigt wird, die jene Führer selbst ausüben. Und so wird es sich wiederholen, was ihr im 8. Kapitel des Gr. Ev. Johannes lesen könnt, daß die Juden Mich verfolgten, Mich steinigen, d. h. töten wollten. Auch jetzt wird Ähnliches geschehen. Es werden Steine auf Mich und Meine Lehre geschleudert werden, die falschen Ausleger Meiner Lehre werden Meine Lehre dem Satan zuschreiben und die ihrige als direkt vom Himmel herkommend ausposaunen. Es werden sich die Gemüter erhitzen statt erwärmen. Man wird die Ideen aus den Köpfen in die Fäuste treiben, und da, wo Friede und Liebe gepredigt werden sollte, wird der Fanatismus seine blutige Fackel schwingen und Opfer über Opfer seiner für recht gehaltenen Lehre bringen.

So muß sich Mein Wort aus jenen Zeiten erfüllen, wo Ich sagte: „Ich bringe euch nicht den Frieden, sondern das Schwert!“ Wie in der ganzen Schöpfung durch Reibung Licht und Wärme entstehen und durch diese beiden Faktoren das Weltall besteht und erhalten wird, so muß auch geistige Reibung den Läuterungsprozeß vollführen, damit Licht der Wahrheit und Wärme der Liebe sich entwickeln.

Gerade das Streben der ‚Diebe und Mörder‘ wird den Sieg Meiner Lehre und Meine Zwecke beschleunigen. Durch ihr zu leidenschaftliches Auftreten regen sie die Gemüter zum Nachdenken, zum Vergleichen an. Und wenngleich anfangs viele dem Rufe folgten, so werden sie auf die ihnen als falsch hingestellte Lehre aufmerksam gemacht, werden ihr mehr Aufmerksamkeit schenken, als sie ohne diesen Gegendruck getan hätten. Sie werden dann an dieser verpönten Lehre das nicht finden, was ihnen vorgemalt wurde, daß es darin enthalten sei, und das Endresultat wird sein, daß viele von ihnen den rechten Führer und die rechte Türe finden werden, nur deswegen, weil jene Führer und Leiter sie von dem Suchen abbringen wollten. So werden gerade die Bemühungen Meiner Gegner Mir am besten in die Hand arbeiten und am Ende das erreichen, was sie verhindern wollten, die Vereinigung Meiner Kinder mit Mir, die Vereinigung Meiner Schafe mit ihrem einzigen Hirten. Sie werden sich wie Mietlinge bei großen Gefahren zurückziehen, während Ich Meinen wahren Kindern allen Schutz angedeihen lassen werde, an welchem Schutz auch Meine Nachfolger den eigentlichen Herrn, den wahren Hirten und den mächtigen Beschützer der Seinen erkennen werden.

So wird es kommen. Und eben deswegen erschreckt und verzweifelt nicht, wenn gerade da, wo ihr im Glauben und Vertrauen Mir sehr nahe zu sein glaubt, und wo ihr glaubt, es werde eure Zahl sich mehren, eure größten Widersacher die stärksten und mächtigsten Hindernisse auftürmen werden, um diese Gefahr für sich selbst abzuwenden!

Beeifert euch aber auch nicht in dem Suchen von Gleichgesinnten oder im Bekehrenwollen! Es ist nicht so leicht, wie ihr es oft glaubt, andere auf den Weg der reinen Liebelehre zu führen. Meine Lehre fordert Entsagung von dem, was dem Menschen in der Welt am angenehmsten scheint, Meine Lehre ist ja nicht von und nicht für diese, sondern für Meine große Geisterwelt.

Um also alles seit langer Zeit Angewöhnte, Geglaubte und Bequeme fahrenzulassen und den stets stärker wachsenden Streit mit sich und der Welt zu beginnen, dazu gehört eine große Liebe, eine große Aufopferungsfähigkeit. Schon in Meiner Lehrzeit habt ihr ein Beispiel gesehen, als Ich einem, der Mir nachfolgen wollte, die Aufopferung aller Güter, die er hatte, anriet, und er traurig von hinnen ging. So wird es euch oft begegnen, sobald ihr einen vermeintlichen Anhänger an eure als wahr und einzig geglaubte Lehre zur Tat anspornen wollt, er sich von euch entfernen und vielleicht sogar statt Freund euer größter Gegner werden wird.

Seht, das ist die Folge, wenn Menschen noch unreif zur Auffassung Meiner Lehre sind! Daher wartet, bis die Hungrigen selbst zu euch kommen! Denen gebt Brot, aber auch das nur nach Maßgabe ihres Verständnisses, weil es sonst — wie jede materielle Nahrung — nicht verdaut wird und statt zu nützen, nur schaden muß!

Meine Stimme zu hören und Meiner Lehre zu folgen, ist anderen nicht so leicht beizubringen. Selbst ihr, die ihr schon so lange von Mir geführt und genährt werdet, wie schwach, wie kurzsichtig benehmt ihr euch manchmal, als hättet ihr nie ein Wort von Mir direkt bekommen! Wie oft wollt ihr in eurem törichten Wahne das Weltliche mit dem Geistigen verbinden, weil das Befolgen des letzteren allein euch zu viel Mühe kostet oder zu viel Entsagung von euch fordert! Wenn *ihr* so verfahrt, was wollt ihr von andern erwarten, die, kaum an der Tür angelangt, noch nicht den Mut haben, vorwärts zu gehen, die Schwelle zu überschreiten und alles zurückzulassen, was ihnen früher so wichtig schien!? Daher seid vorsichtig bei der Wahl eurer Freunde!

Bekümmert euch nicht um die Widersacher! Je mehr die Zeit fortschreitet und Meine Schafe sich mehren werden, desto weniger kann diese Meine Lehre unbekannt bleiben, desto größer wird aber auch der Widerstand gegen sie und ihre Anhänger werden. Der Kampf muß entglimmen! Nur den Beharrlichen ist der Sieg beschieden, und diese werden Meine Kinder sein, weil sie Meiner Stimme und Meiner Lehre nicht nur glauben, sondern weil sie auch wissen, daß diese allein zum Ziel führt und nur Ich die Tür und der einzige Weg bin, um in das unendliche Reich des Geistes zu gelangen und dort nicht mit Leiden, sondern mit Seligkeiten für die ausgestandenen Kämpfe belohnt zu werden.

So entwickelt sich der Lebensprozeß. Es muß das Geistige von der Materie befreit, das Seelische des Menschen vom Weltlichen getrennt werden und sowohl des Menschen eigentliche, geistige Bestimmung erreicht, als auch Mein einstiges Erdenwandeln mit seinen Leiden und Kämpfen seine Erfüllung finden.

Es soll die Welt nur *einen* Hirten mit seinen Schafen beherbergen; *zwei* Herren kann man nicht dienen. Wer der Materie huldigt, muß zur Materie herabsinken; wer aber dem Geistigen zustrebt, wird das Schwere lassen. Die Materie ist zu dicht, sie läßt kein Licht hindurch. Nur Geistiges ist fähig zur Aufnahme Meines Liebelichtes aus den Himmeln, und nur dieses Licht entwickelt Lebenswärme, entwickelt den in die menschliche Seele gelegten göttlichen Funken und führt ihn zu seinem Urquell, zu Mir zurück.

Das sollte der Zweck Meiner Lehre, Meiner Darniederkunft in früheren Zeiten und Meines Wiederkommens in baldiger Zukunft sein.

Je näher Meine Wiederkunft heranrückt, desto mehr werden Licht, und Finsternis sich bekämpfen. Allein, wie an jedem Morgen die aufgehende Sonne die finstere Nacht besiegt, wird auch Mein aufgehendes Liebelicht die Diebe und Mörder verscheuchen, welche nicht bei Tag, sondern nur nächtlicherweise ihr Handwerk treiben. Diese werden weichen müssen, sich bekehren oder in ewige Finsternis zurücksinken, bis in ihrem Gemüte selbst, und zwar im freien Streben, das Dämmerlicht nach und nach anbricht.

Die Welt wird sich, wie schon früher, Meinen Plänen, Meinen Absichten widersetzen wollen; aber gerade ihr Widerstand wird Meinen Endzweck beschleunigen, und am Ende werden doch Meine Kinder und Ich das Feld behaupten.

Beharrung führt zum Ziel! Und der Name ‚Mein Kind' muß mit Entsagungen und Aufopferungen errungen werden; denn der Preis ist des Kampfes wert. Daher seid alle bereit, nicht von Mir zu lassen! Laßt die Welt und die Menschen gehen, bekümmert euch nicht um die Ereignisse und die politischen Verwicklungen! Bedenkt, es sind Millionen von Menschen, welche zu der rechten Türe des Lichts geführt werden sollen, und um das zu erreichen, müssen auch ebensoviel verschiedene Ereignisse und Umstände einwirken, die auf verschiedenen Graden der Intelligenz stehenden Individuen zu einem gemeinsamen Ziel zu führen, — eine Arbeit, von der ihr keinen Begriff haben könnt, und die nur Gott angemessen ist, welcher auch da, wie überall, durch das Kleinste die größten Wirkungen zu erreichen imstande ist.

Soviel zum besseren Verständnisse dieses Evangeliums des Johannes, damit ihr in dieser Zeit Meine einstige Lehrzeit erst recht begreifen lernt und erkennt, wie schon vor mehr als tausend Jahren die ganze spätere Entwicklungsgeschichte der Menschheit in Meinen Lebens- und Wandeljahren auf eurer finsteren Erde vorausgezeichnet und -bestimmt war.

Deswegen blieb auch die Bibel erhalten, damit sie euch den größten und stärksten Beweis geben soll, wie dort schon alles aufgezeichnet ward, was in späteren Zeiträumen sich stufenweise entwickeln mußte, was aber nur dem Wiedergeborenen, dem mit geistigen Augen Sehenden, deutlich wie in einem Zukunftsspiegel vorleuchtet.

So möget ihr getrost den Blick zu Mir richten und eingedenk sein des Spruches: „Wer Mich nicht verläßt, den verlasse auch Ich nicht!"

Bleibet bei Mir, und ihr werdet stets mehr und mehr die Stimme des Hirten vernehmen und infolgedessen auch stets mehr und mehr durch Wort und Beispiel beitragen können, anderen Blinden diesen einzigen Weg des Heils zu zeigen, damit am Ende nur *ein* Hirt und *eine* Herde sei! Amen.

22

Am Sonntage Jubilate

Die Vorbereitung auf den Heimgang des Herrn

Joh. 16, 16—23: „Über ein kleines, so werdet ihr mich nicht sehen; und aber über ein kleines, so werdet ihr mich sehen; denn ich gehe zum Vater.“ Da sprachen etliche unter seinen Jüngern untereinander: „Was ist das, was er sagt zu uns: ‚Über ein kleines, so werdet ihr mich nicht sehen, und aber über ein kleines, so werdet ihr mich sehen‘! und : ‚Ich gehe zum Vater‘? Da sprachen sie: „Was ist das, was er sagt: Über ein kleines? Wir wissen nicht, was er redet.“ Da merkte Jesus, daß sie ihn fragen wollten, und sprach zu ihnen: „Davon fraget ihr untereinander, daß ich gesagt habe: Über ein kleines, so werdet ihr mich nicht sehen, und aber über ein kleines, so werdet ihr mich sehen. Wahrlich, wahrlich, ich sage euch: Ihr werdet weinen und heulen, aber die Welt wird sich freuen; ihr aber werdet traurig sein; doch eure Traurigkeit soll in Freude verkehrt werden. Ein Weib, wenn sie gebiert, so hat sie Traurigkeit; denn ihre Stunde ist gekommen. Wenn sie aber das Kind geboren hat, denkt sie nicht mehr an die Angst um der Freude willen, daß der Mensch zur Welt geboren ist. Und ihr habt auch nun Traurigkeit; aber ich will euch wiedersehen, und euer Herz soll sich freuen, und eure Freude soll niemand von euch nehmen. Und an dem Tage werdet ihr mich nichts fragen. Wahrlich, wahrlich, wahrlich, ich sage euch: So ihr den Vater etwas bitten werdet in meinem Namen, so wird er's euch geben.“

(Den 10. März 1872)

In diesem Kapitel, sowie in dem vorhergehenden, habe Ich Meinen Jüngern schon den Vorgeschmack gegeben, wie es um sie stehen wird, wenn Ich sie verlassen muß und sie nicht mehr unter Meinem sichtbaren Einfluß und Meiner Leitung stehen werden.

Im 15. Kapitel Johannes verglich Ich Mich mit dem Weinstock und Meine Jünger mit den Reben, welche nur so lange Früchte tragen können, als sie am Stocke haften.

Ich zeigte ihnen in diesem Beispiel das Schicksal derjenigen, welche von Mir abfallen werden, sagte ihnen, daß nur diejenigen Sünder sind, welche *wissen,* was sie tun und glauben sollen, und doch dagegenhandeln, während die Unwissenden nicht strafbar sind. Ich stellte ihnen im Gleichnis vor, daß der, welcher an Mich glaubt, nicht ein Knecht Meines Gesetzes, sondern ein freiwilliger Ausüber desselben, also nicht willenlos Mir untertan sein, sondern wie ein Freund den Ratschlägen des Freundes folgen soll. Ich sagte ihnen, daß sie, wenn sie Mir und Meiner Lehre folgen wollen, mit der Welt in Konflikt geraten werden, und daß die Welt, während Ich sie lieben werde, sie mit Haß überhäufen wird. Ich gab ihnen aber nebenbei die Hoffnung, daß sie, wenn Mein Geist sie überschatten wird, Ersatz genug haben werden durch geistige Genüsse, wenn die weltlichen sich nach und nach vor ihnen verschließen.

Alles dies mußte Ich Meinen Jüngern im voraus sagen; denn sie hatten ja noch gar keinen Begriff, was und wie ihre Mission eigentlich sein werde. Sie lebten noch zu sehr unter dem Einfluß Meiner Persönlichkeit, hatten, obgleich sie jeden Augenblick bekannten: „Wir wissen, daß Du von Gott gesandt bist!", doch keine rechte Idee von Meiner Sendung, weder von der Wichtigkeit Meines Kommens, noch eine entfernte Ahnung von der Art und Bedeutung Meines Heimganges; denn sie waren Menschen und dachten menschlich. Deswegen war Ich auch gezwungen, ihnen öfters von Meinem Heimgange zu sprechen, und auch eben dieses Kapitel Meines Lieblings Johannes spricht davon, als Ich Meine Jünger wieder auf die Ereignisse vorbereiten mußte, welche in kurzer Zeit stattfanden.

Ich sprach zu ihnen von Meinem Heimgang, von Meinem Scheiden, erklärte ihnen dessen Notwendigkeit; doch es war eben so, wie es in diesem Kapitel steht: „Ich hätte euch noch viel zu sagen, aber ihr könntet es noch nicht ertragen oder verstehen!" So waren Meine Worte für Meine Jünger rätselhaft, weshalb sie auch den angeführten Spruch nicht fassen konnten, indem es hieß: „Und über ein kleines werdet ihr Mich nicht sehen, und aber über ein kleines werdet ihr Mich sehen; denn Ich gehe zum Vater."

Wie wäre es möglich gewesen, daß Meine Jünger dem Glauben Raum gegeben hätten, Ich könnte gefangen oder gar getötet werden, wo sie Mich doch Gefahren aller Art so oft ausweichen und sie vereiteln sahen!? Wie konnte es ihnen in den Sinn kommen, daß ein von Gott Gesandter getötet werden könne!? Alles, was Ich von Meiner Erhöhung, von Meinem Hingang, von Meiner Wiederkunft sprach, war ihnen nicht faßbar, bis die harte Wirklichkeit sie nur zu sehr überzeugte, wie wahr Meine Worte gewesen waren. Erst nach diesen Ereignissen verstanden sie, was ihre Mission, was Ich und was die Welt war.

Was Ich in jenen Zeiten Meinen Jüngern vielmals vom Reiche Gottes, von der Wichtigkeit Meiner Lehre und deren Befolgung vorpredigte, was Ich ihnen durch Beispiele erklärte, wie es demjenigen ergehe, der sich von Mir und Meiner Lehre entfernt, all dies predige Ich schon Jahrhunderte in allen Sprachen und durch tausend verschiedenartige Ereignisse der Welt. Allen rufe Ich zu: „Verlasset Mich nicht; denn ohne Mich ist kein Trost und kein Heil in der Welt!" Und wie Ich Meinen Jüngern Mein Scheiden voraussagte, ihnen jedoch die Hoffnung nicht benahm, nach kurzer Zeit Mich wiederzusehen, ebenso rufe Ich es euch und jedem Gläubigen zu: „Verlaß den betretenen Weg nicht! Denn *weg* von Mir ist Finsternis, und selig wirst du sein, wenn du, nach kurzem Umherirren, nach einer kleinen Pause Mich wieder zu Gesicht bekommst!" Wehe aber denen, die ihr Gesicht gänzlich von Mir abwenden! Sie gehen den Weg der Finsternis, der groben Materie, wo lange Läuterungsprozesse dazu gehören, das Verlorene wiederzugewinnen und das mit Füßen Getretene auszubessern.

Meinen Jüngern teilte Ich mit, daß es in dem Plan Meines Erdenwandels liege, wenn Ich sie verlasse. Ich sagte ihnen vorher, daß Ich sie im Anfang nur auf ein kleines verlassen werde, damit sie sich daran gewöhnen sollten, Meine Persönlichkeit auf längere Zeit zu entbehren; aber Ich versprach ihnen als Ersatz für den herben Verlust Meiner Sichtbarkeit den Tröster oder den Geist Gottes.

Wenn Ich dem Menschen in manchen Stunden ebenfalls zurufe: „Verlaß Mich nicht!", so ist dies auch so gemeint, wie einst bei Meinen Jüngern das Wort: „Verzaget nicht, wenn über ein kleines ihr Mich nicht sehet!" Es will so viel sagen: „Mein Kind, verzweifle nicht in Meiner Abwesenheit, wenn Momente eintreten, in denen die Welt und deren Ereignisse auf dich einstürmen und du Meine Hand nicht mehr fühlst und Meine Stimme nicht mehr hörst! Wenn die Welt dich für deine Ergebung mit Hohn, Haß und Verfolgung lohnt, harre aus! Über ein kleines wirst du Mich wieder sehen, wieder fühlen, wieder hören, — wieder sehen in der Sprache der Natur, wieder fühlen in der Lenkung der Ereignisse und wieder hören in der sanften Stimme des wiedererlangten Friedens in deinem Herzen!"

Wie Ich Meinen Jüngern voraussagte, daß sie bittere Stunden des

Schmerzes würden durchmachen müssen, so geht es auch jedem Gläubigen, der mehr an Mir als an der Welt hängt; jedoch Meine Wiedereinkehr in das hartgeprüfte Herz des Menschen, seine nach langen Kämpfen erlangte feste Überzeugung, daß die Sonne, wenn auch Wolken sie verfinstern, doch am Ende siegen und glorreich, überall Wohltaten verbreitend, wieder hervortreten wird, — dies alles wird die bitteren, ausgestandenen Schmerzen vergessen machen und den Glauben an Mich und das Vertrauen zu Mir festigen.

Die Mission Meiner Jünger nach Meinem Hingange war zu ernst, als daß sie nicht auch im Ertragen des Herbsten geschult werden sollten. Sie mußten sich an Meine Abwesenheit vorerst gewöhnen, um dann als selbsthandelnd auftreten zu können.

Was Meinen Jüngern als Schule vorgezeichnet war, ist auch jetzt der Weg eines jeden, der Meinen und Meiner Jünger Fußstapfen folgen will.

Den Jüngern sagte Ich: „Die Welt wird euch hassen und verfolgen, weil ihr nicht von ihr seid!" Und Meinen jetzigen Kindern muß Ich das gleiche zurufen; denn je mehr sie Mich lieben, je mehr sie Mir folgen, desto mehr kommen sie in Widerspruch mit der Welt, mit der Mehrzahl der Menschen, bis Ich durch Ereignisse auch diese zubereiten werde, daß sie für etwas Besseres empfänglich werden.

Diese Folgen sind erstens natürlich und zweitens notwendig; denn ein Kind des Schöpfers der ganzen sicht- und unsichtbaren Natur werden zu wollen, erlangt man nicht so leicht. Wenn ein Kind in geistiger Hinsicht fortschreitet, so muß es mit der Welt und den gewöhnlichen Alltagsmenschen stets mehr in Zwiespalt kommen. Der Haß der Welt wächst mit der Liebe zu Mir. Daher nicht verzagt, wenn über ein kleines ihr Mich nicht sehet; über ein kleines werdet ihr Mich wiedersehen!

Ich muß euch manchmal euren Kräften allein überlassen; ihr müßt erproben, ob ihr auch wirklich fähig seid, das öffentlich und ohne Scheu zu bekennen, was euch bei mancher Vorlesung Meiner Worte so sehr begeistert. Es muß die Frage an euch herantreten, inwieweit ihr euch vor der Welt fürchtet.

Glaubt ja nicht, daß ihr einen so großen Heldenmut habt, wie euch oft scheint! Seht Meinen Apostel Petrus an! Im Garten von Gethsemane verteidigte er Mich mit dem Schwert, und kurze Zeit danach verleugnete er Mich. Wenn also ein Petrus fehlen kann, so könnt ihr euch denken, wie es im Moment der Entscheidung mit eurem Mute aussehen wird. Daher müssen öfters solche Umstände kommen, die euch stärken und im Glauben an Mich befestigen sollen. Verleugnete Mich der, welcher Mich persönlich kannte, was soll man von euch erwarten, die ihr Mich nie gesehen habt, sondern Mich nur aus der sanften Stimme eures Herzens kennt!?

Daher muß Ich euch öfters verlassen, muß euch allein lassen, muß euch mit den Umständen und der Welt ringen lassen, damit ihr ermessen könnt, was ihr errungen habt, und was euch noch fehlt.

Gedenket stets der Worte: „Der Wille ist stark; aber das Fleisch ist schwach!“ Sie sind gewichtig und bezeichnen ganz die menschliche Natur. In dem Moment der Begeisterung glaubt ihr einen Elefanten auf die Schultern laden zu können, und im Augenblick des wirklichen Ausübens ist euch eine Fliege oft schon lästig.

Daher forschet auch ihr emsig in eurem Herzen nach, wieviel der Liebe, wieviel des Vertrauens ihr besitzet, damit, wenn ihr manchmal scheinbar Meine Abwesenheit fühlt, ihr nicht verzagt, sondern getrost dem Wiederkommen eures Führers und Vaters entgegenharrt!

Habt ihr eure eigenen Schwächen erkannt, wißt ihr, wieviel Liebe dazu gehört, um praktisch auszuüben, was euch im Gefühlsleben oft so leicht vorkommt, dann erst kennt ihr den Weg ganz, der zu Mir führt; dann wißt ihr auch, wie einst Meine Jünger — durch Meine Abwesenheit geschult —, wieviel dazu gehört, die Mission als Mensch und als Mein Kind im strengsten Sinne des Wortes zu erfüllen.

Dies sage Ich euch allen zur Warnung, daß ihr euch nicht in träumerischer Verwegenheit fähig glaubt, Lasten zu tragen, denen ihr nicht gewachsen seid, und zum Trost, damit ihr in herben Umständen und Verhältnissen, bei scheinbarer Abwesenheit eures himmlischen Vaters, euch dessen erinnern mögt, was Er einst zu Seinen Jüngern sagte: „Über ein kleines, so werdet ihr Mich nicht sehen; und aber über ein kleines, so werdet ihr Mich wieder sehen!“ Amen.

23

Am Sonntage Kantate

Die Frage nach der ewigen Heimat

Joh. 16, 5—6: „Nun aber gehe ich hin zu dem, der mich gesandt hat; und niemand unter euch fragt mich: Wo gehst du hin?, sondern weil ich solches zu euch geredet habe, ist euer Herz voll Trauerns worden.“

(Den 18. März 1872)

Seht, dies ist der Text für diesen Sonntag, und obwohl er dem Anscheine nach leicht verständlich ist, so liegt doch bei weitem viel Tieferes darin, als ihr ahnen möget.

Nach eurem Ermessen sage Ich diese Worte deshalb zu Meinen Jüngern, weil Ich — immer von Vater und Sohn sprechend — sie vorbereiten wollte auf die nächsten Ereignisse, die der Abschluß Meines irdischen Lebenswandels waren. Weil Ich ihnen Mein Verhältnis zu ihrem Jehova nicht anders begreiflich machen konnte, als unter dem Bild von Vater und Sohn, einem Bilde, das ihrem Weltverstand näher lag und auch in geistiger Entsprechung völlig das Verhältnis der Liebe zur Weisheit ausdrückt, wie Ich zwar als Weisheit Mensch geworden, aber als Liebe der ewige Erhalter und Schöpfer des ganzen Universums geblieben bin.

Ich sagte dort: „Ich gehe zu Dem, der Mich gesandt hat, und niemand fragt Mich: Wo gehst Du hin?, sondern nur Trauer befällt euch alle wegen des Gedankens, ihr könntet Mich verlieren.“

Diese unerwartete Voraussage, daß eine Trennung zwischen Mir und ihnen möglich sei, dieser Gedanke, der nicht in ihre Vorstellungen von Meiner Göttlichkeit und Meiner Mission paßte, versetzte sie in Trauer, und sie wußten daher auf dieses Wort weder zu antworten, noch eine Frage zu stellen. Deshalb erinnerte Ich sie mit einer solchen, indem Ich sagte, daß niemand Mich frage: „Wo gehst du hin?“ Dies war die Frage, die sie selbst nie dachten. Es war ihnen unglaublich, daß Ich Mich jemals von ihnen entfernen würde. Und wenn sie Mich als Gott annahmen, der herabstieg, um die Menschheit von den weltlichen Banden zu erlösen, wußten sie natürlich nicht, *wohin* Ich gehen sollte; denn obgleich sie durch den Einfluß Meiner Worte und Wunder die Überzeugung Meines göttlichen Ursprungs hatten, verkehrten sie doch viele geistigen Begriffe in weltliche Ideen. Daraus mußten natürlich falsche Schlüsse folgen, was sehr oft geschah, wenn sie Meine Bilder oder Meine Worte nicht verstanden und Mich beschuldigten, Ich rede hart oder unverständlich.

Ich sagte in jener Zeit: „Ich gehe zu Dem, der Mich gesandt hat!" Und jetzt, nach so vielen Jahrhunderten, richte Ich an euch und an die ganze Menschheit die Frage und sage: „Wo geht denn *ihr* hin, und wer hat euch denn gesandt?" Denn so wie *Ich* Meine Mission, Meinen Zweck oder ein ‚Warum' des Daseins habe, so haben es auch alle aus Mir geschaffenen Wesen, ja selbst die dichteste, rohe Materie, da auch sie als sichtbarer Ausdruck gebundener, gefesteter Geister eben ihren Zweck, ihre Mission haben muß.

Ich frage also jetzt, da die Prüfungszeit ihrem Ende naht, die Menschen durch politische, religiöse und Elementarereignisse: „Wo geht ihr hin?", damit sie sich besinnen sollen, wer sie eigentlich sind, und warum sie eigentlich auf diese Erde gesandt oder gestellt wurden.

Der geistige Wind, der Meinem baldigen Kommen vorausgeht, um, wie im materiellen Leben, die Luft von schlechten Dünsten zu reinigen, regt wie die Frühlingslüfte alles zur Tätigkeit an. Überall ertönen die Fragen: „Warum bin ich eigentlich da?" und „Was bin ich eigentlich?" und „Was ist mein Endziel, oder wo gehe ich hin?"

Der denkende Mensch, welcher einmal von diesen Gedanken überrascht wurde, sieht sich natürlich zwischen zwei Welten gestellt, zwischen eine sicht- und eine unsichtbare. Es genügen ihm die wenigen Anhaltspunkte, welche die Vergänglichkeit alles Geschaffenen bietet, nicht mehr, um ihm Trost und Ruhe zu bringen. Alles, was vor seinen Augen entsteht, sieht er wieder vergehen, sich verändern, sich verwandeln. Und eben diese Beispiele regen auch ihn an, an die vor ihm entstehenden und vergehenden Gegenstände, so wie an sich selbst, die Fragen zu richten: „Wo kommt ihr her, ihr Geschöpfe voller Wunder und Geheimnisse, und wo gehet ihr hin?"

So begrüßt er das Ankommende, und so fragt er das Scheidende; und eben diese Fragen ist er auch gezwungen an sich selbst zu richten, indem er selbst, wenn er nur ein bißchen nachdenkt, noch ein größeres, unauflösbareres Rätsel ist als alle anderen, vor ihm sichtbaren Dinge. Diese Fragen, die immer wieder auftauchen, sind es, welche die Menschen, oder wenigstens viele von ihnen, zur besseren Beurteilung des Bestehenden und des Angelernten zwingen. Und wo nicht genügend Wahres und Klares das Endresultat solcher Forschung ist, dort steigt natürlich das Heer der Zweifel auf, welche mit all dem Gefundenen nicht zufrieden, mehr Gewißheit, mehr Klarheit haben wollen.

Dieses Drängen war stets der Anfang von geistigen und weltlichen Umwälzungen. Es war der unvermeidliche geistige Wind, welcher die menschliche Natur stets wieder aufweckte, sooft sie sich gerade in einen bequemen Schlaf weltlicher Freuden und Genüsse versenken wollte.

Da nun zwei Dinge diesen Wind wieder erregten — erstens Mein baldiges Kommen als Ende und Krone Meiner einstigen, auf eurer Erde vollführten Mission. Zweitens die Neigung der ganzen Menschheit von oben bis unten, sich dem weltlichen Genusse hinzugeben und das Geistige zu verleugnen —, so ertönt wieder in allen Gemütern, den meisten unbewußt, der Ruf: „Wo gehen wir hin?" und „Wozu sind wir da?" Die ungenügende Antwort, die die jetzige Geistesrichtung auf diese Fragen gibt, veranlaßt den Umsturz alles Bestehenden, das Sehnen nach Neuem, aber nicht Trügerischem sondern Wahrem.

Die Menschen empfinden, das unsichtbare Reich ist nicht abzuleugnen. Es ist umsonst, wenn manche Gelehrte sich die Mühe geben, zu beweisen, daß nur Materie bestehe und Geistiges nicht. Die Menschen fühlen die Leere in ihrem Herzen nicht ausgefüllt, soviel grobes Material durch den Verstand auch in jenes geworfen wird. Wie bei einem Faß ohne Boden verschwindet es, wie es gekommen ist, und die alte Frage steht wieder neu vor ihrem Geiste.

So wird die Menschheit gedrängt, endlich einmal alle Fesseln abzustreifen, sich von dem Gängelbande zu befreien, welches viele nur zu ihrem eigenen Vorteile benützen wollen.

Dieses Verhältnis, dieser Streit mußte Meinem Kommen vorangehen, damit Ich am Ende nur mit denen zu tun hatte, die das Geistige dem Materiellen vorzogen und auch wußten, woher sie kamen, warum sie da sind, und wohin sie zu gehen bestimmt sind.

Es werden das diejenigen sein, welche, alle Stürme überlebend, mitten im Schmutz des weltlichen Egoismus und Leichtsinns sich rein gehalten haben; denn nur für diese werde Ich der Hirte und nur sie werden Meine Schafe sein.

Auch an euch, Meine Kinder, die Ich unter so vielen auserkoren habe, damit ihr, geleitet durch Mein direktes Wort, den andern als Beispiel vorangehen sollt, auch an euch tritt diese Frage ernster Art heran. Auch an euch stellt die Lebenszeit, welche euch noch auf Erden zugemessen ist, die Frage: „Wo gehst du hin?" Sie will damit sagen: Bedenket die Verantwortung, die ihr auf euch genommen habt, das Wort eures Gottes, eures Vaters hören zu wollen! Mit diesem Hören habt ihr euch der Verpflichtung unterzogen, dieses Wort auch auszuüben; denn ohne Ausübung ist das Hören zu nichts nütze.

Ihr, die ihr Mein Wort hört, erfahrt und nun auch wißt, wie man demselben nachkommen soll, ihr seid doppelt strafbar, wenn ihr die Ausübung unterlaßt.

Meiner Jünger Herz erfüllte sich mit Trauer, als Ich sprach von Meinem Hingange zu Dem, der Mich gesandt hatte. Welches Gefühl wird denn *euch* überkommen, wenn auch ihr hingehen müßt zu Dem, der euch gesandt hat? Trachtet darnach, daß ihr mit dem anvertrauten Kapital, wohl benutzt und verzinst, in Mein Reich zurückkehrt und nicht, wie der faule Knecht, euer Kapitel vergrabet; denn sonst kommt ihr unreif in einer Welt an, in der es euch selbst zur Last würde, als Unreife zwischen Gereiften, als Unglückliche zwischen Glücklichen leben zu müssen!

Wenn ihr hingehen müßt zu Dem, der euch gesandt hat, so trachtet doch wenigstens danach, mit dem Bewußtsein in jenes Geisterreich zu treten, alles getan zu haben, was gemäß allen an euch ergangenen Worten von euch zu erwarten war! Trachtet danach, Meine Worte und Meine Lehre so für euch und für andere zu nutzen, daß viele guten Taten und nur wenige Fehler eure Lebensbilanz ausmachen, damit ihr dann ruhig fortschreiten und den Mitbruder, der euch fragt: „Wo gehst du hin?", getrost nach dem Morgen des ewigen Liebelichts hinweisen könnt, indem ihr saget: „Ich gehe dorthin, von wannen ich gekommen bin, und wo ewiges geistiges Fortschreiten und stetes Annähern an meinen Schöpfer und Vater möglich ist!"

Auch Ich sagte: „Ich gehe zu Meinem Vater, der Mich gesandt hat!"

Ich ging aber auch mit dem vollen Bewußtsein, Meine Mission im strengsten Sinne erfüllt zu haben, obwohl als Mensch das Herbste Mich noch erwartet. So sollt auch ihr einst sagen und euch schon jetzt des Triumphes freuen können, wenn nach ausgestandenen Kämpfen und besiegten Versuchungen ihr getrost die Hand nach der Siegespalme ausstrecken dürft.

Wer von Meinem Worte nur dunkle Begriffe hat oder gar nichts weiß, den kann Ich für seine Handlungen nicht so verantwortlich machen wie diejenigen, welche Meine Lehre kennen, welche begreifen, wie und wann sie nach derselben handeln müssen. Diese, wenn sie vorsätzlich dagegen sündigen, sind strafbar und werden — nicht von Mir, sondern von ihrem eigenen Gewissen — des Wankelmutes, der Kleinmütigkeit angeklagt werden, weil es ihnen so sehr an Kraft mangelt, und weil sie, mitten unter dem Einflusse geistiger Hilfe von oben, sich so ins Netz der weltlichen Genüsse verstricken ließen, daß sie darüber ihre geistige Würde eingebüßt haben.

Bedenket also alle Meine Worte! So angenehm das Anhören derselben auch sein mag, so nehmt sie doch recht ernst, da nur die Befolgung Meiner zwei einzigen Liebesgebote, im strengsten Sinne, euch zu Meinen, zu Kindern des Schöpfers der ganzen Unendlichkeit stempeln kann!

Den Preis, welchen Ich euch aussetzte, könnt ihr noch nicht im ganzen Sinn und in seiner ganzen Tiefe begreifen, weil ihr Mein Geisterreich nicht kennt; aber würdet ihr sehen, wie Engel und große Geister euch um diesen Vorzug beneiden, ihr würdet gewiß stolz darauf sein, von Dem ausgegangen zu sein und wieder zu Dem zurückkehren zu können, der die Liebe selbst ist, eine Liebe, die ein menschlich Herz aber nicht fassen kann.

Welch unfaßbare Liebe liegt darin, daß die höchste göttliche Liebe euch zu ihren Kindern machen will, daß diese Liebe den niedrigsten Stand auf eurer Erde vorgezogen hat, um eben das zu beweisen, was sie als Jesus einst sagte, — daß sie als Weisheit, nach vollendeter Mission, sich wieder vereinen will mit der Liebe, von welcher sie ausgegangen ist, und zu welcher auch ihr kommen könnt, wenn ihr euch derselben würdig zu machen wisset!

Ich ging einst zu Meinem Vater, der Mich gesandt hat; trachtet auch ihr, dahin zu gelangen, um aus Seinen Händen die Siegeskrone für eure Kämpfe und Leiden zu erhalten — wie Ich einst als Gottmensch und Jesus vor mehr als tausend Jahren! Amen.

24

Am Sonntage Rogate

Die rechte Bitte

Joh. 16, 23: „Wahrlich, wahrlich, ich sage euch: So ihr den Vater etwas bitten werdet in meinem Namen, so wird er's euch geben!"

(Den 19. März 1872)

Dieser Vers, der im katholischen Kirchenjahr für diesen Sonntag bestimmt ist, sagt euch, wie Ich Meinen Jüngern als Trost für den Verlust Meiner Person die Hoffnung gab, daß sie, wenn es nötig sein werde, von Meinem Vater im Himmel alles erhalten würden, um was sie bitten. Ich stelle ihnen diese Freude in Aussicht, weil sie dadurch in geistiger Gemeinschaft mit Mir verbleiben konnten, indem Ich, wenn ihnen auch nicht mehr sichtbar, doch ihre Bitten vernehmen und auch erfüllen helfen würde.

Der Satz, so wie er in der Bibel aufgezeichnet ist, hat nicht viel Schwieriges, um verstanden zu werden. Und doch liegt etwas bei weitem Tieferes darin, sobald ihr ihn nur ernstlich betrachten wollt!

Um euch näher in seine geistige Entsprechung und Deutung einzuführen, müssen wir vorerst die Frage: „Was ist denn eigentlich eine Bitte?" beantworten.

Sehet, es wird von euch — wie Ich schon öfters gesagt habe — so manches Wort ausgesprochen, ohne daß ihr nur im mindesten eine Ahnung davon habt, was es eigentlich bedeutet! Dies ist ein Zeichen, wie wenig ihr die Tiefe, Kraft und Gewalt des Wortes, als Ausdruck eines Gedankens kennt. Deswegen bin Ich öfters gezwungen, euch vorher auf die einzelnen Worte, aus denen ein aus der Bibel angeführter Satz besteht, aufmerksam zu machen, um euch so nach und nach in ihr Verständnis einzuführen. Solange ihr die Zerlegung der Worte und ihre entsprechende Deutung nicht kennt und zu finden vermögt, solange ist von einem eigentlichen Verstehen der Bibelstellen, auch der einfachsten, keine Rede. Die Bibel mit all dem in ihr niedergelegten Weisheitsschatz bleibt dann für euch unverständlich; höchstens gewährt sie, wenn man sich mit dem oberflächlichen Buchstabensinne begnügt, dem einen oder andern in schweren Momenten des irdischen Lebens einigen Trost und Frieden.

Um auf unseren Satz des Evangeliums Johannes zurückzukommen, wollen wir vorerst die Frage beantworten, was eine Bitte ist, und auf die geistige Bedeutung übergehen, wie eine Bitte zu nehmen ist, wenn sie an Mich als allwissenden Herrn und Schöpfer gerichtet wird.

Nun seht, eine Bitte ist ein Flehen um Hilfe bei einem Mächtigeren oder Stärkeren, wenn die eigenen Kräfte nicht ausreichen. Es ist ein Ansuchen um tätigen Beistand entweder für sich selbst oder für ein anderes Wesen, das der Unterstützung oder Hilfe bedarf.

Was bezeugt nun dieses Anflehen? Es bezeugt die eigene Ohnmacht; diese veranlaßt zum Bitten, da man nicht befehlen kann.

Wenn nun ein Bittsteller eine Bitte an jemand stellt und sich dabei auf andere, wohlwollende oder befreundete Menschen bezieht und mittels der Nennung ihres Namens oder mittels der Fürsprache der Person selbst bei Einflußreicheren einen günstigen Eindruck machen will, so bezeugt dies wieder, daß der Bittsteller durch die Anrufung eines Namens, der auch dem Dritten teuer und angenehm ist, ihn um so eher zu bewegen hofft, dem angesuchten Begehren zu willfahren.

Wenn ihr also diese einfache Bemerkung erwägt, so begreift ihr leicht, warum Ich als Jesus Meinen Jüngern anempfohlen habe, in Meinem Namen den Vater im Himmel zu bitten, und warum Ich ihnen im voraus versprochen habe, daß keine ihrer Bitten unerfüllt bleiben werde. Ich wollte sie dadurch stets an ihre eigene Ohnmacht erinnern, ihnen zu Gemüt führen, daß sie aus sich selbst nichts zu verrichten vermögen, und wollte dabei auch nebenbei die Erinnerung an Mein Wirken und Leben unter ihnen wach erhalten, weil sie nur so — dem geistigen Streben mehr zugewendet — das Weltliche nach seinem eigentlichen Wert einschätzen und daher nie mißdeuten würden.

Diese Art zu bitten sollte ein stetes Wachsen des Vertrauens zu *Mir* bewirken, der Ich, obwohl nicht mehr sichtbar, doch geistig stets um sie war. Sie glaubten dadurch auch mehr an Meine Abkunft von oben und konnten anderen diesen unerschütterlichen Glauben an die Führung eines höchsten Wesens als Schöpfer, Erhalter, Herr und Vater beibringen.

Daß Ich als Gott ihre Bitten nicht nötig hatte und schon seit Äonen von Zeiten vorauswußte, wessen sie bedurften, und was zu ihrem Besten war, das versteht sich von selbst. Das Bitten hatte nur den Zweck, in ihnen, wie in den Menschen überhaupt, das Zutrauen zu Mir als höchstem Wesen zu erwecken, daß Ich nicht ein Gott bin, vor dessen Größe der winzige Mensch erzittern soll, sondern daß Ich — wohl ein Gott und ein höchstes Wesen — als liebender Vater Meinen Kindern und erschaffenen Wesen zugänglich bin, und zwar durch demütiges Annähern, durch inbrünstiges Bitten oder Gebet, welches nur von einem liebenden Vater, aber nicht von einem streng richtenden Gott erhört werden kann.

Daß Ich Mich als Jesus zum Fürbitten anbot, daß Ich sagte: „Was ihr in Meinem Namen bittet, wird euch der Vater im Himmel gewähren!", das geschah deswegen, weil sie während Meines Lebenswandels Meine Liebe, Meine Duldung und Geduld mit den Fehlern anderer gesehen und begriffen hatten und sich so in schwachen Umrissen eine Vorstellung von dem Vater machen konnten, der einem solchen Sohne, wie Ich es als Jesus war, bei allen Gelegenheiten Seine Liebe bewies. Nur so wurde ihnen der unzugängliche Gott Jehova zugänglich, nur so faßten sie Mut, ihr Herz zu Mir zu erheben, und nur so vertrauten sie auch darauf, daß, wenn sie in Meinem Namen beteten oder um Erhörung ihrer Bitten flehten, sie auch ein geneigtes Ohr bei Mir finden würden.

Auf diese Art ward die geistige Verbindung, welche Mich als Jesus früher mit ihnen einerseits und mit Meiner Liebe oder dem Vater anderseits verbunden hatte, nie gestört. Nur so gingen Meine Jünger getrost in die Welt hinaus, lehrten und predigten Mein Evangelium, taten Wunder und opferten sogar ihr eigenes Leben, weil ihre Verbindung mit Mir, die nie abgebrochen worden war, sie stets von der materiellen Welt ab- und zur geistigen hinzog.

So gaben sie ein ewiges Beispiel von der Gewalt des Glaubens, des Gebetes, wenn es, aus reinem Herzen quellend und nur Geistiges verlangend, sich zu Mir erhebt und Mir den Dank vorauszahlt für Wohltaten, welche Ich Meinen Kindern auch dann nicht entzogen hätte, wenn sie *nicht* darum gebeten hätten.

Seht also, Meine Kinder, was hinter dem Wort ‚Bitte' steckt, wie groß seine Bedeutung, sein dem bittenden Herzen zugelassener Genuß ist! Und wie im Weltleben oft ein Bittender sich der süßen Hoffnung hingibt, daß das Erflehte ihm gewährt werde, und schon im voraus die Freude genießt, welche das Zutrauen zu dem Angeflehten erhöht, die Liebe zu ihm vergrößert, ebenso ist im geistigen Maßstabe das Annähern an Mich als Vater alles Geschaffenen der einzige Trost und die einzige Beruhigung, daß ein gerechter, alles mit Liebe umfassender Gott sicher nur das Rechte und Gute will und jede Bitte, wenn sie gerecht ist, auch gewiß erfüllen wird.

So ist die Verbindung zwischen Geschöpf und Schöpfer stets vorhanden. Sie ist nicht gegründet auf Furcht, auf Kriechen vor dem Throne eines allmächtigen, zürnenden und streng richtenden Gottes, nein, sie ist gegründet auf Zutrauen, auf Liebe, welche ein unmündiges Kind für seinen mächtigen Beschützer, für seinen Vater hegt.

Es ist die Liebe und nicht die Furcht, welche das Herz in höchster Bewegung erhält und es mit freudigen Schlägen dem ewigen, sich stets gleich bleibenden Vater aller Kreatur entgegenwendet. Es ist das schönste Band, das die Natur aufweisen kann, das Band der Kindes- und Vaterliebe, deretwegen die ganze Schöpfung erschaffen, erhalten und vervollkommnet wird, und welches Band nur das einzige sein kann, das einem Geist wie Mir entspricht, und das einem Menschen oder geschaffenen Wesen seinen geistigen Adel verschaffen kann.

Daher begreift, Meine Kinder, was es heißt: ‚bitten', was es heißt: ‚beten', was es heißt, zu Mir im Namen Jesu sich zu wenden. Der Name ‚Jesus' schließt Meinen größten Akt, Meine größte Tat, Mein größtes Opfer ein, welches Ich euch und allen Geistern zulieb vollbrachte.

In Erinnerung an Mein Dulden könnt ihr nicht stolz sein, in Erinnerung an Meine Liebe könnt ihr nicht hassen, und in Erinnerung an Mein Opfer könnt ihr nicht geizig sein, sondern nur bei Anrufung Meines Erdennamens allen diesen Tugenden nachstreben, die Ich persönlich während Meines Erdenlebens ausgeübt habe.

Die Bitte zu Mir soll euch erheben über alles Weltliche, soll euch in Mein geistiges Reich führen, in welchem Ich dem Bittenden gerne gewähre, was in geistiger Hinsicht ihm oder seinem Nächsten zum Besten dient.

Wenn ihr nun wißt, was ‚bitten' heißt, wenn ihr wißt, *wen* ihr bitten müßt, so ist noch ein zweiter Punkt in Betracht zu ziehen, nämlich: um *was* ihr bitten könnt, um wenigstens im mindesten eine Gewährung zu erhoffen.

Hier nun in diesem zweiten Punkt wird von vielen am meisten gefehlt. Viele bitten erst, wenn die Not sie dazu zwingt, und viele andere wieder dann, wenn es sich um weltliche Vorteile oder sonstige unbedeutende Dinge handelt.

Aus dem Vorhergegangenen mögt ihr ersehen, was eigentlich eine Bitte, und zwar eine Bitte an Mich, ist. Ihr mögt euch dabei erinnern, daß Ich öfters sagte: „Mein Reich ist nicht von dieser Welt!", und: „Wer zu Mir beten will, muß im Geist und in der Wahrheit beten!"

Seht, diese Sätze beweisen euch genau, daß es sich nicht um weltliche Dinge handelt, und daß es von wenig Achtung und wenig Liebe eurerseits zeugt, wenn ihr Mich für so einen gewöhnlichen Richter oder Monarchen haltet, an den man nur Bittschriften einzureichen braucht, und bei dem man dann durch gewisse Fürsprache seinen Zweck leichter erreichen zu können vermeint.

Seht die Welt an, wieviel Unsinn wird da von Mir verlangt! Wie viele eingebildete Fürsprecher und Fürsprecherinnen werden angerufen, die bei Mir zugunsten der Bittenden fürsprechen sollen. Wenn die Menschen nur ein wenig nachdächten über ihr eigenes Gebaren, so müßten sie sich ihrer eigenen Kurzsichtigkeit schämen und müßten erröten, wie sie Gott, den Schöpfer und Herrn der Unendlichkeit, zu nichtssagenden Dingen ins kleinliche Weltleben herunterziehen möchten. Sie bedenken nicht, daß die meisten Übel und Unglücke nicht von Mir, sondern von dem Verhalten der Menschen selbst herrühren.

Wenn Ich die Menschen tun lasse, was sie wollen, und sie sich Krankheiten und Unglücksfälle zuziehen, aus denen sie in der Folge geistigen Nutzen erreichen sollen, warum soll Ich das verhindern, was gerade zum Besten der Menschen, zu ihrem geistigen Heile dient? Ich kann doch nur das geistige Fortschreiten, aber nicht das weltliche Wohlleben jedes einzelnen als Hauptzweck seines Erdenwandels im Auge haben! Wie sollte Ich Meinen Kindern das angedeihen lassen, was gerade zu ihrem Schaden wäre?

Kurzsichtige, leichtgläubige Menschen! Ihr kommt Mir oft vor wie Kinder, die mit Gewalt ihre Hände ins Feuer stecken wollen, weil sie noch nicht die Erfahrung gemacht haben, daß das Feuer nicht allein leuchtet, sondern auch brennt.

Wie viele Fälle könnte Ich euch aufzählen, um was alles gebeten wird! Da will einer Geld, der andere Gesundheit, der dritte Gelingen seiner Unternehmungen, der vierte jammert, weil der Tod Lücken in seine Familie gerissen hat, der fünfte möchte seine Kinder in Luxus und Wohlleben so ganz der Hölle zueilen sehen usw.; aber alle bedenken nicht, daß beim Gewähren ihrer Bitten das geistige Wohl und Wehe der Beteiligten oft noch ärger, noch schlechter würde. Sie bedenken nicht, daß gerade Leiden und Unglücke die Ecksteine sind, an welchen sich die Taumelnden stoßen, wenn sie dem weltlichen Treiben huldigen und das geistige Fortschreiten ganz beiseitesetzen möchten.

Ihr Familienväter und Mütter, ihr wollt für eure Kinder alles Gute haben, Gesundheit, Reichtum, langes Leben und hohe Stellung in der Welt. Nun, was *ihr* wollt als winzige Kreatur in Meiner Schöpfung, wird wohl *Mir,* glaube Ich, auch erlaubt sein! Es wird wohl Mir auch erlaubt sein, Meine Kinder so zu ziehen, daß sie alles Gute und Schöne, was Ich in Meiner Schöpfung, und zwar nur für sie, aufgehäuft habe, im vollsten Maße genießen, daß sie geistig gesund, an Liebe reich und Mir nahe über Großes gesetzt werden können.

Seht, Ich will nichts, als was ihr selbst wollt; und nur *der* Unterschied besteht, daß ihr Menschen, um Meine Kinder zu werden, andere Schulen durchmachen müßt, als ihr eure Kinder besuchen lassen wollt. Hier gehen also unsere Ansichten auseinander.

Noch muß Ich nebenbei bemerken, daß ihr euch nur um eine kurze Spanne Zeit bekümmert, in der es euren Kindern nach euren Begriffen gut gehen soll, während Ich Sorge trage, daß das ewige, künftige Leben Meiner Zöglinge voll von Seligkeiten und nie geahnten Genüssen werde.

Ihr seht aus dem, daß Ich in diesem Punkte oft den Unerbittlichen spielen und eure Narrenbitten in den Sand schreiben muß, damit sie der nächste Luftzug wieder verweht, während Meine Anordnungen in nie vergehenden Steinen der Ewigkeit als Gesetze geschrieben stehen. Daher bedenkt wohl eure Bitten und verlangt von Mir nicht den Ruin Meiner Kinder! Ich habe sie fürs ewige Leben, fürs Geister-, fürs Engelleben erschaffen und nicht für das Wohlleben in weltlichem Schmutz, um Mir vielleicht einst eine befleckte Seele zu überbringen.

Wenn ihr also bittet und Meinen Beistand anruft, so bedenkt, daß Ich wohl schon im voraus weiß, um was ihr Mich bittet, und daß ihr Mir nichts Neues sagen könnt! Bedenkt, daß die Menschen, wenn es nicht Mein Wille gewesen wäre, sie durch ihre eigenen Fehler zu witzigen, nicht in diese bitteren Verhältnisse geraten wären! Bedenkt, daß euer einziger Trost das Vertrauen zu Mir ist! Auch Ich hatte Vertrauen, als Ich im Garten von Gethsemane im Drange Meines größten Leidens, welches Ich dort als Mensch fühlen mußte, und bat: „Vater, nimm den bittern Kelch von Mir!" Und doch wurde der Kelch nicht von Mir genommen, sondern Ich mußte ihn leeren bis zum letzten Tropfen! Bedenkt, daß Ich dort sagte: „Nicht Mein, sondern Dein Wille, o Vater, geschehe!"

Was Ich einst ausrief, worauf Ich Mich willig in Mein Schicksal ergab, das möge auch euer einziger Trost und Leitstern auf eurer irdischen Lebensbahn sein!

Ja, bittet! Bittet in Meinem Namen, fleht inbrünstig zu Mir! Das Flehen gibt euch Trost, gibt euch Frieden, und ihr habt eure Pflicht und Schuldigkeit gegen Mich getan. Das Erfüllen oder Nichterfüllen eurer Bitten überlaßt aber *Mir!* Ich sehe besser und weiter und kann nicht alles gewähren, was blinde und unmündige Kinder wünschen. Ihr gebt ja den Kindern auch nicht alles, was sie wollen, und warum? Weil ihr als erwachsene Menschen klarer seht und verständiger seid. Und was kleine Kinder in bezug auf *euch* sind, das seid ihr in bezug auf *Mich,* und noch um vieles weniger.

Daher vertrauet auf Mich! Ich weiß zu geben und zu nehmen, wann es an der Zeit ist. Meine Wege sind unerforschlich, und oft gerade da, wo bei euch Tränen des Schmerzes im Überfluß fließen, feiern Meine Geister und Engel ein Freudenfest.

Vertrauen in Meine stets liebenden Absichten war es, was Ich einst Meinen Jüngern anriet. Dasselbe Vertrauen möchte Ich auch in euch erwecken; denn ohne es könnt ihr keinen Schritt vorwärts machen, ohne es müßtet ihr an eurem Schicksal verzweifeln und bis zur Gottesleugnung gelangen. Vertrauen ist der Faden, der euch aus dem Labyrinth des Lebens sicher hinausführt in die Hand eines liebenden Vaters, der oft gerade da, wo Er euch am weitesten entfernt schien, am nächsten war.

Bittet und betet; aber verlangt nichts Unmögliches, nichts Weltliches! Geist seid ihr, und Geist bin Ich! Ich kann nur urteilen wie ein geistiges Wesen, und auch ihr müßt euch angewöhnen, schon während eurer Lebenszeit das Geistige in euch dem Weltlich-Materiellen vorzuziehen.

Dann gilt auch euch, was Ich einst Meinen Jüngern sagte: „Was ihr in Meinem Namen bittet, wird euch gewährt werden!" Dessen mögt ihr versichert sein, zumal Ich es euch nun hier selbst wiederholend verspreche! Amen.

25

Am Sonntage Exaudi

Die Verheißung des Trösters

Joh. 15, 26 und Joh. 16, 7: „Wenn aber der Tröster kommen wird, welchen ich euch senden werde vom Vater, der Geist der Wahrheit, der vom Vater ausgeht, der wird zeugen von mir."
„Aber ich sage euch die Wahrheit: Es ist euch gut, daß ich hingehe. Denn wenn ich nicht hingehe, so kommt der Tröster nicht zu euch; wenn ich aber gehe, will ich ihn zu euch senden."
(Den 20. März 1872)

Dieser Vers findet sich in zwei Kapiteln des Evangeliums Johannes vor, und zwar im ersten als ein Versprechen, daß Ich Meinen verlassenen Jüngern den Tröster, den Geist der Wahrheit senden werde, welcher ihnen zeigen wird, daß alles wahr und richtig war, was Ich sie lehrte, — und im zweiten als ein Hinweis, daß Mein Hingang notwendig war, um das zu bekräftigen, was Ich ihnen von Mir und Meiner göttlichen Sendung gesagt hatte. Denn in diesem zweiten Kapitel heißt es: „Wenn Ich nicht hingehe, so kommt der Tröster nicht zu euch!" Dadurch bewies Ich ihnen, daß Mein Hingang zum ‚Vater' — wie Ich Mich dort ausdrückte — teils als Schluß Meiner Mission, teils auch als Anfangspunkt der ihrigen nach Meinen Plänen, die Ich zur Rettung der Menschen entworfen hatte, unumgänglich notwendig war.

Wenn ein Meister seine Zöglinge verläßt, ehe sie ganz reif sind, um auch ohne ihn den Lehrkurs fortsetzen zu können, so ernennt er gewöhnlich einen Stellvertreter, der das Weitere ausführt, was zur Vollendung des Ganzen notwendig ist. So tat auch Ich.

Meine Mission auf Erden oder Mein Verweilen unter Meinen Jüngern war nur so lange von Nutzen, als sie noch nicht ganz in Meine Lehre eingeweiht waren. Ich mußte Mein Dasein auf eurer Erde erst mit der größten Tat der Demütigung und der Liebe beschließen, was der praktische Teil Meiner Lehre war. Ich mußte Meinen Jüngern durch die *Tat* zeigen, welche Opfer Meine Lehre und deren Erhaltung verlangt, und ihnen, gleichsam vorausgehend, als ewiges Beispiel zeigen, was Meine rechten Jünger auch zu ertragen imstande sein sollen, d. h. sogar ihr Leben für ihren Glauben zu lassen, welchem Schicksal später viele von ihnen erlagen. Ich mußte ihnen auch beweisen, durch Meine Auferstehung, wie wenig der Tod seine Macht an Mir ausüben konnte. Damit sie sich aber in der Zwischenzeit bis zu Meiner Himmelfahrt oder Rückkehr in Mein Reich nach dem harten Schlag, den ihnen die Abwesenheit Meiner sichtbaren Person verursachte, recht fassen konnten, so war es Meine eigene hohe Pflicht als ihr Meister und Lehrer, ihnen einen Ersatz für Meinen Verlust in Aussicht zu stellen. So versprach Ich ihnen einen Tröster, den sie sich, als Ich es ihnen sagte, wie auch später, als Ich es wiederholte, eher als eine *Persönlichkeit,* denn als eine *Kraft* dachten.

Als Ich ihnen diese Worte und manches andere sagte, waren sie noch zu sehr weltliche Menschen; sie konnten den geistigen Sinn Meiner Worte, ja Meiner letzten, größten und tiefsten Abschiedsworte nicht im geistigen Sinn verstehen. Deswegen sagte Ich ihnen ja auch: „Ich hätte euch noch manches zu sagen; aber ihr könnt es nicht ertragen!", was mit anderen Worten sagen will: „Ich kann euch Geistiges nicht in weltliche Begriffe verwandeln. Ihr seid zwar gläubige, aber noch unmündige Kinder, und es muß erst die letzte Weihe über euch kommen, die euch von Kindern zu Männern ausreift, damit ihr geeignet seid, das von Mir Gehörte zu verstehen und es anderen so wiederzugeben, wie ihr es von Mir empfangen habt."

Diese Überschattung durch Meinen Geist machte sie zu Wiedergeborenen; denn Mein Geist vollzog diesen Akt als Trennung des Geistigen vom Weltlichen. Das Verstandesleben hörte auf, und das Leben des Geistes oder Herzens begann. So waren denn Meine Jünger ausgerüstet mit geistiger Willenskraft, zu reden und zu wirken, wie es Meine Lehre erheischte, um so dem von Mir begonnenen Erlösungswerk seine ewige Dauer zu sichern.

Was in jenen Zeiten mit Meinen Jüngern geschah, das hat sich in jedem Jahrhundert mit einzelnen, von Mir dazu erwählten Männern erneuert. Nie mangelte es an solchen, Mir ganz Ergebenen, die ihr Leben für ihre Überzeugung ließen. Immer gab es solche Mahner und Auffrischer Meiner für die Menschheit so teuer bezahlten Lehre. Sie waren bestimmt, mitten unter dem groben Mißbrauch, den man mit der Religion trieb, die Lehre des echten und wahren Glaubens nicht in Vergessenheit geraten zu lassen.

Auch in eurem Jahrhundert mangelt es an solchen Begeisterten nicht, und jetzt, da die Menschheit sich noch mehr ins Weltliche verirrt, jetzt, wo sich das Ende dieser Prüfungsperiode für die Menschheit naht, vermehren sich auch die Anhänger Meiner wahren Lehre, welche so zur Gründung Meines Reiches die ersten Bausteine liefern sollen, damit Ich schon bei Meiner Ankunft gläubige Herzen vorfinde. Denn zum zweiten Mal will Ich nicht tauben Ohren predigen, sondern die Dämmerung des Morgenrots muß da sein, und die geistigen Augen Meiner Verehrer müssen schon vorbereitet sein, das ganze Licht Meiner Liebe und Meines Erscheinens ohne Schaden ertragen zu können.

Wie Ich in jenen Zeiten Meinen Jüngern den Tröster versprach, welchen Ich ihnen senden würde, so lasse Ich auch jetzt in jedes fromme, Mir ergebene Herz den wahren Trost einfließen, den nur Meine Lehre, nur die wahre Religion und das wahre Glaubensbekenntnis geben kann, welches aus Meinen Worten erhellt.

Jetzt ist der wahre Tröster in den Menschen gelegt. Er erwächst aus der richtigen Befolgung Meiner beiden Liebesgesetze, wenn sie richtig aufgefaßt, auch in diesem Sinne ausgeübt werden.

Um Mein Werk zu beschleunigen, habe Ich Mich herbeigelassen, durch direkte Mitteilungen alles klar auseinanderzusetzen, was den Menschen, wie Meine Jünger einst sagten, zu hart oder zu unverständlich war. Jetzt, da Meine Mitteilungen so reichlich fließen, bin Ich eigentlich schon geistig auf eure Erde hinabgestiegen, lehre und führe Meine Kinder tatsächlich wie einst. Es fehlt nur Meine sichtbare Erscheinung, welche die Zweifelnden aber nur zum Glauben zwingen würde, was gegen die Freiheit des Menschen wäre.

Jetzt wähle Ich wieder Meine Jünger, die die goldene Saat Meiner Liebelehre aussäen sollen; nur habe Ich jetzt nicht mehr nötig, sie so zu führen wie einst. In jener Zeit mußte Ich andere Mittel anwenden, Ich mußte selbst kommen und ihnen das wirkliche Dasein Gottes durch Meine Worte und Taten beweisen. Jetzt braucht es diese Gewaltmittel nicht mehr; denn die Wissenschaft mit ihren Entdeckungen im Gebiete Meiner Weltschöpfung hat den mit Geist und Herz beobachtenden Menschen Wege genug geöffnet, Mich überall zu finden und Mein wirkliches Dasein anzuerkennen.

Der Glaubenslehre parallel läuft heutzutage die Lehre durch Überzeugung. Nur ein absichtlich blind sein Wollender wird das Dasein eines Gottes leugnen, welches doch in allen Ecken und Winkeln der Schöpfung, unten und oben, ja selbst in des Menschen eigenem Herzen trotz aller Gegenbeweise besteht. Nur ein solcher Mensch wird leugnen, daß es einen Gott, einen Gesetzgeber und — wie das hinterlassene Werk, eure Bibel, es euch lehrt — auch einen liebenden *Vater* gibt, der trotz Verirrungen und Ausschweifungen aller erdenklichen Art der Menschen stets Verzeihung statt Vergeltung, stets Geduld statt strengen Gerichtes übt und stets das Leben und nicht den Tod, den geistigen nämlich, verbreiten will.

Deshalb ist euch auch jetzt der Tröster ins Herz gelegt, und ihr seid Herren eures Friedens und eurer Ruhe. Ich brauche euch denselben nicht mehr zu senden, da ihr ihn schon von Mir empfangen habt. Es ist an euch, das Empfangene gehörig in Wort und Tat auszuüben, weil ihr dadurch zeigt, daß ihr Meine Kinder, Meine Jünger in dieser Zeit seid.

Kümmert euch nicht um die Ausschreitungen auf religiösem Gebiet, die sich jetzt überall regen! Sie sind wohl Wecker, doch ihren Anhängern wird über kurz oder lang der Hauptfaktor, der Tröster, fehlen, den Ich damals nur denen versprach, die Meine wahren Jünger waren, und denen auch ihr in allem nachfolgen sollt.

Es mögen noch so viele religiöse Lehrgebäude aufgebaut werden, — wer nicht zu Meinem einfachen Hause zurückkehrt, in dem nur die Liebe, geleitet durch die Weisheit, allein thront, dem fehlt in schweren Augenblicken der Tröster überall; denn ihm fehlt neben dem wahren Glauben die wahre Überzeugung, ihm fehlt der Geist der Wahrheit, den Ich einst Meinen Jüngern versprach und auch gesandt habe, und der einem jeden zuteil wird, der Mich im Geist und in der Wahrheit begreift und im Geist und in der Wahrheit Meine Lehre in der Tat anwendet.

Wahrheit gibt es, wie Ich es euch vor kurzem bewies, nur *eine.* Wer dieser nicht huldigt, der hat auf Sand gebaut. Kommen dann die großen weltlichen und geistigen Stürme, die zur Reinigung des Geist-Seelenwesens auf dieser Erde stattfinden müssen, so wird solch ein Haus, auf flüchtigen Weisheits- oder Verstandessand gebaut, samt seiner Unterlage spurlos verschwinden, als wäre es nie dagewesen. Nur dasjenige Gebäude wird feststehen, allen Stürmen trotzen und sich als einzige

Wahrheit, als einziger fester Grundbau erweisen, welches auf *Mein* Wort, auf das Wort des Gottes und Schöpfers des ganzen Universums, gebaut ist; denn was ein Gott sprach und mit solchen Opfern Seinem ganzen Geisterreich auch durch die Tat bewies, wie Ich auf eurer Erde, das kann nicht trügen, kann nicht täuschen. Die Getäuschten sind diejenigen, welche allen Mahnungen und Rufen aus der sicht- und unsichtbaren Natur ihre Ohren verschließen, den Tröster in ihrem Verstandesleben suchen, während er nur allein im Herzen zu finden ist.

Daher bedenkt jene Worte, die gerade in diesen Kapiteln 15, 16 und 17 stehen, und die Ich einst zu Meinen Jüngern gesagt habe!

Sie sind die wichtigsten, gewichtigsten und tiefsten; denn sie waren die Scheideworte eures Vaters, der, ehe Er den letzten Liebesakt vollziehen mußte, noch einen, und zwar den Schlußstein Seines geistigen Gebäudes, welches Er auf Erden zurückließ, gelegt hatte, dessen Bedeutung weit über die jetzige Zeit hinausragt.

Was Ich Meinen Jüngern versprach als den ‚Tröster', welchen Ich ihnen senden würde, das lag schon in diesen, von Meinem Lieblinge Johannes aufgezeichneten Worten. Meine Jünger verstanden sie nicht; aber ihr, die ihr jetzt schon so ziemlich geschult und vorbereitet seid, Meine Lehre zu begreifen und zu fassen, wie Ich sie verstanden und auch ausgeübt sehen möchte, ihr könnt in diesen hinterlassenen Worten den Tröster finden, der euch erleuchten, erheben und stark machen kann gegen alles Kommende, wie auch einst Mein Geist die Jünger bestärkte, um ihre künftigen Schicksale mit der zu ihrer Mission notwendigen Seelenstärke zu ertragen.

Euch erwachsen zwar solche bitteren Momente nicht, wie einst Meinen Jüngern bei ihrem Lehramt: aber desto mehr habt ihr zu kämpfen mit der Welt, mit ihren Annehmlichkeiten, mit euren Mitmenschen, von denen die Mehrzahl nicht den Weg, den ihr geht, sondern gerade den verkehrten eingeschlagen hat.

Euch wird es so gehen, wie Ich es Meinen Jüngern prophezeite: „Die Welt wird euch hassen, weil ihr nicht von ihr seid!", d. h. weil ihr anderen Grundsätzen, anderen Prinzipien huldigt als die Mehrzahl der Menschen; aber hier ist der Tröster euch am nächsten, der euch für dieses kurze Prüfungsleben einen längeren, größeren, ja ewigen Genuß entgegenhält als Lohn für ein treues Ausharren bei dem einmal festgesetzten Wort eures Vaters, eures Jesus, der Sein irdisches Leben gab, um irdische Geschöpfe vom geistigen Verderben zu retten.

Daher sei auch euch *das* der beste Trost, den Ich jedem nach jeder vollbrachten guten Tat ins Herz lege, *das* die beste Belohnung und die beste Beruhigung: Meinen Lehren, Meinen Worten gefolgt zu sein, welche am Ende doch, trotz alles Weltglanzes und aller Weltmacht, die letzten Stützen sein werden, welche den Kämpfenden als Rettungspfeiler im großen Ozean der Weltereignisse bleiben werden.

Verlaßt daher den Tröster in eurem Herzen nicht, — und Der, welcher diesen Tröster in euer Herz legte, wird euch nicht verlassen! Das versichert euch Der, welcher schon so viel himmlisches Brot, so viel geistigen Segen und so viel wahren Trost über eure Häupter ausgeschüttet hat. Amen.

26

Am Pfingstsonntage

Der Herr und Seine Kinder

Joh. 14, 23: „Wer mich liebet, der wird mein Wort halten; und mein Vater wird ihn lieben, und wir werden zu ihm kommen und Wohnung bei ihm machen."

(Den 24. März 1872)

Diesen Vers zu erklären genügen wenige Worte; denn es ist ganz natürlich, wenn jemand für einen andern eine Zuneigung hat und dieser noch höher gestellt und weiser ist, daß dann der erste alles mögliche tun wird, um sich die Achtung und Liebe seines höhergestellten Freundes oder Herrn zu verdienen. Er wird seine Zuneigung und Liebe durch Taten zu beweisen suchen und genau nach den Lehren und Ratschlägen des höhergestellten Freundes oder Lehrers handeln. Wenn dieses der Fall ist, so wird die Zuneigung des einen durch die Liebe des andern erwidert, und es wird dadurch ein geistiges Einvernehmen hervorgerufen, wie bei in Eintracht lebenden Familiengliedern.

Das ist ungefähr der Sinn dieser Worte, die Ich einst zu Meinen Jüngern sagte, und die eine Mahnung waren, auch noch nach Meinem Hingang, nachdem kein sichtbarer Einfluß durch Meine Worte und Taten mehr möglich war, auf dieser einmal eingeschlagenen Bahn zu verharren und aus Liebe zu Mir Mein Wort zu halten und danach zu leben. Ich sagte dieses Meinen Jüngern wohlweislich im voraus, weil Ich wußte, welchen Versuchungen und Einflüssen der Welt sie bei Ausführung ihrer Mission entgegengingen.

Deswegen machte Ich sie auch auf einen Punkt aufmerksam, den sie noch nicht begriffen hatten, nämlich, daß Ich und der Vater eins sind, und daß derjenige, der Mich sah, auch den Vater gesehen hat; denn — wie Ich schon in einer früheren Texterklärung erwähnt habe — sie dachten noch immer zu menschlich. Sie konnten sich eine geistige Welt, einen geistigen Einfluß und ein geistiges, höheres Wesen, wie Ich eines bin, in körperlicher Hülle nicht recht vorstellen. Manchmal glaubten sie wohl, jetzt hätten sie diesen Begriff ganz richtig aufgefaßt; doch blieb ihnen diese Stimmung nicht. Wenn sie Gefahr lief, sich ganz zu verlieren, so mußte Ich sie auffrischen und wieder in ihrem Herzen rege machen, zumal in jener Zeit, in der die letzten Augenblicke heranrückten, die Mir die bittersten waren und auch ihnen die härtesten Schläge versetzten, da sie nie für möglich gehalten hätten, was nun vor ihren Augen geschah.

Deswegen versprach Ich ihnen einen Tröster und machte ihnen den Gedanken des Verlustes Meiner sichtbaren Person so leicht erträglich wie möglich.

Was Ich dort zu Meinen Jüngern sagte, das gilt auch in fernen Zeiten für alle diejenigen, die ebenfalls den rechten Weg des Glaubens und der Liebe einschlagen; denn alle Menschen, die Mich wahrhaft lieben wollen, bewahrheiten dieses eigentlich nur dann, wenn sie Meine Worte halten und befolgen.

Das Befolgen Meiner Worte, das Beweisen durch Taten ist erst der Probierstein, ob es den Menschen ernst ist, Mir auf dem Wege der Demütigung und Selbstverleugnung, den Ich selbst vorangegangen bin, zu folgen, indem sie, alle Annehmlichkeiten der materiellen Welt dahintenlassend, den Blick nur nach dem geistigen, aber ewigen Weltreich richten.

Viele gibt es auf dieser Welt, die das Wort ‚Mich lieben' gar nicht verstehen oder es nur so deuten möchten, wie es ihnen bequem ist; mit diesen aber bin Ich nicht. Ich werde und kann nicht, weder als Sohn noch als Vater, in ihren Herzen Wohnung nehmen; denn darin ist der größte Platz den weltlichen Sorgen eingeräumt. Und es wird von ihnen Meiner und Meiner Lehre nur dann gedacht, wenn etwa ein kirchlicher Feiertag oder bittere Erfahrungen und Unglücksfälle sie daran erinnern, daß neben der materiellen Welt eine geistige, und dahinter der Regierer, Erhalter und Leiter von beiden steht, der sich trotz der Vernachlässigung von seiten der Menschen als liebender Vater finden läßt.

Solchen Menschen, die Mich nur so zur Not neben den Weltgeschäften herlaufen lassen, solchen Menschen kann Ich freilich nicht das Versprechen erfüllen, in ihrem Herzen zu wohnen; denn sie lieben Mich nicht, wie die Liebe zu Mir beschaffen sein sollte. Sie haben nur eine Art von Wohlwollen für Meine Lehre und für Meine Person übrig — wobei sie noch im Zweifel sind, ob diese besteht —, weil Ich durch

Mein Wort ihnen nur Gutes rate und ihr Bestes will. Allein, sich ganz Mir hinzugeben, Mir und Meinen Fügungen alles aufzuopfern, so weit wollen sie ihre Liebe nicht ausdehnen; denn da müßten sie gar vielen weltlichen Vergnügungen und Genüssen entsagen, was nach ihrer Meinung doch nicht angeht, da man einmal in dieser Welt sei und — wie sie sich entschuldigen — mit ihr leben müsse.

Diese Menschen — und es gibt deren Millionen — haben noch einen weiten Weg von herben Erfahrungen zu machen, bis sie zu der Einsicht gelangen werden, daß ihr so gleichsam nur Liebäugeln mit Mir von keinem Wert und Nutzen ist, sondern daß man entweder sich Mir ganz ergeben oder in der Folge der Welt verfallen muß.

Überall werden sie Ruhe und Frieden suchen, alles anklagen, Mich, die Natur, die Verhältnisse oder das Schicksal, wie sie es nennen werden; aber nur sichselbst werden sie als Urheber ihres eigenen Unglücks nie erkennen wollen. So wird ihr Schicksal sein: kein Tröster, kein Friedensstifter wird zu ihnen kommen können, weil sie nicht begreifen, daß er nicht von außen hinein, sondern nur von innen heraus den Frieden herstellen kann.

Wenn ihr jetzt die Welt stets ärger, stets schlechter werden seht, wenn die Menschen stets unzufriedener, stets mißmutiger, stets grausamer, stets egoistischer werden, so ist überall der Grund der, daß niemand den eigentlichen Weg zum Frieden, zur Genügsamkeit und zum völligen Ergeben in Meine Führung mehr erkennt. Je mehr dieses Haschen nach flüchtigen Weltgütern und mächtigen Stellungen fortgeht, desto mehr entfernen sich die Menschen von dem eigentlichen Quell aller besseren Tugenden, und selbst das Wort ‚Liebe' ist ihnen nur insofern bekannt, als es sich auf ihre irdischen Genüsse bezieht, denen sie mit aller Hast nachjagen, und die sie um jeden Preis erringen wollen.

Hier seht ihr die Quelle vieler Selbstmorde, als Folge von Überdruß, weil das Erwünschte sich nicht erreichen ließ. Es ist dies auch der Beweis, wie wenig in solchen Herzen von Religion oder von dem Begriff eines ewigen, geistigen Lebens vorhanden ist, wo Vergeltung für Gutes und Böses den Dahingeschiedenen erwartet, indem er in solche Lagen versetzt wird, in denen er, auf sich selbst beschränkt, alles Schlechte und Falsche aus seinem Innern ausmerzen muß, bevor er eine bessere Stellung im Geisterreiche erhalten kann.

Unter solchen Menschen ist natürlich denjenigen, welche wirklich Mir leben, Mir folgen und durch Taten Mir beweisen wollen, daß sie Mich lieben, das Fortschreiten bedeutend erschwert, weil sie gegen die Meinung der Mehrzahl ankämpfen müssen und, wie einst Meine Jünger, für das Segenverbreiten nur Haß und Spott ernten.

Aber dieses Kämpfen, dieses Streiten gegen den mächtigen Strom der materiellen Welt, das auch Meiner Jünger Los war, dieses Kämpfen ist notwendig, um Meine Kindschaft zu erreichen. Denn wenn es nicht Gott, das höchste Wesen wäre, das euch zu Seinen *Kindern* erziehen will, so wäre es nach menschlichen Begriffen und Forderungen schon genügend, wenn ihr so wie die große Mehrzahl der Menschen lebtet, d. h. wenn ihr Mir die Ehre zollet, euch wohl die besten Lehren gegeben zu haben, es aber euch überlassen bliebe, wie und wann ihr diese bequem mit euren weltlichen Bedürfnissen vereinbaren wolltet.

Aber so habe Ich es nicht gemeint, als Ich damals Meinen Jüngern sagte: „Wer Mich liebt, der wird Mein Wort halten!", und wie Ich euch auch jetzt wieder zurufe: „Wer Mich liebt, der muß es durch Taten beweisen!"

Wie Meine Jünger in jener Zeit entweder Heiden oder fanatische Juden vor sich hatten, denen sie Mein Evangelium predigen mußten, so habt ihr jetzt ebenfalls Heiden, Ungläubige, fanatische Buchstabenausleger und beschränkte Zeremonienreiter vor euch, von denen die ersten gar nichts glauben, weil es ihnen so besser zusagt, und die andern mit dem Halten des Religionskultus alles getan zu haben glauben, was sie Mir schuldig sind.

Wie Ich einst Meinen Jüngern versprach, ihnen den Tröster zu schikken, der sie führen und leiten wird, wenn sie überall Schwierigkeiten und Hindernissen begegnen, so wird es auch jetzt denjenigen ergehen, welche Mich im wahren Sinne lieben und Mein Wort halten wollen.

Wäre dies nicht die Verheißung Gottes, der alles Erduldete reichlich vergelten will, so wäre es entschuldbar, wenn selbst die Eifrigsten in ihrer Mission scheiterten und die Hoffnung verlören, auch nur den kleinsten Teil der Menschheit vom gänzlichen Verderben zu retten. Da aber Ich als Schöpfer, Herr und Vater die Zügel der ganzen Welt in der Hand habe, so werde Ich auch, wie Ich es Meinen Jüngern versprach, bei denjenigen wohnen, die Mich lieben und Mein Wort halten, d. h.

Ich werde ihr Ratgeber und Führer sein. Ich werde ihnen die reifen Seelen in den Weg führen, die durch bittere Schläge zugänglich und mürbe gemacht worden sind, welche die Vergänglichkeit der Welt gekostet haben, und sich nach Besserem sehnen.

Ich werde Meine jetzigen Jünger im Glauben und festen Vertrauen in Meine Fügungen stets mehr bestärken, werde ihnen durch Mein Wohnen in ihren Herzen Ersatz geben für alles, was sie Meinet- und Meiner Lehre wegen erdulden müssen, damit sie mitten im trüben Gewirr aller menschlichen Leidenschaften die klare Fernsicht behalten und das Ziel ihrer Aufgabe nicht aus den Augen verlieren. Daher folgt unverdrossen Meinen Worten und Meiner Lehre!

Wißt ihr, warum Ich selbst nun durch Meine Knechte und Schreiber euch Meinen Willen mitteile?

Der Grund, daß schon seit mehreren Jahren Meine direkten Mitteilungen reichlicher fließen als in früheren Zeiten, und daß Ich euch so viel Himmelsbrot gebe, wie es seit Meinem irdischen Lebenswandel nie geschehen ist, ist der, weil gerade jetzt der Zeitpunkt sich nähert, an dem die Welt ihren Gipfelpunkt in den Verirrungen und im Abweichen von Meinen Schöpfungszwecken erreichen wird. Damit nun — zumal dies Meine Wiederkunft bedingt — nicht alle Menschen verlorengehen, so habe Ich bestimmt, daß von nun an einzelnen, wie einst Meinen Jüngern, Mein Wort und Meine Lehre unverfälscht zukommen soll, nicht verschleiert wie in den Propheten, sondern klar und verständlich, wie Meine Jünger es einst die Völker lehrten.

Dort war das Verbreiten der Lehre schwieriger; heute aber ist durch eure Erfindung der Buchdruckerkunst das Verbreiten Meiner Lehre bei weitem leichter, so daß überallhin, wo die Finsternis der weltlichen Macht sich geltend machen will, der Schein Meines ewigen Liebe- und Gnadenlichts dringen kann.

Ich will jetzt den Ungläubigen die Augen öffnen und den Buchstabenauslegern Meiner Bibel den eigentlichen Sinn erklären, damit niemand sich entschuldigen könne, als hätte er nichts davon gewußt, und durch diese Ausrede Mich beschuldigen möchte, während doch die ganze Schuld auf ihn selbst fallen wird.

Daher seid stark, ihr wenigen, die ihr zerstreut in verschiedenen Gauen noch Meine Perlen im eigenen Herzen bewahret! Vertraut auf

Mich! Ich wohne bei und in euch, Ich werde euch führen und nicht verlassen, solange ihr Mich liebt und Mein Wort haltet. Euch habe Ich alles — Mein Ich, Meine Schöpfung und das Verhältnis des Menschen zu beiden — durch viele Worte klar gezeigt. Für euch gibt es keinen Entschuldigungsgrund, als hättet ihr es nicht gewußt. Nur das eine ist noch bei manchen von euch der Fall, daß sie Mein Wort nicht in der größten geistigen Tiefe auffassen. Doch dazu werde Ich euch schon Meinen Tröster und heiligen Geist in Form von bitteren Erfahrungen und Zweifeln schicken, um auch diese letzte Schattenseite aus den Herzen Meiner Ergebenen zu entfernen; denn wer berufen ist, einst auf andere zu wirken, der muß in sich selbst fest sein und genau wissen, was er zu tun und was er zu lassen hat.

Meine Worte sind einfach und klar, nur dürfen nicht die Selbstliebe der Dolmetscher und falsche Ausleger dabei sein; denn sonst würde von euch manches entschuldigt, was bei Mir nicht vergeben werden kann.

Daher prüfet euch wohl! Bedenket: Ich treibe keinen Scherz mit euch und will auch nicht, daß ihr mit Mir nur so gelegentlich verhandelt, wie es euch gerade genehm ist!

Ernst ist das Leben und heilig Meine Sache! Hinter diesem flüchtigen, irdischen Scheinleben steht ein ewiges, wahres Leben, in dem keine Ausflüchte, keine Entschuldigungen gelten können und dürfen; denn es ist das Reich des wahren Gottes, der nur *eine* Wahrheit und die Liebe zu ihr kennt.

Darum befleißigt euch, Mich zu lieben und Mein Wort zu halten! Ihr tut damit den größten Dienst euch selbst; denn ihr erkämpft euch durch diese Liebe das ruhige Bewußtsein der edlen Tat und eine bessere Stellung und ein leichteres Fortschreiten im Jenseits.

Ich bin kein strenger Richter, kein zürnender Gott und will auch keiner sein. Ich bin — wie Ich es euch oft gesagt habe — ein liebender Vater, ein voraussehender Hirte, der seine Schafe auf gute Weideplätze und weit weg von jenen Gegenden führen möchte, wo Abgründe oder sonstige Hindernisse ihrem geistigen Leben Gefahr bringen könnten.

Ich will nur das Gute, weil Ich die Güte selbst bin! Ich will nur die Liebe, weil Ich die Liebe selbst bin, und Ich will euch zu geistigen, höheren Wesen machen, weil Ich als das höchste geistige Wesen selbst nur solche Kinder um Mich haben möchte, die Mir und Meinem Reiche Ehre machen und ihren Frieden und ihre Freude nur in Mir suchen.

Dies bezeugt das Wort, das Ich einst Meinen Jüngern sagte: „Wer Mich liebt, der wird Mein Wort halten!"

Haltet also Mein Wort und macht euch Meiner Liebe würdig, und das Wort im Evangelium ist auch an euch erfüllt! Amen.

27

Am Dreifaltigkeitssonntage

Der Abschied des Herrn

Matth. 28, 18—20: Jesus trat zu ihnen, redete mit ihnen und sprach: „Mir ist gegeben alle Gewalt im Himmel und auf Erden. Darum gehet hin und lehret alle Völker, und taufet sie im Namen des Vaters und des Sohnes und des heiligen Geistes, und lehret sie halten alles, was ich euch befohlen habe. Und siehe, ich bin bei euch alle Tage bis an der Welt Ende!"

Diese Worte sagte Ich zu Meinen Jüngern, als Ich ihnen nach Meiner Auferstehung vom Tode auf einem Berg in Galiläa erschien. Es waren dies Worte, welche nicht Jesus, der Zimmermannssohn von Nazareth, zu Seinen Schülern sprach, sondern es waren Worte, die Gott der Herr alles Geschaffenen zu Seinen Kindern und einzigen Verehrern und Gläubigen Seiner Lehre redete. Denn mit dem Kreuzestod hatte Mein irdisches Wandeln auf eurer Erde seinen Abschluß und mit Meiner Auferstehung Meine Göttlichkeit ihre Bestätigung gefunden.

Schon bei einer anderen Gelegenheit sagte Ich zu Meinen Jüngern, daß Ich, der Sohn, und der Vater im Himmel eins sind, und daß, wer Mich sieht, auch den Vater sieht; aber ganz begreiflich war dieses Wort Meinen Jüngern doch nicht, weil sie Mich wohl als einen, mit einer größeren Willenskraft als andere ausgestatteten Menschen anerkannten, aber von ihrem Gott doch ein anderes Bild in ihrem Herzen trugen, als daß es von ihnen mit Meiner Persönlichkeit hätte gleichgesetzt werden können.

Nach Meiner Auferstehung, einer nach menschlichen Begriffen außergewöhnlichen Tat, stieg ihre Idee von Meiner Göttlichkeit schon etwas höher; aber erst am Himmelfahrtstag erreichte sie ihren Kulminationspunkt, wo sie Mich für *das* erkannten, was Ich ihnen oft gesagt hatte.

Ich muß bei diesen wenigen Worten des Textes solche Bemerkungen vorausschicken, damit euch das Verhältnis Meiner Jünger zu Mir in jener Zeit besser begreiflich ist, und damit ihr die Anwendung dieser Texte auch auf euch und die jetzige und noch kommende Zeit leichter einsehen lernet.

Wie dort Meine Jünger nach Meiner Grablegung verlassen und trostlos umherirrten und über den Verlust ihres Führers trauerten, ja selbst an Meiner göttlichen Sendung zweifelten, ebenso ist die jetzige Menschheit — gläubig oder ungläubig — unschlüssig, *ob* sie etwas glauben, oder ob sie wohl alles verwerfen soll.

Meine Jünger waren auch nicht alle von gleicher Fassungskraft, nicht alle von gleichem Eifer für Meine Lehre beseelt, nicht alle von Meiner Göttlichkeit überzeugt. Daher mußte Ich manchmal, selbst *nach* Meiner Auferstehung, zu außerordentlichen Kundgebungen greifen, um auch die Schwachen vollends zu überzeugen, daß Ich Der sei, für den Ich Mich ausgab, und daß Meine Worte, wie Meine Lehre, nicht für sie allein, sondern für die ganze Welt, für das ganze Geisterreich und für die Ewigkeit bestimmt seien.

Wie dort, so jetzt: Auch jetzt muß Ich durch kräftigere Handlungen in den weltlichen Wirren auf eurem Erdball die Eingeschlafenen wekken, die Halbwachen bestärken und die Ganzwachen beschützen, damit nicht ebenfalls Zweifel und Grübeleien den ausgestreuten Samen an seinem Aufkommen hindern.

Denn seht: Wenn Ich heute auf eurer Welt wieder sichtbar erscheinen werde, glaubt ihr denn, man wird Mich so ohne alle weiteren Beweise für das halten, was Ich eigentlich bin? Mitnichten! Es werden der Zweifler und Leugner, der Verfolger und Hasser genug auftreten. Und wie in jener Zeit die Hohenpriester die römischen Soldaten bestachen, daß sie aussagten, es wäre Mein Leichnam gestohlen worden, so werden auch bei Meiner Darniederkunft die Vernünftler, die Gelehrten und Priester alles aufbieten, um die Menschheit vom Gegenteil dessen zu überzeugen, was Ich den Menschen sagen werde.

Glaubt ja nicht, daß diese Menge von Menschen, welche jetzt in Andacht vor den Mir gebauten Altären und Kirchen kniet, sich so schnell mit der Idee vertraut machen wird, Ich sei wiedergekommen, zumal wenn sie hören wird, *wo* Mein erstes Auftreten und *wie* Meine Worte an sie gerichtet sein werden!

In jener Zeit, in der durch Elementarereignisse und sonstige Wunder die Juden sich wohl hätten überzeugen können, daß derjenige, den sie kreuzigen halfen, etwas anderes als ein gewöhnlicher Mensch war, konnte Ich Mich nach Meiner Auferstehung doch nicht dem ganzen Judenvolk zeigen, sondern nur Meinen Jüngern, und konnte nur den wenigen, die wahrhaft an Mich glaubten, den tatsächlichen Beweis geben, daß die Worte, die Ich zu ihnen oft klar, oft in Bilder eingekleidet, gesprochen hatte, und die von der Besiegung des Todes und von Meiner Auferstehung handelten, wahr waren.

Und wie in jenen Zeiten, so wird es wieder geschehen. Nur einem kleinen Kreis Meiner wirklichen Jünger wird es im Anfang zuteil werden, Mich als zurückkehrenden Jesus, aber auch als Gott, Herrn und Schöpfer des Unendlichen ertragen und erkennen zu können. Diesen werde Ich erscheinen und werde ihnen, wie einst Meinen Jüngern auf dem Berg in Galiläa, zurufen: „Mir ist gegeben alle Gewalt im Himmel und auf Erden! Gehet hin, lehret die Völker und taufet sie, d. h. weihet sie alle ein in diese Lehre im Namen der göttlichen Dreieinigkeit, im Namen des Vaters, des Sohnes und des Heiligen Geistes! Lehret sie aber auch halten, d. h. in Taten ausüben, was ihr selbst als Wahres erkannt habt, und seid versichert, daß Ich bei euch sein werde von Anfang bis in alle Ewigkeit! Amen."

So wird der Ruf an die kleine Schar ergehen, die Ich auserlesen habe zur weiteren Verbreitung Meines göttlichen Worts, welches Ich einst als Mensch mit Meinem Blut erkauft und besiegelt habe. So wird es geschehen, daß auch diese Neuerwählten, wie einst Meine Jünger, als Wiedergeborene mit aller Macht von Mir ausgerüstet werden, um ihre Worte durch Taten zu bekräftigen und Mir den Weg zu ebnen, damit Ich nur Mir zugewandten, aber nicht entfremdeten Herzen begegne.

Jetzt schon ist Mein Darniederkommen eingeleitet, indem Ich, wenn auch nicht sichtbar, doch schon geistig einwirke, um Mir eine Anzahl Jünger zu bilden, welche die Wege ebnen sollen. Und was die Aufgabe Meiner Jünger in jener Zeit war, was Meinen Auserwählten damals bei Meiner sichtbaren Ankunft aufgetragen wurde, das müssen Meine jetzigen Anhänger geistig vollführen. Auch ihnen, sowie euch allen, rufe Ich zu: „Mir ist gegeben alle Macht im Himmel und auf Erden! Zweifelt nicht an Meiner Liebe, an Meiner Lehre und an Meinem Versprechen, welches Ich der Menschheit, und somit auch euch, gegeben habe; denn Ich bin, war und werde stets der Herr sein, der Seine Kinder beschützen, führen und auch für ihr Ausharren einst belohnen wird.

Mir ist alle Gewalt gegeben, Mir muß alles gehorchen, von Mir ging alles aus, und zu Mir muß alles wieder zurückkehren. Streut Meinen Samen aus in die Herzen, welche gutes Erdreich für solche Frucht zeigen! Vermehret Meine Anhänger, weiht sie ein in das eigentliche Verständnis Meiner zwei einzigen Liebesgebote, damit sie das Wahre vom Falschen unterscheiden und den Irrlehren Widerstand leisten können! Mir ist die Macht gegeben, mit der sanftesten Liebelehre die härtesten, verstocktesten Gemüter zu bekehren und zu erweichen.

Taufet eure Mitbrüder und Mitschwestern mit dem Geist der Duldung, der Aufopferung und der Verzeihung! Lehret sie alle die Nachsicht, wie Ich sie gegen euch und die ganze Menschheit schon seit unendlichen Zeiten geübt habe! Lehret sie den geistigen Genüssen die weltlichen unterordnen! Lehret sie die große, langandauernde Ewigkeit jenseits des Grabes nicht durch eitle, nichtige Jagden nach Weltgütern verscherzen!"

So sollt ihr Meine Lehre als geistigen Samen ausstreuen, damit auch ihr einen Anteil haben könnt an dem Erneuerungswerk Meines geistigen Reichs, welches nach Meiner Ankunft auf Erden herrschen soll.

So vollführt ihr *geistig*, was einst Meine Apostel *tatsächlich* getan haben. Und wie Ich Meinen Jüngern dort in Aussicht stellte, daß sie alle einst bei Mir sein würden, so erwerbet auch ihr euch dieses Recht, in Meiner Nähe die Liebe und die ganze Seligkeit fühlen zu dürfen, die denen vorbehalten ist, die Mein Wort und Meine Lehre sich so zu eigen gemacht haben, daß sie ganz zu ihrem Ich geworden sind.

Seht, Ich verspreche euch viel; aber wie einst, so sage Ich auch jetzt: Mir ist alle Macht inne! Ich bin der Herr und Schöpfer, bin aber auch zugleich euer Vater, euer liebender, stets nachsichtiger Vater, der nur in den Freuden, geistigen Genüssen und Seligkeiten Seiner Kinder Seine eigenen wieder verherrlicht sieht.

Daher werdet ihr, wenn es vielleicht euch allen nicht zuteil wird, Mein persönliches Erscheinen auf dieser Welt mitzuerleben, von dorther, von wo Ich komme, Mich begleiten und mit Wonne und Zufriedenheit Meine väterlichen Freuden mitgenießen, wozu ihr, wie es euch euer Bewußtsein sagen wird, ebenfalls euer Scherflein beigetragen habt.

Dann werdet ihr Mich und Meine Führungen preisen, wenn ihr klar erkennen werdet, *wie* die Worte gemeint waren, welche Ich zu

Meinen Jüngern einst sagte; denn ihr werdet Mich in Meiner ganzen Macht, in Meiner ganzen Liebe, in Meiner ganzen Herrlichkeit sehen, wie Ich wieder sichtbare Umkleidung wähle, um Meinen gläubigen, schon längst sich nach Mir sehnenden Schafen der einzige und wahre Hirte zu werden. Dann wird die Erde materiell dem Bilde der geistigen Welt auf ihr folgen; sie wird wieder zu einem Paradiese werden, wenn der Seelenfrieden oder das geistige Eden in allen Herzen seinen Wohnort aufgeschlagen hat.

Diesen Genuß und diese Feier weiter auszumalen, ist nicht möglich; denn ihr ertraget und begreifet es nicht, aber daß sie euch vorbehalten ist, das kann Ich euch versichern, — und Mein Wort trügt nicht.

Jetzt schon bereitet sich diese Umwandlung geistig auf eurem Weltkörper vor. Inniges Sehnen nach dem geistigen Frühling hebt die bedrängten Herzen. Es regt sich überall. Viele wissen nicht, wie ihnen geschieht. Die einen handeln *mit*, die andern *ohne* vorgesetzten Zweck. Alle treibt es zu geistiger Reife; selbst die größten Materialisten, die verstocktesten Ungläubigen und Gleichgültigen läßt es nicht in Ruhe. Wie ein Sonnenstrahl, welcher durch eine kleine Öffnung eines geschlossenen Fensterladens auf einen Schlafenden fällt und ihn beruhigt, ebenso trifft dieser Liebestrahl, der Meinem Wiederkommen vorausgeht, alle. Die einen wollen sich seiner Wirkung durch Verstandesgrübeleien entziehen. Sie schwätzen sich selbst auf einige Zeit Ruhe ins Herz; aber es hilft nichts. Neue Zweifel, neue ‚Warum' steigen auf. Immer wieder regt es sich; es bewegt sie der herrschende Geist, der schon die ganze Welt in seine Sphäre eingehüllt hat. Vergebens ist es, diesen Geisteszwang abschütteln zu wollen. Die Verhältnisse und Ereignisse lassen die Menschen immer mehr fühlen, daß alles, was sie als Endziel, als Zweck ihres Lebens betrachten, nicht das Ende, nicht das letzte Ziel ist. Unaufhaltsam drängt es sie vorwärts. In Sturmeseile geht es der Zeit entgegen, in der Meine Darniederkunft ihnen allen beweisen wird, daß nicht Weltliches, sondern Geistiges angestrebt werden muß, daß nicht ein kurzes Erdenleben, sondern die lange Ewigkeit der eigentliche Aufenthalt Meiner von Mir als Geist geschaffenen Wesen ist.

Unaufhaltsam drängt es dem Schlußpunkt entgegen, wo Ich, wie einst Meinen Jüngern, Meinen neuen Auserwählten die gleichen Worte sagen werde: Mein ist die Macht — auf der Erde, wie im Himmel! Bereitet euch vor, Meine Kinder, wo ihr auch sein möget — hier oder dort —, dieses Auferstehungsfest der geistigen Menschenwürde mit Mir zu feiern; denn es ist nicht allein das größte Fest für euch Menschen, sondern auch das wichtigste für Mein ganzes, großes Geisterreich, in welchem dieser Schluß der Beweis sein wird, warum Ich einst auf eure kleine Erde herabstieg, und warum Ich gerade euch unansehnliche und kleine Geschöpfe auf einem in der Unendlichkeit herumkreisenden Sandkorn auserwählt habe, Meine Kinder zu werden.

Ich will wieder beweisen, daß Ich im Kleinsten am größten bin. Wäre Mir nicht alle Macht gegeben, so könnte Ich es nicht ausführen, wäre aber auch kein Gott, den diese Macht weit über alles Geschaffene erhebt und selbst dem größten Engelsgeist unerreichbar ist.

Nehmt diese Worte, ihr kleinen Kinder des großen Gottes, als Zeichen Seiner Liebe und erinnert euch Seiner Worte, die Er als Jesus einst sagte: „Wer über Kleines gesetzt, es pflichtmäßig verwaltet, dem wird einst Großes anvertraut werden."

Wie Ich einst bei euch winzigen Würmern in Meiner großen Schöpfung den größten Liebesakt vollzog, so sollt auch ihr trachten, eben im Kleinsten, selbst bei sonst unscheinbaren Vorkommnissen, Meine Liebesgesetze zu befolgen und sie am ehesten und gewissenhaftesten auszuüben, damit auch ihr im Kleinsten eure größte Seelenstärke zeigen und bewähren könnt. So seid ihr Meine würdigen Kinder, die wert sind, einst über Großes gesetzt zu werden, wo ihr dann im Großen Frieden und Seligkeit verbreiten könnt, wie ihr es nicht unterlassen habt, sie auf eurer kleinen Erde bei den geringsten Verhältnissen an den Tag zu legen.

Dies merkt euch wohl! Weiht auch andere in die Geheimnisse eures Herzens ein, lehrt sie ebenfalls Mein Evangelium verstehen und begreifen, damit ihr, wie Meine Jünger, Anspruch haben könnt, einst in Meiner Nähe die ganze Kraft der Liebe zu genießen, deren ein göttlich-väterliches Herz fähig ist! Amen.

28

Am 2. Trinitatissonntage

Das Gleichnis vom großen Abendmahle

Luk. 14, 16—24: Er aber sprach: „Es war ein Mensch, der machte ein groß Abendmahl und lud viele dazu. Und sandte seinen Knecht aus zur Stunde des Abendmahles, zu sagen den Geladenen: ‚Kommt, denn es ist alles bereit!' Und sie fingen an alle nacheinander, sich zu entschuldigen. Der erste sprach zu ihm: ‚Ich habe einen Acker gekauft und muß hinausgehen und ihn besehen; ich bitte dich, entschuldige mich.' Und der andere sprach: ‚Ich habe fünf Joch Ochsen gekauft, und ich gehe jetzt hin, sie zu besehen; ich bitte dich, entschuldige mich.' Und der dritte sprach: ‚Ich habe ein Weib genommen, darum kann ich nicht kommen.' Und der Knecht kam und sagte das seinem Herrn wieder. Da ward der Hausherr zornig und sprach zu seinem Knechte: ‚Gehe aus schnell auf die Straßen und Gassen der Stadt und führe die Armen und Krüppel und Lahmen und Blinden herein!' Und der Knecht sprach: ‚Herr, es ist geschehen, was du befohlen hast; es ist aber noch Raum da.' Und der Herr sprach zu dem Knechte: ‚Gehe aus auf die Landstraßen und an die Zäune und nötige sie hereinzukommen, auf daß mein Haus voll werde! Ich sage euch aber, daß der Männer keiner, die geladen sind, mein Abendmahl schmecken wird!'"

(Den 27. März 1872)

Dieses Gleichnis zeigt euch Mein Streben, die Menschheit für Mich und Meine Lehre zu gewinnen, wie auch die vorhergehenden Verse in einem Gleichnis sagen, daß Ich nicht gekommen bin, die Gesunden, sondern die Kranken aufzusuchen und sie zu heilen. Ferner zeigte Ich in den früheren Versen dieses Kapitels, wie ein jeder beschaffen sein soll, der sich Mir oder Meinem Tische nähern will, daß nämlich Bescheidenheit oder Demut die erste Eigenschaft eines Menschen sein soll, der Mir nachfolgen will. Auch die weiteren Verse dieses Kapitels setzen klar auseinander, wie derjenige, der Mir nachfolgen will, sein Herz von allem abwenden und nur Mir untertan sein muß.

Es sollte sich daher ein jeder fragen, bevor er sich entschließt, Mir zu folgen, ob er auch Kraft und Ausdauer besitzt, sich stets unter jeglichen Umständen und Verhältnissen zum Banner Meiner Liebe- und Glaubenslehre zu bekennen und dasselbe zu verteidigen. Daraus geht hervor — was Ich euch schon oft gesagt habe —, daß Mir zu folgen,

Meine Worte zu vernehmen und auszuüben eine ernste Sache ist, die nicht leicht genommen werden darf, weil nur die im strengsten Sinne verantwortlich, also Sünder sind, welche das Gesetz oder Meinen Willen kennen und doch dagegen fehlen, wenngleich ihnen ihr Gewissen davon abrät. Deswegen heißt es auch am Schlusse dieses Kapitels: „Wer Ohren hat, der höre!“, was mit anderen Worten sagen will: Man lasse nicht Meine Worte zum einen Ohr hinein- und zum andern hinausgehen, sondern nehme das Gehörte wohl in sein Herz auf, überdenke es und handle danach!

Um nun zum eigentlichen Gleichnis vom großen Abendmahl zurückzukehren, müssen wir wieder, wie in den meisten Fällen, mit der Worterklärung anfangen, wollen wir den tieferen Sinn Meiner Rede klar vor Augen haben.

Ich sagte also: Es gab jemand ein Abendmahl. Was ist nun unter einem ‚Abendmahl‘ zu verstehen? — Das Wort ist zusammengesetzt aus ‚Abend‘ und ‚Mahl‘. Es obliegt uns also zuerst, diese beiden Wörter einzeln näher zu erklären, dann auf die Bedeutung des zusammengesetzten Wortes und endlich auf seine Anwendung, wie Ich sie im Gleichnis machte, überzugehen.

.Abend‘ ist das erste Wort und bezeichnet den letzten Teil eines Tages, wo die Arbeit aufgehört hat und man Ruhe und Stärkung in der folgenden Nacht bis zum andern Morgen sucht. Der Abend ist also eigentlich der Schlußstein alles Wirkens, das während des ganzen Tages vollbracht wurde. Und wenn der Abend Ruhe und Zufriedenheit bringen soll, so muß während des Tages natürlich alles das pflichtgemäß erfüllt worden sein, was man sich beim anbrechenden Morgen vorgenommen hatte, auszuführen.

Daß *der* Mensch, welcher den ganzen Tag geschafft und gearbeitet hat, sich am Abend auch danach sehnt, seine verbrauchten Kräfte wiederzuerlangen, um am morgigen Tag seinem Lebensberuf nachzugehen, versteht sich von selbst. Und da der Körper sowohl, als auch indirekt die Seele durch aufgenommene Nahrung das während des Tages Verbrauchte zu ersetzen sucht, führt das körperliche und seelische Bedürfnis die meisten Menschen zu einem Mahl, welches, weil es am Abend eingenommen wird, eben den Namen ‚Abendmahl‘ erhalten hat zum Unterschied vom ‚Mittagsmahl‘, welches, inmitten des Tages eingenommen, denselben Bedürfnissen entspricht. Es hat aber nicht, wie das Abendmahl, das Ausruhen und die Wiedergewinnung der verbrauchten Kräfte zur Folge, sondern ihm folgt wieder nach kurzer Pause tätige Beschäftigung und Anstrengung. Das Mittagsmahl ist deswegen nur mit einem kleinen Ausruhen auf dem begonnenen Weg zu vergleichen, während das Abendmahl, als Schluß des Tages, außer zum Ausruhen auch noch nebenbei zum Überschauen des während des Tages Vollbrachten anregt, wobei nur demjenigen Ruhe und Zufriedenheit wird, welcher sich mit dem ruhigen Bewußtsein an den Tisch setzen kann, alles getan zu haben, was seine Pflicht oder sein Gewissen forderte.

Hiermit hätten wir die Bedeutung des Abendmahls, gemäß seinem tieferen Sinn, näher bezeichnet, und wir kommen nun zur zweiten Frage, nämlich *warum* — wie im Gleichnis angeführt wird — jemand Gäste zu seinem Abendmahl geladen hat.

Nun, hier ist wieder die Hauptsache der geistige Sinn dieser Handlung, welcher uns zum Verständnis dieses Bildes führt, das Ich in diesem Gleichnis Meinen Jüngern und den sonst Anwesenden ans Herz legen wollte.

Das Einladen anderer, um ein Mahl mit ihnen zu teilen, beruht auf der wichtigen Tatsache, daß der Mensch nicht allein Körper, sondern auch Geist ist, und daß, obgleich er oft nur Körperliches verrichtet, sein Geist und seine Seele dabei nicht vernachlässigt sein wollen. Es ist dies einer jener tiefen Beweise für die Doppelnatur des menschlichen Organismus, abgesehen von Meinem Gottesfunken, welchen Ich in euch gelegt habe. Selbst die Tiere fühlen dieses Bedürfnis des Beisammenlebens und sind nur im Sich-aneinander-Anschließen, also nur vereint, fröhlich und zufrieden.

Eure klugen Materialisten glauben, es sei die ganze Welt nur bewegt und erregt durch Kraft und bestehe aus Stoff — zwei Dinge, die sie aber selbst nicht recht erklären können. Sie sollten sich nur einmal bei einem einfachen Mahl selbst belauschen, dann würden sie leichter als bei allen anderen Forschungen erfahren, daß der Mensch *zwei* Seiten hat, aus Materiellem und Geistigem besteht, wobei das eine nur gedeiht und gesund ist, wenn das andere beteiligt wird. Sie würden sich überzeugen, daß eine Speise nur dann gedeihlich ist, wenn sie mit geistiger Nahrung, mit Liebe vermischt ist und so den beiden Hauptelementen des menschlichen Wesens entspricht.

Dieser unbewußte Drang der meisten Menschen, auch geistige Nahrung zu sich zu nehmen, ist der Grund, warum sie ein Mahl in Gesellschaft dem allein zu verzehrenden vorziehen, warum der Wunsch in jedem sich klar zeigt, auch andere zu einem Mahl einzuladen, und weshalb schon das Familienleben für die Gesellschaft bei der Mittags- und Abendtafel sorgt.

Daß auch dieses Bedürfnis nach fröhlichem Beisammensein ins Extreme ausarten kann, wobei der Mensch sein geistiges Ich ganz vergißt oder durch Berauschung sogar verliert, das gehört nicht in unsere Untersuchung, da Ich bloß von Menschen spreche, deren Geistiges noch die Oberhand über das Körperliche hat. Wir übergehen also diese beiden oft vorkommenden Fälle, in denen der geistig geschaffene Mensch, trotz seiner höheren Bestimmung, weit unter das Tier herabsinkt.

Wir sind an dem Punkt angekommen, wo wir das Abendmahl, sowie den Grund des Einladens erklärt hätten, und können nun zur näheren Betrachtung des Gleichnisses, wie Ich es Meinen Jüngern und den Pharisäern gegeben habe, schreiten.

In den vorangegangenen Versen dieses Kapitels wird euch gezeigt, wie Ich den Pharisäern und Höhergestellten einen kleinen Wink geben wollte, daß Bescheidenheit und nicht Stolz die Zierde des Menschen sei. Ich erwähnte da, daß es besser sei, sich als geladener Gast bei einem Mahle eher an den untersten als an den höchsten Platz zu begeben, damit einem nicht die Beschämung einer Zurechtweisung begegne. Ich sagte ihnen: „Wer sich selbst erhöht, soll erniedrigt werden, und wer sich erniedrigt, soll erhöht werden!“, was mit anderen Worten sagen will: Gebt nicht eurer Eigenliebe Gehör, um zu erfahren, was für einen moralisch-geistigen Wert ihr habt, sondern erwartet dieses Urteil von anderen, von Weiseren und Höhergestellten! So entgeht ihr jeder Zurechtweisung; denn wer sich auf diese Art selbst richtet, ist auch schon gerichtet.

Wenn Ich ihnen ferner sagte, daß ein Mensch, wenn er jemand einladet, mit dieser Einladung möglichst auch einen Akt der Bruderliebe verbinden soll, so tat Ich es, um ihnen zu zeigen, daß der Mensch bei jeder Handlung, auch bei der geringfügigsten, seines hohen geistigen Adels eingedenk sein soll. Deswegen sagte Ich ihnen: Verpflichte nicht andere zur Erwiderung eines Liebesdienstes; denn wurde dir ein solcher vergolten, so hört die Wirkung deiner guten Tat auf, gleichsam als hättest du keine getan. Darum handle so — wenn auch Undank dein Lohn sein sollte —, daß der Empfänger einer Wohltat sie dir nie oder höchstens schwach vergelten kann! Damit zeigst du, daß du höheren Grundsätzen als bloß weltlichen Interessen gefolgt bist.

Die Folgen dieser Einladungen, wie Ich sie im Gleichnis anführte, daß ein jeder geladene Gast mit Ausreden sich entschuldigte, sollten Meinen Zuhörern zeigen, wie wenig Dank und Anerkennung man erhält, wenn man Wohltaten und Begünstigungen an solche austeilt, die ihrer nicht bedürfen. So sah sich der, welcher das Abendmahl geben wollte, gezwungen, um es nicht umsonst bereitet zu haben, seinen Knecht nah und fern auf die Straßen zu schicken, um alle Armen, Lahmen und Durstigen zum Mahl zu sammeln, damit es nicht verlorenginge.

In diesem Falle hat der Hausherr freilich keinen Akt der Menschen- oder Nächstenliebe ausgeübt — denn seine ursprüngliche Absicht war es nicht, solche Gäste an dem Tisch zu haben —; aber die Not zwang ihn zu solchem Schritt. Es hat ihm aber in der Folge zur Regel gedient, die geistigen Verhältnisse der Menschen mehr zu berücksichtigen und nicht mehr nach weltlichen Glücksgütern den Wert oder Unwert seines Nebenmenschen abzuwägen.

Dieses und noch mehr ließe sich aus diesem Kapitel erklären, da ein jedes Wort aus Meinem Munde Unendliches enthält. Wir wollen aber damit abbrechen und uns zu der Erklärung wenden, inwiefern dieses Gleichnis auf die jetzige Zeit oder auf die Menschheit überhaupt anwendbar ist, damit ihr einen geistigen, bleibenden Nutzen daraus ziehen könnt.

Das große Abendmahl, welches Ich der Menschheit gesonnen bin in Bälde zu geben, läßt sich aus allem Vorhergehenden leicht erklären. Ich lade und habe schon längst die ganze Menschheit zu diesem Mahl eingeladen, bei dem sie nach getaner Arbeit, zufrieden mit sich selbst, des vollbrachten Lebenswandels sich freuen soll und dann, nach der geistigen Ruhe, getrost dem neuen, anbrechenden Morgen eines nie endenden Tages entgegensehen kann.

Doch wie es dem Hausherrn im Gleichnis erging, so ergeht es auch Mir. Vor lauter Weltgeschäften entschuldigen sich die meisten und verschmähen oder scheuen Meine Tafel, auf der Mein geistiges Himmelsbrot der Liebe, Demut, Sanftmut und des unbedingten Vertrauens aufgetischt werden soll. Und warum? Weil sie auf ihrem ganzen Lebenswandel gerade den entgegengesetzten Neigungen gehuldigt haben.

So wird auch Mir nichts anderes übrigbleiben, als Meine Knechte und Diener, die Mir treu geblieben sind, in alle Welt hinauszuschicken, um unter den Armen, Krüppelhaften und Lahmen Tischgäste zu suchen, die auf ihrer Lebensbahn genug Gelegenheit hatten, wenn nicht Liebe, so doch Duldung und Sanftmut gegen ihre Mitbrüder auszuüben. Dadurch, daß ihnen weltliche Glücksgüter zum Teil unbekannt waren, oder daß sie wenig von ihnen genießen konnten, sind sie duldsamer und leichter zugänglich geworden und genießen die auf Meinem Tisch aufgesetzten Speisen mit Freuden, da ihnen in ihren körperlichen und seelischen Leiden dieses Abendmahl, am Ende einer mühsam durchwanderten Lebensbahn, doch wenigstens das Ende aller ihrer Duldungen und Entbehrungen ist.

Das ‚Lahme' und ‚Krüppelhafte' muß auch auf das geistige Seelenleben bezogen werden, da es doch bei weitem mehr *geistige* Krüppel gibt als körperliche. Auch ihnen wird geholfen werden, weil sie — verwahrlost, aber nicht verdorben — die reine, wahre, geistige Kost *eher* annehmen werden als jene, die in ihrem Eigendünkel sich aufgeklärt wähnen und glauben, keiner Belehrung zu bedürfen. Es wird ihnen bei Meinem Abendmahl ebenso ergehen wie den Juden, zu denen Ich einst, als sie Meine Worte nicht annehmen wollten, sagte, daß es ihnen entzogen und den Heiden gegeben werde.

So wird denn das große Abendmahl vor Meiner Wiederkunft die Würdigen von den Unwürdigen scheiden. Den einen wird der Weg zu Mir bedeutend verkürzt, während die anderen, auf lange zurückgewiesen, sich selbst überlassen werden, bis es auch in ihnen tagt. Erst wenn sie den ganzen Tag fleißig gearbeitet, gekämpft und gelitten haben, dann erst, nach langen Zeiträumen, ist auch bei ihnen ein Abendmahl möglich.

Auch jenes Abendmahl, welches Ich vor Meinem Hingang mit Meinen Jüngern hielt, hatte denselben Zweck, den die Auslegung dieses Gleichnisses euch sagt.

Während Meines Erdenwandels lud Ich das ganze Judenvolk, die Heiden und jeden, der Mich hören wollte, ein; allein die meisten entschuldigten sich, und es blieben Mir nur die Schwachen und Verwahrlosten übrig, die — obwohl nicht mit Glücks-, so doch mit vielen Geistesgütern gesegnet — eher reif waren, Mein Brot, Meine Lehre in alle Welt auszutragen.

So seid auch ihr jetzt in den gleichen Verhältnissen. Noch hat kein Richter, kein Hochgestellter sich gemeldet, an Meine Tafel zu treten, auf der Ich ihm die Speisen einer großen Geisteswelt auftischen könnte. Sie wenden sich alle weg von Mir, und nur jene Hartgeprüften und von der Welt halb Verlassenen sind es, die Meinem Wort Gehör geben. Aus denen werde Ich auch Meine Arbeiterschar bilden, die für Mich auf den Landstraßen und hinter den Hecken die noch in stärkerem Grad Krüppelhaften und Bedürftigen suchen soll. Solche sind am leichtesten fürs Himmelreich zu gewinnen. Sie sind am leichtesten zu einem kindlichen Sinne und zum Vertrauen auf Mich zu führen, weil in ihnen während ihres Lebens nie der stolze Mannessinn erwacht ist, der gewöhnlich bei jenen zu finden ist, die durch Güter der Welt eine Stellung erhalten haben, in der sie glauben, das Geistige entweder verleugnen oder ganz entbehren zu können.

Nehmt auch ihr dieses Beispiel und Gleichnis aus Meinen Lehrjahren als Fingerzeig dafür, daß ihr erstens jeder Handlung einen geistigen Stempel aufdrücken sollt, und zweitens, daß ihr nur durch Liebe, Sanftmut und Geduld wieder Liebe, Zu- und Vertrauen erwecken könnt! Trachtet danach, daß Ruhe und Zufriedenheit euer Mahl würze und ihr nicht mit Angst und Bangen dem großen, heranbrechenden Morgen des ewigen Liebereiches entgegensehet, wenn euer Lebenstag abgelaufen ist und ihr euch zur Rechenschaft begebt! Handelt also alle Tage so, als müßtet ihr heute von dieser Erde scheiden! Zieht euer Gewissen jeden Abend zur Rechenschaft und fragt euch: „Wäre ich bereit, wenn jetzt der Herr, mein Gott, mich zum Abendmahl laden würde?" — Nur so könnt ihr, alle Tage etwas verbessernd, langsam aber sicher euer Seelenhaus ausbauen, damit es dem Äußern wie dem Innern gemäß das Haus einer von Mir durch Meinen göttlichen Funken geadelten Seele werde, welche einst wert sein wird und mit Recht Anspruch darauf hat, Mein Kind, ein Kind des Herrn der ganzen Schöpfung, genannt zu werden.

So seht ihr jetzt, wie Ich euch helfe, durch jeden Text, durch jeden Vers euer Inneres zu vergeistigen und zu veredeln, damit ihr, vorerst selbst als Werkzeug tüchtig, Mir einst dienen könnt — und zwar mit Erfolg — zu der hohen Aufgabe, die Ich mit euch im Auge hatte, als Ich es zuließ, daß ihr, aus so vielen bevorzugt, die Gnade genießt, von Mir durch direkte Mitteilungen für Meinen Zweck und fürs große Geisterreich erzogen zu werden.

Merkt euch dieses! Ich kann es euch nicht oft genug wiederholen: Harret aus! Das Ende wird euch belehren, daß Meine Worte nicht Worte der Vergänglichkeit, sondern Worte der Ewigkeit sind, wie Ich selbst ewig war, bin und sein werde! Amen.

29

Am 3. Trinitatissonntage

Vom verlorenen Schafe

Luk. 15, 3—32: Er sagte aber zu ihnen dies Gleichnis und sprach: „Welcher Mensch ist unter euch, der hundert Schafe hat, und wenn er deren eines verliert, der nicht lasse die neunundneunzig in der Wüste und hingehe nach dem verlornen, bis daß er's finde? Und wenn er es gefunden hat, so legt er es auf seine Achseln mit Freuden. Und wenn er heimkommt, ruft er seinen Freunden und Nachbarn und spricht zu ihnen: ‚Freuet euch mit mir; denn ich habe mein Schaf gefunden, das verloren war!' Ich sage euch: Also wird auch Freude im Himmel sein über einen Sünder, der Buße tut, vor neunundneunzig Gerechten, die der Buße nicht bedürfen.

Oder welches Weib ist, die zehn Groschen hat, so sie der einen verlieret, die nicht ein Licht anzünde und kehre das Haus und suche mit Fleiß, bis daß sie ihn finde? Und wenn sie ihn gefunden hat, ruft sie ihren Freundinnen und Nachbarinnen und spricht: ‚Freuet euch mit mir; denn ich habe meinen Groschen gefunden, den ich verloren hatte!' Also auch, sage ich euch, wird Freude sein vor den Engeln Gottes über einen Sünder, der Buße tut."

Und er sprach: „Ein Mensch hatte zwei Söhne. Und der jüngste unter ihnen sprach zu dem Vater: ‚Gib mir, Vater, das Teil der Güter, das mir gehört!' Und er teilte ihnen das Gut. Und nicht lange danach sammelte der jüngste Sohn alles zusammen und zog ferne über Land; und daselbst brachte er sein Gut um mit Prassen. Da er nun all das Seine verzehret hatte, ward eine große Teuerung durch dasselbige ganze Land, und er fing an zu darben und ging hin und hängte sich an einen Bürger des Landes; der schickte ihn auf seinen Acker, die Säue zu hüten. Und er begehrte, seinen Bauch zu füllen mit Trebern, die die Säue aßen; und niemand gab sie ihm. Da schlug er in sich und sprach: ‚Wieviel Taglöhner hat mein Vater, die Brot die Fülle haben, und ich verderbe im Hunger! Ich will mich aufmachen und zu meinem Vater gehen und zu ihm sagen: Vater, ich habe gesündigt gegen den Himmel und vor dir und bin hinfort nicht mehr wert, daß ich dein Sohn heiße; mache mich zu einem deiner Taglöhner!' Und er machte sich auf und kam zu seinem Vater. Da er aber noch ferne von dannen war, sah ihn sein Vater, und es jammerte ihn, lief und fiel ihm um seinen Hals und küßte ihn. Der Sohn aber sprach zu ihm: ‚Vater, ich habe gesündigt gegen den Himmel und vor dir; ich bin hinfort nicht mehr wert, daß ich dein Sohn heiße.' Aber der Vater sprach zu seinen Knechten: ‚Bringet das beste Kleid hervor und tut es ihm an, und gebet ihm einen Fingerreif an seine Hand und Schuhe an seine Füße, und bringet ein gemästetes Kalb her und schlachtet's! Lasset uns essen und fröhlich sein; denn dieser mein Sohn war tot und ist wieder lebendig geworden; er war verloren und ist gefunden worden.' Und sie fingen an fröhlich zu sein. Aber der älteste Sohn war auf dem Felde. Und als er nahe zum Hause kam, hörte er das Gesänge und den Reigen. Und er rief zu sich der Knechte einen und fragte, was das wäre. Der aber sagte ihm: ,Dein Bruder ist gekommen, und dein Vater hat ein gemästetes Kalb geschlachtet, daß er ihn gesund wieder hat.' Da ward er zornig und wollte nicht hineingehen. Da ging sein Vater heraus und bat ihn. Er aber antwortete und sprach zum Vater: ,Siehe, so viel Jahre diene ich dir und habe dein Gebot noch nie übertreten; und du hast mir nie einen Bock gegeben, daß ich mit meinen Freunden fröhlich wäre. Nun aber dieser dein Sohn gekommen ist, der sein Gut mit Huren verschlungen hat, hast du ihm ein gemästetes Kalb geschlachtet.' Er aber sprach zu ihm: ,Mein Sohn, du bist allezeit bei mir, und alles, was mein ist, das ist dein. Du solltest aber fröhlich und guten Mutes sein; denn dieser dein Bruder war tot und ist wieder lebendig geworden; er war verloren und ist wieder gefunden!"

(Den 30. März 1872)

Dieses ganze Kapitel Meines Evangelisten Lukas handelt vom Verlorenen und von der Freude des Wiederfindens.

Es wurde den anwesenden Schriftgelehrten und Pharisäern in drei Gleichnissen erläutert, warum Ich nicht die Gesunden, sondern die Kranken, nicht die Guten und Gerechten, sondern die Sünder aufsuchte.

Um auch diese Gleichnisse im wahren Sinn aufzufassen, müssen wir — wie bei den meisten Texten — die wichtigsten Worte in denselben etwas näher erklären; denn obwohl ihr eine Sprache habt und euch ihrer Worte zum Ausdruck eurer Gedanken bedient, so muß Ich euch offen sagen, daß ihr von allen gebrauchten Worten die tiefe Bedeutung nicht versteht. Und so muß Ich sowohl als Belehrer und Erklärer Meines Evangeliums, wie auch als Sprachlehrer bei euch auftreten.

Hier in diesen drei Gleichnissen — vom verlorenen Schaf, vom verlorenen Groschen und vom verlorenen Sohn — ist zu erklären:

Erstens: Was heißt ,verloren'?

Zweitens: Warum sehnt man sich so sehr danach, das Verlorene wiederzufinden?

Und drittens: Warum hat man eine solch außerordentliche Freude über das Wiedergefundene, eine Freude, die oft bei weitem größer ist als die über das vielleicht Wertvollere und Wichtigere, das man noch im Besitz hat?

Seht, diese drei Fragen müssen zuerst erörtert werden, ehe wir zur geistigen Erklärung und zur geistigen Anwendung auf euch, auf das ganze Menschengeschlecht, ja auf die ganze sichtbare Schöpfung schreiten können; denn wenn man um etwas fragt, so muß man erst genau und klar die Bedeutung der Frage und deren Wert kennen, indem dadurch die Antwort schon halb gegeben ist.

So wollen wir nun systematisch mit der ersten Frage beginnen, welche heißt:

Was bedeutet das Wort ‚verloren'?

Seht, dieses Wort bezeichnet den Gedanken, welcher denjenigen überkommt, der etwas ihm Gehörendes oder Wertes, sei es eine Person oder eine Sache, seinem Wirkungskreise entrückt sieht und nicht mehr einen Gebrauch davon machen oder einen Genuß davon haben kann! Verloren ist jedes Ding, welches einer andern Bestimmung, einer andern Richtung als der ihm zugewiesenen gefolgt ist.

Wenn nun diese Bedeutung so tief in das Seelenleben des Menschen eingreifen kann, so entsteht daraus die zweite oben angeführte Frage, welche heißt:

Warum sehnt sich der Mensch so sehr nach dem Verlorenen?

Die Antwort darauf lautet: Weil die Seelenruhe des Menschen durch den Verlust gestört worden ist und der Mensch sich danach sehnt, das Gleichgewicht wiederzuerlangen. So hat das Verlorene für den Besitzer eigentlich einen geistigen Wert, der oft bei weitem größer ist als der materielle Wert desselben.

Der Mensch sehnt sich also danach, das Verlorene wieder in seinen Besitz, in seine Wirkungssphäre zu ziehen. Er wird sich beim Fund freuen, weil das Mangelnde wieder an seinen früheren Platz und an seine Stelle gelangt und er es wieder *der* Bestimmung zuführen kann, welche er für die beste erachtet hatte.

Aus diesem Sehnen entsteht der Eifer des Suchens oder die Anwendung aller möglichen Mittel, um sich wieder in den Besitz des Verlorenen zu setzen, eine Tätigkeit, welche oft mit Mühseligkeiten und Anstrengungen verbunden ist, daraus sich dann von selbst die dritte Frage löst, welche heißt:

Warum freut man sich des Wiedergefundenen *mehr* als dessen, was man schon im Besitz hat? Das läßt sich leicht erklären. Weil nämlich das Wiederfinden, resp. das Suchen, Mühe kostet und diese Anstrengung durch den Erfolg des Findens belohnt wurde!

Da nun aber eine Freude — welche auch immer — erst dann zur rechten Freude wird, wenn man sie mit anderen teilen kann, so sind eben diese angeführten Gleichnisse auch deshalb beachtenswert, weil sie auch diesen Seelengenuß nicht vergessen, sondern ihn mit erwähnen. Ebenso ist in diesen drei Gleichnissen, die Ich aus verschiedenen Lebensverhältnissen wählte, auch der Schmerz über etwas Verlorenes jedem Bild entsprechend ausgedrückt.

Voran geht der Vergleich mit einem Hirten, der ein verlorenes Schaf sucht. Dieses Gleichnis wendet sich gegen den Einwurf, daß Ich die Gesellschaft der in den Augen der Schriftgelehrten und Pharisäer mit Sünden behafteten Leute aufsuchte.

Was ist ein Hirte?

Seht, ein Hirte ist ein Mensch, dem eine gewisse Anzahl von Tieren anvertraut ist, die er auf die rechten Weideplätze führen und im Notfall vor allen Gefahren schützen soll. Der Hirte ist eben wegen dieses Auftrags seinem Herrn verantwortlich, daß keines seiner ihm anvertrauten Tiere Schaden leide, und daß sie stets genügend Futter haben, wozu der Hirte die geeigneten Plätze auszuwählen hat.

Wenn Ich mit Sündern aß und auf diese Weise bewies, daß Ich eben die Kranken gegenüber den Gesunden, die keines geistigen Arztes bedurften, bevorzugte, so war gerade dieses Gleichnis vom verlorenen Schafe am besten geeignet, Meinen Jüngern den Grund Meines Verhaltens einleuchtend zu machen; denn ein verlorenes, verirrtes Schaf ist — bildlich gesprochen — ebenfalls wie ein nichtbekehrter, nicht geistig geführter oder kranker Mensch.

Wie ein verirrtes Schaf Unglücksfällen ausgesetzt ist, Raubtieren zur Beute fallen oder in Abgründe stürzen kann, welche Gefahren zu beurteilen es oft nicht imstande ist, ebenso läuft ein verirrter, geistig kranker Mensch, der — von der Welt verführt — von seiner geistigen Bestimmung nichts weiß, Gefahr, seine eigentliche Bestimmung als Glied eines zukünftigen, ewigen Reiches ganz zu verfehlen, um erst nach langen Zeiträumen durch große Leiden und bittere Erfahrungen dahin zu gelangen, wohin Ich ihn auf dem kürzesten Wege führen wollte.

Ich sagte: Der Hirt ist verpflichtet, seine Schafe auf gute Weideplätze zu führen, und dies war ja auch Meine Pflicht, als Ich es unternahm, die Menschen von den Abwegen, auf welchen sie sorglos wandelten, wieder auf den wahren Lebenspfad, zu ihrer eigentlichen geistigen Bestimmung zurückzuführen.

Das Beispiel vom Hirten führte Ich deswegen an, weil es erstens den Menschen in jener Zeit am leichtesten begreiflich war, und weil es Meinem Berufe als Menschensohn am besten glich, indem Ich, die auf Erden herabgestiegene Weisheit, Meinem Vater die verlorenen Kinder, wie verlaufene Schafe eines Hirten, wieder zurückzubringen suchte.

Wie die Freude eines Hirten groß ist, der nach langem Suchen und Umherirren sein verlorenes Schaf, das ihm anvertraute Gut, wiederfindet, so ist auch Meine Freude groß über eine wiedergefundene Seele.

Um diesen Vergleich aber noch deutlicher zu machen, so wählte Ich das zweite Gleichnis, welches von einem Weibe erzählt, das einen Groschen verlor und alles aussuchte, um ihn wiederzufinden.

Ich wußte wohl, welchen Wert die Pharisäer und Gelehrten aufs Geld legten, und so war dies emsige Suchen des Weibes — eben ihrer eigenen Denksphäre entnommen — ihnen leicht begreiflich. Man kann ja auch um eine *kleine* Münze besorgt sein und so lange suchen, bis sie gefunden ist!

Ich folgte noch anderen Gründen, als Ich ihnen das Gleichnis vom verlorenen Schaf als seelischem Wesen zuerst, dann den Verlust materiellen Gutes von vermeintlichem Wert und endlich den Verlust der geistigen Würde im verlorenen Sohn zuletzt vortrug. Ich wollte ihnen damit sagen, daß seelische Verluste leicht, materielle schwerer und geistige am schwersten zu ersetzen sind.

Denn bei ersteren kann durch Umstände und Verhältnisse der Verirrte von seinen falschen Ansichten abgebracht werden, worauf er wieder den rechten Weg zu gehen anfängt. *Materielle* Verluste aber üben gewöhnlich einen solch starken Druck auf die Seele aus, daß sie im Vertrauen zu Mir wankt, ja ganz verzweifelt und wegen des gewohnten Lebens alles mögliche aufbietet, um die weltlichen Genüsse wiederzuerlangen. Das von Mir erwähnte Weib hätte sich mit den übrigen neun Groschen zufriedenstellen können; allein, der verlorene Groschen war ihr so ans Herz gewachsen, daß sie lieber alles durchstöberte, um ihn zu finden.

Daß Ich auch bei diesem Gleichnis nicht den *materiellen* Hergang, sondern nur das Geistige im Auge hatte, ist natürlich. Deshalb sagte Ich auch bei der Wiederfindung des verlorenen Groschens, als das Weib den Fund allen Nachbarinnen und Freundinnen mitteilte, daß im Himmel eine ebensolche Freude sein werde über einen Sünder, der Buße tut, d. h. über eine vom Untergang gerettete Seele.

Was das dritte Gleichnis, das vom verlorenen Sohn, betrifft, so hatte Ich Meine Zuhörer nun schon so weit in den Bereich Meiner geistigen Auffassung gezogen, daß Ich ihnen als größtes und letztes Beispiel eine Erzählung geben konnte, in welcher es sich nicht um materiellen Verlust, sondern um den Verlust der geistigen Würde eines Menschen handelt, welcher, uneingedenk seines eigenen Wertes, nur der Welt und ihren Genüssen fröhnt, alle anderen Bande, die ihn an Haus und Familie knüpften, zerreißt und in die Welt hinausstürmt, allen Leidenschaften die Zügel lassend, bis er, ermattet und geistig vernichtet, im größten Unglück erst die Tiefe des Abgrundes erkennt, in den er sich freiwillig stürzte.

Im ersten Beispiel war es ein *Hirte,* der ein tief unter ihm stehendes Wesen, ein Schaf, vom Verderben rettete, indem er es wieder zu den Seinen brachte. Im zweiten Fall war es ein *Weib,* welches, ihr materielles Gut wiederfindend, sich glücklich schätzte. In beiden Fällen ist nur Weltliches als Beispiel benützt. Im dritten Gleichnis kommt aber zu all diesen möglichen Verlusten noch die *Vaterliebe* hinzu, die einen noch größeren und wertvolleren Verlust erleidet. Dieses Gleichnis war in bezug auf Mich, als den Vater aller Kreaturen, am ehesten anwendbar, weil in ihm die Reue einer verlorenen Seele auf der einen Seite und die nie versiegende Barmliebe eines liebenden Vaters mit all ihren Folgen auf der andern Seite bildlich dargestellt ist.

Das Beispiel vom verlorenen Sohn war, dem menschlichen Leben entnommen, das allerwichtigste, weil Ich darin Meinen Zuhörern neben den Banden der Familie zeigte, wie ein Vater sein sollte, und wie es leider bei ihnen die wenigsten waren. Ich wollte ihnen an der

Freude des Vaters über den zurückgekehrten Sohn zeigen, wie groß erst die Freude bei dem Schöpfer aller Wesen sein werde, wenn Er die Menschen, die Er frei in die Welt hinausstellte, dann freiwillig wieder zu sich zurückkehren sieht. Daß über einen solchen Zurückkehrenden die Freude in Meiner Geisterwelt noch größer ist als im Familienleben bei der Heimkehr eines längst vermißten Familiengliedes, konnte Ich ihnen in diesem Gleichnis dadurch begreiflich und verständlich machen, daß Ich bildlich von dem Feste sprach, das der Vater zur Wiederkehr seines schon längst tot geglaubten Sohnes anordnete.

So waren diese Gleichnisse drei Bilder aus dem Menschenleben, welche nicht nur in jenen Zeiten zu finden waren, sondern sich stets wiederholen und auch bei euch zu finden sind.

Um die verlorenen Schafe und Söhne wieder zu retten, die ersteren selbst heimzuführen und die letzteren zur freiwilligen Umkehr zu bewegen, scheue Ich keine Mühe. Mahnungen, Bedrängnisse aller Art, Krankheiten und Todesfälle sollen ihnen fortwährend vor Augen halten, daß es noch eine andere Welt als die eben sichtbare gibt. Nichts unterlasse Ich, und selbst die gesamte Schöpfung ist ja ein Beispiel dafür, auf welche Weise der verlorene Lohn nach und nach zu mir, seinem Schöpfer und Vater, wieder zurückkehren muß. Schon seit Äonen Zeiträumen, geht dieser Prozeß auf anderen Welten vor sich. Auf dieser eurer Erde naht er sich bald einem Abschlusse. Dadurch wird ein großer Schritt vollendet sein, damit das gebundene Geistige sich leichter und schneller entwickeln kann, um zu der Bestimmung zu gelangen, zu welcher Ich diesen Erdball und seine Bewohner auserwählt habe.

Alles im ganzen Universum muß sich vergeistigen, muß aufwärtsschreiten; aber ihr Menschen, deretwegen Ich selbst zur Erde kam, habt eine größere Mission als Millionen anderer Geister auf anderen Welten vor euch; denn nicht ohne Grund und Zweck wählte Ich eure Erde und auf ihr Meine eigene Demütigung als Beispiel für Mein ganzes Geisterreich.

Deswegen seid ihr auch alle hier *mehr* von Versuchungen umgeben, weil der Preis eurer künftigen Existenz ein größerer ist als der vieler, auf anderen Welten lebender Wesen, welche langsam ihren Läuterungs- und Verwandlungsprozeß durchmachen, während ihr, mit dem großen

Licht Meines Worts und Meines Beispiels ausgerüstet, bei starkem Willen in kurzer Zeit dahin kommen könnt, wohin andere Wesen erst nach undenklichen Zeiträumen gelangen. Hier auf dieser kleinen Erde muß der Vergeistigungsprozeß schneller vor sich gehen. Es sind nun alle Mittel vorhanden und alle Anordnungen getroffen, daß die Menschen, so wie sie sich selbst, ihre Seele und durch sie ihren Körper vergeistigen, auch rückwirkend die in finsterer Materie gebundenen Geister zum schnelleren Fortschreiten antreiben; denn für grob gebaute Seelen ist eine grobe, starre Materie, für feinere, geistig entwickelte Wesen auch eine leichtere Unterlage nötig. So wie sich also die Menschheit vergeistigt, so folgt ihr Schritt für Schritt auch ihre Welt nach, die ihr als Wohnort angewiesen ist.

Daher beeilt euch, zu diesem Vergeistigungsprozeß euer Möglichstes beizutragen! Fangt bei euch selbst an; denn je mehr ihr selbst das Weltliche entbehren könnt, desto mehr vergeistigt sich euer Inneres! Dieses leuchtet endlich durch die äußere Form hindurch und bildet damit eine Abspiegelung des inneren Gehaltes.

Dieses Fortschreiten, je mehr es sich vorerst bei einzelnen, später bei vielen kundgibt, wird die große Lösung Meiner geistigen Frage herbeiführen, wo Ich dann, als der *eine* Hirte, euch alle als Meine Schafe auf den fetten Triften des Himmelslichtes alles Geistige empfangen lassen werde, das ein liebender Vater euch seit Äonen von Zeiten vorbereitet hat.

Sorgt daher, diesem Zweck soviel als möglich nachzukommen! Gedenkt der Freude der Geister und Wesen, die an eurem Schicksal Anteil nehmen! Und wenngleich Leiden und Kämpfe aller Art dieses Fortschreiten begleiten müssen, so ist doch das Endziel aller dieser Mühen wert. Die eigene Freude, alle Mühen überstanden zu haben, die Freude der mit euch Jubelnden im Jenseits, die Belohnung mit Meiner ewigen Vaterliebe und die ewig dauernde Steigerung von Seligkeit zu Seligkeit, von Genuß zu Genuß, werden euch die leichten Unbilden eines kurzen Probelebens vergessen machen.

Daher folgt dem Hirten und verirrt euch nicht wieder auf andere Wege, nachdem Er sich so viele Mühe gegeben hat, euch den rechten Weg zum ewigen Leben und zu Seiner Kindschaft zu zeigen!

Amen.

30

Am 4. Trinitatissonntage

Der reiche Fischzug

Luk. 5, 1—11: Es begab sich aber, da sich das Volk zu ihm drängte, zu hören das Wort Gottes (und er stand am See Genezareth und sah zwei Schiffe am See stehen; die Fischer aber waren ausgetreten und wuschen ihre Netze), da trat er in der Schiffe eines, welches Simons war, und bat ihn, daß er's ein wenig vom Lande führte. Und er setzte sich und lehrte das Volk aus dem Schiffe. Und als er hatte aufgehört zu reden, sprach er zu Simon: „Fahre auf die Höhe und werfet eure Netze aus, daß ihr einen Zug tut!" Und Simon antwortete und sprach zu ihm: „Meister, wir haben die ganze Nacht gearbeitet und nichts gefangen; aber auf dein Wort will ich das Netz auswerfen." Und da sie das taten, beschlossen sie eine große Menge Fische, und ihr Netz zerriß. Und sie winkten ihren Gesellen, die im andern Schiffe waren, daß sie kämen und hülfen ihnen ziehen. Und sie kamen und füllten beide Schiffe voll, also daß sie sanken. Da das Simon Petrus sah, fiel er Jesu zu den Knieen und sprach: „Herr, gehe von mir hinaus! Ich bin ein sündiger Mensch." Denn es war ihn ein Schrecken ankommen und alle, die mit ihm waren, über diesen Fischzug, den sie miteinander getan hatten, desgleichen auch Jakobus und Johannes, die Söhne des Zebedäus, Simons Gesellen. Und Jesus sprach zu Simon: „Fürchte dich nicht; denn von nun an wirst du Menschen fangen!" Und sie führten die Schiffe zu Land und verließen alles und folgten ihm nach.

(Den 1. April 1872)

In diesem Kapitel handelt es sich nicht um Gleichnisse und Bilder, in denen viel Geistiges verborgen liegt, sondern Lukas erzählt euch von der Gewinnung eines Meiner eifrigsten Jünger, des Petrus, früher Simon genannt, und seiner Mitarbeiter Jakobus und Johannes, der Söhne des Zebedäus. Lukas erzählt euch, wie Ich den Fischer Simon dadurch für Mich gewann, daß Ich ihm zeigte, daß, wer festes Vertrauen zu Mir hat, nie in seinen Hoffnungen betrogen wird, vorausgesetzt, daß seine Wünsche auch in Meinen Augen als billig und gerecht angesehen werden und den geistigen Fortschritt bezwecken wollen.

Das Auswerfen des Netzes durch Simon, trotz seiner Überzeugung, daß es vergeblich sein werde, und der reiche Fischfang haben zweierlei Bedeutung. Erstens bewies es dem Fischer, daß Meine Macht größer als die obwaltenden Umstände war, und zweitens zeigte es ihm, daß sein Vertrauen auf Mich nicht unbelohnt blieb. Als hierauf Petrus den Unterschied zwischen Mir und sich erkannte, rief er bittend aus: „Herr, gehe von mir, denn ich bin ein sündiger Mensch!", und Ich, seinen künftigen Beruf wohl vorauswissend, antwortete ihm: „Fürchte dich nicht! Von nun an wirst du Menschen fangen!"

Daß Ich beinahe alle Meine Jünger aus dem Fischerstand wählte, hatte seinen guten, geistigen Grund darin, daß ihre Arbeit auf dem beweglichen Element, dem Wasser, und die damit verbundenen Gefahren sie mehr an eine Gottes-, an eine Vorsehungslehre band und sie deswegen religiöser, frömmer und auch vermöge ihrer Hauptnahrung, der Fische, friedlicher gesinnt waren als andere, fleischessende Menschen.

Ich lenkte die Umstände gewöhnlich so, daß sie, ohne Meine Absicht zu merken und Meinen Einfluß zu fühlen, selbst zu Mir kamen und Mir nachfolgten. Dieses war auch hier wieder der Fall. Ich wollte durch ein Wunder — nach eurer Denkungsart — ihre Herzen gewinnen und sie zu dem großen Schritt bewegen, alles im Stich zu lassen und Mir allein nachzufolgen, was nicht so leicht war, wie ihr vielleicht glaubt. Ich mußte diese Bedingung stellen; denn in jenen Zeiten, und gemäß dem künftigen Lehrberuf Meiner Jünger, war Mir nachzufolgen und gleichzeitig der Welt oder seiner Familie anzugehören eine Unmöglichkeit.

Heutzutage habe Ich nicht mehr nötig, Meinen Nachfolgern solch harte Bedingungen aufzuerlegen, weil die Verhältnisse anders sind; und würde Ich solches verlangen, so würde die Zahl Meiner Nachfolger sehr gering ausfallen. Denn bei einem so bequemen, schon von Jugend an gewöhnten Familienleben und bei solch häuslichen Verhältnissen würde es den meisten, welche sich jetzt so begeistert für Meine Lehre zeigen, eine Unmöglichkeit sein, alles zu verlassen und Mir nachzufolgen, wie es einst Meine Jünger taten.

Auch unter *euch,* die ihr euch für Mich und Meine Lehre so begeistert wähnt, würden wenige die Charakterstärke besitzen, Mir zuliebe diesen Schritt zu tun, auch wenn sie Mich, wie einst Meine Apostel, sichtbar in ihrer Mitte leben und wirken sehen würden. Ich habe solche Mittel jetzt nicht mehr nötig und weiß wohl auch auf anderen Wegen ebenso Meinen Zweck zu erreichen wie einst unter jenen Voraussetzungen, deren Erfüllung Meine Nachfolger erst zu Meinen Jüngern machte.

Jetzt verlange Ich von euch und allen, welche Mir nachfolgen wollen, die Eigenschaften des Petrus, nämlich sein unbegrenztes Vertrauen auf Mich und die klare Erkenntnis seiner eigenen Unwürdigkeit. Weil er glaubte, er sei nicht würdig, in Meiner Nähe zu bleiben und zu leben, diese freiwillige Erniedrigung vor Mir hat den Fischer Simon zum Fels, zum ‚Petrus' gemacht, auf welchen Ich Meine Kirche bauen will, die Himmel und Erde nie zerstören werden. Sein festes Vertrauen auf Mich, schon bei der ersten Begegnung, verstärkte sich noch fernerhin und ward zum Fels wie sein Glaube.

Wenn Ich also diesen Text als Wort an euch und die gesamte gläubige Menschheit richte, so wählte Ich ihn deshalb, damit Ich euch als Beispiel den Mann vor Augen führen kann, dem ihr vor allem nachfolgen sollt.

Auch Johannes, als personifizierte Liebe, ist ein Leitstern erster Größe am geistigen Himmel; aber um ihm ähnlich zu werden und seinen Beinamen ‚Mein Liebling' zu verdienen, müßt ihr vorerst durch die Schule Petri gehen, und diese Schule ist für euch die Welt mit ihren Versuchungen.

Zwischen den Klippen der Welt, da alle möglichen Verhältnisse und Ereignisse dazu beitragen, gerade *das* als schön, angenehm und besonders wichtig zu finden, was nur von außen glänzt, aber keine Beständigkeit, sondern Verwesung in sich birgt, gerade inmitten dieser Versuchungen muß sich vorerst euer Glaube und euer Vertrauen stärken. Gerade da könnt ihr am besten sehen, wie gebrechlich ihr seid, und auf welch schwachen Füßen eure eigene moralische Kraft steht. Mitten in dem Weltgetriebe sind es diese zwei Hauptsektoren, die ihr stets im Auge haben müßt: Meine Allmacht und eure Ohnmacht! Sonst ist es unmöglich, zur Ruhe des Johannes zu gelangen, der nur Liebe und kindliche, innige Verehrung für Mich fühlte.

Diese zarten Regungen, dieses Hingeben in Meine Hände, dieses Leben nur für das Geistige ist den Menschen und auch Meinen Anhängern in jetzigen Weltverhältnissen nicht so leicht möglich und nicht so leicht ausführbar, da der Verfall der Welt und sein Eindringen ins geistige Leben der Menschen zu mächtig ist, als daß sich jemand gänzlich von ihm befreien könnte.

Eure Aufgabe und die Meiner jetzigen und künftigen Anhänger und Nachfolger ist daher, vorerst das innere, geistige Ich — wie Petrus — auf das Vertrauen zu Mir und auf den festen Glauben zu stützen, daß Ich niemand verlassen werde, so drängend die Umstände sich auch gestalten sollten, die auf andere Wege als zu Mir hinzuführen scheinen. Was Ich als Sohn und Vater, als Weisheit und Liebe, in der Schöpfung geistig bin, das stellten Petrus und Johannes als Meine Jünger vor. Petrus war die der Welt gegenüber zu beachtende Klugheit und Johannes die trotz alles Falschen in der Welt nie schwindende Herzensgüte, von welchen Eigenschaften die erstere Meiner Weisheit und die letztere Meiner Liebe entspricht.

So sollt auch ihr danach trachten, jene Worte, die Ich zu Meinen Jüngern sagte, geistig aufzufassen: „Seid listig wie die Schlangen und einfältig wie die Tauben!" Denn die List der Schlange bedeutet in geistiger Entsprechung die Weltklugheit, und die Einfalt der friedlichen Taube bezeichnet die nichts Arges, nichts Schlechtes denkende und ausübende Tugend.

So sehet ihr, wie in den Worten, Werken und Wundern eures Jesus während Seiner Lehrjahre alles geistigen Ursprungs ist und alles eine geistige Bedeutung besitzt. Es genügt, daß man mit Geistesaugen die innere Bedeutung der Ereignisse erwägt, so daß der dichte Schleier der Unverständlichkeit sich nach und nach lüftet und reine, lichte Wahrheit da erscheint, wo man vorher nur mystische, unzusammenhängende Worte gelesen hatte. So wie die Natur dem Wiedergeborenen, dem geistig Fortgeschrittenen ein lebendiges Buch wird, aus dem er nicht nur Vorteile fürs weltliche Leben herausliest, sondern in welchem er Mahnungen und geistige Winke für die sich danach sehnende Seele aufgezeichnet findet, ebenso ist Mein euch hinterlassenes Buch, die Bibel, eine ewige Fundgrube, in der die einzigen herrlichsten Wahrheiten verborgen liegen, welche Ich jenen vorbehalten habe, die, durch Petri Schule gegangen, bei der Liebe Johannis angelangt sind.

Daher befleißigt auch ihr euch, mitten zwischen Dornen dahinwandelnd, doch unverletzten Fußes, euer Ziel zu erreichen, welches am Ende aller Versuchungen und Kämpfe die unbegrenzte Liebe ist, die bildlich in allem Geschaffenen und geistig in Meiner eigenen Nähe das Vertrauen und den Glauben, welche ihr während eures Lebenslaufes gezeigt habt, reichlich belohnen wird.

Erinnert euch Meines Mahnrufes an Petrus vor Meiner Gefangennahme, als Ich diesen sich jetzt stark Glaubenden durch Meine Vorhersage: „Ehe der Hahn kräht, wirst du Mich dreimal verleugnen!" an seine menschliche, schwache Natur erinnerte, die er einst dort im Schiff bekannte, als er ausrief: „Gehe hinweg von mir, o Herr; denn ich bin ein sündiger Mensch!" Im Garten am Ölberg zeigte er sich stark, schlug mit dem Schwert drein, war voll des Glaubens, des Vertrauens, und kurz danach — seht die schwache menschliche Natur — verleugnete er Mich aus Furcht dreimal!

Deswegen gebt auch ihr euch nicht dem Wahne hin, als wäret ihr schon die Auserwählten, die Unfehlbaren! Vertraut auf Mich und nicht auf eure eigene Stärke; denn ein leichter geistiger Windstoß genügt oft, und das ganze Gebäude geistigen Selbstbewußtseins und moralischer Stärke liegt danieder, zusammengeworfen wie ein von Kindern errichtetes Kartenhaus, und ihr habt dann das gleiche Resultat an euch selbst erfahren, das der Fels Petrus in Meiner Nähe erlebte, daß ohne Mich nichts, mit Mir aber alles ausführbar ist!

So soll auch dieser Text bei einem großen Fischzug anfangend, mit dem kleinen, aber wichtigen Resultat endigen: Wenn ihr, gleichwie Simon, bestimmt seid, nicht Fische, sondern Menschen in Mein Glaubensnetz zu ziehen, so müßt ihr zuerst bei euch selbst anfangen und nie außer acht lassen, daß nicht Worte, sondern Taten, ausgeübt im edelsten Sinne, es sind, welche die Nächsten, eure Brüder und Schwestern, in Meine Hände führen.

Aber bevor dieses möglich ist, müßt ihr, die Lebensklugheit Petri und dann die Liebe Johannis selbst schon im Herzen haben und stets eurer Schwäche und Meiner Stärke eingedenk sein. Auf diese Art vollführt ihr Meinen Willen in bezug auf euch und in bezug auf andere, wozu euch Mein Segen nie ermangeln wird. Amen.

31

Am 5. Trinitatissonntage

Die echte Gerechtigkeit

Matth. 5, 20: „Ich sage euch: Es sei denn eure Gerechtigkeit *besser* als die der Schriftgelehrten und Pharisäer, so werdet ihr nicht in das Himmelreich kommen!"

(Den 2. April 1872)

Hier in diesem Kapitel liegt vor euch Meine ganze Lehre als Inbegriff alles dessen, was den Menschen betrifft. Es wird euch gezeigt, inwiefern seine Leiden, seine Aufopferungen und Kämpfe einst einen geistigen Wert haben werden, und wie er sein Gewissen als die Waagschale und die Richtschnur zu allen Gedanken, Worten und Taten gebrauchen soll, wenn er einst Mein Kind genannt werden möchte.

Diese Bergpredigt war die gewaltigste Predigt, welche Ich während Meines Erdenwandels gehalten habe, und eben deswegen umfaßt sie alles, was Mich bewog, zu euch auf diese finstere Erde herabzusteigen und die größte Schmach zu erdulden — zu Meinem und Meiner Lehre größtem Triumph.

In dieser Predigt stellte Ich Meinen Zuhörern und Jüngern alle Seligkeiten in hoffnungsvolle Aussicht, welche denen zuteil werden sollen, die Meine Liebesgebote halten und ihretwegen Unbilden und Leiden ertragen. Ich stellte ihnen aber auch die Wichtigkeit ihrer Mission in bildlichen Ausdrücken dar, daß Ich Meine Lehre nicht vergebens predigen will, sondern daß jeder, der sie hört, sie auch anwenden und verbreiten soll. Es sind jene Verse, die vom Salz der Erde, von der Stadt auf dem Berg und von dem angezündeten Licht handeln, damit es leuchte und nicht verborgen unter einem Scheffel brenne.

Ich sagte ihnen, sie seien das Salz der Erde, welches dem ätzenden oder anregenden Teile der geistig-seelischen Welt entspricht, da es zur Tätigkeit, zur Ausscheidung des Schlechten, zum materiellen Stoffwechsel notwendig ist.

Wo kein Salz oder Reizstoff ist, dort ist kein Leben, keine Bewegung, keine Wärme, kein Licht. Wo das Salz dumm wird — wie es im Evangelium heißt —, d. h. wo es verdirbt, da entstehen die umgekehrten Resultate, weshalb es ausgeschieden werden muß, damit es die Leute zertreten. Zu Staub und Sand zertreten, wird es anderen Schöpfungen auf anderer Basis zur weiteren Bildung behilflich sein, so wie das durch Menschen verübte Schlechte, ebenfalls durch Meine Fügungen am Ende zum Fortschritt, zur Besserung der geistigen Wesen beitragen muß, nur in anderer Form und unter anderen Umständen.

So ermahnte Ich das Volk und Meine Jünger, daß sie Mein Wort nicht bloß hören und für sich behalten, sondern daß sie es auch anderen mitteilen und es selbst in der Tat verwirklichen sollten. Ich sagte ihnen auch, daß Meine Lehre nicht neu sei, sondern daß sie nur die von Moses und den Propheten gegebenen Weisungen im wahren Licht darstelle, den *Sinn* der Worte erkläre und so der ganzen Menschheit zeige, wie alle diese göttlichen Vorhersagungen und Verordnungen der von Mir gesandten Männer stets denselben Zweck hatten, nämlich die Menschen ihren geistigen Wert erkennen zu lehren und sie alle auf dem kürzesten Weg vorzubereiten, ins große Geisterreich eintreten zu können, wie es Wesen geziemt, die einen göttlichen Funken von Mir im Herzen tragen. Ich versicherte allen, daß Meine Worte ewige Dauer haben, weil sie von dem ewigen, höchsten Wesen gegeben wurden.

Ich sagte ihnen auch, daß Ich jede Verunglimpfung dieser Meiner Gesetze bestrafen werde, hier und jenseits, weil Ich im voraus wußte, daß in späteren Zeiten Menschen Meine Gesetze der Liebe als Deckmantel benützen und, unter ihm ihren eigenen Interessen nachgehend, die Leidenschaften des Hasses und der Rache ungestört ausüben würden. Schon zu Meiner Zeit trieben die Pharisäer und Schriftgelehrten mit den Lehren Mosis und der Propheten das gleiche Spiel, weshalb Ich zu Meinen Jüngern und dem um Mich versammelten Volk die Worte sprach: „Es sei denn eure Gerechtigkeit *besser* als die der Pharisäer und Schriftgelehrten, sonst werdet ihr nicht ins Himmelreich kommen!“

Obwohl nur *dieser* Vers für diesen Sonntag gegeben ist, mußte Ich die vorhergehenden Verse desselben Kapitels zuerst erklären, damit wir folgerichtig auf diesen zwanzigsten Vers kommen und von diesem aus weiterschreiten können.

Weil Ich die falsche und scheinheilige Gerechtigkeit jener Kaste anführte, der in jener Zeit die Macht und das Recht gegeben ward, den

Sinn, den Kultus und die Dogmen ihrer Religion dem Volke beizubringen und zu erklären, und weil Ich wußte, auf welche Weise sie es vollführten — nicht in Meinem, sondern in ihrem Sinne und nach ihren Plänen —, so ward Ich natürlich gezwungen, dem Volk und Meinen Jüngern diese schon vorhandenen Gesetze *besser* zu erklären und ihr Gewissen empfindlicher zu machen. Auch deshalb mußte Ich es tun, weil in jener Zeit die Priester und Gelehrten die Gesetze so erklärten, daß es sie nicht viel Mühe kostete, diese zu erfüllen, und weil ihnen dadurch ein weiter Spielraum blieb, die scheußlichsten Taten zu begehen, ohne dem Scheine nach gegen die mosaischen Religionsgesetze zu verstoßen; ja den Anschein erwecken konnten, als übten sie diese im strengsten Sinne aus.

Daher folgen dem zwanzigsten Vers alle anderen wahren Liebesgesetze, welche in jener Zeit gerade als Gegensätze zu dem Geglaubten betrachtet wurden; denn Wiedervergeltung, Rache, Haß und Verfolgung waren durch einzelne Sprüche der Religion dem Anschein nach gerechtfertigt. Auch deshalb sah man sie als Gegensätze an, weil es weit leichter ist, den Durst der Rache und des Hasses zu kühlen, als dem zu verzeihen, der feindlich gesinnt ist, oder den mit Wohltaten zu überhäufen, der nur Böses im Schilde führt.

Eben deswegen ist diese Predigt, besonders vom zwanzigsten Vers an, die wichtigste genannt worden, weil in ihr das Symbol der Liebe, die Fahne der Nächstenliebe und die Verzeihung von Mir als einzige Richtschnur für den Lebensweg aufgestellt wurden, indem Ich allen zurief: „Nur unter dieser Fahne und mit dieser allumfassenden Liebe, mit welcher Ich als Gott und Schöpfer alle Meine Wesen umfasse, nur mit dieser Liebe könnt ihr Menschen Bürger eines geistigen Reiches, Bürger Meines Himmels werden!"

Ich führte in den nachfolgenden Versen verschiedene Lebensverhältnisse an, in welchen der Mensch diese Bruder- und Nächstenliebe ausüben soll und kann. Ich zeigte, wie weit diese Liebe gehen soll und muß, wenn ihre Taten vor Mir einen geistigen Wert haben sollen. Ich setzte den Eckstein der Aufopferungsfähigkeit, an dem sich leider in jener Zeit und bis auf den heutigen Tag viele gestoßen haben.

Ich sagte Meinen Zuhörern: Wie Ich als Gott die Sonne über Gute und Böse aufgehen lasse, wie Ich die Felder der Schlechten wie der

Guten mit segnendem Regen befeuchte, so sollen auch Meine wahren Nachfolger — erhaben über alle menschlichen Leidenschaften, Mein Beispiel als Schöpfer und auch als Jesus stets vor Augen habend — allen mit gleicher Liebe helfen, unbekümmert darum, ob ihnen je Dank zuteil wird oder nicht.

Ich stellte in dieser Predigt das Ideal eines geistig erhabenen Menschen auf und bewies selbst durch Meinen Lebenswandel, daß man so leben kann, wenn man will. Der Inhalt dieser Predigt, seien es die versprochenen Seligkeiten für die Leidenden, Kämpfenden und geduldig Ausharrenden, als auch, wie weit sich die Nächstenliebe erstrecken soll, hat heute noch dieselbe Geltung wie einst und wird sie auch nie verlieren, solange Ich, Meine geistige und Meine materielle Welt bestehen. Denn nur durch diese Gesetze und ihre Befolgung werden die vernünftig lebenden Wesen geadelt und werden Zeugen ihres göttlichen Ursprungs, während sie auf dem entgegengesetzten, am meisten gebräuchlichen und leider auch jetzt noch von vielen als rechtlich bezeichneten Weg, statt zur geistigen Höhe aufwärtszusteigen, zur materiellen Tiefe herabsinken.

In den folgenden Kapiteln des Matthäus wird diese Lehre noch weiter dargelegt, damit sich niemand entschuldigen kann, als hätte er nicht gewußt, was Gottes- und Nächstenliebe im eigentlichen Sinne sei. So findet ihr auch im 6. Kapitel das einzige Gebet, welches Ich die Meinen lehrte, und das ihr heute noch als Inbegriff aller Gebete ansehen könnt. Nur müßt ihr den tiefen, geistigen Sinn eines jeden darin enthaltenen Wortes fassen; denn wisset, etwas anderes ist es, wenn *ihr* mit euren eigenen Worten betet, oder wenn *Ich* euch Worte in den Mund lege, die ihr bei Bedrängnissen, ja wohl auch täglich an Mich richten sollt, damit Ich euch Meine hilfreiche Hand in den Wirrnissen eines jeden neuen Tages reiche, auf daß ihr nicht fallet, sondern Meine Bergpredigt stets im Sinn behaltet und als einzige Richtschnur auf dem Prüfungsweg dieses irdischen Lebens vor Augen habt, um der im Anfang unseres Kapitels verheißenen Seligkeiten teilhaftig zu werden.

Ja, Meine Kinder, auch an euch geht die gleiche Mahnung wie einst an jene, die Mir bei der Bergpredigt zuhörten, wo Ich sagte: „Wenn ihr nicht gerechter werdet als eure Pharisäer und Schriftgelehrten, so könnt ihr nicht ins Himmelreich kommen!“ Auch euch sage Ich: Wenn ihr die Begriffe Gerechtigkeit, Liebe, Demut und Verzeihung nicht strenger nehmt, als sie euch von vielen gepredigt und falsch ausgelegt werden, so könnt ihr nicht in Mein Reich kommen und könnt nicht Meine Kinder werden; denn zu Meinen Kindern können nur die gezählt werden, die Meinem Beispiel folgend willig ihr Kreuz tragen, und die wie Ich, als Beispiel der Demut und Selbstverleugnung, alle weltlichen Genüsse weit hinter die geistigen zurücksetzen und bei Meinem Hauptgrundsatz verbleiben, der in dem Spruch aufgezeichnet ist: „Mein Reich ist nicht von dieser Welt!“

Meine Kinder dürfen keine Weltkinder sein. Sie müssen danach streben, die höchste moralische Höhe zu erreichen, die überhaupt der Mensch erreichen kann. Sie müssen, wie Ich, ihrer Leidenschaften Meister werden und vertrauensvoll hinnehmen, was Ich ihnen zu ihrem Besten schicke. Sie sollen nicht die Welt als eine Gefahr fliehen, sondern sie müssen inmitten derselben alle ihre Eigenheiten, Genüsse und Versuchungen, damit sie diesen nicht unterliegen, dem wahren Werte nach beurteilen. Sie müssen in Gedanken, Worten und Taten reinen Gewissens dastehen, damit andere nicht allein ihren Worten Glauben schenken, sondern auch in ihren Taten den wirklichen Beweis des Gesagten ersehen können. Sie müssen, wie es im Evangelium heißt, als eine Leuchte dastehen, die weit hinaus über alle Unebenheiten des menschlichen Lebens ihr ruhiges Licht ausströmen läßt, das Licht der Liebe, des Vertrauens und der Verzeihung.

So nur können sie, wenn sie selbst gerechter, liebender, vertrauender als viele andere verirrte Kinder sind, jenen zur Richtschnur und als Wegweiser dienen, und nur so können sie nach vollendetem Lebens- und Prüfungslaufe Anspruch darauf machen, von Mir an Kindesstatt angenommen zu werden und in Mein ewiges, großes Geisterreich, in Meine Himmel einzugehen, wo ihnen für alles Ausgestandene und Erlittene jene Seligkeiten zuteil werden, die beim Beginn Meiner Bergpredigt verheißen werden.

Dies nehmt euch zu Herzen! Lest oft diese Predigt, welche Ich vor mehr als tausend Jahren Meinen Jüngern und dem Volk gehalten habe! Sie enthält große Verheißungen und Forderungen an euch und an Meine Geisterwelt.

Wer diesen Bedingungen nicht nachkommen will, dessen Leben

gleicht einem schön eingebundenen Buche, das aber nur weiße leere Blätter enthält.

Trachtet daher, euer Lebensbuch voll guter Gedanken, Worte und Taten ins andere Leben mitzubringen! Ich habe euch ja in diesen Versen gezeigt, wie die Gedanken schon ein Versündigen gegen Meine Liebesgesetze sein können; denn es mangelt oft nur an der Gelegenheit, sie auszuführen. Wäre solche vorhanden, so vollführte der Wille, was nur flüchtige Gedanken blieben.

Daher hütet euch zuerst vor sündigen Gedanken! Sie entwürdigen euren inneren Seelenmenschen. Flieht ferner die Gelegenheit, solche Gedanken in Ausführung zu bringen! Bekämpft die Gedanken, und ihr seid des Handelns eher mächtig! Gebt ihr aber den ersteren Raum, so seid ihr schon in das Reich der Sünde verstrickt und nur ein günstiger Augenblick, — und eure Seele ist durch eine unüberlegte Tat ihres ganzen Schmucks, der Reinheit, der Ruhe und der Zufriedenheit und ihrer schönen Vorsätze beraubt!

Daher lest diese Verse alle und sehr oft! Es wird euch so vieles darin gezeigt, worin ihr noch so schwach seid und so oft sündigt gegen euch und gegen Mich. Dadurch seid ihr noch weit davon entfernt, einen Anteil an Meinem geistigen Himmelreich zu haben.

Murrt nicht, wenn Ich euch durch Verhältnisse stets Gelegenheit gebe, euch in *dem* zu üben, was euch noch am meisten mangelt, nämlich das Vertrauen auf Mich und das stete Wachsein über die Regungen des eigenen Herzens, um alles Böse und Schlechte gleich im Keim zu ersticken!

So, stets sich übend, erstarkt eure Kraft; so werdet ihr fähig, aller Versuchungen zur rechten Zeit Herr zu werden; und so, Meiner Bergpredigt eingedenk, werdet ihr auch einst den Lohn Meiner Jünger erhalten, wenn eure Mission hier auf dieser Erde beendet und der Sieg errungen ist, um dann dort mit neuer Kraft größeren Anforderungen Genüge leisten zu können; denn wer hier *weniges* treu verwaltet, den werde Ich dort über *vieles* setzen!

Gedenkt eures Vaters, der euch nicht umsonst alle diese Worte sendet! Gedenkt, daß Er euch zu dem machen möchte, zu dem Er euch erschaffen hat, nämlich zu Seinen geistigen Kindern und damit zu jenen Wesen, welche einst in Seinem Reich über Welten und Millionen von

Wesen das Licht der Liebe und der Gnade ihres ewig liebenden Vaters ausstreuen sollen! Daß zu solchen Missionen in allem Leid und Unglück erprobte, also gestählte Wesen gehören, versteht sich von selbst, weil sie, Gedanken- und Tatenreinheit als Stempel auf ihrer Stirne tragend, durch die Erhabenheit ihres Geistes die andern emporziehen können.

Deswegen gab Ich euch diese ausführliche Auseinandersetzung Meiner Liebesgebote, damit ihr nicht den Einflüssen eurer Eigenliebe Raum gebt, um gerade das zu entschuldigen, was bei Mir vielleicht die größte Sünde ist, nämlich die Gedankenspiele, die der Same zu allerlei unreifen und bösen Taten sind. Amen.

32

Am 6. Trinitatissonntage

Die Speisung der Viertausend

Mark. 8, 1—9: Zu der Zeit, da viel Volks da war und hatten nichts zu essen, rief Jesus seine Jünger zu sich und sprach zu ihnen: „Mich jammert des Volks; denn sie haben nun drei Tage bei mir beharret und haben nichts zu essen. Wenn ich sie ungespeist von mir heimgehen ließe, würden sie auf dem Wege verschmachten; denn etliche sind von ferne kommen." Seine Jünger antworteten ihm: „Woher nehmen wir Brot hier in der Wüste, daß wir sie sättigen?" Und er fragte sie: „Wieviel habt ihr Brote?" Sie sprachen: „Sieben." Und er gebot dem Volke, daß sie sich auf die Erde lagerten. Und er nahm die sieben Brote, dankte, brach sie und gab sie seinen Jüngern, daß sie dieselbigen vorlegten. Und sie legten dem Volke vor. Und sie hatten ein wenig Fischlein; und er dankte und hieß dieselbigen auch vortragen. Sie aßen aber und wurden satt und huben die übrigen Brocken auf, sieben Körbe voll. Und ihrer waren bei viertausend, die da gegessen hatten; und er ließ sie von sich.

(Den 7. April 1872)

Dieses Evangelium handelt wieder von einer Speisung des um Mich versammelten Volkes, und zwar von viertausend an der Zahl, wobei dann am Ende sieben Körbe voll Brot übrigblieben, während es anfangs nur sieben Brote und einige Fische waren.

Schon einmal verrichtete Ich ein ähnliches Wunder, indem Ich fünftausend Menschen mit fünf Broten und zwei Fischen sättigte, wobei dann zwölf Körbe Brot übrigblieben. Was dort die fünf Brote und zwei Fische für geistige Bedeutung hatten, wißt ihr; auch bei diesem zweiten Male, bei dem Ich statt fünftausend nur viertausend Mann mit sieben Broten und einigen Fischlein speiste und dann sieben Körbe voll übrigblieben — wie dort zwölf —, hat alles eine geistige Bedeutung, welche Ich euch jetzt näher erklären will.

Die zwölf übriggebliebenen Körbe des ersten Wunders bezeichneten sowohl die zwölf Stämme Israels, als auch die zwölf Gebote, die den Menschen nach Meinem Hinscheiden noch verbleiben sollten. Die sieben Körbe, welche das zweite Mal übrigblieben, bezeichnen Meine sieben Haupteigenschaften, welche den Menschen zur Festigung und zur Richtschnur verbleiben sollten, wenn sie Mich nicht mehr persönlich besitzen würden. Diese sieben Eigenschaften heißen: Liebe, Geduld, Demut, Vergebung, Beharrlichkeit, Aufopferung und Barmherzigkeit.

Als Ich dem jüdischen Volke predigte, mußte Ich ihnen manchmal zurufen: „Wer Ohren hat, der höre!" Dies war ein deutlicher Beweis dafür, daß eben bei ihnen vieles zum einen Ohr hinein- und zum andern hinausging, und daß die Mehrzahl Meine Lehre nicht so auffaßte, wie Ich es wollte. Das bildlich zu deutende Speisewunder am Ende Meiner Ansprache an sie bezeugt das Übrigbleiben gerade des Wichtigsten. Wie sie das Brot und die Fische nur verzehrten, um ihren leiblichen Hunger zu stillen, und sieben Körbe Brot zurückließen, so faßten sie auch nur oberflächlich den Inhalt Meiner Rede und ließen den Hauptinhalt derselben, Meine sieben Grundeigenschaften, welche Ich ihnen durch Gleichnisse, Wunder und wirkliche Lehren einprägen wollte, unbeachtet.

Wenn auch all die Gleichnisse, Worte und verrichteten Wunder dem Volke die Augen öffnen sollten, so waren doch stets wieder Schriftgelehrte und Pharisäer genug da, welche alles mögliche taten, um jeden Eindruck, den Mein Handeln auf das Volk machte, abzuschwächen oder gar zu vernichten. So suchten sie darin, daß von Mir und Meinen Jüngern die zeremoniellen Gebräuche der Kirche — Waschungen usw. — nicht eingehalten wurden, einen Grund zur Verdächtigung. Sie nahmen oft Anstoß an guten Werken, an Heilungen Kranker und dergleichen, wenn sie am Sabbat oder sonst an einem kirchlich geweihten Tag geschah. Sie regten sich darüber auf, wenn Ich nicht die vorgeschriebenen Fasten hielt oder gar mit Menschen Mich abgab, die in ihren Augen grobe Sünder oder unehrliche Leute waren. So waren sie bemüht, alles zu verdächtigen, was von Mir gesprochen und getan wurde.

Daher die verschiedenen Mahnungen, welche Ich Meinen Jüngern und dem Mir zuhörenden und nachfolgenden Volk gab, womit Ich ihnen beweisen wollte, daß bei Mir nur Geistiges und nicht Materielles gilt! Daher die Worte: „Was in den Menschen eingeht, das kann ihn nicht gemein oder unrein machen, sondern das, was von ihm ausgeht, das ist es, was den Menschen erniedrigen kann!" Aus dem gleichen Grunde erging der Mahnruf an Meine Jünger, sich vor dem Sauerteig der Pharisäer und des Herodes zu hüten, und aus dem gleichen Anlaß führte Ich an, was ein früherer Prophet geweissagt hatte: „Dieses Volk ehrt Mich mit den Lippen; aber sein Herz ist ferne von Mir!"

Als Ich diese viertausend Mann mit sieben Broten und einigen Fischlein gespeist, sie also materiell gesättigt hatte, blieben sieben Körbe Brot übrig. Wenn sie dem Anscheine nach auch geistig gesättigt waren, so ließen sie doch die von Mir als die *höchsten* bezeichneten Eigenschaften unbeachtet. Jeder Korb mit seinem vielseitigen Inhalt von großen und kleinen Stücken Brot bezeichnet zur Genüge, in wie vielfältiger Weise diese Meine vorher genannten Eigenschaften im menschlichen Leben ausgeübt werden könnten, wenn nicht der Mensch seinen eigenen Lebenskorb meistens mehr mit anderen, weltlichen Dingen angefüllt hätte, worin dann Mein Brot und Meine Geisteseigenschaften keinen Platz mehr haben.

Wenige gibt es, die wie das Weib aus Syrophönizia denken, welche auf Meine Rede: „Man soll Mein Brot nicht den Hunden vorwerfen!" doch vertrauensvoll antwortete, daß es aber den Hunden doch erlaubt sei, sich von den Brosamen zu sättigen, welche die Kinder unter den Tisch fallen lassen, was mit anderen Worten heißt: Wenn auch die Schwachen, die noch Unmündigen nicht wert oder fähig sind, sich von direkter Himmelsspeise zu nähren, so möge es ihnen doch vergönnt sein, vom Abfall das herauszusuchen, was für ihren momentanen geistigen Zustand gedeihlich ist.

Solch gläubige Seelen gab es in *jener* Zeit nur vereinzelte, und *jetzt* sind sie gar zur höchsten Seltenheit geworden.

So wie Ich gegen alle herrschenden Ansichten, seien es weltliche oder kirchliche, kämpfen mußte und — wie Ich es manchmal selbst sagte — von den Juden weniger als von den Heiden erhoffte, so ist es auch in jetziger Zeit, in der von jenen wenig zu erwarten ist, welche sich Katholiken nennen und glauben, es auch wirklich zu sein, wenn sie nur die vorgeschriebenen Gebräuche halten. Ja, gerade sie, die das beste und fruchtbarste Feld für Meine Lehre sein sollten, gerade sie sind die ärgsten Widersacher alles dessen, was sie aus ihrer so bequem eingerichteten Religionslehre aufweckt und Aufopferungen und Entsagungen fordert, denen sie nicht gewachsen sind, weil ihnen die moralische Kraft der Überwindung angewöhnter Gebräuche und Ideen fehlt.

Sie gleichen den meisten Zuhörern jener Zeit. Sie suchen Mich überall nur in den Kirchen, aber nicht auf dem Weg des Lebens, wo sie durch Taten beweisen sollen, was sie sooft in den Kirchen geloben. Sie sind auch hungrig wie jene, lassen aber den Hauptgrund Meiner Lehre, die sieben Körbe, ruhig stehen und verzehren bloß dasjenige, was ihnen für den Moment am meisten mundet.

Wenn Ich euch dieses Beispiel der Sättigung von viertausend Menschen mit sieben Broten und einigen Fischlein als Thema zu einer Sonntagspredigt anführe, so ergeht damit an jeden einzelnen, wie auch an alle Zuhörer Meines Wortes die Mahnung, sich nicht mit dem oberflächlichen Eindruck Meiner Worte zu begnügen, sondern die darin verborgen liegende Geistesspeise herauszufinden, sich nach dieser in seinen Handlungen zu richten und auch die anderen zu gleicher Ausübung anzueifern.

Daß in jener Zeit Meine Zuhörer wenig fruchtbare Äcker für Meine Lehre waren, das wußte Ich wohl; Ich wußte aber, daß Ich nicht nur für sie, sondern für die ganze Menschheit *nach* ihnen redete und handelte. Ich baute nicht nur für die Gegenwart, sondern Meine Pläne reichten weiter. Als die Pläne eines göttlichen, unendlichen Wesens waren sie von ewiger Dauer und Wirkung.

Selbst den Pharisäern und Schriftgelehrten antwortete Ich auf ihre Forderung nach einem Wunderzeichen, daß diesem Geschlecht kein Zeichen von Mir gegeben werde, was soviel sagen will, daß dort, wo Meine sichtbare Erscheinung das größte Wunderzeichen war, kein anderes, noch mehr beweisendes nötig sei, um Meine Göttlichkeit und die Wahrheit und die ewige Dauer Meiner Lehre zu beweisen.

Was Ich dort von den Pharisäern und Schriftgelehrten sagte, gilt auch heutzutage allen scheinheiligen Kirchenläufern und allen über die Materie philosophierenden Gelehrten eurer Zeit. Auch sie werden keine Zeichen sehen, weil sie das größte Zeichen, die Stimme eines Gottes und Vaters im eigenen Herzen nicht anerkennen wollen. Ebensowenig glauben viele eurer Gelehrten, trotz des steten Auffindens von Gesetzen in der Natur, daß es auch einen Gesetz*geber* geben muß. Sie disputieren sich und andere lieber ihr eigenes Ich hinweg, als daß sie sich durch tatsächliche Beweise vom Dasein Gottes für besiegt erklärten.

Auch in dieser Zeit tobt ein immerwährender Kampf zwischen Zeremonie und Geist, zwischen Trug und Wahrheit, der alle Gemüter in Aufregung bringt. Alle Sekten, alle Gläubigen mühen sich ab, das Neuauftauchende mit dem Alten, Angewöhnten zu verbinden und zu vermischen; aber es ist vergebens. Zwei Herren kann man nicht dienen, sondern: entweder der Materie oder dem Geist! Und weil sich viele nicht entscheiden können oder nicht wollen, so ist dies schuld daran, daß sie, soviel Ich auch die Menschen mit geistigem Brot sättigen will, bis auf wenige das Nebensächliche genießen, ja danach haschen, aber das Eigentliche, Wesentliche, geistig Wahre liegenlassen.

So müssen Meine Jünger der jetzigen Zeit, wie jene Meiner Lehrzeit, stets die übriggebliebenen Stücke Meiner Himmelslehre oder des geistigen Brotes wieder sammeln und dann bei anderen Hungrigen ihr Glück versuchen, bis endlich die sieben Körbe Meiner göttlichen Eigenschaften leer sind und in den großen Lebenskorb der Menschheit, wie auch jedes einzelnen, übergangen sind.

So ergeht auch an euch der Mahnruf: Befleißigt euch, Meine sieben Eigenschaften euch zu eigen zu machen! Nehmt die geistige Sättigung nicht so oberflächlich, daß ihr etwa glaubt, mit dem Hören oder Lesen genüge es schon! Weit davon entfernt! Denn auch zu euch werde Ich einst den Sammler schicken und werde das Übriggebliebene in Körbe legen und für Bessere, Würdigere aufbewahren lassen, die eher fähig sind, den geistigen Inhalt zu verwerten, während ihr — im Wahn, schon alles zu wissen — nicht einmal die erste Stufe geistiger Erkenntnis erklommen habt.

Befleißigt euch daher, Meiner direkten Mitteilung — wie einst Meine Jünger — würdig zu werden! Werdet auch ihr, wie eben diese Apostel, Verbreiter Meines Wortes! Streut es aus, jedoch so, daß es nicht auf unfruchtbaren Boden falle! Seid immer eingedenk dessen, daß alles, was ihr jetzt in so reichlichem Maße von Mir erhaltet, nicht für euch allein, sondern durch euch einst auch für andere bestimmt ist! Den einen oder andern werden Verhältnisse überkommen, wo er das Gelesene und Gehörte erproben muß; er muß zeigen, inwiefern er es verstanden und sich zu eigen gemacht hat, um es eben auch anderen so wiederzugeben, wie Ich es ihm angedeihen ließ.

Laßt also von Meinen Broten nichts übrig! Verdaut sie geistig! Macht sie zu eurem eigenen Ich, damit ihr als lebendig wandelnde Beispiele nicht nur durchs Wort, sondern auch durch Taten beweisen könnt, daß Liebe, Geduld, Demut, Vergebung, Beharrlichkeit, Aufopferung und Barmherzigkeit die Grundfesten eures Glaubens, die sieben Körbe sind, in welche ihr eure guten Taten sammeln wollt, um sie im eigenen Lebenskorbe als Eigentum *Dem* zu überbringen, der euch stets mit so vielen Gnaden und so vielem Licht aus Seinen Himmeln überschüttet hat! Amen.

33

Am 7. Trinitatissonntage

Von den falschen Propheten

Matth. 7, 15—23: „Sehet euch vor vor den falschen Propheten, die in Schafskleidern zu euch kommen, inwendig aber sind sie reißende Wölfe. An ihren Früchten sollt ihr sie erkennen. Kann man auch Trauben lesen von den Dornen oder Feigen von den Disteln? Also ein jeglicher guter Baum bringt gute Früchte; aber ein fauler Baum bringt arge Früchte. Ein guter Baum kann nicht arge Früchte bringen, und ein fauler Baum kann nicht gute Früchte bringen. Ein jeglicher Baum, der nicht gute Früchte bringt, wird abgehauen und ins Feuer geworfen. Darum, an ihren Früchten sollt ihr sie erkennen. Es werden nicht alle, die zu mir sagen: ‚Herr, Herr!' in das Himmelreich kommen, sondern die den Willen tun meines Vaters im Himmel. Es werden viele zu mir sagen an jenem Tage: ‚Herr, Herr, haben wir nicht in deinem Namen geweissagt? Haben wir nicht in deinem Namen Teufel ausgetrieben? Haben wir nicht in deinem Namen viel Taten getan?' Dann werde ich ihnen bekennen: ‚Ich habe euch noch nie erkannt; weichet alle von mir, ihr Übeltäter!'"

(Den 10. April 1872)

Dieses ganze Kapitel handelt von Lebensregeln, wie sie, auf Meine Lehre gegründet, zu beachten sind, damit die Menschen — und besonders in jener Zeit Meine Jünger und Zuhörer wußten, wie sie ihre eigenen Religionsgesetze im praktischen Leben ausüben sollten. Da besonders in jenen Zeiten die Auslegung der mosaischen Gesetze nicht nach Meinem Sinn war, deswegen mußte Ich selbst kommen, um den geistigen Lebensbaum der den Juden übergebenen Religion vor dem Verfaulen zu retten, damit er wieder Früchte trage, die den Gesetzen Meiner Geisterwelt entsprechen sollten.

So lehrte Ich in diesem Kapitel die Nachsicht mit den Fehlern anderer, sowie die Vorsicht, Meine Lehre nicht ohne Vorbereitung einem jeden an den Hals zu werfen, ferner die Mildtätigkeit und Liebe, welche die Menschen, Meinem Beispiel gemäß, gegen andere ausüben sollen. Ihr seht das Gesetz der Nächstenliebe im weitesten Sinne erklärt und werdet auch darauf aufmerksam gemacht, daß diese Meine Forderungen nicht so leicht sind, weil den Aufopferungen für Meine Liebesgesetze die Versuchungen der Welt und die leicht überhandnehmende Selbstliebe entgegenstehen.

Ich predigte nichts Neues, sondern erklärte nur Meinen Jüngern und Anhängern das schon Bekannte in seinem wahren Sinn, damit auch sie in der Folge den Mitmenschen den wahren Inhalt der Gebote mitteilen konnten. Ich mußte dabei zuerst den Lehrern und dann den Lernenden gewisse Maßregeln und Kennzeichen geben, woran die ersteren ihre wahren Wißbegierigen und Gläubigen, die letzteren aber ihre Lehrer erkennen und die falschen Lehrer oder Propheten von den echten, wahren unterscheiden konnten. Daher sind die Kennzeichen in Gleichnissen aufgezählt. In wenigen Sätzen ist gesagt, daß nicht Worte genügen, um andere zu überzeugen, sondern daß Taten als Beweise darlegen sollen, daß der Lehrende von der Wahrheit seiner Worte wirklich durchdrungen ist.

Dieser Maßstab, um falsche von echten Führern zu unterscheiden, soll dem Urteil der Zuhörer bei allen Gelegenheiten als Richtschnur dienen, weil sie sonst, durch Irrlehrer verführt, auf ganz falsche Wege geraten könnten.

Meine Zuhörer in jener Zeit machte Ich deshalb darauf aufmerksam, weil Ich im voraus wußte, daß nach Meinem Dahingang auch andere neben Meinen Jüngern auftreten würden, die unter dem Deckmantel Meiner Liebelehre nur ihren eigenen Vorteil suchen würden. Ich sagte ihnen auch im voraus, welches das Schicksal dieser falschen Lehrer, sowie auch derer, die auf solche Wahnlehren ihr geistiges Wohl bauen, sein werde, wenn geistige und physische Stürme ihr Lebensschiff in Gefahr bringen würden, in denen nur derjenige mit Ruhe der Zukunft — wie immer sie sich auch gestalten möge — entgegensehen kann, der Meine Lehre auch in der Tat ausübt. Ich verglich sie mit Menschen, von denen der eine sein Haus auf einen Fels, der andere auf Sand gebaut hatte.

Was Ich nun in jenen Zeiten Meinen Jüngern und Anhängern als Lebensregeln auf ihre dornenreiche Bahn mitgegeben habe, findet seine Anwendung in allen Zeiten, bis auf die heutigen und noch kommenden; denn Meine Worte sind ja Worte der Ewigkeit und für die Ewigkeit. Sie können nie vergehen oder außer Gebrauch kommen, weil sie, ebenfalls auf den Felsen Meiner Wahrheit gebaut, den Tempel Meines Geisterhimmels ausmachen.

So wie dort gilt auch jetzt dieser Mahnruf. Er soll sowohl den Führern, als auch jenen zur Richtschnur dienen, die sich ihren Händen anvertraut haben und von ihnen in den bedrängten und noch bedrängteren kommenden Zeiten Trost und Hilfe verlangen.

Viel Mißbrauch ist schon mit Meiner Liebelehre getrieben worden, und viele sind den Irrlehren zum Opfer gefallen; aber jetzt ist die Axt an den Baum gelegt, der die Verirrten so lange beschattete und damit das eigentliche, göttliche Licht hinderte, bis zu ihnen zu dringen.

Bevor Ich komme, müssen alle Schatten in geistiger Hinsicht beseitigt werden; denn Ich bin das Licht und vertrage keinen Schatten. Meine Lehre ist gegeben, um alle Winkel der materiellen und geistigen Schöpfung zu erleuchten. Euer Scheinleben hat wohl Licht- und Schattenseiten, wie eure Erde den Tag und die Nacht, — allein, es ist dies notwendig, weil ihr, sowie die ganze materielle Welt, neben der Tätigkeit auch Ruhe haben müßt, in der das Verausgabte ersetzt und der Organismus zur ferneren Tätigkeit gestärkt werden muß. Nicht aber so in der geistigen Welt! Da gibt es keine Nacht als nur die, welche die Geister sich selbst bereiten. Da ist ewiges Licht, ewige Wärme, ewige Liebe, ewige Tätigkeit.

Betrachtet nur eure Seele! Auch sie, obwohl an einen irdischen Körper gebunden, schläft nicht, sondern arbeitet Tag und Nacht an ihrem geistigen Leibe, um ihn möglichst vollkommen ins große Jenseits zu bringen.

Dasselbe Streben besitzt die ganze geistige Schöpfung, und was sich diesem entgegensetzen will, verfällt seinem Untergange, wie es euch die jetzige Zeit nur zu klar zeigt. Einrichtungen, so schlau und wohlberechnet sie auch angelegt und seit Jahrhunderten erhalten wurden und soviel Gutes sie anscheinend verbreiten sollten, sind doch nur auf Sand gebaute Häuser, die dem Platzregen und den Stürmen Meines göttlichen Wahrheitslichtes nicht widerstehen können.

Wie sich der Kalkstein bei der Berührung mit dem Lebens- oder Sauerstoff eurer Atmosphäre in einen Brei auflöst, seine kompakte Form ändert und sich als feiner Staub, den Winden preisgegeben, in alle Regionen verliert, ohne die geringste Spur seines früheren Bestandes zurückzulassen — wenn er nicht, mit dem Sande vermischt, als Vermittler in einer andern Form zum Festen eines Gebäudes beitragen muß —, so wird es auch den irdischen Einrichtungen ergehen. Weil sich aber ein solches schon lange bestehendes Gebäude und dessen Erhalter nicht so leicht dem Drange der Umstände ergeben, so rufe Ich euch allen zu: „Hütet euch vor den falschen Propheten, die in Schafskleidern zu euch kommen, aber innerlich reißende Wölfe sind!"

Ich weiß sehr wohl, daß von vielen diese Meine euch jetzt direkt gegebene Lehre im Anfang verhöhnt und verdächtigt werden wird und, wenn es auf diese Weise nicht gelingt, ihren Zweck zu erreichen, sie sich dann entschließen werden, diese Meine Lehre als Deckmantel zu gebrauchen, um ihre Existenz zu fristen; aber da gilt, was Ich einst zu Meinen Jüngern sagte: An ihren Taten werdet ihr erkennen, ob sie wirkliche, eifrige Ausüber Meiner Liebelehre oder nur Wortverkünder derselben sind!

Es ist nirgends so notwendig, auf seiner Hut zu sein, als gerade da, daß diese falschen Propheten und falschen Ausleger Meines Wortes sehen, daß ihnen alle ihre Anstrengungen mißlingen und sie sich entweder bekehren oder untergehen müssen. Denn sie werden alle Mittel anwenden, die zu ihrem früheren Glanz, zu ihrer früheren Macht führen sollen.

Daher gilt hier wieder Mein Mahnspruch: Seid listig wie die Schlangen und einfältig wie die Tauben, damit ihr die List eurer größten Widersacher von ferne wittert und durch die Einfältigkeit eures Herzens alle Giftpfeile von euch und euren Mitgläubigen abwenden könnt. Sollten euch einige treffen, so führen sie euch zum Leben statt zum Verderben.

Wie hauptsächlich der Anfang dieses Kapitels euch Gläubigen und Verehrern Meines wahren Liebewortes gilt, indem es euch Geduld und Sanftmut rät, so ist auch der weitere Inhalt für euch geeignet, daß ihr eure Anhänger auf all die Gefahren aufmerksam machen sollt, die ihnen im Gewirre der Welt drohen, wo neben Wahrem das Falsche, neben echtem Sein sich der Schein breit machen, damit sie nicht, durch falsche Lehrer und Propheten irregeführt, *euch* des Trugs beschuldigen.

Seid daher auch vorsichtig wie die Schlangen, und glaubt nicht blindlings jedem, der sich euch nähert und um Himmelsbrot bittet oder — wie es im Evangelium heißt — zu Mir ‚Herr, Herr!' sagen wird! Sie haben ganz andere Absichten, als euch zu folgen; sie wollen nur durch euch erfahren, was *ihrem* Zwecke dienlich sein könnte.

Lest dieses Evangelium recht oft! Es liegt bei weitem mehr geistige, tiefe Wahrheit darin, als Ich euch hier geben kann. Beachtet das Gesagte, damit auch ihr euer Haus nicht auf Sand, sondern auf den festen Felsen des Vertrauens baut! Sonst geht es euch wie vielen, die beim geringsten geistigen oder moralischen Unwetter das Gleichgewicht verlieren und nicht wissen, wie ihnen zu raten und zu helfen ist.

Viele Worte und noch viel mehr Geistiges gebe Ich euch unter tausenderlei Formen. Jetzt empfangt ihr in diesen Sonntagspredigten gleichsam den Schlüssel zu Meinen Worten, die Ich einst Meinen Jüngern und ersten Nachfolgern gegeben habe.

Und wißt ihr, warum dies alles geschieht? Seht, weil Ich eben nur zu gut weiß, wie sich die Zeitverhältnisse fernerhin gestalten werden, in denen Stärke, Sicherheit und festes Aushalten immer notwendiger sein werden! Bei manchem wird erprobt werden, ob er sein geistiges Haus auf den Fels Meiner Glaubens- und Liebelehre gebaut oder ob er sich nur mit dem Lesen und Anhören Meiner Worte begnügt hat, was dem Hause auf dem Sande gleichkommt. So wie der Wind den Sand hinwegweht oder der Regen ihn wegschwemmt, ebenso verwischt die Zeit die gehörten oder gelesenen Worte aus dem Gedächtnis.

Die festen Bausteine zu Meinem und zu eurem künftigen, geistigen Wohnhause sind Taten, — Taten, ausgeführt auf Grund der Gottes- und Nächstenliebe. Nur diese sind bleibend, geben euch Ruhe und Frieden und leuchten als schöne Beispiele für andere, welche euch an euren guten Werken als echte und nicht als falsche Propheten und Lehrer erkennen werden, deren Herz nicht das der reißenden Wölfe, sondern das der gutmütigen Lämmer ist und nicht Haß, Zorn, Neid, Eifersucht oder Rache, sondern nur Liebe atmet, Liebe verbreitet und wieder Liebe ernten will.

So sollt ihr Meine Auserwählten werden, die mit Meinen Worten in der Hand alle Schatten und Zweifel verscheuchen und das Licht einer großen, über euch hoch erhabenen Geisterwelt verbreiten sollen, damit bei Meiner Wiederkunft nur *ein* Hirt und *eine* Herde sei und euer Wohnort, der Erdball, wieder zu dem Paradies umgestaltet werde, welches er einst gewesen ist, und welches nicht durch Mich, sondern einst durch die aus Liebe geschaffenen Menschen verlorengegangen ist.

Dies merkt euch, und befolgt es soviel und sooft wie möglich! Nur so blüht euch Ruhe und Frieden, und nur so seid ihr fähig, auch andern Trost zu geben. Amen.

34

Am 8. Trinitatissonntage

Das Gleichnis vom ungerechten Haushalter

Luk. 16, 1—13: Er sprach aber auch zu seinen Jüngern: „Es war ein reicher Mann, der hatte einen Haushalter; der ward vor ihm berüchtigt, als hätte er ihm seine Güter umgebracht. Und er forderte ihn und sprach zu ihm: ‚Wie höre ich das von dir? Tue Rechnung von deinem Haushalten; denn du kannst hinfort nicht Haushalter sein!' Der Haushalter sprach bei sich selbst: ‚Was soll ich tun? Mein Herr nimmt das Amt von mir. Graben kann ich nicht, so schäme ich mich zu betteln. Ich weiß wohl, was ich tun will, wenn ich nun von dem Amt gesetzt werde, daß sie mich in ihre Häuser nehmen.' Und er rief zu sich alle Schuldner seines Herrn und sprach zu dem ersten: ‚Wieviel bist du meinem Herrn schuldig?' Er sprach: ‚Hundert Tonnen Öls.' Und er sprach zu ihm: ‚Nimm deinen Brief, setze dich und schreibe flugs fünfzig!' Danach sprach er zu dem andern: ‚Du aber, wieviel bist du schuldig?' Er sprach: ‚Hundert Malter Weizen.' Und er sprach zu ihm: ‚Nimm deinen Brief und schreibe achtzig!' Und der Herr lobte den ungerechten Haushalter, daß er klüglich getan hatte; denn die Kinder dieser Welt sind klüger als die Kinder des Lichtes in ihrem Geschlecht. Und ich sage euch auch: Machet euch Freunde mit dem ungerechten Mammon, auf daß, wenn ihr nun darbet, sie euch aufnehmen in die ewigen Hütten! Wer im Geringsten treu ist, der ist auch im Großen treu; und wer im Geringsten unrecht ist, der ist auch im Großen unrecht. So ihr nun in dem ungerechten Mammon nicht treu seid, wer will euch das Wahrhaftige vertrauen? Und so ihr in dem Fremden nicht treu seid, wer wird euch geben, das euer ist? Kein Knecht kann zwei Herren dienen: entweder er wird den einen hassen und den andern lieben, oder er wird dem einen anhangen und den andern verachten. Ihr könnet nicht Gott samt dem Mammon dienen."

(Den 11. April 1872)

Dieses Evangelium handelt von einem ungerechten Verwalter, welcher, nachdem sein Herr von seiner Untreue unterrichtet worden war, sich doch wenigstens die Hintertür sichern wollte, damit er nicht, der Not ausgesetzt, zum Darben verdammt würde oder durch schwere Handarbeit sein täglich Brot verdienen müsse.

Ich sagte dies Gleichnis den Pharisäern und Schriftgelehrten deswegen, weil sie am meisten dem Gelde oder dem Mammon huldigten und, um dasselbe in Fülle zu erwerben, sich keines Mittels schämten, ihren Zweck zu erreichen.

Was in diesem Gleichnis der ungerechte Haushalter getan hat, nämlich daß er Schuldverschreibungen seines Herrn von den Schuldnern auf die Hälfte herabsetzen ließ, um sich bei ihnen in größere Gunst zu setzen, das taten auch die Pharisäer in ihren Religionsgesetzen, indem sie den Reichen die Befolgung derselben erleichterten, wenn diese sehr gut dafür bezahlten. So waren sie mit den Armen streng und mit den Reichen nachsichtig, wie es eure Priesterschaft noch heute ist.

Die Lehren, welche Ich Meinen Jüngern gab: Meine Mahnung, sich mittels des Mammons Freunde zu erwerben, auf daß sie im Notfall nicht zu darben brauchen; dann der nächstfolgende Vers: „Wer im Geringsten treu ist, der ist auch im Großen treu, und wer im Geringsten ungerecht ist, der ist auch im Großen ungerecht!“; ferner: „So ihr nun in dem ungerechten Mammon nicht treu seid, wer will euch das Wahrhafte anvertrauen?“; und ferner: „So ihr in dem Fremden nicht treu seid, wer will euch geben dasjenige, das euer ist?“; wie auch der folgende Vers: „Kein Hausknecht kann zwei Herren dienen; entweder wird er den einen hassen und den andern lieben, oder umgekehrt!“, was geistig auch heißt: „Ihr könnt nicht Gott und dem Mammon dienen!“; — alle diese Verse enthalten, mit nur wenig Unterschied, das gleiche; nur der neunte Vers steht in scheinbarem Widerspruch mit den folgenden, weil dort angeraten wird, sich mit dem Mammon Freunde zu machen, auf daß im Falle der Not eine Freundeshand uns unterstütze, während in den anderen Versen gerade mehr darauf hingewiesen wird, daß man nicht zwei Herren dienen könne, und im dreizehnten Vers es sogar deutlich gesagt ist: „Ihr könnt nicht Gott *und* dem Mammon dienen!“ Denn wie kann sich jemand mit dem Mammon Freunde erwerben und dabei Gott dienen?

Ihr seht, hier bestehen dem Scheine nach Widersprüche; denn Gott und der Mammon, d. h. die materielle Welt, ihre Schätze und ihre Genüsse, sind doch gewiß entgegengesetzte Dinge, und es ist ganz natürlich, daß derjenige, der dem Mammon oder der Welt huldigt, nicht ebenfalls Gott lieben und Seinen Lebensregeln folgen kann.

Um die Widersprüche zu lösen, wollen wir diese Verse etwas näher betrachten und versuchen, trotz ihres scheinbaren Gegenüberstehens das gemeinsame Bewegen nach *einem* Ziel nachzuweisen.

Seht, wenn Ich in diesem Gleichnisse sagte, daß der schlechte Haushalter die Schuldverschreibungen seines Herrn bedeutend herabsetzen ließ, so bedeutet das geistig eigentlich nichts anderes, als daß die Fehler des Menschen, welche er gegen Mich als höchstes Wesen begangen hat in Rücksicht auf seine eigene Natur und auf die Verhältnisse, in welchen er leben muß, milder betrachtet werden. Wollte Ich ohne diese Berücksichtigung eure Taten beurteilen oder euch gar bestrafen, so stünde es wohl sehr schlecht um die ganze Menschheit. Das Ende müßte eine zweite Vernichtung des ganzen Menschengeschlechts, wie einst bei der Sündflut sein. Die Menschen wieder neu erschaffend, müßte Ich sie — wollte Ich nicht, daß sie in dieselben Fußstapfen fielen — zu Maschinen, aber nicht zu freien Menschen machen.

Wenn es heißt: „Erwerbt euch Freunde mit dem Mammon!", so will das soviel sagen als: Erleichtert dem mit Sünden und Gewissensbissen Beladenen seine Last! Stellt ihm vor, daß seine Schuld gegen Mich zwar groß ist, aber von seiner Seite nicht als untilgbar angesehen werden soll! Beweist ihm, daß der Mensch ohne die Welt nicht auf Erden leben kann, sondern daß er mit seinen Nebenmenschen leben muß; nur soll er das Gute wirken, soviel in seinen Kräften steht, wenngleich er durch schlechte Einflüsse daran gehindert werden sollte. Lehrt ihn, daß er Mich nicht als höchsten, strengen Richter, sondern als liebenden Vater ansehen soll, welcher bei Vergehungen wohl weiß, wieviel eigene Schuld und wieviel Schuld der Welt in Anrechnung zu bringen ist!

Auf diese Art macht ihr selbst den Beunruhigten ihre Last leichter und versöhnt sie mehr mit der Welt, der sie sich vielleicht aus zu großem Eifer entziehen wollten. Indem ihr ihnen, sie so tröstend, guten Rat erteilt, entspricht euer Handeln den Worten: „Machet euch Freunde mit dem Mammon!" So gewinnt ihr die Herzen anderer, welche auf anderen Wegen, vielleicht verzweifelnd, entweder sich der Welt ganz in die Arme geworfen hätten oder an Gott, Ewigkeit und sogar an der Existenz ihrer eigenen Seele verzweifelt wären.

Der nächste, zehnte Vers, welcher besagt, daß derjenige, der im Geringsten treu ist, es auch im Größten sein wird, bedeutet: Wenn ein Gläubiger es einmal erfaßt hat, daß er mit seinen schwachen Kräften der Welt widerstehen kann, indem er sich von ihr nicht verleiten läßt, sondern allem nur *den* Wert zuerkennt, den es eigentlich hat, so wird er sich durch materiellen Glanz nicht blenden lassen und, sollten ihn die Verhältnisse einst weltlich höher stellen, auch dann seine Treue in bezug auf seine Grundsätze bewahren, wie er es bei geringen Kräften und in beschränktem Wirkungskreise früher ebenfalls getan hat.

Das bestätigt auch der zwölfte Vers; denn das ‚Fremde' bedeutet eure materielle und das ‚Eigene' eure geistige Bestimmung. Sich ganz dem einen oder dem andern hinzugeben, ist natürlich nur dann möglich, wenn man das eine ganz hintansetzt und nur dem andern huldigt (was besagen will, daß man nicht zwei Herren dienen kann), während es doch angängig ist, daß man das eine benutzen kann, um im andern seinen Zweck vollends zu erreichen. Nur so ist es möglich, daß Menschen sich Mir nähern und ihre geistige Vervollkommnung anstreben können, nämlich wenn sie, wohl in der Welt lebend, diese und alle ihre Reichtümer und Schätze benützend, doch keinen andern Zweck im Auge haben, als durch weise Anwendung des ihnen Anvertrauten dem Nächsten und durch ihn Mir selbst am meisten zu beweisen, wie sie Meine zwei Liebesgesetze aufgefaßt haben.

Das nachfolgende Gleichnis vom reichen Prasser und dem armen Lazarus sollte Meinen Zuhörern noch mehr zeigen, welche Folgen es hat, wenn man sich dem Mammon ganz hingibt, statt ihn zu geistigen Zwecken zu verwenden. Es sollte ihnen zeigen, daß auf diese Art der eine seinen Lohn schon auf Erden empfängt, während dem andern die Vergeltung für ein anderes, und zwar längeres Leben aufgespart wird, und daß das eine Leben von kurzer, das andere aber von ewiger Dauer sein wird. Der Weg zur Seligkeit wird dem weltlich Gesinnten ebenso unmöglich sein — außer aus seinem Innern heraus — wie dem schon Guten der Rückschritt zur Welt.

Daß der Reiche in seiner Qual gebeten hatte, wenigstens seine Brüder zu retten, worauf Abraham ihm antwortete, daß den, der seiner Religion und ihren Grundsätzen nicht glaubt, auch die Toten — kehrten sie auf die Welt zurück — nicht bekehren würden, will sagen, daß diejenigen, welche sich der Welt oder dem Mammon ganz hingegeben haben, wenig darauf achten würden, wenn selbst überirdische Einflüsse bei ihnen sich geltend machten, weil sie, selbst zu niedrig gesinnt, das Überirdische längst als nicht bestehend ansehen und durch Taten und Worte verleugnet haben.

Aus dem ganzen Evangelium vom ungerechten Haushalter geht also hervor, daß ihr Menschen — und besonders auch ihr, welche Ich mehr als andere in Meine Schöpfungsgeheimnisse und in Meine Lehre einführen will —, wollt ihr euch Freunde und Mir Kinder erwerben, ihr vorerst nicht durch zu überspannte Anforderungen den andern den Weg erschweren dürft, und daß ihr selbst bei euch, wenn ihr fehlet, es Meiner Gnade überlassen sollt, inwieweit Ich euch eure Fehler anrechne oder nicht.

Das Zuviel ist in keiner Hinsicht von Nutzen, sondern überall nur schädlich. Ihr müßt euch und andern den Weg zu Mir nicht erschweren, nicht Meine *Geister* sein wollen, während ihr noch schwache *Menschen* seid! Dieses Streben verträgt eure menschliche Natur nicht. Ihr könnt doch ganz Liebe für Mich, ganz Liebe gegen euren Nächsten sein und mitten in dem weltlichen Treiben eure sittliche Reinheit bewahren; ihr könnt Mir ganz dienen, ohne der Welt den Rücken wenden zu müssen.

Seht ihr denn nicht, wie Ich selbst die weltlichen Ereignisse benütze, um die Menschheit geistig zu erziehen? Ich selbst verachte nicht und kann nicht hassen, was Ich selbst geschaffen habe; nur ist dies der Unterschied, daß alles Gebaren der Menschen, so schlecht es auch von seiten des einen oder andern sein mag, Mir doch zur geistigen Vervollkommnung Meiner Kinder und der gesamten Menschheit dienen muß.

So wie Ich als höchster Richter und Regent verfahre, so sollt auch ihr tun! Ihr sollt die Umstände, Verhältnisse und Zusammenhänge, die euch auf eurem Lebensweg begegnen, ebenfalls so benutzen, daß ihr am meisten durch die Taten an euren Nebenmenschen Meinen Zweck fördern helft. Dann ist es nicht nötig, Verstorbene heraufzubeschwören — wie der Reiche im Gleichnis glaubte, verlangen zu sollen —, wenn ihr Lebenden die besten sichtbaren Zeugnisse dafür seid, daß mitten im Weltgetümmel die menschliche Seele, eingedenk ihrer hohen Mission, nicht zwei Herren, sondern nur *einem* Herrn, und zwar dem Herrn des ganzen Universums, nämlich Mir allein, dienen kann, ohne die Verhältnisse unbenützt zu lassen, die wohlweislich nur dazu da sind, um die große Aufgabe der Menschenkinder zu beschleunigen und glorreich zu Ende zu führen.

So erseht ihr aus einem Gleichnis, in dem die Ungerechtigkeit als Beispiel dient, wieviel Nutzen selbst aus Umständen gezogen werden kann, die dem Anscheine nach schlecht sind, deren Endresultat aber das Herrlichste ist, das Ich als Gott, als Jesus angestrebt habe, und das ihr als Meine Kinder mit vollenden helfen sollt! Amen.

35

Am 9. Trinitatissonntage

Die Trauer des Herrn über Jerusalem

Luk. 19, 41—46: Und als er nahe hinzukam, sah er die Stadt an und weinte über sie und sprach: „Wenn doch auch du erkenntest zu dieser deiner Zeit, was zu deinem Frieden dienet! Aber nun ist's vor deinen Augen verborgen. Denn es wird die Zeit über dich kommen, daß deine Feinde werden um dich und deine Kinder mit dir eine Wagenburg schlagen, dich belagern und an allen Orten ängsten; und werden dich schleifen und keinen Stein auf dem andern lassen, darum daß du nicht erkannt hast die Zeit, darin du heimgesucht bist." Und er ging in den Tempel und fing an auszutreiben, die darin verkauften und kauften, und sprach zu ihnen: „Es steht geschrieben: ‚Mein Haus ist ein Bethaus'; ihr aber habt's gemacht zur Mördergrube!"

(Den 12. April 1872)

Schon in den Mitteilungen über ‚Die geistige Sonne' findet ihr erklärt, was es heißen will: „Und Jesus weinte!"

Dort ist euch gezeigt, daß diese Worte in geistiger Beziehung den tiefsten Schmerz Gottes ausdrücken, welcher Seinen Kindern Sein ganzes Himmelreich auf ihre Erde brachte, ja ihnen ihren Schöpfer und Herrn aller Welten in sichtbarer Gestalt zeigte, und wie die Verblendeten trotz alledem Ihn, den Ausdruck der höchsten Liebe, Demut und Gnade nicht erkannten. Sie verübten an Ihm was nur Verächtliches und Schmerzliches an einem Menschen geschehen kann, wie sie auch Seine Lehre, die Lehre der Liebe, der Versöhnung und des Vergessens, mit Füßen traten. Eben diese große Verblendung der meisten Seiner Zeitgenossen war es, welche dem großen Schöpfer, sichtbar als Jesus verkörpert, die Wehmutstränen auspreßte. Er weinte über den Verfall der Hauptstadt des Judenvolkes und sah dessen gänzliches Aufhören als selbständige Nation voraus, woran sich bis in ferne Zukunft auch die entgegengesetzte Geistesrichtung knüpfte, welche diese einst von Mir zum Größten ausersehene Nation bis auf den heutigen Tag verfolgt hat.

Das Frohlocken Meiner Jünger, welche in Meinem Einzug in Jerusalem den Gipfel Meiner Mission zu erkennen wähnten, war den Pharisäern und Schriftgelehrten nicht recht, und auf die Forderung, Meinen Jüngern eine Zurechtweisung zukommenzulassen, antwortete Ich: „Lasset sie frohlocken; denn wenn sie schweigen, werden die Steine reden!“

Ich wollte diesen betörten Menschen damit sagen, daß wenn das Frohlocken Meiner Jünger sich in Trauer verwandeln wird, kurze Zeit darauf die Steine der zerstörten Mauern ihrer Stadt und ihres Tempels ihnen zeigen werden, daß sie Mich nicht erkannt haben, der Ich in ihre Mauern mit der Friedenspalme einzog. Sie erkannten weder den göttlichen Lehrer, noch Seine himmlische Lehre, und sehnten sich nur nach weltlichem Glanz und Prunk und nach einem weltlichen Messias, der sie in ihrem Wohlleben und unlauteren Genuß noch mehr bestärken und festigen solle.

Keine fünfzig Jahre waren nach Meinem Tod vergangen, und Mein Mahnruf ging schon in Erfüllung. Das auserwählte Volk hatte aufgehört, als selbständiges Volk zu existieren. Wie Ich einst im Tempel die Verkäufer und Käufer austrieb, die aus dem Bethaus eine Marktbude gemacht hatten, so wurden später die Juden aus Jerusalem vertrieben, weil sie, was früher im Tempel geschehen war, auch in der Stadt fortgesetzt hatten, d. h. sie hatten das geistige, höhere Leben des Menschen gänzlich vergessen und nur weltlich gesinnt nach Genüssen, nach Macht und Reichtum getrachtet. So erfüllten sie selbst Meine Weissagung, die Ich vom Schmerz betrübt über die Mauern Jerusalems und ihren Tempel aussprach.

Wie Ich in jener Zeit den verirrten Menschen Meine Klageworte zugerufen habe, so möchte Ich sie auch jetzt dem lebenden und kommenden Geschlecht wieder zurufen; denn Ich bin nun ebenfalls betrübt über das Schicksal so mancher Seelen, die Ich selbst als Gott nicht retten kann, weil Ich ihnen ihre Freiheit des Handelns nicht nehmen darf.

So sehe Ich auch jetzt, wie das Schiff der Menschheit mit vollen Segeln gegen Felsen und Klippen steuert, sehe das Zerschellen aller ihrer Hoffnungen und geträumten Glückseligkeiten voraus, sehe, wie viele Tausende und aber Tausende erst spät, ja zu spät erkennen werden, was sie hätten tun sollen, aber doch nicht getan haben. Auch zu ihnen möchte Ich, wie einst zu Jerusalem und seinen Einwohnern, sagen: „Möget ihr doch bedenken, was euch zum Frieden dient; denn es wird die Zeit kommen, wo ihr alle bitter fühlen werdet, was ihr nicht erkannt habt zu der Zeit, als ihr durch Meinen Segen und Meine Gnade heimgesucht worden seid!"

Die Wehklagen über Jerusalems unausweichbares Schicksal könnte Ich auch heute wiederholen; denn die törichte Menschheit erkennt auch heute nicht ihre Mission, den Zweck ihres Geschaffenseins und den Zweck des jetzigen und künftigen Lebens. So muß denn auf ganz natürlich-geistigem Wege die Reaktion eintreten, welche, Meinen göttlichen Gesetzen gemäß, die Geister, Seelen und Wesen wieder in jene Schranken zurückweist, in welchen sie allein den Grad der Vervollkommnung erreichen können, den Ich ihnen als höchstes Ziel gesetzt habe.

Traurig ist es oft für einen irdischen Vater, wenn er sieht, wie seine Kinder trotz aller Aufopferung, Liebe und Sorgfalt, die er für ihre geistige und moralische Erziehung verwendet hatte, doch mißraten und den verkehrten Weg einschlagen, statt einst der Trost und die Freude seiner alten Tage zu werden, wie sie ihm mit Gram, Sorgen und oft mit Schande vergelten, was er aus Liebe für sie getan hat. Aber was bleibt ihm, dem Enttäuschten, übrig? Er kann die Individualität seiner Kinder nicht beherrschen; sie sind geistig frei und können denken und tun, was sie wollen. So sieht ein Elternpaar oft all seine so schön aufgebauten Hoffnungen eine nach der andern verschwinden, wie Luftschlösser zusammensinken, ohne im mindesten helfen zu können.

Was hier den weltlichen Eltern geschieht, das geschieht in noch intensiverem Grade auch Mir. Ich, der Schöpfer des ganzen Universums, muß sehen, wie Meine Geschöpfe, von Mir zur höchsten geistigen Würde erschaffen, gerade den verkehrten Weg gehen, statt — eingedenk ihrer hohen Abkunft — dem Geistigen entgegenzueilen; Ich muß sehen, wie das Geistige mit Füßen getreten, höhnisch verlacht und als Hirngespinst verrückter, fanatischer Frömmler hingestellt wird, während man den grob-materiellen Genuß des weltlichen Lebens als Höchstes preist; Ich muß sehen, wie gerade das äußere Kleid als Hauptsache und der geistige Inhalt, welcher unter dieser Umkleidung steckt, als Nichts betrachtet wird.

Auch hier gilt, was Ich einst zu den Pharisäern sagte: Wenn auch Meine Jünger und Meine Anhänger schweigen, so werden doch die

Steine — d. h. das ganze, materielle Naturreich — reden und dem Menschen überall zurufen: „Wache auf, Mensch, aus deinem weltlichen Taumel! Vergebens suchst du deine Bestimmung und deinen Schöpfer wegzuleugnen! Wenn du auch Seinen hinterlassenen Lehren aus der Zeit Seines sichtbaren Lebenswandels keinen Glauben schenken willst, wenn du auch die Stimme in deinem eigenen Herzen übertäuben willst, die dir als etwas ‚Gewisses' doch immer wieder zuruft und dich ermahnt, wenn du all dieses ableugnen willst, — so betrachte die Natur!"

Die eifrigsten Grübler, Naturforscher und Untersucher der Materie, alle kommen am Ende dazu und müssen trotz ihres Sträubens dazu kommen, daß hoch über der Materie ein großer Geist lebt, der die kleinsten Atome wie auch die großen Welten zu einem Ganzen vereinigt, und der, wie aus allen Werken zu ersehen ist, nur ein Gott der Liebe, der Gnade und der Langmut sein kann, der — wie einst im Beispiel vom verlorenen Sohn gesagt wurde — über einen Wiedergefundenen *mehr* Freude hat als über neunundneunzig Gerechte, die des Trostes nicht bedürfen.

‚Es ist *ein* Gott!' Dieser Ruf tönt aus allem hervor. Selbst die Verkettung der politischen und sozialen Verhältnisse zeigen dem aufmerksamen Beobachter deutlich genug, daß nicht immer geschieht, was der Mensch bezwecken will, sondern daß sowohl beim einzelnen Menschen, wie auch bei ganzen Völkern die Ergebnisse des Angestrebten oft ganz andere als die erhofften sind. Überall zeigt sich diese Macht der Gottheit — liebend den Liebenden, zürnend den Zürnenden, versöhnend den Versöhnenden.

Und wie Ich einst über die Blindheit der Bewohner Jerusalems Tränen des göttlichen Schmerzes vergoß, weil Ich voraussah, wie diese verirrten Kinder sich zuerst an Mir — körperlich —, dann an Meiner Lehre — geistig — vergehen würden, und wie sie endlich selbst den Tod erleiden würden, als Nation für immer aufzuhören, weil sie es selbst nicht anders gewollt hatten, so füllt sich auch jetzt Mein Herz ob der Blindheit des Menschengeschlechts mit Trauer.

Überall lasse Ich Funken Meines Himmelslichts ausstreuen, überall ertönt Mein Vaterruf: ‚Kehrt um, ihr Betörten! Vernehmt Meinen Ruf, vernehmt die Stimme eures himmlischen Vaters, der euch mahnt, ehe die große Katastrophe heranrückt — wie einst über Jerusalem und seine Einwohner! Vernehmt die Stimme, die euch die Augen öffnen und euch zeigen möchte, wie leichtsinnig ihr alle am Abgrund der Ewigkeit wie Betrunkene umhertaumelt und jeden Augenblick in Gefahr seid, auf lange Zeit von diesem verschlungen zu werden. Unreif, unzeitig werdet ihr dann in jenen zeitlosen Räumen nur unter vielen Beschwerden und mit großen Mühen das erreichen können, was hier in diesem irdischen Probeleben mit so leichter Mühe zu gewinnen ist!‘

So wie damals die Zerstörung Jerusalems nur kurze Zeit nach Meinem Hingang erfolgte, so wird es auch jetzt nicht mehr lange währen, bis eure sozialen Verhältnisse, von denen ihr glaubt, sie bestünden für immer, zusammenstürzen werden.

Damals galt die Zerstörung *einer* Stadt und *einem* Volke, jetzt gilt sie *vielen* Städten und *vielen* Nationen, sie gilt der ganzen Erde und der darauf lebenden Menschheit.

Damals hörte nach der Zerstörung Jerusalems der jüdische Kultus im großen und ganzen auf, und Meine Lehre fing an unter den Heiden statt unter Meinem Volk, den Juden, die ersten Früchte zu tragen. Ebenso werden jetzt die sogenannten Vertreter Meiner Lehre aufhören, ihr sündiges Spiel mit Meinen Worten und Meiner Lehre zu treiben. Dort fielen die Mauern des Tempels, welche gleichsam das Volk vom Heiligtum trennten; jetzt fallen die geistigen Mauern. Was bis jetzt Eigentum einer Kaste war, wird nunmehr Gemeingut werden. Vom Tempel blieb kein Stein auf dem andern, Verwüstung und Greuel nur bezeichneten die Stätte, an der der große Gott, aber falsch und unverstanden, verehrt wurde. Die zerstörten Ringmauern der Stadt waren die einzigen Überreste, welche andeuteten, daß dort die Hauptstadt eines Volkes stand.

Ebenso wird es jetzt im Geistigen werden. Man wird nur mit Mühe erkennen können, wo einst unter lauter Lügengeweben die reine Wahrheit verborgen und vergraben lag. Die Finsternis wird schwinden, und nicht die trübe Lampe eines Tempelgewölbes, sondern die allmächtige Sonne des geistigen Lichts wird alles erleuchten und alles erwärmen. Auf den Ruinen des Wahns und des Truges wird man den ewig grünenden Baum der Hoffnung pflanzen, welcher — stets nach oben, nach dem nie vergehenden Himmelreich strebend — ein Symbol des Wegs für die übriggebliebene Menschheit sein wird.

Daher, Meine Kinder, weil Mein Gnadenlicht auf die große Masse der Verirrten umsonst scheint, was Ich mit betrübten Augen und bekümmertem Herzen erkennen muß, so nehmt *ihr* das Gnadenlicht auf, und bedenkt, daß Ich euch unter so vielen Tausenden deshalb auserwählt habe, um einst nach dem zerstörten Wahngebäude des Truges die ersten festen Bausteine des neuen Tempels eines neuen Jerusalems zu sein!

Einst wandelte Ich sichtbar unter Meinen Kindern, und sie erkannten Mich nicht; jetzt aber, wo *ihr* Mich erkennt oder wenigstens die Gelegenheit dazu habt — sei es durch Meine Worte, sei es durch Meine Werke —, Mich als liebenden Vater zu erfassen, jetzt trachtet doch wenigstens *ihr* danach, euch vom allgemeinen Verfall zu retten, damit ihr, wenn die Mauern des Alten, Angewöhnten einstürzen, aufrecht stehen bleibt! Beweist durch eure Ausdauer und euer Vertrauen, daß, wenn Ich auch jetzt wieder über viele Verlorene Tränen des Schmerzes vergießen muß, es doch noch einzelne gibt, die den Liebesblick des Vaters zu begreifen und zu verstehen wissen und die, trotz des vielen Traurigen, ein Anhaltspunkt einer künftigen, nie versiegenden Freude werden können!

Wenn andere Tränen des Mitleids verdienen, so trachtet ihr danach, daß in Meiner Geisterwelt über euch, euer Verhalten und eure Ausdauer Tränen der Freude und der Wonne vergossen werden, welche die größten Beweise eures Sieges sein sollen! Amen.

36

Am 10. Trinitatissonntage

Das Gleichnis vom Pharisäer und Zöllner

Luk. 18, 9—14: Er sagte aber zu etlichen, die sich selbst vermaßen, daß sie fromm wären, und verachteten die andern, ein solch Gleichnis: „Es gingen zwei Menschen hinauf in den Tempel, zu beten; einer ein Pharisäer, der andere ein Zöllner. Der Pharisäer stand und betete bei sich selbst also: ‚Ich danke dir, Gott, daß ich nicht bin wie die andern Leute, Räuber, Ungerechte, Ehebrecher oder auch wie dieser Zöllner. Ich faste zweimal in der Woche und gebe den Zehnten von allem, was ich habe.' Und der Zöllner stand von ferne, wollte seine Augen nicht aufheben gen Himmel, sondern schlug an seine Brust und sprach: ‚Gott, sei mir Sünder gnädig!' Ich sage euch: Dieser ging hinab gerechtfertigt in sein Haus vor jenem. Denn wer sich selbst erhöht, der wird erniedrigt werden; und wer sich selbst erniedrigt, der wird erhöht werden."

In mehreren Evangelien, die Ich bis jetzt erklärt habe, waren Gleichnisse, durch deren Vorkommnisse im gewöhnlichen Leben Meine Lehre oder eigentlich nur Meine zwei Liebesgebote erläutert wurden, und von denen noch mehrere folgen werden.

Diese Erklärungen haben vor allem den Zweck, anderen Deutungen vorzubeugen, wie auch Moses Meine Gebote in zehn anderen näher bezeichnete, weil die Menschen sich nur zu oft bloß an den Buchstaben haltend, des Wahnes sind und auch waren: was in den Gesetzen nicht besonders erwähnt werde, sei auch nicht verboten.

Da Ich während Meines Erdenwandels als Lehrer die Beschränktheit der Begriffe Meiner Jünger und sonstiger Zuhörer wohl kannte, wählte Ich öfters Beispiele, Gleichnisse und Vergleichungen von materiell Bestehendem mit geistig Unsichtbarem, um niemand in Zweifel zu lassen, wie er Meine Lehre auffassen und wie er die ihm schon früher gegebenen kirchlichen Gebote verstehen solle.

Hier in diesem Evangelium seht ihr wieder, wie Ich besonders den Pharisäern, welche stets im Eigendünkel lebten, als seien sie besser als das andere Volk, ein Gleichnis gab, welches ihre Fehler berührte; denn sie glaubten, wenn sie nur die religiösen Gebräuche hielten, so sei alles getan, und der Gott ihrer Religion könnte sich damit zufrieden geben.

Ich erzählte ihnen von zwei Menschen, von denen der eine, welcher die Satzungen seiner Religion in den verschiedenen Gebräuchen dem Anscheine nach hielt, so ganz mit Hochmut und Verachtung auf einen andern herabsah, welchen er weit unter sich glaubte, weil sein Lebensberuf einer von denjenigen war, die in jener Zeit nicht im besten Rufe der Redlichkeit standen.

Nun, dieser Vergleich des einen, der in seinem übermütigen Stolze glaubte, nie oder nur wenig gesündigt zu haben, mit dem andern, der in vollster Demut sich seiner Vergehen, die von der menschlichen Natur oft nur zu leicht begünstigt werden, bewußt ist, — dieser Vergleich war geeignet, den unbändigen Stolz der Pharisäer zu demütigen. Er gab auch Meinen Jüngern und Zuhörern über manche Meiner Taten, die gegen die gewöhnlichen Gebräuche der Juden verstießen, eine Aufklärung, damit sie alle erkennen sollten, was für ein Unterschied es ist, ein Gesetz dem Worte oder Buchstaben nach zu halten oder es im geistigen Sinne zu verstehen und zu befolgen.

Als Erklärung dieses Beispiels sagte Ich Meinen Jüngern: „Wer sich selbst erhöht, wird erniedrigt, und wer sich selbst erniedrigt, wird erhöht werden!"

In den folgenden Versen dieses Kapitels ist zum Ausdruck gebracht, daß ‚gut' niemand genannt werden kann als nur Gott, wobei Ich Mich, als Menschensohn, selbst nicht ausnahm. Ich tat dies geflissentlich, damit sie alle hören und begreifen sollten, daß das Wort ‚gut' als Eigenschaft nicht so leicht zu erwerben und zu verdienen ist, und daß viel, ja sehr viel dazu gehört, um auf eine solche Benennung Anspruch machen zu können; denn das Wort ‚gut' hat hier auch die Bedeutung des Begriffes ‚sündenfrei'.

In der weiteren Folge dieses Kapitels sagte Ich bei der Gelegenheit, als man die Kindlein zu Mir brachte, daß die Menschen, wollen sie auf Mein Reich Anspruch machen, den Kindern gleichen müssen in bezug auf die Einfalt ihres Herzens, ihre Unschuld und das unbeschränkte Vertrauen zu ihren Eltern. Denn nur derjenige, der diese Eigenschaften des Kindes besitzt, wird durch Beten und Bitten den Eingang in Mein Reich erzwingen können, — weswegen der erste Vers dieses Kapitels sagt, daß man stets beten und nicht davon ablassen, d. h. daß man alles im Hinblick auf Mich und Meine zwei einzigen Gebote vollführen solle. Um das aber tun zu können, muß man auch fähig sein, seine Lieblingsgewohnheiten, das am schwersten Entbehrliche nötigenfalls zu opfern, was Ich durch den Vorfall mit dem Obersten näher erklärte; denn von diesem Manne verlangte Ich gerade die Opferung dessen, was ihm am meisten ans Herz gewachsen war.

Das Gleichnis, daß ein Kamel (Schiffstau) leichter durch ein Nadelöhr gehe, als daß ein Reicher in den Himmel komme, will besagen, daß das erstere leichter zu bewirken sei — obwohl es zu den Unmöglichkeiten gehört —, als daß ein Mensch, der noch an weltlichen Dingen hängt, in Mein Reich des Geistes gelangen könne; denn nur, wenn alles Weltliche dem geistigen Zwecke untergeordnet wird, ist von der Stufe des Weltlichen ein Aufschwung ins Geistige möglich.

Das, was Petrus bei diesem Vorfall mit dem Obersten zu dem Schlusse veranlaßte, sie seien Meine Jünger, eben weil sie alles verlassen hätten und Mir nachgefolgt wären, zeigt klar, wie leicht die Menschen ihre gebrachten Opfer überschätzen und schon auf dieser Erde die Belohnung dafür erwarten, während diese ihnen vielleicht erst im Jenseits, in dem Bewußtsein erfüllter Pflicht, zuteil wird. Meine Jünger hatten davon deshalb eine andere Auffassung, weil sie alle noch sehr unter dem Einfluß Meiner sichtbaren Persönlichkeit standen und daher nicht zur eigenen Reife gelangen konnten. Ja, als Ich ihnen Meine Leidensgeschichte voraussagte, begriffen sie es nicht; denn sie glaubten, wenn *ihnen* schon wegen ihrer materiellen Aufopferungen hier und dort Seligkeiten versprochen würden, umsomehr müßte Ich, der sündlos und rein vor ihren Augen einherwandelte, deren teilhaftig werden.

Sie waren blind wie der Blinde am Wege gen Jericho, sie hörten Mich wohl, aber sie verstanden nicht den Sinn Meiner Worte. Und wie Ich diesen Blinden sehend machte, weil er fest an die Möglichkeit der Heilung durch Meine Hand glaubte, so ward auch ihnen mit der Ausgießung Meines Geistes über sie der geistige Star gestochen, und sie begriffen dann erst ganz und sahen im hellsten Licht, was Ich ihnen in vielen Gleichnissen und Bildern während Meiner dreijährigen Lehrzeit gesagt hatte. Da erst begriffen sie, wer Ich war, was Meine Lehre zu bedeuten habe, und was ihre eigene Mission sei.

Seht, dieses Evangelium sagt euch vom Anfang bis zum Ende mit wenig Worten immer das gleiche! Es sagt euch, wie im praktischen

Leben das ‚gut' oder ‚ohne Sünde sein' so schwer ist, und wie die Aufopferungsfähigkeit so viele tausend verschiedene Abweichungen hat. Der Buchstabe des Evangeliums drückt eben nicht nur das vermeinte Eine aus, sondern der Sinn des Evangeliums zielt im ganzen darauf hin, den menschlichen Dünkel, man sei besser als der andere, herabzustimmen. Daher der Hinweis auf die Demut, wie sie im Zöllner als Tugend, dann beim Obersten als höchst Gefordertes, in den Kindlein als unbewußte Unschuld versinnbildlicht, Meinen Jüngern als künftige Belohnung verheißen und von Mir als irdischer Mensch auf Meinem letzten Leidensgange als höchstes Beispiel ausgelebt worden ist!

So seht ihr die Stufen der Demut vor euch, das Herabwürdigen der eigenen Natur vor dem zu erreichenden geistig höchsten Standpunkt, den Ich euch als Mensch als ewiges Beispiel zeigte.

Beachtet dieses Evangelium, in welchem der Lehren tiefste in Worten und in Meinem eigenen Lebensgang vor euren Augen stehen! Glaubt nicht, als wäret ihr schon etwas Besseres, weil euch Mein Wort vor vielen anderen zuteil wird und ihr gleichsam aus Meinem eigenen Munde erfahret, wie man es auffassen und im Leben ausüben soll!

Auch unter euch sind noch viele wie der Oberst. Wenn für euch die Stunde heranrücken wird, wo auch ihr dem Teuersten dieser Welt, welches ihr bis jetzt mit so vieler Ängstlichkeit bewahrt habt, entsagen müßt, da seid versichert, daß viele von euch traurig sein und sich von dannen schleichen werden wie der Oberste. Dann wird der Probierstein an eure menschliche Natur gesetzt, wieviel des Geistigen ihr aus Meinem euch so vielfach gespendeten Himmelsbrote mit eurem eigenen Ich vermischt und euch angeeignet habt. Deswegen geht auch an euch der Ruf des ersten Verses dieses Evangeliums: Betet und lasset nicht ab, damit euch stets Kraft genug bleibe, unter allen Umständen und Verhältnissen nicht zu wanken, sondern fest bei Mir zu stehen; denn nur den Ausharrenden werden im Jenseits ihre weltlichen Verluste vergütet werden, den Schwankenden und Zweifelnden aber nicht!

Betet ohne Unterlaß, daß euch in jeder Beziehung der Hochmut oder der Stolz verlasse, und zieht das Kleid der Demut an! Werdet wie die Kindlein! Glaubt vertrauensvoll an Meine Verheißungen; denn das, was Ich euch jetzt sage, ist ja nichts Neues! Schon vor mehr als tausend Jahren wurde es von Mir Meinen Jüngern und gläubigen Zuhörern gegeben! Schon lange liegt es, wie ihr sagt, schwarz auf weiß vor euren Augen; aber blind wie der Bettler von Jericho seht ihr nicht das Licht, das aus diesen Worten strahlt. In eurem Herzensdrange rufet auch ihr oft zu Mir: „O Herr, mach mich sehend!" Und es ergeht auch denjenigen unter euch, die vertrauensvoll wie der Blinde von Jericho sich Meinen Händen anvertrauen, so, wie es in diesem Evangelium heißt: „Wer ohne Unterlaß betet und bittet, den werde Ich erhören!"; denn auch ihnen wird ihr Glaube, wie jenem Blinden der seine, helfen.

Ihr bekommt jetzt in diesen Sonntagspredigten so viel Licht aus Meinen Himmeln, daß es unmöglich scheint, daß ihr über den eigentlichen Sinn Meines Wortes, wie es einst gesprochen wurde, noch Zweifel hegen könnt, ferner darüber, wie es ausgeführt werden soll, und daß es jetzt selbst in der sozialen und politischen Entwicklung eures gesamten Weltteils, dem Endresultat, der endlichen Vergeistigung der menschlichen Seele entgegengeht.

Ich sagte Meinen Jüngern Meine Leiden und Meinen Tod voraus, sagte ihnen aber nicht, daß eben diese Leiden und dieser Tod der größte Triumph, der größte Sieg des Geistigen über die menschliche Natur seien und bleiben würde. Ich verschwieg es, weil sie Mich nicht verstanden hätten; aber nun sage Ich es frei heraus, daß alles dahin drängt, zur Reife zu bringen, was Ich in jenen drei Lehrjahren als Samen ausgesät habe. Meine Lehre wird trotz aller blutigen und scheußlichen Vorgänge, denen sie in vielen Jahrhunderten als Deckmantel dienen mußte, am Ende doch siegend hervortreten, wenn die Menschheit durch Leiden und Trübsale gezwungen sein wird, sich all des Unflats zu entledigen, welcher ihr noch anklebt.

Was Mir in jenen Zeiten geschah — die Leiden und Kämpfe und selbst der Tod, der aber durch die Auferstehung und Himmelfahrt zum Sieg gekrönt wurde —, das geht jetzt mit der Menschheit vor. Was Ich damals als Mensch litt, wird jetzt die Menschheit leiden müssen.

Das Weltliche muß verspottet, verachtet, gekreuzigt werden, soll das Geistige im Menschen auferstehen, soll eine Annäherung mit Meinem Geisterreich möglich werden!

Ich ging in jener Zeit mit dem Beispiel voran, und die Menschen müssen jetzt nachfolgen. Wohl dem, der schon früh Hand anlegt und abstreift, was als weltlicher Ballast sein Aufschwingen in höhere Geisstesstufen hindert! Er gewinnt viel im voraus, und die zu tief in der Materie stecken und Meinen Ruf zum Erwachen nicht vernehmen wollen, denen wird es ergehen wie den Mauern von Jericho, welche bei den Trompetenstößen einstürzten. Sie werden ihrer Vernichtung ebenfalls nicht entkommen, weil sie, nur Materie, in das Geistige Reich nicht aufgenommen werden können.

Nicht umsonst sind diese dreiundfünfzig Predigten für die Menschheit kundgegeben. Für euch und für alle die, welche einst durstig nach Lebenswasser lechzen werden, sind sie gegeben. Alle sollen sehen, welche Fülle von Liebe, Wahrheit und Lebenswärme in den von Meinen Jüngern aufgezeichneten Evangelien verborgen liegt, für welche aber bis jetzt noch das geistige Verständnis bei der Mehrzahl fehlte.

Um euch also die Evangelien, mit mehr als sieben Siegeln verschlossen, zu öffnen und durch diese Bücher den Weg zu Mir und Meinen Himmeln anzubahnen, sende Ich euch diese Erklärungen. Sollen sie Nutzen bringen, müssen sie nicht allein gelesen, sondern im Leben ausgeübt werden, damit Ruhe, Frieden und Trost denjenigen im vollsten Maße werde, welche es sich zum Ziel gesetzt haben, Meine Kinder zu werden. Amen.

37

Am 11. Trinitatissonntage

Die Heilung eines Taubstummen

Mark. 7, 32—37: Und sie brachten zu ihm einen Tauben, der stumm war, und baten ihn, daß er die Hand auf ihn legte. Und er nahm ihn von dem Volk besonders und legte ihm die Finger in die Ohren und spützte und rührte seine Zunge und sah auf gen Himmel, seufzte und sprach zu ihm: „Hephata!", das ist: ‚Tu dich auf!' Und alsbald taten sich seine Ohren auf, und das Band seiner Zunge ward los, und er redete recht. Und Jesus verbot ihnen, sie sollten's niemand sagen. Je mehr er aber verbot, desto mehr sie es ausbreiteten, und das Volk wunderte sich über die Maßen und sprach: „Er hat alles wohl gemacht; die Tauben macht er hörend und die Sprachlosen redend!"

(Den 17. April 1872)

Die schnelle Heilung eines Taubstummen, von der diese Verse erzählen, war eine von jenen Taten, mit welchen Ich von Zeit zu Zeit Meine Lehre bekräftigen mußte, damit Meine Jünger, sowie das Volk, welches Mir nachfolgte, auch durch Taten überzeugt wurden, daß Meine Worte göttlicher Abstammung sind. Diese Taten sollten auch Mein Dasein auf eurer Erde als eine *höhere* Mission als die eines Propheten und Sehers begründen und beweisen. Denn das Volk, durch scheinbare Wunderwerke der Magier und Essäer daran gewöhnt, Dinge vor seinen Augen verrichtet zu sehen, welche es nicht begreifen konnte, legte nur zu leicht dem einen oder dem andern einen Namen oder eine Kraft bei, die ihm nicht eigen war, weswegen Ich hauptsächlich nur Heilungen oder solche Wunder vollführte, die jenen Gauklern und Magiern nicht zu verrichten möglich waren.

Was den Akt der Heilung selbst betrifft, so wie Ich ihn verrichtete, hat er einen tieferen, geistigen Sinn als nur den, daß Ich einen Taubstummen heilte, damit er dann von Mir und Meiner Wunderkraft reden sollte. Ich hatte derlei Anpreisungen nicht nötig, ja — wie einer der Verse deutlich sagte — Ich verbot dem Geheilten sowie den Zeugen, von dieser Tat weiter zu reden. Dies wurde aber nur selten befolgt; denn eben durchs Verbot erwacht der Drang zum Sündigen noch stärker. Auch Mein Jünger Paulus empfand dies, indem er seufzend sagte: „Wäre nicht das Gesetz, so wäre nicht die Lust, dagegen zu sündigen!“ Er bekannte in diesen Worten die Schwäche der menschlichen Natur und warnte zugleich vor der zu großen Sicherheit, eine gewisse Stärke erlangt zu haben, damit man nicht unverhofft desto tiefer falle.

Was das Verständnis der geistigen Bedeutung dieser Heilung des Taubstummen für euch alle betrifft, so müßt ihr die Worte ‚taub‘ und ‚stumm‘ recht ins Auge fassen und dann aus der gegebenen Erklärung die geistigen Schlüsse herausfinden.

Die Handlung wurde einer Sonntagspredigt deshalb zugrunde gelegt, um euch Mir näherzurücken. Denn ihr müßt wissen, daß in jedem Wort, das Ich sprach, und noch mehr in jeder Handlung, die Ich während Meines Erdenwandels verrichtete, die Hauptsache bei weitem mehr das Geistige war als der Akt der Tat, die Gelegenheit oder die Umstände, bei welchen Ich Meine Lehre dem Mir nachfolgenden Volk kundgab. Jedes Meiner Worte hatte einen weittragenderen Sinn, als jene Zuhörer ahnten und auch heutzutage noch die meisten Bibelerklärer und -forscher gefunden haben.

Deswegen muß Ich auch hier diese beiden Worte ‚taub‘ und ‚stumm‘ etwas näher erklären, damit wir durch geistige Entsprechung leichter herausfinden können, was jetzt zu Meinem Zwecke paßt, und was schon in jener Zeit in Meinem Wort ‚Hephata‘ und in der Handlung, wie auch in der Person, an welcher Ich die Handlung vollzog, lag. Denn es war kein Zufall, daß ein Taubstummer auf diese besondere Art von Mir geheilt werden mußte, während Ich bei anderen Gelegenheiten Blinden, Lahmen, Aussätzigen und anderen nur durch Mein Wort oder durch Auflegen Meiner Hände die Gesundheit wiedergab.

Seht, um dies alles geistig aufzufassen und zu begreifen, müssen wir diese beiden Worte ‚taub‘ und ‚stumm‘ näher betrachten, woraus sich das Weitere dann von selbst erklären wird.

‚Taub‘ sein ist ein Zustand, bei dem der innere Geistesmensch, um einen Sinn ärmer, so manches von den Annehmlichkeiten und geistigen Einflüssen der Außenwelt entbehren muß, was dem gesunden Menschen durch das Gehör von allen Seiten zuströmt. Letzterem wird dadurch bewiesen, daß selbst in dem Vibrieren der Materie, das den Schall bewirkt, weit Größeres, Geistigeres liegt, als er wähnte; denn die

Eindrücke des Schalls bilden, vom leisesten Geräusch bis zur höchsten Harmonie der Musik oder bis zum noch höheren Ausdruck aller geistigen Begriffe im Wort, eine große Stufenreihe von Genüssen, Erklärungen und Kundgebungen Meiner Göttlichkeit und Ewigkeit in der ganzen materiellen Schöpfung, welche alle dem Tauben fremd und nicht erklärbar sind, sowenig wie dem Blinden die Farben, zumal wenn diese Mängel von Geburt an bestehen.

‚Stumm' ist wieder das Entgegengesetzte von ‚taub'. Während nämlich im Tauben der innere Mensch tausender Einflüsse von außen durch das Nichthören beraubt wird, so muß umgekehrt der Stumme, des Mittels der Sprache beraubt, den Mangel fühlen, die Einflüsse, welche die ihn umgebende Außenwelt auf ihn ausübt, nicht kundgeben und die durch das Äußere in seinem Innern sich abspiegelnde Welt anderen durch das größte und umfassendste Werkzeug, durch die Stimme und Sprache, nicht mitteilen zu können. Es stehen ihm im besten Falle neben Gebärden und Zeichen unartikulierte Laute zu Gebot.

Wie Ich in einem anderen Wort an euch schon sagte, daß gegenseitige Mitteilungen ein Hauptbedürfnis, ja ein notwendiges Mittel zum Fortschritt auf dem geistigen Wege sind, so versteht es sich von selbst, daß derjenige, welcher stumm ist, eine ungeheure Menge von Genüssen entbehren muß, was ihm erst dann zum Bewußtsein kommt, wenn er das von außen Empfangene wieder durch Mitteilung zurückstrahlen möchte.

Nachdem Ich euch die Bedeutung dieser beiden Worte und die Nachteile des Verlustes der einen oder der andern Eigenschaften näher erklärt habe, so könnt ihr euch einen rechten Begriff von denjenigen Geschöpfen und Menschen machen, welche nicht nur den einen oder den andern Sinn, sondern beide entbehren müssen.

Das Fühlen oder die Aufnahme der von außen kommenden Harmonien und das Wiedergeben der durch dieselben auf den Innenmenschen hervorgebrachten Eindrücke fehlen. Es liegt in diesem Mangel ein ungeheurer Hemmschuh des Fortschritts im Geistigen; denn wer nur durch andere Mittel als durch das Gehör das außer ihm Liegende aufnehmen und das Aufgenommene notdürftig wieder mitteilen kann, der entbehrt in Meiner großen Schöpfung vieles, was anderen, ohne es zu wissen, in vollem Maße in den Schoß fällt.

Nicht ohne Grund bat Mich in jener Zeit das Volk, diesen Taubstummen zu heilen. Es war von dem Gedanken geleitet, daß auch er Meine Worte vernehmen sollte, und daß er so, wenn sein Inneres mit einem großen Reichtum von nie geahnter Geistesfülle genährt sei, seine und auch Meine Mission auf Erden begreifen könne.

Wie viele Menschen haben noch jetzt ihr geistiges Ohr Meiner Schöpfung und Meinen Lehren verschlossen, und wie vielen ist noch bis jetzt Meine ganze Schöpfung ein stummes, zusammengeworfenes Gemisch von Stoff und Materie, dessen Gesetze nach ihrer Meinung nur dem Zufall entstammen. Wie vielen rufe Ich zu: „Hephata!", d. h.: „Tuet auf eure Ohren, vernehmt den Jubelgesang der ganzen Natur, die vom letzten Atom bis zur größten Zentralsonne nur Liebe predigt! Macht auf eure Ohren und vernehmt das geistig Tiefe, welches euch in Meiner Lehre gegeben wurde, um euch zu etwas Höherem, zu etwas Größerem zu erziehen als zu vegetierenden kräuter- und fleischfressenden Tieren, die nur mit größerer Intelligenz als die anderen begabt sind!"

Wie vielen rufe Ich dieses alle Tage, jede Stunde, ja jeden Augenblick zu, und jede Gemütsbewegung, jede Idee, die doch nicht Produkt des Stoffes oder der Materie sein kann, zeigt ihnen deutlich, daß in dem körperlichen Tiermenschen ein geistiger, höherer Mensch verborgen liegt, der den äußeren Menschen so vergeistigen sollte, daß er eine würdige Umkleidung des Innern und ein Geschöpf werde, das seinem Schöpfer Ehre macht.

Und seht, Tausende haben sich selbst zur Taubstummheit verdammt. Sie begreifen nicht, welch großer Schatz geistiger Seligkeiten in Meiner Natur auf sie einwirken will; sie sind kalt oder stumm bei diesen Eindrücken. An ihren Ohren gehen alle geistigen Harmonien unbeachtet vorüber, und ihr Inneres ist leer oder nur von Eindrücken angefüllt, die aus der niedersten Sphäre der Materie oder der Sinnlichkeit herrühren und sie vom Menschen zum Tier herabdrücken.

Ihr Inneres ist leer, und weil sie nichts Geistiges geben können, empfangen sie auch von andern nichts. Für sie herrscht nur die Materie, und Geistiges ist ein Erzeugnis eines verrückten Gehirns.

Durch dieselben Worte, welche Ich euch schon seit mehreren Jahren zukommen lasse, rufe Ich Meinen verirrten Kindern das ‚Hephata!' zu, lege Meine Finger in ihre Ohren, um sie noch zu retten, solange es möglich ist und ehe noch die ganze Natur mit Posaunentönen, statt mit sanften Harmonien, ihnen ins Ohr tönen wird, was sie auf friedlichem Wege nicht verstehen wollen.

Ich habe die Menschen nicht erschaffen, daß sie gegen alle Meine Werke taub seien, und habe Meine Schöpfung nicht mit so vielen Wundern ausgerüstet, daß sie Meinen geistigen Wesen ein stummes Buch sein solle.

Taubstumm ist und soll nichts sein in Meiner gesamten Natur! Alles, was lebt, soll die Sprache seines Schöpfers, seines Vaters vernehmen. Denn Er will mit den Eindrücken Seiner Schöpfungen die Seele der geschaffenen Wesen so erfüllen, daß in der Mitteilung des Geschauten, Gefühlten und Gehörten die ganze Wonne des Daseins liegt.

Nicht stumm soll Meine Natur sein; denn ‚stumm' ist soviel wie ‚geistig tot'. Jubelnd soll alles bezeugen, daß es lebt, daß es sich des Lebens freut, und daß es in allen Schöpfungen der Außenwelt seinen Schöpfer, seinen liebenden Vater wieder erkennt! So soll die materielle Schöpfung die Unterlage des Geistigen sein und die geistige Schöpfung das Materielle vergeistigen!

Taub oder stumm ist und soll nichts sein in der Welt, am wenigsten der Mensch, der als letztes Produkt der materiellen Schöpfung auf dieser Erde Mein geistiges Ebenbild in sich trägt!

Wie Ich dem Taubstummen das *Gehör* wiedergab, damit er höre, was und wie alles in der Natur Mich lobt und preist, so sollte er auch nicht mehr *stumm* sein, damit er in diesen Jubelgesang mit einstimmen könne und Mich als seinen Herrn, aber auch als seinen liebenden Vater erkennen möge.

Wie Ich jenen Taubstummen heilte, so laßt auch ihr euch heilen, damit ihr, nicht taub gegen Meine Worte, den andern laut mit der Macht der Stimme voller Überzeugung verkünden könnt, daß jene Taten und Wunder, vor mehr als tausend Jahren von Mir verrichtet, geistig nur andeuten wollten, was Ich mit der ganzen Menschheit im Sinne hatte, als Ich sie schuf, und als Ich euch Menschen auf dieser Erde zu Herren einsetzte!

Ich wollte nicht Taube und nicht Stumme, sondern Wesen für Mein Reich erziehen, die offene Geistesohren und beredte Zungen haben sollen, Mich und Meine Schöpfung zu vernehmen und laut zu verkünden: „Hosianna in der Höhe! Heil Ihm, der uns diese außerordentliche Gnade gab, Ihn zu vernehmen, und uns nebenbei auch die Mittel verlieh, das Vernommene wiederzugeben, damit es nicht für uns allein, sondern für alle diejenigen ein Gemeingut werde, die Seine Kinder werden wollen!"

So wünsche Ich, daß ihr Mir den täglichen Lobgesang darbringt, damit ihr der ganzen Welt durch Wort und Tat beweist, daß ihr während Meiner Lehrzeit weder taub noch stumm gewesen seid!

Dies beachtet zu *eurem* Heil, wie auch zum Besten eurer *Nächsten!* Amen.

38

Am 12. Trinitatissonntage

Das Gleichnis vom barmherzigen Samariter

Luk. 10, 25—37: Und siehe, da stand ein Schriftgelehrter auf, versuchte Jesus und sprach: „Meister, was muß ich tun, daß ich das ewige Leben ererbe?“ Jesus aber sprach zu ihm: „Wie stehet im Gesetz geschrieben? Wie liesest du?“ Er antwortete und sprach: „Du sollst Gott, deinen Herrn, lieben von ganzem Herzen, von ganzer Seele, von allen Kräften und von ganzem Gemüte, und deinen Nächsten wie dich selbst!“ Er aber sprach zu ihm: „Du hast recht geantwortet; tue das, so wirst du leben!“ Er aber wollte sich selbst rechtfertigen und sprach zu Jesu: „Wer ist denn mein Nächster?“ Da antwortete Jesus und sprach: „Es war ein Mensch, der ging von Jerusalem hinab gen Jericho und fiel unter die Mörder. Die zogen ihn aus, schlugen ihn, gingen davon und ließen ihn halbtot liegen. Es begab sich aber ungefähr, daß ein Priester dieselbe Straße hinabzog; und da er ihn sah, ging er vorüber. Desgleichen auch ein Levit, da er kam zu der Stätte und sah ihn, ging er vorüber. Ein Samariter aber reiste und kam dahin; und da er ihn sah, jammerte ihn sein, ging zu ihm, verband ihm seine Wunden, goß drein Öl und Wein, hob ihn auf sein Tier, führte ihn in die Herberge und pflegte sein. Des andern Tages reiste er, zog heraus zwei Groschen, gab sie dem Wirte und sprach zu ihm: ‚Pflege sein; und so du was mehr wirst dartun, will ich dir's bezahlen, wenn ich wiederkomme‘. Welcher dünkt dich, der unter diesen dreien der Nächste sei gewesen dem, der unter die Mörder gefallen war?“ Er sprach: „Der die Barmherzigkeit an ihm tat.“ Da sprach Jesus zu ihm: „So gehe hin und tue desgleichen!“

(Den 10. April 1872)

Diese Verse erzählen euch das Gleichnis vom Samariter. Mit diesem handgreiflichen Bild wollte Ich dem Pharisäer auf seine Frage: „Wer ist mein Nächster?“ zeigen, wer dieser sei, und wie das zweite Liebesgebot — ‚Du sollst deinen Nächsten lieben wie dich selbst!‘ — im geistigen Sinn verstanden werden solle.

Die Menschen machten und machen zu allen Zeiten zwischen Menschen-, Bruder- und Nächstenliebe, die alle in eine Liebe zusammenfließen, einen großen Unterschied, worüber Ich euch vor längerer Zeit ein ausführliches Wort gegeben habe, welches hier eingeschaltet werden könnte, wenn keine andere Erklärung möglich wäre.

Da man aber in jenen Zeiten, als Ich dieses Gleichnis gab, durch die Unterschiede der Stände oder Kasten, wie auch durch die Ansichten der Menschen weit von dem entfernt war, was Ich unter ‚Liebe deinen Nächsten wie dich selbst!' verstanden haben wollte — was auch aus der Antwort des Pharisäers hervorgeht, welcher erst fragen mußte: „Wer ist denn eigentlich mein Nächster?" —, so war es ganz natürlich, daß Ich aus diesen triftigen Gründen ein Beispiel aufstellen mußte, um zu zeigen, wer eigentlich der Nächste jedes Menschen sei. Es besteht in allen künftigen Zeiten über den Begriff ‚Nächster' und über die Ausübung der Liebe zum Nächsten kein Zweifel mehr, denn mit einem Wohlwollen allein, oder mit frommen Wünschen ist dem Nächsten, der Menschheit und Mir am wenigsten geholfen.

Soviel schon über dieses zweite Liebesgebot geschrieben und geredet wurde, so haben doch die wenigsten Menschen eigentlich verstanden, was die Nächstenliebe und wer der Nächste ist.

Der allgemeine Schluß ist gleich gemacht: „Die ganze Menschheit ist mein Nächster, und durch das Gesetz, daß ich den Nächsten lieben soll wie mich selbst, ist auch der Maßstab der Liebe bestimmt!"

Ganz recht, sage Ich; aber jetzt kommt es darauf an: „Inwiefern ist die Menschheit oder jeder Mensch mein Nächster, und was heißt: sich selbst — aber wohlgemerkt — im gerechten Maß lieben?"

In diesen beiden Begriffen liegt der Schlüssel zu Meinem Reich, weshalb Ich unter allen erdenklichen Geboten gerade dieses Gebot der Nächstenliebe zum zweiten Hauptgebot nicht allein für eure Erde, sondern für alle Welten und selbst für das große Geisterreich gemacht habe.

Es ist vor allem deshalb das Gebot der Liebe, weil es ohne Liebe keine Wärme, ohne Wärme kein Leben, ohne Leben keine Schöpfung — was immer für eine denkbare — gibt. Die Liebe ist der erste Trieb, welcher zur Tätigkeit anspornt; die Tätigkeit erzeugt entsprechend Wärme. Die Wärme — Ausdruck für Bewegung, Vibrieren — zeigt sich als Leben, und Leben ist Entstehen, Bestehen und Vergehen, als sichtbares Zeichen des Lebens oder der Schöpfung in ihrer ganzen Ausdehnung.

Die Liebe adelt alle Wesen, die sie fühlen und gegen andere ausüben. Ohne Liebe gäbe es keinen geistigen Maßstab der Handlungen, und ohne Liebe bestände weder Ich, noch etwas Geschaffenes, das ein Bleibendes werden könnte.

Nun, wie die Liebe in *Mir* Meine Geister, die lebenden Wesen und selbst die Materie schuf und sie alle mit gleicher Glut umfängt, sie ernährt, erhält und leitet, zum größtmöglichen, geistigen Ziel, zum Inbegriff der höchsten Liebe, — ebenso soll auch der *Mensch* seine Umgebung, die Welt, in welcher er leben muß, mit gleicher Liebe umfassen. Alles Geschaffene, aus Liebe und durch Meine göttliche Liebe erzeugt, soll steter Beweis sein, daß Ich ein liebender Vater erst *dann* bin, wenn Meine erschaffenen Wesen, Meine Nächsten, ihre Pflicht, ihre Mission so erfüllen, wie Ich sie Mir gedacht habe, und wie Ich sie aus freiem Antrieb und nicht durch Zwang ausgeführt haben möchte. Der freie Wille adelt das Geschöpf, im Gegensatz zu dem durch den Instinkt geführten Wesen, das so handeln muß und nicht anders kann.

Diese über alles sich ausbreitende Liebe soll der Maßstab für die Menschenliebe sein, welche in jedes Menschen Brust ihren Wohnort aufschlagen und als bleibendes Denkmal einer höheren Abkunft auch alle Gedanken, Worte und Taten auf sie beziehen soll. Diese Liebe soll aber auch, wie die Meine, keinen andern Zweck kennen als den, alles zum Besten seiner Mitmenschen und seiner mitlebenden Wesen zu tun, wobei man natürlich dem Nächsten das von ihm Gewünschte nicht immer gewähren darf, sondern ihm auch manches versagen muß, so das Gewähren vielleicht Schaden statt Nutzen bringen würde.

Betrachtet Mich! Ich liebe euch Menschen alle, liebe euch mit einer Liebe, die ihr nicht begreifen, nicht fassen und nicht erwidern könnt, und doch sage Ich nicht zu allen Bitten, mit denen ihr Mich überhäuft: „Ja!“, sondern meistens das Gegenteil: „Nein!“ Und warum? Weil ihr oft Dinge wünscht, die euch geistig schädlich wären! Und wenn diese Verweigerung dann Leiden und Kämpfe, Unglücks- und Trauerfälle über euch und die Eurigen bringt, so ist sie doch nur Ausfluß der Liebe, der Liebe eures himmlischen Vaters, der euretwegen alles erschaffen, euretwegen so manches erduldet hat und euch stets Undank, Verhöhnung, Verleugnung mit Segen vergilt.

Hier seht ihr, wie die Liebe aufgefaßt werden muß, wenn sie nicht Böses, sondern Gutes bewirken soll. So müßt auch ihr eure Menschen-

oder Nächstenliebe auffassen! Wie ein Vater auf Erden seinen unmündigen Kindern nicht alles gewährt, was sie in ihrem Unverstand von ihm verlangen, sondern immer den höheren Erziehungszweck im Auge behält, ebenso sollt auch ihr nur dann eurem Nächsten Gutes tun, wenn ihr überzeugt seid, daß gemäß eurer Einsicht nicht etwa ein Laster genährt oder euer Nächster im Nichtstun bestärkt, statt zur Arbeit gewöhnt wird.

Dies ist *die* Liebe, mit welcher Ich aus Meiner Weisheit heraus Meine Welten regiere. Ebenso sollt auch ihr mit euren Verstandeskräften den Trieb des Wohltuns bezähmen und regeln, damit nicht das entgegengesetzte Resultat die Folge eures, wenngleich edelsten Willens ist.

Der zweite zu erwägende Punkt ist: „Ihr sollt den Nächsten lieben wie euch selbst!"

Nun, auch hier sind so viele Begriffe möglich, wie es geistige Stufen der menschlichen Natur gibt, die von der Verleugnung einer Selbstliebe bis zum höchsten Egoismus steigen kann, — und so entsteht die Frage:

„Wann ist meine Selbstliebe die gerechte, die mir und andern nützliche?"

Nur nach Beantwortung dieser Frage weiß man, *welche* Liebe und *wie* sie anderen erwiesen werden soll! Ihr seht, daß, genaugenommen, die Worte ‚Liebe' und ‚sich selbst' ganz andere Begriffe ergeben als bei deren oberflächlicher Betrachtung.

Die Bedeutung der Selbstliebe muß erst klar vor euren Augen stehen; ihr müßt wissen, wie und was ihr an euch lieben sollt, um dann nach dieser Erkenntnis eure Liebe auf andere übertragen oder die Liebe, mit welcher ihr andere behandeln sollt, genau beurteilen zu können.

Es ist in jeden Menschen der Trieb gelegt, sein Leben zu erhalten, es zu verlängern und so angenehm wie möglich zu gestalten. Dieser nötige Erhaltungstrieb für die äußere Hülle oder Umkleidung des geistig-seelischen Menschen mußte tief in ihn gelegt und eingepflanzt werden, damit er nicht bei den geringsten Mißhelligkeiten während seiner irdischen Lebensbahn auf den Gedanken kommt, diesen hindernden Trieb zu unterdrücken und sich seines Körpers noch vor der Reife des inneren Menschen zu entledigen.

Dieser Erhaltungstrieb ist so mächtig und nötig, daß nur Menschen, welche auf alles Geistige verzichten, keinen Glauben und keine Religion im wahrsten Sinn haben oder durch verkehrte Weltansichten oder geistige Störungen in ihrem Lebensorganismus geschwächt sind, dahin kommen können, die so tief eingewurzelte Liebe zum Leben zu zerstören und ihrem Dasein von sich aus früher ein Ende zu machen, als es im Plane Meiner göttlichen, überall gültigen Gesetze bestimmt war.

Solche Selbstmörderseelen werden im Jenseits einen mit weit schwierigeren Umständen verknüpften Weg zur Ausreife zurückzulegen haben, weil sie unreif aus dieser Welt gegangen und ebenfalls unreif in eine andere eingetreten sind.

Die zweite Art der Selbstliebe ist eine höhere, nämlich der Erhaltungs- und Vervollkommnungstrieb des Geistigen. Der Mensch sucht sein geistiges Ich soviel als möglich Dem gleich zu machen, der diesen Funken göttlichen Bewußtseins in ihn gelegt, ihn damit weit über die Materie erhoben und an die Grenze zweier Welten gestellt hat, so daß er der körperlichen Hülle nach der Materie und dem Geist nach der Geisterwelt angehört.

Sowohl im materiellen wie im geistigen Wesen des Menschen kann ein Mangel oder ein Überfluß an Selbstliebe vorhanden sein.

Der Mangel an materieller Selbstliebe gibt sich durch Lebensüberdruß kund, wobei der körperliche Erhaltungstrieb so gering wird, daß der Mensch oft wegen geringfügiger Unannehmlichkeiten des irdischen Lebens sein Körperleben vernichtet. Dieser Zustand wird häufig durch eine verkehrte Erziehung, durch Nichtglauben an einen Gott oder an ein Fortleben der Seele, oder durch geistige Störungen hervorgerufen.

Diesem Extrem des *Mangels* an Selbstliebe steht dann wieder ein *Übermaß* an Eigenliebe gegenüber. Der Mensch, sein *leibliches* Wohl als Höchstes achtend, will nur *dem* fröhnen, was der schmutzigste Egoismus ist. Er ergreift alle Mittel, um seinen Zweck zu erreichen. Es gibt für ihn nichts als sein eigenes Ich, und er ist, jedes Band der Nächstenliebe verleugnend, stets nur allein sein Nächster. Diese Menschen stehen auf der untersten geistigen Stufe; denn sie entziehen sich aller Kämpfe und aller Aufopferungen. Sie wollen nur Genuß, und zwar nur für sich allein, und alle Mittel — erlaubte oder unerlaubte, gesetzliche oder ungesetzliche, göttliche oder teuflische — werden ergriffen, wenn sie nur zu ihrem angestrebten Ziel gelangen. Solche Eigenliebe schließt alle Nächstenliebe gänzlich aus.

Eine Eigenliebe kann auch bestehen, wenn der Mensch nur seiner selbst willen seinen inneren Menschen so ausbilden, so vervollkommnen will, daß ihm selbst sein Körper zur Last wird und er sich desselben sobald wie möglich entledigt fühlen möchte.

Hier habt ihr die beiden Extreme: Mangel und Überfluß an Selbstliebe, sei es im materiellen, sei es im geistigen Wesen des Menschen. Wenn aber eine Mittelstraße eingehalten werden soll, wo weder dem einen noch dem andern Extrem zu nahe gekommen werden darf, so fragt es sich, wie es mit der Nächstenliebe steht, die sich doch nach der Selbstliebe regeln soll.

Auch hier gilt das gleiche, was Ich schon im Anfang erklärte: Die gemäßigte, durch den Verstand geleitete Liebe, die das eigentliche, geistige Ziel des Menschen und das Ziel seiner irdischen Laufbahn stets im Auge hat, diese Liebe soll die Eigenliebe in solche Bahnen lenken, daß der Körper nicht unter dem Einfluß des Geistes und der Geist nicht unter dem des Körpers leide oder gar verkümmere. Der Mensch soll stets bedenken, daß ihm auch sein Körper als ein Gut anvertraut wurde, und wie er einst von seiner Seele wird Rechenschaft geben müssen, so wird auch die Frage an ihn ergehen: „Hast du deinen Körper zu dem Zweck gebraucht, zu dem er bestimmt war, oder hast du ihn mißbraucht?“ So wird die Rechenschaft, die der Mensch über seinen Geist und die ihm anvertrauten Talente abzulegen hat, mit derjenigen, die er über das materielle Leben zu geben hat, zusammenfallen.

Beides, Geist und Körper so zu gebrauchen, so zu erziehen und derselben so Meister zu werden, daß alle Handlungen nur im Hinblick auf Mich, den Geber, geschehen und so den Stempel der Göttlichkeit tragen. Diese Art zu denken, zu handeln und zu wirken soll auch der Maßstab dafür sein, wie ihr dem Nächsten eure Liebe angedeihen lassen sollt! Diese Liebe soll dem Nächsten alles Gute gewähren, insoweit es Meinen eigenen, sittlichen Grundsätzen entspricht.

Der Mensch muß vorerst an sich selbst erkennen, was er zu leisten imstande ist, um auch die Leistungsfähigkeit anderer zu bemessen. Er muß vorerst bei sich das Gute und Schlechte unterscheiden lernen. Er muß lernen, was dem Geist und was dem Körper nützt oder schadet, ehe er aus blinder Liebe anderen angedeihen läßt, was sie nur zum Ruin und nicht zum höheren Ziel führt.

Daher regelt vorher eure Eigenliebe! Haltet darin gerechtes Maß und Gewicht, und es wird euch die rechte Selbstliebe am besten zur Nächstenliebe führen! Denn nur da, wo klare Ansichten herrschen, können auch vollgültige Taten das Resultat sein; sonst tappt ihr im Finstern herum, verkennt oder mißbraucht eure Liebe zum Schaden anderer. Überall in der ganzen Welt sind die Extreme schädlich und führen zu nichts: im Lieben wie im Hassen, im Geben wie im Verweigern, im Reden wie im Schweigen.

Daher seid bei jeder Handlung eurer höheren Bestimmung eingedenk und vergeßt dabei nicht, daß ihr Menschen und keine Götter seid, und daß zu große wie auch zu geringe Liebe für sich selbst ebenso zu schlechten Resultaten führt, wie zu hoch oder zu niedrig gespannte Begriffe von Nächstenliebe dem Nebenmenschen eher schaden als nützen können.

Erkennt zuerst eure eigenen Schwächen, um nachsichtig gegen die anderer zu sein! Prüft, ob die Gewährung einer Bitte bei euch Gutes oder Schlechtes hervorbringen möchte, und regelt danach eure Liebesgaben, eure Aufopferungen gegen euern Nächsten! Nirgends kann soviel Schaden gestiftet werden, als mit dem wörtlich genommenen Begriff der Nächstenliebe.

Seht, Ich bin euer Nächster und tue alles, damit ihr Meine Nächsten, Meine Brüder und Schwestern, ja, Meine Kinder werdet; und doch bin Ich trotz aller Liebe und Weisheit nicht so willfährig, den Menschen alles zu geben, was sie oft in ihrer Unmündigkeit von Mir verlangen, weil Ich als Geist, und zwar als *höchster* Geist, am besten weiß, was Meinen Kindern, Meinen geistigen Brüdern und Schwestern am zuträglichsten ist, und weil Ich sie *er*ziehen und nicht *ver*ziehen will!

Daher nehmt euch ein Beispiel an Mir, wie Ich Meine ganze Schöpfung zusammenhalte und ihre Teile gemeinschaftlich zum großen Ziel der Erlösung aus der Materie führe, und ihr werdet gewiß den rechten Weg zwischen Geben und Nehmen, zwischen Gewähren und Verweigern finden! Dann wird das zweite große Liebesgebot erst den eigentlichen geistigen Ausdruck nicht allein im Wort, sondern auch in der Tat finden, wenn ihr euern Nächsten das tut, was ihr — wärt ihr in der Lage und in den Verhältnissen eures Nebenmenschen — als geistige Wesen für euch selbst für das beste halten würdet.

Stets das Geistige hoch, ja höher als alles andere haltend, müßt ihr darin den Anfangs- und Ausgangspunkt aller eurer Handlungen suchen, damit sie mit Meinen großen Schöpfungsgedanken übereinstimmend, euch veredeln und adeln und ihr Mich dadurch als euern liebevollsten Vater stets mehr verklärt und als das erkennt, was Ich allen sein möchte, nämlich euer geistiger Führer, Leiter und Vater. Amen.

39

Am 13. Trinitatissonntage

Die Heilung der zehn Aussätzigen

Luk. 17, 5—19: Die Apostel sprachen zu dem Herrn: „Stärke uns den Glauben!“ Der Herr aber sprach: „Wenn ihr Glauben habt wie ein Senfkorn und sagt zu diesem Maulbeerbaum: ‚Reiße dich aus und versetze dich ins Meer!‘, so wird er euch gehorsam sein. Welcher ist unter euch, der einen Knecht hat, der ihm pflügt oder das Vieh weidet, wenn er heimkommt vom Felde, daß er ihm sage: ‚Gehe alsbald hin und setze dich zu Tische?‘ Ist's nicht also, daß er zu ihm sagt: ‚Richte zu, was ich zu Abend esse, schürze dich und diene mir, bis ich esse und trinke; danach sollst du auch essen und trinken?‘ Dankt er auch dem Knechte, daß er getan hat, was ihm befohlen war? Ich meine es nicht. Also auch ihr; wenn ihr alles getan habt, was euch befohlen ist, so sprecht: ‚Wir sind unnütze Knechte, wir haben getan, was wir zu tun schuldig waren.‘“

Und es begab sich, da Jesus gen Jerusalem reiste, zog er mitten durch Samaria und Galiläa. Und als er in einen Markt kam, begegneten ihm zehn aussätzige Männer, die standen von ferne und erhoben ihre Stimme und sprachen: „Jesus, lieber Meister, erbarme dich unser!“ Und da er sie sah, sprach er zu ihnen: „Gehet hin und zeiget euch den Priestern!“ Und es geschah, als sie hingingen, wurden sie rein. Einer aber unter ihnen, da er sah, daß er gesund geworden war, kehrte um und pries Gott mit lauter Stimme und fiel auf sein Angesicht zu seinen Füßen und dankte ihm. Und das war ein Samariter. Jesus aber antwortete und sprach: „Sind ihrer nicht *zehn* rein geworden? Wo sind aber die neune? Hat sich sonst keiner gefunden, der wieder umkehrte und gäbe Gott die Ehre, denn dieser Fremdling?“ Und er sprach zu ihm: „Stehe auf, gehe hin; dein Glaube hat dir geholfen!“

(Den 14. April 1872)

In diesen Versen wird erzählt, wie Ich durch Meinen Willen zehn Aussätzige heilte. Als sie sich, durch den Glauben an Meine Worte gestärkt, den Priestern zeigen wollten, verschwand beim Eintritt in den Tempel der Aussatz; denn mit Aussatz behaftet wäre ihnen der Eintritt in den Tempel verboten gewesen. Aus Gesundheitsrücksichten hielt sich jedermann, auch außerhalb des Gotteshauses, von Menschen fern, die von solchen Krankheiten befallen waren.

Diese Tat war ein Beweis, was der feste Glaube und das unerschütterliche Vertrauen vermögen, wenn die Seele davon ganz beherrscht wird. Ich wollte durch dieses Beispiel diese Kraft zeigen und sagte zu

Meinen Jüngern — im gleichen Kapitel, Vers sechs — die Worte: „Wenn ihr Glauben habt, so groß nur wie ein Senfkorn, und sagt zu diesem Maulbeerbaum: ‚Reiße dich aus und versetze dich ins Meer!‘, so wird er euch gehorsam sein!“

Was diese Worte geistig bedeuten, das zeigte Ich kurz nachher durch die Heilung dieser zehn Männer. So folgte der Theorie die Praxis auf dem Fuß, damit Meine Jünger an anderen die Stärke des Glaubens beobachten könnten, welcher ihnen selbst bei so vielen Gelegenheiten mangelte.

Da Ich euch dieses Beispiel festen Glaubens als Sonntagspredigt gebe, wollen wir das Wort ‚Glauben‘ ein wenig näher betrachten, damit ihr und viele andere verstehen lernt, was eigentlich ‚Glauben‘ ist. Denn auch dieses Wort ist eins von denjenigen Wörtern, welche in vieler *Mund,* aber in weniger *Herzen* sind.

Ich muß diese Erklärung vorausschicken, sonst versteht ihr nicht einmal das Gleichnis vom Maulbeerbaum, das Ich den Jüngern gab, — um so weniger dann die Handlung mit den zehn Aussätzigen. Habt ihr erfaßt, was Ich unter ‚Glauben‘ verstehe, dann erst können wir zu seiner Beziehung auf euch, auf die jetzigen, sowie künftigen Zustände übergehen, wobei auch des *einen* Samariters gedacht werden wird, welcher zurückkehrte, um Mir zu danken.

Alles hat seine natürliche Folge! Wer ein Haus baut, fängt nicht beim Dach, sondern bei den Grundmauern an. Wenn diese fest sind, ruht auch das Dach auf sicherer Grundlage. Wie im materiellen, so im geistigen Leben! Daher die vielen Erklärungen, die Ich euch gebe; daher die vielen Beleuchtungen oft ein und desselben Gegenstandes, damit ihr eure geistigen Ohren und Augen öffnet und es euch nicht geht wie einem Menschen, der an etwas denkt und sich dabei nicht bewußt ist, wie sich während dieser Zeit viele Tausende von Wundern Meiner Schöpfung auf der Netzhaut seines Auges abspiegeln, weil seine anderweitig beschäftigte Seele keine Notiz davon nimmt.

In der vorhergehenden Predigt erläuterte Ich die Selbstliebe und die Nächstenliebe. In der heutigen sollt ihr den wahren Sinn des Wortes ‚Glauben‘ erfahren, desjenigen Wortes, welches so oft mißbraucht und gewiß unter Hunderten nicht von *einem* geistig in seiner höchsten Bedeutung aufgefaßt wird.

Seht, in jener Zeit wußten Meine Jünger nicht, was eigentlich ‚Glauben' ist. Ich mußte es ihnen begreiflich machen, indem Ich sie sichtbar und persönlich führte und vor ihnen Wunder tat, — und doch begriffen sie die Bedeutung des Wortes ‚Glauben' nicht. Glaubt vielleicht ihr, die ihr von Mir fast täglich so viel Himmelsbrot erhaltet, daß *ihr* wißt, was ‚Glauben' heißt? Ich muß euch sagen: Ihr begreift dieses Wort ebensowenig und zeigt täglich und stündlich, daß ihr sehr wenig Glauben habt, obgleich ihr meint, wenn auch im Lieben schwach, so doch im Glauben stark zu sein. Dieses euch zu beweisen, soll der Zweck Meiner Worte sein.

Was heißt eigentlich ‚Glauben'?

Nun, die meisten von euch werden mit einer Antwort verlegen sein, oder sie wird so ausfallen: „Ich ‚glaube' heißt soviel als: ich bin ‚überzeugt', daß dies oder jenes wirklich so ist, wie man es mir sagte oder mich lehrte." — „Glauben stützt sich auf die Autorität desjenigen, welcher mir dies oder jenes sagt." — „Ich glaube es, weil derjenige, der es mir sagt, davon überzeugt sein wird."

Solche und ähnliche Antworten werdet ihr überall zu hören bekommen, die aber alle auf eins hinauslaufen und nur immer besagen, daß dieser Glaube auf so schwachen Füßen steht, daß der leiseste Windstoß ihn umwirft oder zunichte macht.

Einen solchen Glauben meinte Ich nie. Denn der Glaube, den Ich Meinen Jüngern in oben angeführtem Gleichnis — Vers sechs — erklärte, indem Ich sagte: „Wenn ihr glaubet, so heben sich die Berge hinweg!", *dieser* Glaube bedeutet etwas ganz anderes, als man gewöhnlich annimmt, wenn es z. B. heißt: ‚Der Glaube macht selig!' Jener Glaube bedeutet einen ganz anderen Zustand, als je durch Glauben, wie ihn die Priester dem Volke lehren, erreicht worden ist. Ich zweifle sehr, ob mit dem angewöhnten Glauben schon jemand selig geworden ist, wenn er ihn nicht nach *Meinem* Sinn, sondern nach dem der *Priester* aufgefaßt hat.

Der Glaube also, den Ich Meine Jünger lehrte, und den Ich ihnen durch die Heilung der zehn Aussätzigen zeigen und begreiflich machen wollte, ist eine weit mächtigere Kraft in der Geisterwelt, als ihr glaubt und wähnt; denn dieser Glaube ist die feste Überzeugung, daß dies oder jenes unwiderruflich geschehen muß, wie es sich bei Meinem Wort ereignete. Dieser Glaube ist ein Eingreifen in Meine Macht, eine Teilung Meiner Allmacht, die Ich gerne denjenigen Kindern zulasse, die wahrhaft diesen Namen verdienen, die aber auch — wohlgemerkt — diese ungeheure Kraft nie mißbrauchen werden, weil sie nur zu klar und deutlich einsehen, wie groß dieses Geschenk von seiten des allmächtigen Schöpfers ist, das nur ein liebendes Kind als Geschenk vom Vater erhalten kann.

Dieser Glaube war es, welchen die zehn Aussätzigen so fest erfaßt hatten, daß sie noch mit der Krankheit behaftet ruhig zu den Priestern hingingen, fest überzeugt, Mein Wort — als göttliches Wort — könne nicht trügen und müsse sich erfüllen, weil Ich es wollte und sie es glaubten und ganz darauf vertrauten.

Diese Art des Glaubens, wer hat sie von euch? Legt die Hand auf euer Herz und fragt euch selbst, und es wird euch wie Meinen Jüngern ergehen! Das Geständnis wird sein: „Solchen Glauben begreifen wir nicht! Solcher Glaube, solch feste, unwandelbare Überzeugung, solch festes Vertrauen in Deine göttlichen Verheißungen fehlt uns gänzlich; wir sind dessen nicht fähig!"

Und Ich antworte euch: „Ja, Ich weiß es, daß ihr solchen Glaubens noch lange nicht fähig seid; sonst würdet ihr die Seligkeit — wie es heißt: Glaube macht selig! — in euch verspüren, wenn ihr mit Gottesmacht ausgerüstete Götter in menschlichen Körpern wäret." Welch großes Feld der Wirksamkeit sich da vor euch öffnen würde, wieviel Gutes ihr da stiften könntet, und wie erhaben ihr über dem niedrigen Getriebe der gewöhnlichen Welt stündet, das könnt ihr nicht begreifen. Da wäre jenes Wort erfüllt; denn ein solcher Glaube macht euch selig, überglücklich und zufrieden. Ihr würdet das langsame Aufgehen eures Ichs in dem Meinen gewahren, wenn ihr euch mit solcher Macht ausgestattet fühlen würdet, wie sie teilweise den ersten Menschen verliehen war, aber von ihnen selbst wieder verscherzt wurde.

Dieser Glaube, diese feste Überzeugung war und ist es, was Meinen Jüngern fehlte und auch euch und allen Menschen mangelt; und eben deswegen will Ich euch diesen Glauben, der sich auf die Liebe zu Mir gründet, ans Herz legen, damit auch ihr danach streben sollt. Denn wenngleich er nicht so leicht zu erringen ist, da viel Beherrschung und große Sittenreinheit dazu gehört, so könnt ihr dessen doch teilweise und in Momenten der höchsten Begeisterung teilhaftig werden, wenn ihr einmal die Idee dieses mächtigen Werkzeugs Meiner göttlichen Macht und Liebe begriffen habt.

Ihr habt das Wort ‚Ich will!' noch nicht begriffen; denn dieses Wort gründet sich auf den Glauben, daß das, was man will, auch geschehen muß. Diese Macht der Willenskraft ist derjenige Glaube, der Berge versetzt, der selbst der Natur ihre geheimsten Gesetze abringt, und durch den manches möglich ist, was bis jetzt zu den Unmöglichkeiten gezählt wird.

Allein — alles, was ihr wollt, muß erstens zu geistigen Zwecken und zweitens nur durch Mich und Meine Macht gewollt werden; denn *ohne* sie seid ihr ohnmächtig, und nur *mit* ihr allmächtig!

Was ist es denn beim Magnetismus anderes als die Willenskraft oder dieser Glaube, der fest und unerschütterlich auf Mich vertrauend, durch Auflegen der Hände Übel in kurzer Zeit heilt, die sonst einen längeren Verlauf hätten!?

Diesem Glauben allein weicht alles! Nicht, daß das Bewirken außer dem Bereich der Naturgesetze läge, nein, sondern diese Gesetze, die sich bis jetzt der menschlichen Macht entzogen haben, werden dem Menschen dienstbar und gehorchen ihm als geistigem Wesen, als Abkömmling von Mir, während sie dem materiellen Menschen, seinem Grübeln und Forschen Hohn sprechen.

Sobald sich aber dieser Glaube in das Menschenherz eingebürgert hat, so wird auch das als zweites im Evangelium Erwähnte, nämlich die Danksagung und Anerkennung für das erhaltene Geschenk von oben erfolgen.

Im Evangelium heißt es im fünfzehnten Vers: Einer der zehn Geheilten kehrte zurück und bedankte sich bei Mir.

Um es den Juden recht fühlbar zu machen, was Undank über empfangene Wohltaten bedeutet, mußte es gerade ein Samariter sein; denn diesen Stamm des jüdischen Volkes sahen die Juden als den verächtlichsten an, bei dem sie alle schlechten, aber keine guten Eigenschaften vorhanden glaubten.

Schon im vorigen Evangelium war es ein Samariter, welcher den Priestern und Pharisäern als Beispiel dafür dienen sollte, daß man Menschen nicht verachtet, welchen Stammes oder welcher Abkunft sie auch seien. Auch diesmal mußte wieder einer aus jenem verachteten Stamme die stolzen und sich besser dünkenden Juden beschämen, ihnen beweisen, daß niemand, weder Zöllner noch Samariter, so schlecht sei, daß er nicht Nächstenliebe üben könne, und daß man bei ihm nicht auch gute, ja oft bessere Eigenschaften antreffen könne als bei manchen sich hochrühmenden Kasten, — ein Beispiel für heutige Zeiten, in denen so mancher auf seine Mitmenschen wie jener Pharisäer auf den Zöllner oder ein Jude auf einen Samariter herabblickte!

Daß von den zehn Aussätzigen nur einer, und zwar derjenige zurückkehrte, von welchem man es am wenigsten erwartete, zeigt daß der wahre Glaube nur in *ihm* Wurzel geschlagen hatte und er, übermannt von der Gnade des Herrn, nicht anders konnte, als Dem die Ehre zu geben, von dem die Gnade ausgegangen war.

So wird es auch mit den Gnadenspenden im Leben aller Menschen sein. Nur diejenigen werden sich der schönen Resultate ihres festen Glaubens und Vertrauens auf Mich und ihre eigene Willenskraft zu erfreuen haben, welche offen und frei die Worte des zehnten Verses bekennen, der lautet: „Und wenn ihr alles getan habt, was euch befohlen ist, so bekennet, daß ihr unnütze Knechte seid und nur getan habt, was ihr zu tun schuldig wart!“

Ich ließ es bei diesem Akt der Heilung zu, daß neben dem festen Glauben der Geheilten doch auch die größere Eigenschaft, die Dankbarkeit für die erhaltenen Wohltaten, nicht vergessen wurde. Eine empfangene Wohltat ohne Dankgefühl gegen den Geber ist eine halbe, ja oft gar keine Wohltat. Statt daß eine erteilte Gnade den Empfänger demütigt, macht ihn die Vernachlässigung des Dankes stolz. Das erste ist Ausdruck der Liebe, das andere Ausdruck des Hasses; das erste ist ein offenes Bekennen der eigenen Ohnmacht, das zweite ein Bereuen, daß Umstände es erheischen, anderen dankbar sein zu müssen; das erste ist himmlischer, das zweite höllischer Natur.

So wollte Ich in diesem Akt dem nachdenkenden Erforscher dieser Tat noch nach Jahrtausenden ins Gedächtnis zurückrufen, daß die Macht des Glaubens, so schön sie auch bis zur höchsten Steigerung sein kann, doch gleich null ist, wenn ihn nicht *vor* wie *nach* der Tat der Aufblick nach oben zuerst seine eigene Ohnmacht und danach die Allmacht Dessen begreifen läßt, der den Menschen als winzigen Wurm in der Schöpfung mit solchen Kraftmitteln ausstatten kann.

Dem Menschen, der sich seines göttlichen Ursprungs bewußt ist und nur nach oben blickt und alles von dort Geschenkte wieder demütig und dankend auf dem Altar der Liebe niederlegt, einem solchen Herzen wird die Kraft seines Wollens durch Meinen Willen verstärkt werden. In einem solchen Herzen lebt als eine Frucht der Überzeugung der rechte Glaube, welcher dem Menschen durch das Bewußtsein der Kraft die Seligkeit gibt, die nur ein Kind genießen kann, wenn es die Macht seines liebenden Vaters erkennt und sich derselben würdig fühlt.

Nach dieser Würde trachtet! Und wo dann die Dankbarkeit ist, da wird auch das Vollbringen des Gewollten eure Wünsche krönen!

So nehmt dieses Evangelium auf als Wegweiser durch das Labyrinth des Lebens. Baut auf einen soliden, festen Grund, und das Dach, welches dann das ganze Haus unter seine Obhut nehmen wird, wird Meine Geisterwelt sein, unter deren Schutz ihr, je nach Maßgabe eures Glaubens, von Stufe zu Stufe über höhere Wesen gestellt werdet und ihnen beibringen könnt, was Ich euch während eurer Lebens- und Probezeit oft fühlen ließ, nämlich die unendliche Liebe als Vater und die unendliche Macht als Kinder, wenn ihr fest glauben und vertrauen gelernt habt! Amen.

40

Am 14. Trinitatissonntage

Die Warnung des Herrn vor irdischem Sinn

Matth. 6, 24—34: „Niemand kann zwei Herren dienen: entweder er wird den einen hassen und den andern lieben, oder er wird dem einen anhangen und den andern verachten. Ihr könnt nicht Gott dienen und dem Mammon. Darum sage ich euch: Sorget nicht für euer Leben, was ihr essen und trinken werdet, auch nicht für euren Leib, was ihr anziehen werdet. Ist nicht das Leben mehr denn die Speise und der Leib mehr denn die Kleidung? Sehet die Vögel unter dem Himmel an! Sie säen nicht, sie ernten nicht, sie sammeln nicht in die Scheunen, und euer himmlischer Vater nährt sie doch. Seid ihr denn nicht viel mehr denn sie? Wer ist aber unter euch, der seiner Länge *eine* Elle zusetzen möge, ob er gleich darum sorget? Und warum sorget ihr für die Kleidung? Schauet die Lilien auf dem Felde, wie sie wachsen! Sie arbeiten nicht, auch spinnen sie nicht. Ich sage euch, daß auch Salomo in aller seiner Herrlichkeit nicht bekleidet gewesen ist wie derselben *eines*. So denn Gott das Gras auf dem Felde also kleidet, das doch heute steht und morgen in den Ofen geworfen wird: sollte er das nicht viel mehr *euch* tun, o ihr Kleingläubigen? Darum sollt ihr nicht sorgen und sagen: ‚Was werden wir essen? Was werden wir trinken? Womit werden wir uns kleiden?' Nach solchem allem trachten die Heiden. Denn euer himmlischer Vater weiß, daß ihr des alles bedürft. Trachtet am ersten nach dem Reich Gottes und nach seiner Gerechtigkeit, so wird euch solches alles zufallen. Darum sorget nicht für den andern Morgen; denn der morgende Tag wird für das Seine sorgen. Es ist genug, daß ein jeglicher Tag seine eigene Plage habe."

(Den 20. April 1872)

Diese Verse geben Verhaltungsmaßregeln für das Leben Meiner Jünger. Wörtlich genommen haben sie einen ganz speziellen Charakter, indem sie, dem Leben Meiner Jünger angepaßt, ihnen Vertrauen für die Zukunft, wenn Ich nicht mehr unter ihnen wandeln würde, einflößen sollten.

Das ganze sechste Kapitel enthält Maßregeln für das künftige Berufsleben, welchem Meine Jünger entgegengingen. Es waren die letzten väterlichen Ermahnungen, die Ich ihnen gab, damit sie Meine Worte in ihrem geistigen Sinn und nicht buchstäblich auffassen lernten, was oft geschah; denn sie mußten erst selbst darüber im klaren sein, ehe sie andere belehren und auf den Weg der wahren Erkenntnis führen konten.

So enthält dieses Kapitel ausführliche Auseinandersetzungen über die Art und Weise, wie man Almosen geben, wie man beten und die kirchlichen Gebräuche geistig und zum Nutzen der Seele ausüben soll. Ferner ist darin der eigentliche Wert der zeitlichen, materiellen und der ewigen, geistigen Güter gezeigt und die Art, wie man die Lebenssorgen mit dem Vertrauen auf Mich verbinden kann. Letzteres war ein wichtiger Punkt, da Meine Jünger nach Meinem Hingang zwischen Geist und Welt oder — wie es dort geschrieben steht — zwischen Gott und Mammon zu wählen hatten.

Meine Jünger verließen alles, was sie an die Welt band, und folgten Mir, die weltlichen Güter und Bande den geistigen Gütern opfernd. Es war also wohlverständlich, daß, nachdem Ich ihnen so oft Meinen Hingang vorausgesagt hatte, in ihnen der Gedanke auftauchte: „Was wird aus uns werden? Es ist wahr, in Seiner Nähe hatten wir für nichts zu sorgen; aber wenn Er nicht mehr unter uns wandelt, — was dann?"

Auf diese sich oft einschleichenden Gedanken mußte Ich ihnen antworten, um ihre aufgeregten Gemüter nicht allein während Meines Erdenwandels, sondern auch für spätere Zeiten zu beruhigen, damit auch die Sorge um Nahrung und Kleidung nicht so schwer auf ihnen laste, wodurch ihre geistige Mission bedeutend gelitten hätte. Deswegen die väterlichen Worte, deswegen der Hinweis auf die Lilien des Feldes und darauf, daß der liebende Vater im Himmel nichts vergißt, was Er erschaffen hat, und Er aus diesem Grund auch sie, die Auserwählten für die höchsten Zwecke, nicht im Stich lassen werde!

Alle diese Worte, zu Meinen Jüngern gesprochen, hatten für sie in den Verhältnissen, in welchen sie lebten, eine *wörtliche* Bedeutung, sind aber für euch und alle künftigen Geschlechter *geistig* zu deuten; denn ihr lebt in anderen Verhältnissen und habt nicht nötig, euch von allem zu entledigen, um Mir geistig auf dem bezeichneten Weg zu folgen.

Wenn Ich in jenen Zeiten sagte: „Man kann nicht zwei Herren dienen!", so wollte Ich damit sagen, daß man unmöglich zwei verschiedene Dinge mit dem gleichen Grade der Liebe umfassen kann. ‚Entweder Gott oder dem Mammon dienen' will soviel sagen als: entweder das eine oder das andere als höchstes Ziel vor Augen haben; denn ‚dienen' bedeutet: sich mit ganzer Seele dem hingeben, das man vor allem andern liebt.

In solchem Sinne gilt dieses Wort auch für euch und das lebende und kommende Menschengeschlecht. Wer ganz der Welt und ihren Genüssen lebt, nur nach Befriedigung derselben strebt und alle Mittel aufbietet, das zu erlangen, was ihm als Höchstes erscheint — d. h. das zeitliche Wohl —, der kann natürlich von Gott und geistigen Gütern nur einen mittelmäßigen Begriff haben, und diesen Begriff wird er stets den andern Begriffen unterordnen, weil nur weltliches Wohl und nicht Geitsiges sein höchstes Ziel, sein einziger Wunsch ist. In dieser Hinsicht ist das Wort wahr: „Man kann nicht Gott *und* dem Mammon dienen!"

Aber den Mammon, die weltlichen Güter zu *geistigen* Zwecken benützen und demselben keinen größeren Wert beilegen, als er wirklich hat, ihn zum eigenen und zum Besten seiner Nebenmenschen verwenden, zumal wenn Ich einzelne mit besonderen Glücksgütern beschenkt habe, das ist eine andere Sache!

Auch gab es Reiche, Begüterte und Hochgestellte, welche dennoch nur Mir anhingen und die Welt so betrachteten, wie Ich es wünschte. Die ihnen anvertrauten Güter waren daher nur Mittel zum Zweck, aber nicht ausschließlich das einzige Endziel all ihres Strebens.

Daher ist für diesen Satz: „Man kann nicht zwei Herren dienen!" das rechte Verständnis äußerst notwendig.

Auch die übrigen Trostworte, die Ich Meinen Jüngern gab, sind nicht im wörtlichen Sinn zu nehmen; denn bei den jetzigen Lebensverhältnissen ist es sogar Pflicht eines jeden, für die irdischen Bedürfnisse zu sorgen. Nur soll diese Sorge nicht so weit gehen, daß sie einen Menschen hindert, sein geistiges Ziel zu verfolgen und seinem Nebenmenschen Gutes zu tun!

Wahr ist es wohl: ‚Die Vögel säen nicht, sie ernten nicht, sie sammeln nicht in die Scheunen, und der Vater im Himmel sorgt für sie'; allein die Tiere sind unmündig, und ihre Erhaltung bewirkt der Instinkt, durch den die Hungrigen zur Nahrung, die Durstigen zur Quelle geführt werden. Die meisten Tiere haben auch nur für sich allein oder für ihre kleine Familie zu sorgen, und für letztere nur auf kurze Zeit.

Nicht so ist es mit dem Menschen. Er ist frei. Nicht die Stimme der

Natur, nicht der Instinkt, sondern sein Geist treibt ihn, mittels des Verstandes seine Lage derart zu verbessern, daß er nicht von Sorgen für seinen körperlichen Organismus gestört werde, an seinem geistigen Ich zu arbeiten. Er muß also für sein künftiges Leben, für sich und seine Familie sorgen, weil diese einer längeren Fürsorge bedarf als die der Tiere.

Der Hauptzweck seines Lebens muß allerdings das Reich Gottes und seine höhere, geistige Bestimmung sein, die nach diesem kurzen Prüfungsleben im Jenseits ewig fort gilt. Es ist also seine Pflicht, die ihm anvertrauten Geschenke — die Talente und Glücksgüter — so zu verwerten, daß er dabei nie sein geistiges Kleid für jene lange Lebensdauer einbüßt.

Es heißt wohl in diesen Worten: „Sorget nicht für den morgigen Tag; denn jeder Tag hat seine eigene Plage!“; aber dieses Wort war für Meine Jünger in anderem Sinn gesprochen, als es für euch jetzt gedeutet werden muß. Es will — wie auch alle vorhergehenden Verse — nur soviel sagen, daß der Mensch seine Sorgen nicht zu weit ausdehnen und nicht in die Räder des Schicksals oder in die göttliche Führung des einzelnen eingreifen soll, weil hier sein Bereich aufhört.

Ihr Menschen sollt euren Sorgen und Anstrengungen nur so weit Raum geben, als sie durch Meine Lehre, durch Mein Wort gutgeheißen werden und einen Erfolg versprechen. Dann sind sie gerecht, aber auch nicht zu groß; denn stets werdet ihr den kleineren, Ich aber den größeren Teil eurer Wünsche zu erfüllen haben. Wenn ihr dabei noch bedenkt, daß eure Einsicht als endliche Wesen stets beschränkt, die Meinige als die des allmächtigen Herrn und Schöpfers aber unbeschränkt ist, so müßt ihr auch einsehen, daß das durch Flehen sehnlichst Erwünschte nicht immer erfüllt werden kann, sondern daß Ich dasselbe oft verweigern muß, weil Ich weitblickender bin, als ihr es seid.

Ihr seht aus der Deutung dieser Verse, wieviel Mißverständnis durch einseitige Auffassung dieser in jener Zeit ganz anders gemeinten Worte herbeigeführt werden kann. Damals waren sie dem künftigen Lebensberuf und der sozialen Stellung Meiner Jünger angepaßt; heutzutage sind sie zwar ebenfalls wahr — denn nur Wahrheit konnte ja aus Meinem Munde kommen —, jedoch muß mehr ihr *geistiger* Sinn der Leitstern eures Tuns und Lassens sein. Die Meinen ersten Jüngern gegebenen Trostworte müssen Meinen jetzigen, vielleicht letzten Jüngern, in ganz anderer Bedeutung erscheinen.

Wahr bleibt alles, was Ich sprach; aber der geistige Standpunkt eines jeden einzelnen motiviert das Verständnis der Wahrheit. Wenn sie stets den eigenen Verhältnissen angepaßt und auf Mich bezogen wird, so kann sie *die* Resultate bringen, die Ich einst beabsichtigte, und die Ich jetzt bei der geistigen Erklärung derselben wieder bezwecken will. Ich wiederhole hier, daß das rechte Verständnis Meiner Worte — die, weil von Mir herrührend, von ewiger Dauer und ewiger Schönheit sein müssen — euch Dinge offenbart, welche ihr oft in einzelnen Augenblicken ahnt, aber deren Schleier ihr nie gänzlich zu entfernen vermöget.

Befleißigt euch also, das geistige Verständnis zu erlangen, damit das in euch einstrahlende Licht in seiner ganzen Stärke eure Seelen erleuchten, erwärmen, beleben und mit Meinem Geist verbinden kann! Dann ist der Augenblick gekommen, wo die Decke der materiellen Schöpfung für euer Auge nicht mehr existiert, wo sie dem geistigen Auge gewichen ist und euch überall nur Geistiges und Mich als Herrn des Geistigen, als ewig liebenden Vater erkennen läßt.

Dort blüht euch der Friede und die Ruhe, als Endziel aller gerechten und eitlen Sorgen; dort ist die Vergeltung für alles bitter Erlebte, die Belohnung für alles gerecht Verdiente; dort sind die letzten Bausteine der materiellen Welt zu den ersten der geistigen umgewandelt, auf denen der ganze, große Bau einer nie endenden Geisterwelt ruht. Den materiellen Dingen wird ihr geistiger Platz und den geistigen Wesen ihr zur weiteren Läuterung nötiger Weg angewiesen, damit sie — von Stufe zu Stufe, von Welten zu Welten, von Sonnen zu Sonnen emporsteigend, stets mehr Fähigkeiten empfangen, stets mehr Seligkeiten genießen und als Endziel aller Mühen endlich *die* Stufe erreichen, wo der Vater, als der *eine* Hirte, von Seinen Kindern, als der *einen* Herde, umringt wird, deren Sammlung im körperlichen Leben angefangen und im geistig-höchsten geendet hat.

Das ist euer Ziel, und das ist der Zweck all Meiner Kundgebungen an euch! Ich tue, wie ihr seht und wohl ahnen könnt, Mein möglichstes. Es liegt nur an euch, Meine vielen Worte so aufzufassen, wie Ich, der Ich Geist bin, sie nur gemeint haben kann.

Befleißigt euch, deren Verständnis zu gewinnen, und das Endresultat wird euch beweisen, daß nur auf diesem Weg ein *Vater* seine Kinder zu solch einem Ziel führen konnte! Amen.

41

Am 15. Trinitatissonntage

Die Erweckung des Jünglings zu Nain

Luk. 7, 11—17: Und es begab sich danach, daß Jesus in eine Stadt mit Namen Nain ging; und seiner Jünger gingen viele mit ihm und viel Volks. Als er aber nahe an das Stadttor kam, siehe, da trug man einen Toten heraus, der ein einziger Sohn seiner Mutter war, und sie war eine Witwe; und viel Volks aus der Stadt ging mit ihr. Und da sie der Herr sah, jammerte ihn derselben, und er sprach zu ihr: „Weine nicht!“, und trat hinzu und rührte die Bahre an, und die Träger standen. Und er sprach: „Jüngling, ich sage dir, stehe auf!“ Und der Tote richtete sich auf und fing an zu reden; und er gab ihn seiner Mutter. Und es kam sie alle eine Furcht an, und sie priesen Gott und sprachen: „Es ist ein großer Prophet unter uns aufgestanden, und Gott hat sein Volk heimgesucht.“ Und diese Rede von ihm erscholl in das ganze jüdische Land und in alle umliegenden Länder.

(Den 22. April 1872)

Hier habt ihr wieder eine jener Wundertaten, die das Volk und Meine Jünger im Glauben bestärken sollten, daß Ich nicht nur ein gewöhnlicher Mensch, nicht nur ein Prophet, sondern etwas Größeres sei, damit sie alle nach und nach williger in Meine Wege eingehen sollten und sich leichter führen ließen.

Auch die Essäer erweckten Tote; das ‚Wie‘ aber habe Ich euch schon in dem Großen Evangelium Johannes kundgegeben. Es war, wenn Ich ein Wunder wirken wollte, immer der Umstand zu bedenken, daß Meine Wunder auf eine andere Art gewirkt sein mußten als die Wunder anderer. Nur auf diesem Weg und nur durch die schlagendsten Beweise konnte Ich dieses in den Mosaischen Lehren und Zeremonien verrannte Volk eines Besseren belehren.

Eine Totenerweckung wie bei dem Jüngling zu Nain war ihnen noch nicht vorgekommen; daher ihr gerechtes Staunen ob Meiner Macht über Leben und Tod, welche sie bei Menschen noch nicht gesehen hatten.

So erzog Ich Meine Jünger und viele des Volkes, auch Heiden, zu Fortpflanzern Meiner Glaubens- und Liebelehre. Die Echtheit Meiner Worte und die Wichtigkeit Meiner Sendung, den Grund, warum Ich auf diese Erde kam, und was das Ziel und der Zweck Meiner irdischen

Laufbahn als Mensch war, das alles bewies Ich ihnen bald durch Gleichnisse, bald durch Reden, bald durch Wunder. Wenige verstanden Mich; aber doch war der Same in ihre Herzen gelegt, der nach und nach aufging und, wenngleich spärlich, doch Früchte zu tragen anfing. Überall paßte Ich mich den Umständen an; entweder hielt Ich gewaltige Reden oder Ich wirkte Wundertaten, welche dazu beitragen mußten, den Menschensohn als das zu verkünden, was er eigentlich war.

Die Wundertat der Erweckung des Jünglings zu Nain ist aber, wenn sie als Predigt von Nutzen sein soll, *geistig* zu nehmen. Wir müssen den Akt des Natürlichen entkleiden, um seine für alle Zeiten gültige Bedeutung herauszufinden, damit ihr erkennt, daß in jeder Tat aus Meinen Lehrjahren etwas verborgen liegt, was für alle Ewigkeiten Geltung hat.

Hier in diesem Evangelium habt ihr ein einfaches Leichenbegräbnis vor euch, bei dem eine weinende Mutter dem Sarg ihres geliebten, einzigen Sohnes folgte. Ein gewöhnliches Vorkommnis, das euch täglich — entweder in eigener Familie oder bei Freunden und Bekannten — begegnen kann. Überall werdet ihr einen starren Leichnam und weinende Nachfolgende treffen.

Um diesen Akt einer natürlichen Gesetzesfolge im menschlichen Leben geistig zu erklären, müßt ihr auch das, was einem Leichenbegängnisse vorangeht, geistig auffassen lernen.

Seht, jeder Todesfall ist ein Übergang von einem Extrem zum andern, vom Leben zum Tod, eine Verwandlung des festen Körpers in einfache Elemente, eine Scheidung des Geistigen vom Materiellen oder, wenn ihr es noch besser ausdrücken wollt, der Anfang des geistigen und das Ende des materiellen Lebens.

Es gibt in der Schöpfung einen materiell-scheinbaren und einen geistig-wirklichen Tod. Insofern ist ein Begräbnis entweder als ein Begraben des Geistigen im Menschen oder als ein Verlassen alles Weltlichen anzusehen.

Hier in diesem Falle beweint eine Mutter ihren einzigen Sohn und folgt seinem Sarg. Zu dieser traurigen Schmerzensszene kam *Ich* hinzu. Die Mutter dauerte Mich. Ich ließ die Träger anhalten und erweckte ihren Sohn, damit er noch ferner die Stütze seiner ihn liebenden Mutter bleibe.

Diese Handlung, *geistig* aufgefaßt, will folgendes sagen: Jetzt und noch oft werden Eltern über ihre Kinder, die eine falsche Richtung eingeschlagen haben, weinen. Sie werden trauern, wenn sie sehen, wie diese — ungeachtet ihrer Mühen und Sorgen —, gleich einer materiellen Leiche nichts Geistiges mehr in sich bergend, nur der Welt und ihren Genüssen nachgehen und so dem geistigen Tod entgegeneilen..

Zu manchen solcher weinenden und trauernden Eltern trete Ich bei solchen Ereignissen, wo Vater und Mutter leider nur zu spät erkennen müssen, daß an dem frühen Geistestod ihres Kindes sie selbst auch Schuld tragen, hinzu und rufe die in Sünde und Laster versunkenen Kinder wieder ins Leben, ins geistige Leben zurück, indem Ich sie die Folgen ihres Lebenswandels in bitterster Weise verkosten lasse. Ich erwecke sie durch Leiden und Krankheiten, zerstöre ihre körperliche Gesundheit und ihre weltlichen Verhältnisse und gebe auf diese Weise dem zum Leichnam gewordenen Kind das Geistige wieder zurück, damit es von neuem anfangen möge, das Verlorene wiederzugewinnen, und so seinen Eltern durch reuige Umkehr die Selbstvorwürfe lindere und ihr Gewissen erleichtere.

Solche Leichenzüge gibt es täglich im gewöhnlichen wie auch im geistigen Leben. Auf eurer Erde ist jetzt mehr Fäulnis als geistiges Leben vorhanden; beinahe die ganze Menschheit liegt in materiellen Gelüsten vergraben, gleichsam unbeweglich im Sarge weltlicher Sorgen und Genüsse. Und die wenigen, welche noch geistiges Leben besitzen, sind die Leidtragenden, die hinter diesem Sarg einhergehen und zu Mir um Abhilfe und Rettung flehen, da sie die Toten, ihre Nächsten, bedauern, bemitleiden — und doch nicht retten können.

Dieser Leichenzug im Kleinen wie im Großen, wie auch das Wehklagen der wenigen Besseren veranlaßt Mich, zu diesem Sarg hinzutreten und die Schlafenden oder scheinbar Toten aufzuwecken, damit sie fürs geistige Leben nicht verlorengehen. Ich erwecke sowohl einzelne Menschen als auch ganze Völker durch Ereignisse und Unglücksfälle aller Art und lasse sie die Folgen ihres verkehrten Lebenswandels, da sie das Geistige so ganz außer acht lassen, fühlen .

Seht, dieser große Leichenzug bewegt sich langsam an den Ort, an dem die Zersetzung des materiellen Körpers stattfindet. Der seelische Zustand vieler Menschen, wie auch der staatliche der Völker, fängt an, in Fäulnis überzugehen, und es manifestiert sich ein allgemeiner Zersetzungs-, Reinigungs- und Scheidungsprozeß, wie es bei jedem Körper geschieht, der vom Leben verlassen und den natürlichen Gesetzen unterworfen, anderen Bildungen wieder als Grundlage und als Förderungsstoff dienen muß.

Mitten in diesem allgemeinen Auflösungsprozeß der ganzen Menschheit, die — bildlich gesprochen — leblos im Sarg der Weltgenüsse liegt, trete *Ich* hinzu, lasse durch Meine Boten und Schreiber neues Leben, neue Kraft, neuen Geist in die Pulsadern der menschlichen Seele strömen und rufe den eingeschlafenen Weltmenschen, wie einst dem Jüngling zu Nain, zu: „Jüngling! Ich sage dir, stehe auf!"

Die Menschheit, wie sie jetzt ist, gleicht mit der kurzen Dauer ihres Prüfungslebens einem Jüngling, der seine Mission noch lange nicht erfüllt hat. Auch die Menschheit muß ins Mannes- und dann ins Greisenalter übergehen, damit sie reif wird und sich anschickt, ihre alten Kleider halbvermoderter Weltansichten auszuziehen und ein geistiges, nie verwesendes Kleid anzuziehen, welches über dieses kurze Erdenleben hinaus auch fürs andere, größere, ewige Leben tauglich ist. Dieser in die Verwesung übergehenden Menschheit rufe Ich zu: „Stehe auf; denn du bist nicht geschaffen, den langwierigen Weg der Materie, sondern den kürzeren des Geistes zu wandeln! Stehe auf und beachte Meinen Ruf, ehe der gänzliche Zerfall aller sozialen Bande dich nur zu bitter belehren wird, daß es noch eine ganz andere Welt gibt als die, an welche du bisher gedacht hast, und die nur aus lauter Spekulationen, Betrug und Machthaberei besteht!"

Seht, wie einst, so jammert Mich auch jetzt dieser Zustand der Fäulnis! Es jammern Mich die besseren Leidtragenden, aber auch die Toten, die — da sie Mein Wort nicht kennen — der Verwesung, dem geistigen Zersetzungsprozeß unwiederbringlich anheimfallen würden und den langen und beschwerlichen Weg der Erkenntnis von innen heraus, freiwillig, antreten müßten. Mich jammert es, die Menschheit als Leiche vor Mir zu sehen, da Ich doch bei Erschaffung der Menschen einem jeden einen geistigen Funken Meines eigenen Wesens als Mitgift gab. Später durch Mein Herniedersteigen auf eure Erde habe Ich nicht allein diesen Funken wieder zur Wirkung gebracht, sondern — was Ich durch Demütigungen und Opfer bezahlen mußte — euch Menschen vor so vielen anderen Geschöpfen auserkoren, Mich nicht nur als höchsten Geist, sondern auch als *Vater* zu erkennen und mit Mir und durch Mich zur Weiterbildung anderer Welten beizutragen, welchen ihr dann neue Seligkeiten und neue Wahrheiten bringen dürft. Das Geben derselben wird euch selbst noch größere Seligkeiten bringen, und ihr werdet als Kinder Meiner Liebe erst empfinden, was es heißt, die Bevorzugten des allmächtigen Schöpfers und Herrn des ganzen Universums zu sein!

Darum jammert Mich dieser Leichenzug, und deswegen ertönt durch Meine Worte und Himmelsgaben, die Ich auf euch und die ganze Menschheit seit Jahren herniederströmen lasse, stets der Ruf: „Steht auf, erwacht von eurem weltlichen Schlaf! Erwacht zum geistigen, zum ewigen Leben; denn nur dort ist die Löse eurer eigenen Existenz! Dort allein ist der Anfang und das Ende des Menschengeschlechts! Ihr braucht euch nicht wie der materielle Körper aufzulösen, um anderen Formen, Wesen und Dingen anzugehören! Nein, ihr sollt eures einfachen Ursprungs wohl eingedenk, als unmündige Seelen das Knaben-, Jünglings- und Mannesalter durchleben, um im Greisenalter mit dem Bewußtsein schöner Taten und mit erhabenen Empfindungen in jene Welt übergehen zu können, wo keine Verwesung des Weltlichen mehr hinreicht, sondern wo alles Geist, alles Liebe, alles Licht ist, wo alles Wärme und ewiges Leben atmet, wo es keine Leidtragenden, sondern lauter freudige, jubelnde Geister gibt! Sie sollen mit und durch euch zum großen Endziel, in Mein unendliches Geisterreich, geführt werden, und Ich werde als Vater Meiner Kinder die Erweckten zum ewigen Lichtborn des Lebens führen. Dann werden sie Mich als Vater erst ganz begreifen.

Diese Auferstehung aus dem Materiellen, dem weltlichen Sarg, will Ich mit all Meinen Worten bezwecken, wie Ich einst mit Meinen Wundertaten, Worten und Gleichnissen ebenfalls die damalige Welt beschützen und vorbereiten wollte, daß sie geistig nicht verwese.

In jener Zeit waren die Propheten, Meine Jünger und sonstige Gläubige die Leidtragenden; heutzutage seid ihr es, denen Ich das Wort des Heils und des ewigen Lebens gegeben habe, damit auch ihr, soviel wie möglich, zum Rettungswerk beitragen könnt!

Arbeitet zu diesem Zweck in euren eigenen Familienkreisen! Laßt dort keine Tote oder Verwesende aufkommen! Säet den Samen des

Lebens, den dann Mein geistiger Wind, wie die Herbststürme den materiellen Samen auf zu befruchtende Felder, in die durch Leiden und Unglücksfälle zubereiteten Herzen führen wird, damit auch dort das Auferstehungsfest sich wiederhole! Dann wird vom ganzen leblosen Leibe der Menschheit nichts als der Sarg, die Welt selbst übrigbleiben, die sich dann — will sie dem Menschen nützlich sein — durch den Einfluß der vergeistigten Menschheit ebenfalls vergeistigen muß. So wird das einstige Paradies wieder erstehen, in welchem der Mensch, als geistiges Geschöpf Meiner Schöpferhand entstiegen, wieder geistiger Herr über alles Getier und selbst über die Elemente ist, — was nur der lebende, nicht aber der tote ‚Jüngling zu Nain' vermögen wird. Amen.

42

Am 16. Trinitatissonntage

Die wahre Sabbatfeier

Luk. 14, 1—6: Und es begab sich, daß Jesus in ein Haus eines Obersten der Pharisäer kam auf einen Sabbat, das Brot zu essen; und sie hatten acht auf ihn. Und siehe, da war ein Mensch vor ihm, der war wassersüchtig. Und Jesus antwortete und sagte zu den Schriftgelehrten und Pharisäern und sprach: „Ist es auch recht, am Sabbat zu heilen?“ Sie aber schwiegen stille. Und er griff ihn an und heilte ihn und ließ ihn gehen. Und er sprach zu ihnen: „Welcher ist unter euch, dem sein Ochse oder Esel in den Brunnen fällt und der nicht alsbald ihn herauszieht am Sabbattage?“ Und sie konnten ihm darauf nicht wieder Antwort geben.

(Den 23. April 1872)

Der Anfang dieses Kapitels spricht von der Heilung eines Wassersüchtigen, und zwar im Hause eines Obersten der Pharisäer und an einem Sabbat, an dem nach den strengen Vorschriften der Juden nichts weiter getan werden sollte, als den kirchlichen Gebräuchen und Zeremonien nachzukommen.

Daß diese Heilung unter den angeführten Umständen vorgenommen wurde, hatte seinen guten Grund. Dieser Oberste war zwar ein Anhänger Meiner Lehre, jedoch faßte er die Satzungen des Tempels nur im buchstäblichen Sinne auf; auch hörte er Mich gern an, wenn Ich nur nichts unternahm, was gegen seine Ansichten und gegen seine Würde als Pharisäer verstieß. Ich ließ es daher zu, daß, während Ich am Tisch bei ihm saß, ein mit der Wassersucht behafteter Mann ins Zimmer trat und Mich um Heilung seiner Krankheit anflehte.

Daß Ich ihn heilte, bezeugt das Evangelium. Aber weil Ich ihn gerade an einem jüdischen Sabbat heilte, war das ein Stein des Anstoßes. Gerade dadurch wollte Ich den Pharisäern klar zeigen, wie schlecht sie ihre eigenen Satzungen verstehen, und wie falsch sie diese dem Volk beibringen. Daher der Einwurf, indem Ich sagte: „Wenn euch ein Ochse oder ein Esel am Sabbat in den Brunnen fällt, so ziehet ihr ihn doch heraus, weil es eben euer eigenes Interesse verlangt; aber am Sabbat ein gutes Werk an anderen oder für andere zu verrichten, das haltet ihr für Sünde!“

Ich wollte ihnen dadurch beweisen, daß Wohltaten und gute Handlungen nicht den vorgeschriebenen Feiertag oder Sabbat entheiligen, sondern ihn *eher* heiligen als viele nutzlose Gebräuche und Zeremonien, welche gedankenlos vollführt werden.

Bei dem jüdischen Volke gab es derlei Mißstände in Menge. Obwohl sie die Gesetze Mosis und die Propheten hatten, so wußten sie doch ihren Wortlaut nicht geistig zu deuten. Sie wurden von den Pharisäern und Schriftgelehrten im Wahne buchstäblicher Auffassung bestärkt, weil den letzteren sehr viel daran lag, die Gesetze so auszulegen, und daß es nicht viel Mühe kostete, ein Jude im Buchstabensinn zu sein.

Daher Mein Darniederkommen gerade inmitten dieses Volkes, welches schon lange eine Religion besaß, die als Unterbau zu Meiner Lehre am ehesten tauglich war. Es kam nur darauf an, die alten Gesetze nicht umzustoßen, sondern sie dem Judenvolk gereinigt wiederzugeben, geistig zu erklären und auf diese Weise die Menschenwürde zu retten, welche nahe daran war, in lauter zeremoniellen Gebräuchen des Tempels und in egoistischen Weltgenüssen unterzugehen.

Während Meiner drei Lehrjahre verfolgte Ich stets diesen Zweck. Ich suchte Gelegenheiten auf oder ließ solche zu, welche den Anlaß gaben, gegen die falschen Ansichten und Vorurteile der Juden anzukämpfen.

So war auch die Feier des Sabbats eine Frage, die Ich als Stifter Meiner göttlichen und einzig wahren Religion nicht gleichgültig übergehen konnte. Um diese Vorurteile auszumerzen, fing Ich gerade im Hause eines Obersten der Pharisäer an, dagegen zu handeln, damit diese Handlung einen Grund zur Aussprache geben sollte. Weil nun die Pharisäer die ersten sein und alles besser wissen und verstehen wollten, darum mußten auch sie zuerst von ihren irrigen Begriffen gereinigt werden, wenn je dem Volk reiner Wein eingeschenkt werden sollte. Deshalb wirkte Ich diese Heilung gerade vor *ihren* Augen und antwortete ihnen, daß sie verstummen mußten, wie die Verse 5 und 6 bezeugen.

Die Obersten des Tempels hatten vom Wohltaten erweisen eine ganz andere Ansicht, so daß Ich Mich oftmals genötigt sah, ihnen die Worte von der Nächstenliebe in Beispielen und Gleichnissen näher auseinanderzusetzen; denn nach ihrer Ansicht waren Wohltaten nur dem

Tempel und ihrer Person zu erweisen. Alles andere, das an Menschen getan wurde, war für sie nicht der Beachtung wert.

Schon in jener Zeit wurde die Feier des Ruhetags jede Woche falsch aufgefaßt; und heutzutage wird dieser Tag ebensowenig richtig gefeiert oder — mit anderen Worten gesagt — der geistigen Erziehung gewidmet wie damals. Es ist deshalb wohl auch jetzt nicht unrecht, wenn Ich, anschließend an diesen Heilungsakt am Sabbat, über die Feier dieses Tages einige Bemerkungen anknüpfe und euch zeige, daß auch ihr noch sehr weit davon entfernt seid, diesen Tag so zu feiern, wie es Moses gemeint hatte und Ich selbst es verstanden wissen möchte!

In der Welt, wie sie war und noch ist, gibt es stets Befehlende und Gehorchende. Es war von jeher der Fall, daß die Befehlenden, nur ihren eigenen Nutzen im Auge behaltend, oft die Gehorchenden und ihre Arbeitskraft mißbrauchten, ihnen wenig Ruhe, wenig Zeit gönnten, um auch nur wenigstens *einmal* in der Woche das Zeitliche beiseitesetzen und entweder ein Wort geistigen Sinnes vernehmen oder eine Betrachtung höherer Art anstellen zu können über den wahren Grund ihrer eigenen Existenz, darüber, was sie als Menschen sind oder als mit göttlichem Geist begabte Wesen werden sollen.

Dies war der Grund, warum Moses in seinen Gesetzen das, was die Mächtigen nicht freiwillig wollen, als von Gott anbefohlen hinstellte. In der bildlich dargestellten Schöpfungsgeschichte ließ er den obersten Herrn und Schöpfer selbst nach sechstägiger Arbeit den siebenten Tag als den Tag der Ruhe einsetzen.

Diese Anordnung, die zur Bewahrung der moralischen Würde des Menschen notwendig war, ist auch von anderen Völkern angenommen worden und besteht jetzt fast überall. Wenn auch die damalige Woche anders eingeteilt war, als es eure jetzige Zeitrechnung tut, so ist doch immer ein Tag in der Woche festgesetzt, der zum Ausruhen von körperlicher Anstrengung, zur Einkehr in sich selbst und zum Nachdenken über die geistige Mission des Menschen bestimmt ist.

Was die Juden zuviel taten, indem sie durch buchstäbliche Auffassung ihrer Satzungen zu weit gingen, das ist bei den christlichen Völkern schon seit langer Zeit umgekehrt der Fall. Während bei jenen als strenges Gebot die Heiligung des ganzen Tages anbefohlen war, genügt bei den Christen zeitweiser Kirchgang; die übrige Zeit wird mit Vergnügungen, Prassen und Schlemmen zugebracht. Am Sonn- und Feiertag wird im ganzen *mehr* Schlechtes getan als während der ganzen Woche, wo wegen Beschäftigung und Mangel an Mitteln die nötige Zeit und Gelegenheit fehlt.

Was bei den Juden die Pharisäer taten, das befolgten später die christlichen Priester. Sie dachten nur an ihr eigenes Ansehen und ihre Macht. Die Pharisäer setzten den Tempel als erstes voran, und die Priester der Christen ihre Kirche. Bei den ersten dehnte sich die Weihe des Feiertages auf 24 Stunden aus — auch außerhalb des Tempels mußte der Feier des Tages noch gedacht werden —, bei den Christen beschränkt sie sich nur auf einige Stunden in der Kirche. Die meisten Menschen glauben, sich mit Mir abgefunden zu haben, indem sie ein paar Stunden in einer Kirche saßen, standen oder träumten, nichtssagende Gebete herunterplapperten oder gemütlich einschlafend den Predigten der Priester ein natürliches Stillschweigen entgegensetzten. Damit ist freilich dem Ehrgeiz der Priester geschmeichelt, sehen sie die Kirchen voll menschlicher Leiber; aber die Seelen derselben beschäftigen sich entweder mit gar nichts oder mit etwas ganz anderem als mit dem, was die Kirche oder Meine von Mir gestiftete Religion erheischt.

So greift der Mißbrauch immer mehr um sich, und jetzt fängt man sogar an, auch diesen Tag nicht mehr als Ruhetag gelten zu lassen, da man das Gewissen der Gehorchenden durch Geld zu beschwichtigen weiß und ihnen das wenige, was sie noch glauben, hinwegdisputiert, ohne ihnen dafür etwas Besseres zu geben.

So geht der Verfall von Stufe zu Stufe fort. Die Befehlenden glauben dadurch einen Gewinn erreicht zu haben, daß ihr Eigennutz nun freiwillig von der arbeitenden Klasse, die ebenfalls wieder aus Eigennutz schafft, unterstützt wird. Doch sie irren sich gewaltig! Sie werden sehen, wohin es führen wird, wenn man dem Minderbegüterten die wenigen geistigen Elemente, die auch den Mächtigen ganz fremd geworden sind, entzieht und ihm durch Vermehrung des Gewinns seine Laster vermehrt. Sie verachten alles, was sich auf Mich und Meine Lehre bezieht. Und dieses Beispiel wird auch von den Untergebenen gewissenhaft befolgt. So siegt endlich das Materielle über das Geistige, bis Ich die Verhältnisse so stellen werde, daß die Machthabenden die Früchte ihres Egoismus — welche ganz anders ausfallen werden, als sie es sich erträumen — ernten müssen.

Der Sonn- und Feiertag soll ein gewisser Hemmschuh sein; er soll der Tag sein, an dem die Mächtigen den Niederen eine Anerkennung für das Geleistete zu geben haben. Und für die Gehorchenden soll der Sonn- und Feiertag der Tag sein, an dem sie sich daran erinnern sollen, daß *ein* Tag zu Betrachtungen über seine eigene geistige Bestimmung nicht zuviel ist; er soll der Tag sein, an dem die Geschäfte zu ruhen haben.

An diesem Tag spricht Meine Natur ihre ewig gleiche Sprache zu allen Herzen: „Vergeßt über all euren Arbeiten den Schöpfer nicht, der so viel Wunderbares und Herrliches auf dieser Erde geschaffen hat, um euch stets daran zu erinnern, daß ihr nicht für diese Welt allein bestimmt seid, daß eure Arbeit nicht immer materiell, sondern auch geistig sein soll! Erkennt Den, der mit so viel Liebe und Geduld euch schwache Kinder führt, und der euch mitten unter die Herrlichkeiten setzte, die wenigstens an *einem* Tage der Woche euch eure schwere Arbeit vergessen machen möchten!"

Ich selbst als Schöpfer setzte den Tag der Ruhe nach Moses Schöpfungsgeschichte am siebenten Tag ein. Er war gleichsam das Bild dafür, daß Ich, nachdem Ich Mich mit Materie beschäftigt hatte, am siebenten Tag in die bis dahin starre Hülle den Geist eintreten ließ. Und dieser Tag, an dem Ich die Materie zu etwas Geistigem erhob, war der Tag der Feier oder der Weihe. Daher soll er auch vom Menschen gefeiert werden, wenn er — gleich Mir — sechs Tage geschafft und gearbeitet hat.

Am siebenten Tag soll der Mensch sein Werk betrachten, um darin die geistige Idee wahrzunehmen, welche ihn leitete, solches hervorzubringen. Es soll dieser Tag ein Tag der Feier in geistiger Hinsicht werden, an dem er erkennen soll, daß sein wöchentliches Schaffen und seine eigene Existenz nicht eine materielle, sondern eine geistige Grundlage hat, deren er sich eben an diesem Tag mehr als an anderen erinnern soll. An diesem Tag, wo keine Pflicht, keine Arbeitsstunde ihn zum materiellen Handwerk zwingt, soll er sich Meiner Schöpfung, Meiner Lehre, Meiner Liebe und Meiner Aufopferung für ihn im einzelnen, wie für die ganze Menschheit erinnern.

Dieser Tag soll ihm deswegen ein Tag der Weihe werden, weil er an ihm das Materielle abstreifend sich mehr dem geistigen, hehren und erhabenen Ziel nähern kann, zu welchem er und die Gesamtschöpfung gelangen sollen.

So soll ein jeder Mensch den Sonntag feiern als einen Erinnerungstag Meiner Liebe und zum Andenken an alles, was Ich für ihn getan habe. Dann wird dieser Tag für alle Werktage ein sanftes, religiöses Gefühl zurücklassen, durch welches auch die materiellste Arbeit geheiligt wird. So kann der Mensch allem, was er tut und leistet, den Stempel seiner eigenen Göttlichkeit aufdrücken.

So soll der Sonn- oder Ruhetag von euch verstanden und gefeiert werden. Ihr sollt euch stets erinnern, daß es einst einen solchen Tag für Mich gegeben hat, und daß ein jeder einen solchen Festtag dann erleben wird, wenn er, der materiellen Hülle ledig, in der anderen, ewigen Welt als vergeistigter Seelenmensch ankommt und als Erinnerung das Bewußtsein mitbringt, allen seinen materiellen Beschäftigungen den Stempel eines großen Menschengeistes, der ihn adelte und dessen er würdig war, aufgedrückt zu haben.

Daher haltet auch ihr diese Ruhetage in einem höheren, geistigen Sinn! Seht durch des Buchstabens harte Rinde das Geistige hindurchleuchten! Dieses ist, was beseligt. Vergeistigt alles, eure Umgebung, euch selbst, eure Taten und Worte!

Nicht allein der siebente, sondern ein jeder Tag, an dem ihr geistig vorwärtsschreitet, wird dann für euch ein Sonn- und Feiertag sein, der — wie die Sonne, nach welcher dieser Tag bei euch benannt ist — Licht, Wärme und Leben über euch und eure Umgebung ausströmen wird. Jeder Tag wird ein Tag der Feier oder der Wonne werden, wenn ihr — eures Schöpfers würdig und euer Ziel klar erkennend — von Stufe zu Stufe vorwärtsschreitet, bis euch der ewige, nie endende Feiertag, der Tag der Feier der ewigen Seligkeit in jenen Räumen zuteil wird, in denen jeder Tag ein Tag der Weihe und des Friedens ist, wie ihn ein liebender Vater Seinen Kindern schon von unendlichen Zeiten her bereitet hat. Amen.

43

Am 17. Trinitatissonntage

Das größte Gebot

Matth. 22, 34—40: Da aber die Pharisäer hörten, daß er den Sadduzäern das Maul gestopft hatte, versammelten sie sich. Und einer unter ihnen, ein Schriftgelehrter, versuchte ihn und sprach: „Meister, welches ist das vornehmste Gebot im Gesetz?" Jesus aber sprach zu ihm: „Du sollst lieben Gott, deinen Herrn, von ganzem Herzen, von ganzer Seele und von ganzem Gemüte. Dies ist das vornehmste und größte Gebot. Das andere aber ist dem gleich: Du sollst deinen Nächsten lieben als dich selbst. In diesen beiden Geboten hanget das ganze Gesetz und die Propheten."

(Den 24. April 1872)

Über die Antwort, welche Ich dem Pharisäer auf seine Frage: „Welches ist das vornehmste Gebot?" gab, ist euch schon manches gesagt worden, und es wäre eigentlich nicht notwendig, hier über die beiden Liebesgebote: „Liebe Gott über alles und deinen Nächsten wie dich selbst!" noch weiter etwas zu sagen. Allein da es hier als eine Sonntagspredigt besonders angeführt ist, wie die Pharisäer und Schriftgelehrten Mich versuchten, um einen Anklagepunkt gegen Mich zu finden — weil ihnen Mein Treiben und Meine Wahrheiten lästig waren —, so wollen wir diese zwei Gesetze einer näheren Betrachtung unterziehen. Ich werde euch sowohl die *dortige* Lage der Dinge, als auch ihre analoge geistige in *jetziger* Zeit etwas näher auseinandersetzen, damit ihr den Zusammenhang Meiner Worte und Taten in jener Zeit mit den jetzigen Ereignissen leichter in Einklang bringen könnt.

Seht also, in jenen Zeiten meines Erdenwandels war die Priesterkaste ebenso ehr- und habsüchtig, wie sie es in allen späteren Zeiten gewesen ist, und wer ihre Macht schmälern oder gar vernichten wollte, war natürlich ein Feind der Kirche, weil er ein Feind der Priester war und das Volk von ihnen abwenden wollte, was sie dann besonders in bezug auf ihre Macht und am meisten an ihren Geldsäcken verspürt hätten. Sobald also ein Lehrer auftrat, wie Ich es tat, dem sie wegen seiner klaren Worte wenig Widerspruch entgegensetzen konnten, waren sie nur darauf bedacht, ihn als gefährlichen Aufwiegler gegen die bestehenden politischen Einrichtungen unter irgendeinem Vorwand der Obrigkeit zur Bestrafung zu überliefern, welches ihnen auch gelang, als die Zeit Meiner Mission auf Erden zu Ende ging. So oft sie es früher versuchten, wich Ich ihren gelegten Fallen persönlich und ihren verfänglichen Fragen durch wohlbedachte Antworten aus.

In diesem Kapitel findet ihr verschiedene Fragen, verschiedene Versuche, Mich mit der Obrigkeit zu verwickeln, damit sie ihren Zweck erreichen könnten, ohne daß es den Anschein hätte, als wären *sie* die Urheber Meiner Gefangennahme, weil sie das Volk fürchteten, das Mir anhing und nachfolgte. Daher solche Fragen, wie die wegen des Zinsgroschens und mehrere andere dieser Art. Auch die Frage eines Schriftgelehrten: „Welches ist das vornehmste Gebot?“ war auf einen Fang abgesehen; denn dieser Fragende erwartete von Mir eine Antwort, aus welcher eine Mißachtung der bestehenden weltlichen Gesetze herausgefunden werden könnte, worauf die Diener und Knechte des Statthalters triftigen Grund gehabt hätten, Mich den Gerichten zu überliefern. Da Ich jedoch ihre Gedanken und Absichten im voraus wußte, hütete Ich Mich wohl, ihnen vor der Zeit Anlaß zu lügnerischen Beschuldigungen zu geben. Meine Antwort fiel so aus, wie sie schon in ihren Gesetzen lag, nur war *Meine* Deutung dieser Gesetze von *ihrer* Deutung verschieden, verschieden war auch die Anwendung dieser Gesetze, also die Art und Weise, wie Ich sie befolgt haben wollte.

In den mosaischen Gesetzen waren die beiden einzigen und wichtigsten Gesetze ebenfalls enthalten. Doch die Deutungen und Erklärungen der Priester und Schriftgelehrten machten sie dem Volk nur von *der* Seite zugänglich, von welcher für den geistigen Menschen wenig herausleuchtete und es ihm schwer wurde, seine richtige Stellung zu Mir und zu seinem Nächsten, sowie zur ganzen Schöpfung herauszufinden, ein Verhältnis, welches auch jetzt noch von wenigen in dem Sinne aufgefaßt wird, wie es dem Geiste nach sein sollte. Damals hielt sich das Volk an den Buchstaben, und jetzt, nach mehr als tausend Jahren, klebt es noch immer ängstlich an demselben wie eine Fliege an einer Leimrute, welche gerne frei sein möchte, der aber die nötige Kraft fehlt, sich selbst frei zu machen.

Wenngleich Ich dem Pharisäer diese zwei einzigen Gebote als die größten bezeichnete, so begriff er sie ebensowenig wie die Antwort auf

Meine Frage: „Was haltet ihr von Christus?" Diese Antwort war einem Psalm Davids entnommen und zeigte ihnen in Fernsicht, daß Mir als Herrn der Schöpfung am Ende doch alles untertan und zu einem Fußschemel wird, auf dessen Fläche Meine Füße ruhen werden, d. h. worauf Meine Lehre als Gebäude aufgerichtet werden wird.

Was es heißt: „Gott über alles lieben", begriffen damals und begreifen heute noch viele nicht; und was es heißt: „Seinen Nächsten lieben" — ein Ergänzungsgebot des ersten —, ist vielen Menschen ebensowenig klar.

Seht, „Gott über alles lieben" ist ein Wort, das leicht auszusprechen, aber nicht so leicht verstanden und noch schwieriger auszuführen ist! Da muß Ich wieder zuerst fragen: „*Warum* sollen denn die Menschen Gott über alles lieben?" — Diese Frage muß zuerst beantwortet werden, ehe über Liebe und das Maß derselben gesprochen werden kann.

Nun, wenn ihr diese Frage mit kühlem Verstand betrachtet, so geht aus dieser Betrachtung eine andere Frage hervor, nämlich die: „Warum soll ich denn Gott lieben?" Hier ist nun in Betracht zu ziehen, daß der kalt urteilende Mensch so antworten wird: „Wenn ich so recht nachdenke, finde ich keinen Grund, einen Gott zu lieben, erstens, weil ich etwas Unsichtbares nicht lieben kann, und zweitens, weil ich dem Gott, der mich erschuf, nicht zum Dank verpflichtet bin. Als Er mich erschuf, hat Er mich nicht gefragt, ob es mir recht ist oder nicht! Er hat dabei nur sein Vergnügen des Erschaffens im Auge gehabt, aber nicht danach gefragt, ob ich als erschaffenes Wesen dann mit meinem Zustand und meiner Stellung, die Er mir unter den andern Wesen angewiesen hat, wirklich zufrieden bin, und ob ich mich glücklich fühle."

Aus diesen Schlüssen ginge hervor, daß von seiten des Menschen gar keine Verpflichtung vorläge, seinen Schöpfer zu lieben, selbst wenn Er ihn auch in die glücklichsten Verhältnisse gestellt hätte, um so weniger aber, wenn in Betracht gezogen wird, mit welchen Drangsalen, Leiden und Mißhelligkeiten der Mensch von Geburt an bis zum Tode kämpfen muß. Deswegen sollten die Menschen Gott lieben, und dazu noch über alles? Das wäre doch etwas zuviel verlangt! So manche Menschen möchten zu ihrem Schöpfer sagen: „Wenn Du mich *nicht* als Mensch erschaffen hättest, könntest Du noch eher Anspruch auf meine

Liebe erheben; aber unter diesen traurigen Lebensverhältnissen, gehört eine zu große Dosis Einfalt dazu, Den zu lieben, der mich im Materiellen in mancher Hinsicht unter das Tier gestellt hat, und der mir nur die Fähigkeit verlieh, meine Lage so recht beurteilen und beweinen zu können!"

Seht, Meine Kinder, so urteilt, und nicht mit Unrecht, der Verstandesmensch, dem die kalte Wirklichkeit — d. h. das, was er vor sich sieht, mit Händen greifen und mit seinen Sinnen wahrnehmen kann — die ganze Welt ausmacht. Eine solche Denkungsweise war schon seit Entstehung des Menschen immer bei einzelnen die Basis ihrer Handlungen, und in jetziger Zeit predigen solches eure gelehrten Materialisten ohne Scheu und finden ein großes Publikum, welches ihren Ansichten ganz beistimmt und ihnen Beifall klatscht.

Wenn Ich also das Gebot: „Du sollst Gott über alles lieben!" in dieser Predigt wieder berühre, so geschieht es deswegen, um dem größten Teil der Menschen ihre falschen Ansichten von Mir und der Welt — nebst den damit zusammenhängenden Fehlschlüssen — vor Augen zu halten, und um derer willen, die noch für etwas anderes Sinn haben, als nur Verehrer der vergänglichen Materie zu sein, und welche fühlen, daß noch etwas Besseres und Tieferes sich in ihrem Innern bewegt und sie zu geistigem Leben antreibt.

Wenn Ich ein Gebot gegeben habe, so muß doch ein Grund dazu vorhanden sein, warum das Gebot ausgeführt oder befolgt werden soll. So muß also auch ein Grund bestehen, warum Ich dieses Gesetz der Liebe als das vornehmste und größte in Meiner Schöpfung bezeichnete, und warum es zu deren Fortbestand, Zusammenhang und Vervollkommnung eingesetzt wurde.

Nun seht, bei jedem Gesetz kann leicht beurteilt werden, was der Beweggrund war, das Gesetz so und nicht anders zu geben, und ob das Gesetz aus Liebe, also zum Besten anderer, oder nur aus Eigennutz für den Gesetzgeber selbst gegeben wurde.

Wenn nun Ich als Schöpfer Meinen geschaffenen, Mir gleichenden Wesen als erstes Gesetz die *Liebe* vorschreibe, die sie gegen ihren Erschaffer haben sollen, so ist doch klar, daß man den Grund oder das Warum dieses Gesetzes auch in Meinen Anordnungen erkennen muß, und begreift, daß überall — es mag geschehen, was will — *Liebe* zugrunde liegt.

Was ist denn eigentlich ‚Liebe'?

Seht, auch diesen Begriff müssen wir erklären, um dessen Größe besser beurteilen zu können!

Liebe ist nichts anderes als eine gewisse Zuneigung zu einem belebten oder unbelebten Gegenstand. Diese Zuneigung bedingt die Erhaltung dieses Gegenstandes in dem Maße, in dem er eben unsere Liebe in Anspruch nimmt. Unter lebenden Wesen ist Liebe eine Zuneigung oder ein Hingezogenwerden zu anderen Wesen, die wegen ihrer Eigenschaften mit ihren Gefühlen harmonieren. Beim Menschen kommt hinzu, daß der, der Liebe gibt, auch wieder Liebe empfängt. Der Liebende möchte mit dem geliebten Wesen im Austausch seiner Gesinnung und Gefühle bleiben und, Liebe wieder von ihm zurückerhaltend, sich gleichsam mit ihm vereinen und ein geistiges Ganzes ausmachen. Die Liebe, welche keinen andern Zweck hat, als den Geliebten so glücklich wie möglich zu sehen, ist ferner die Eigenschaft, welche uns fähig macht, dem Geliebten alles zu geben und für uns nichts zu behalten als nur das Bewußtsein, ihn so glücklich gemacht zu haben, wie es unsere Kräfte erlaubten.

Nun, wenn der Mensch diese Liebe von seiten seines Gottes, Schöpfers und Herrn begriffen und erfaßt hat, dann ist ihm auch das Gesetz der Liebe leicht verständlich, welches ihm gebietet, dem Gott, der alles hergegeben hat, um Seine Geschöpfe glücklich, ja ewig selig zu machen, auch aus ganzer Seele und mit aller ihm möglichen Kraft zu lieben.

Wie beweist aber Gott dem Menschen diese Liebe, die Er für ihn geopfert hat, um seine menschliche Liebe so anzuregen, daß sie über alles Irdische, Sichtbare und Unsichtbare hinaus den Schöpfer des großen Universums über alles lieben lernt?

Seht, hier gibt es *zwei* Wege, die dem Menschen die Liebe seines Schöpfers beweisen und klar machen können: die geistige, unsichtbare, *in* ihm wohnende Welt, und die materielle, sichtbare, ihn umgebende Welt. Beide Wege, obwohl verschieden in ihrer Ausdrucksweise, führen zum gleichen Ziel, d. h.: den Schöpfer als liebenden Herrn und Vater zu erkennen.

Betrachten wir zunächst den *ersten* Weg.

In früheren Zeiten, als man die Natur weniger kannte, wurden durch die Gelehrten so manche Anfänge des Unendlichen im Großen wie im Kleinen aufgedeckt. In jener Zeit war es der *innere* Mensch, der die begeisterten Gesetzgeber, wie Moses und die Propheten und Seher beschäftigte. Sie machten den Menschen auf sein Inneres aufmerksam und stellten das als Gebot hin, was eigentlich aus freiem Antrieb geschehen sollte.

Damals stand dieses Gesetz der Gottesliebe als *Gesetz,* nicht aber als Liebes*gebot* vor dem Menschen. Deswegen fragte auch der Pharisäer, welches das vornehmste Gebot sei, weil er dieses Gebot nicht für so wichtig hielt und vielleicht glaubte, von Mir eine Antwort zu bekommen, welche auf ein bürgerliches Gesetz hindeutete. Denn Liebe, wie Ich sie gebot, war diesem Pharisäer und auch vielen anderen Menschen in jenen Zeiten fremd, wie auch jetzt noch die Liebe, wenn sie etwas anderes bedeutet als nur Liebe für sich, Millionen Lebender trotz aller Aufklärung ein unbekanntes Ding ist.

Um dieses Gesetz Meiner großen Schöpfung zur Geltung zu bringen, stieg Ich selbst auf eure dunkle Erde hernieder und zeigte euch durch Wort und Tat, was Liebe zu Gott und was Liebe zum Nächsten ist. So brachte Ich den Menschen aus seiner materiellen Richtung und erhob ihn zu einem geistigen Geschöpf, das zwar die Wurzel, seine Füße auf Erden, im Materiellen, jedoch seinen Kopf oder die geistige Blume in Regionen emporhebt, welche mit der Materie nichts zu tun haben.

So wie Ich Meinen Mitlebenden die *Gottesliebe* erklärte, so zeigte Ich ihnen auch in vielen Gleichnissen, Worten und Taten, was eigentlich *Nächstenliebe* ist, wie sie verstanden und ausgeübt werden soll, zeigte ihnen wie das zweite Gebot, das der Nächstenliebe, nur dann erfüllt werden kann, wenn man das erste ganz im geistigen Sinne aufgefaßt hat, und wie umgekehrt die Gottesliebe nur dann echt und rein ist, wenn sie am Nächsten und an der ganzen, den Menschen umgebenden Welt als Bruderliebe ihren Ausdruck findet.

Der *zweite* Weg, die Liebe Gottes durch die *Natur* zu beweisen und in ihr Gottes Sprache auf jedem Schritt zu gewahren, war späteren

Jahrhunderten vorbehalten, obwohl auch schon in jenen Zeiten Meines Erdenwandels und noch früher die Priesterkasten mit den Geheimnissen der Natur vertraut waren, so gut, wie es jetzt nur wenige sind. Lange blieb diese Stimme, durch welche Ich den Menschen von Meiner allumfassenden Liebe tausend und abertausend Beweise geben wollte, unbemerkt. Auch jetzt noch ist es nur einzelnen vorbehalten, diese Stimme bei ihren Forschungen zu vernehmen. Leider kennen die meisten im Gebiet der Naturwissenschaft Herumwühlenden nur die Materie und ihre von Mir ihr aufgedrungenen Gesetze, statt den leisen Ruf der Liebe zu vernehmen, der ihnen aus jedem Atom entgegenweht, weil eben in jedem Atom ein Liebeshauch Meines göttlichen Ichs verborgen liegt, der ebenfalls auf seine weitere Entwicklung nach den Liebesgesetzen wartet.

Es war für euch jetzt Lebenden das Fernrohr, das euch die weiten Räume über euch erschloß; es war das Mikroskop, welches euch die Wunder des Kleinsten enthüllte. Durch beide Instrumente könnt ihr die Unendlichkeit und den Unendlichen selbst wohl ahnen, aber nicht begreifen.

Beide Wissenschaften, Astronomie und Naturwissenschaft, sind dem Menschen gegeben, um seinen Stolz zu dämpfen, seinen Dünkel zu beseitigen und ihn doch als Geist hoch über alle Räume zu erheben, weil sie dem Endlichen die Fähigkeit gaben, das Unendliche zu erfassen und zu ahnen.

Beide Wissenschaften sollen zur Gottesliebe, die Gottesliebe zur Menschenwürde und die Menschenwürde zur Nächstenliebe führen, die sodann wieder zu Dem zurückführt, der alles so geordnet hat, daß jeder Funken Liebe seinen Kreislauf vollenden kann, indem er, von Mir als Gott ausgegangen, zu Mir wieder zurückkehrt.

So soll denn die Gottesliebe sich von selbst in den Herzen der Menschen bilden und ihren Ausdruck in der Nächstenliebe finden, indem diese auf die erstere gegründet den Kreislauf beschleunigt und sich so beide Gesetze, aus denen alles hervorgegangen ist, und zu denen alles zurückzukehren sucht, als die höchsten, aber auch die einzigen bewahrheiten. So sind diese Gesetze die vornehmsten; denn sie sind auf Liebe, auf die Hinneigung von Gleichem zu Gleichem gebaut und können nur Harmonie, d. h. Ruhe, Glückseligkeit und Wonne bereiten.

Wenn auch der Mensch auf seiner Lebensbahn so manche Kämpfe und bittere Leiden zu ertragen hat, sieht doch der geistige Seelenmensch darin nicht die Folge materieller oder sozialer Verhältnisse, sondern er sieht in ihnen die Schulung zu einem höheren Leben. Es müssen zuerst die Versuchungen der materiellen Welt überwunden sein, ehe die geistige in ihrer ganzen Wichtigkeit erfaßt und verstanden werden kann. So sind ihm, dem Sohn eines Gottes, Kämpfe und Leiden nur ein Ansporn zum Vorwärtsschreiten, nicht aber ein Grund zur Enttäuschung; so fühlt er sich im Kampf mit der materiellen Welt erhaben und als geistiges Kind eines ihn ewig liebenden Vaters stark genug, sie zu besiegen, wie Ich zur größeren Bekräftigung euch als Jesus ein glänzendes Beispiel gegeben habe.

In diesem Bewußtsein begreift der Mensch, warum er Gott über alles — d. h. weit über jede andere Neigung hinaus — lieben, die Liebe zu Gott somit als Höchstes achten und nur ihr genügen soll, und warum er seinen Nächsten, ebenfalls ein aus Gottes Hand hervorgegangenes geistiges Wesen, ebenso wie sich selbst lieben, d. h. ihn so achten soll, wie er selbst, als Gottes Ebenbild, angesehen und geachtet sein will.

So sollt ihr Mich als Gott lieben, und diese Liebe an dem Nächsten beweisen, damit ihr die wahren Abkömmlinge dessen seid, der allem so viele Wunder eingehaucht hat. Dann wird euch klar werden, daß eine Welt nur dann bestehen kann, wenn Liebe ihr Grundwesen, Liebe ihr Bestehungs- und Vervollkommnungstrieb ist.

Das ist es, was Meine beiden Gesetze euch predigen, was sie euch von der Wiege bis zum Grabe in tausend Formen und Verhältnissen sagen und weit über dieses Erdenleben hinaus immer wiederholen werden, daß ohne Liebe kein Vater sein kann, aber ohne Liebe auch keine Kinder bestehen können. Amen.

44

Am 18. Trinitatissonntage

Die Heilung eines Gichtbrüchigen

Matth. 9, 1—8: Da trat Jesus in das Schiff, fuhr wieder herüber und kam in seine Stadt. Und siehe, da brachten sie zu ihm einen Gichtbrüchigen, der lag auf einem Bette. Da nun Jesus ihren Glauben sah, sprach er zu dem Gichtbrüchigen: „Sei getrost, mein Sohn, deine Sünden sind dir vergeben!“ Und siehe, etliche unter den Schriftgelehrten sprachen bei sich selbst: ‚Dieser lästert Gott.‘ Da aber Jesus ihre Gedanken sah, sprach er: „Warum denkt ihr so Arges in euren Herzen? Welches ist leichter, zu sagen: Dir sind deine Sünden vergeben, oder zu sagen: Stehe auf und wandle? Auf daß ihr aber wisset, daß des Menschen Sohn Macht habe auf Erden, die Sünden zu vergeben (sprach er zu dem Gichtbrüchigen): Stehe auf, heb dein Bett auf und gehe heim!“ Und er stand auf und ging heim. Da das Volk das sah, verwunderte es sich und pries Gott, der solche Macht den Menschen gegeben hat.

(Den 25. April 1872)

Dieses Evangelium gibt wieder mehrere Wunder kund, die Ich wirkte, und erzählt, wie Ich die Einwürfe und Bemerkungen der Pharisäer abfertigte, mit welchen sie Meine Lehr- und Handlungsweise stets kritisierten.

Schon das erste Wunder an dem Gichtbrüchigen störte sie in ihrem priesterlichen Eifer, weil Ich, ehe das Wunder der Heilung getan wurde, zu dem Kranken sagte: „Deine Sünden sind dir vergeben!“ Ich vergab dem Gichtbrüchigen die Sünden seines Glaubens bzw. seiner sicheren Überzeugung wegen, welche er und seine Verwandten und Bekannten hatten, und dann vergab Ich ihm die Sünden, weil er — so wie die meisten Kranken, die sich die Übel selbst zuziehen, weil sie sich gegen ihre Natur versündigen — nun die Folgen davon tragen mußte.

Die Pharisäer und Hohenpriester glaubten, nur sie hätten das Recht Sünden zu vergeben; deswegen ihre Aufregung. Allein, Ich wollte ihnen zeigen, daß Ich nicht nur die Sünden vergeben kann — und das im wahrsten Sinn —, sondern daß Ich auch die Macht besitze, die Folgen der Sünden zu heilen, was sie nicht konnten.

Der Grund ihres Neides und Hasses war, daß Ich das Volk durch solch schlagende Beispiele von Wundertaten für Mich gewann und es nach und nach von ihnen entfernte.

Es war in jener Zeit notwendig, Meine Worte durch solche Taten zu beweisen und zu bekräftigen, weil die Masse des Volkes noch nicht auf jener religiösen Bildungsstufe stand, durch *geistige* Beweisgründe allein auf den rechten Weg des Heils gelangen zu können. Und so seht ihr in diesem Evangeliumsabschnitt, wie Ich die geistigen Krankheiten und falschen Ansichten Meiner Umgebung zu berichtigen suchte, und wie Ich durch Taten stets das als wahr bewies, was Ich eben gelehrt hatte. Es bestanden in jenen Zeiten unter den Priestern des Judenvolkes sehr viele Vorurteile, welche Ich erst beseitigen mußte, wollte Ich Meine Lehre allgemein machen; denn vor Mir waren alle Menschen gleich, alle hatten durch den in sie gelegten göttlichen Geist Anspruch auf Meine Kindschaft.

Ich mußte die falschen geistigen Ansichten durch Meine Worte widerlegen und durch die Tat die körperlichen Krankheiten zum Beweise Meiner Macht vertilgen. Daher seht ihr, wie Ich und Meine Jünger öfters gerade das Gegenteil von dem taten, was die religiösen Zeremonien der Juden vorschrieben, damit das Volk dadurch aufmerksam gemacht werde, daß die Haltung der Tempelgesetze dem Wortlaut nach noch nicht Religion, noch nicht dasjenige sei, was Moses, die Propheten und Ich wollten.

So arbeitete Ich daran, alle mißverstandenen Gebräuche auf ihren rechten Wert zurückzuführen, um Meiner rein *geistigen* Lehre Platz zu machen. Deswegen sprach Ich die Worte: „Die Gesunden bedürfen des Arztes nicht, aber die Kranken!“ — „Ich habe Wohlgefallen an der Barmherzigkeit und nicht am Opfer!“ — „Ich bin gekommen, die Sünder zur Buße zu rufen und nicht die Frommen!“ — und bei dem Einwurfe wegen des Fastens: „Wie können die Hochzeitsleute Leid tragen, solange der Bräutigam unter ihnen ist? Es wird aber eine Zeit kommen, da der Bräutigam ihnen genommen wird, alsdann werden sie fasten!“ — „Niemand flickt ein altes Kleid mit einem Fleck von neuem Tuche!“ — „Man faßt nicht Most in alte Schläuche!“ usw.

Aus all diesem erseht ihr, wie Ich unter verschiedenen Formen, durch Worte und Gleichnisse, die alten Vorurteile bekämpfte, damit Meine Lehre als geistig anerkannt werde, und damit man einsehe, daß sie nicht durch Zeremonien und Tempellauferei zu ersetzen sei und der Spruch zur Wahrheit werde: „Wer Mich anbeten will, der muß Mich im Geist und in der Wahrheit anbeten!"

Auch Meine Jünger erinnerte Ich daran. Ich zeigte ihnen die vielen verirrten Kinder und sagte ihnen, daß die Ernte groß, aber wenig Arbeiter seien. Deswegen ermahnte Ich sie: „Bittet den Herrn der Ernte, daß Er Arbeiter in Seine Ernte sende!"

Seht, Meine Kinder! Bei der Heilung des Gichtbrüchigen sagte Ich vorher zu ihm: „Deine Sünden sind dir vergeben!" Seine Krankheit rührte von Sünden gegen seinen eigenen Organismus her. Ich vergab ihm die Sünden; denn er wußte nicht, daß er sich dieses Übel durch die Jagd nach sinnlichen Genüssen zugezogen hatte. Ich sagte auch nicht zu ihm: „Gehe hin und sündige nicht mehr!"; denn er war noch weit davon entfernt, diese Sünden zu begreifen und zu bereuen.

Seine plötzliche Heilung bloß durch Mein Wort sollte ihn zum tieferen Nachdenken erwecken und ihm beweisen, daß nicht das, was ihm anfangs so viel Vergnügen und später so viel Leiden verursachte, das eigentliche Leben des Menschen ausmacht, sondern daß es noch etwas Höheres, Geistigeres im Menschen gibt, welches ihn in schönere Regionen ziehen will, in denen andere Reize als bloß schnöde Sinnenreize die Hauptsache sind.

Mit Meinen Worten wollte Ich diesen kranken Gichtbrüchigen erhöhen und den Stolz der Pharisäer erniedrigen, damit sie ihre Ohnmacht fühlen sollten, da sie nicht imstande waren, ihren Worten solchen Nachdruck zu geben. Worte verhallen, doch die Tat spricht fort! So waren Meine Bemerkungen, welche Ich bei verschiedenen Anlässen machte, dahin gerichtet, den aufgeblasenen, stolzen Menschenverstand in seine Grenzen zu weisen, damit er sich demütig vor der hohen Macht des Geistes beuge.

Alles, was Ich in jener Zeit bei dieser Gelegenheit geredet und getan habe, findet jetzt und in allen Zeiten seine Anwendung. Gichtbrüchige, Blinde, Lahme, ja Tote gibt es überall, wohin das Auge sich wenden mag. Überall herrscht mehr Finsternis als Licht, höchstens Dämmerung. Auch jetzt gibt es viele, die geistig lahm oder gelähmt sind ob der falschen Richtung ihrer Seele, und die sich an Dinge vergänglicher Natur hängend, das Geistige gänzlich verachten und hintansetzen. Die Folge dieser geistigen Lähmung ist die verkehrte Ansicht über Geist und Materie. Dies sind die Sünden, die Ich ihnen tagtäglich vergeben muß, wenn der größte Teil der Menschen nicht zugrunde gehen soll.

Auch jetzt geschehen Wundertaten in Menge in der Welt; aber die Menschen nehmen sie nicht als solche an. Sie suchen mit dem Verstand alle Naturereignisse und alle politischen Ereignisse auf ganz gewöhnliche Ursachen zurückzuführen und bemerken dabei nicht, wie Ich ihnen selbst aus der Schlinge helfe, wenn sie sich ob ihres Eigensinns in ein Labyrinth von Hypothesen und verhängnisvollen Ereignissen verwikkelt haben.

Allein, wie Ich einst sagte, daß Ich die Kranken und nicht die Gesunden aufsuche, so geschieht es auch jetzt. Die Kranken, Schwachen, Gichtbrüchigen, Blinden und mit allerlei Übeln behafteten Seelen suche Ich auf und bestrebe Mich, sie zu heilen, indem Ich ihre eigenen Sünden zu ihrer Schule wähle, aus welcher sie womöglich gestärkt und gekräftigt hervorgehen sollen. So manchen heile Ich, weil er festen Glauben hat. Ich bringe ihn in Verhältnisse, die ihm Zeit geben, über seine Lebensbahn und über seine Irrtümer nachzudenken und sie zu berichtigen.

Auch euch, die ihr in vielem schon besser erkennt, was Ich eigentlich mit dem Menschen bezwecken will, und wozu Ich ihn auserkoren habe, muß Ich oft die Sünden vergeben, weil ihr euch dessen noch nicht ganz bewußt seid, woher so manche Mißhelligkeiten, die euer Dasein verbittern, kommen. Noch kann Ich zu euch nicht, wie zu der Ehebrecherin, sagen: „Gehe hin, und sündige nicht mehr!"; denn nicht alle sind so weit zur Einsicht gekommen, daß sie trotz des besten Willens und der größten Aufopferung nur unnütze Knechte sind.

Auch jetzt seufzt so mancher unter dem Druck der Erkenntnis seiner Schwächen. So soll er nur, wie der Kranke im Evangelium, sich Mir nahen mit dem festen Glauben, daß Ich ihn heilen werde, und er wird bald in seinem Innern die Stimme hören, die ihm zuruft: „Deine Sünden oder Irrtümer sind dir vergeben! Nimm dein Bett und gehe heim!" Das will besagen: „Verlaß dich nicht auf andere, nicht auf kommende Ereignisse und bessere Verhältnisse, sondern wirf die Schwachheiten, in deren Bett du bis jetzt gelegen hast, von dir! Nimm deine falschen Ansichten und Irrtümer auf die Schulter, trage sie und gehe festen Fußes deiner Vervollkommnung entgegen! Deine Ansichten und Irrtümer, auf denen du seither wie ein Kranker gelegen bist, sollen dich, da dir jetzt leichter ist, nicht auf dem Weg nach vorwärts hindern, und du wirst sie fortschreitend auch gänzlich loswerden! Nur muß vorher das umgekehrte Verhältnis eintreten. Früher lagst oder ruhtest du auf ihnen, jetzt mußt du sie, wohlbewußt ihrer Bedeutung, selbst auf deine Schultern nehmen, ohne daß sie dir infolge ihrer Schwere lästig werden dürfen."

So sollt auch ihr, die Ich vor vielen bevorzugt und mit Meiner Lehre vertraut gemacht habe, mit der Heilung bei euch selbst anfangen. Ich schicke euch dazu *die* Verhältnisse, unter welchen eure Seelenstärke erprobt und geübt werden soll; denn auch jetzt muß Ich die Kranken aufsuchen. Ich muß ihnen helfen, damit sie geheilt als gutes Beispiel für andere dienen können.

Auch Ich kann auf ein altes Sündenkleid keinen neuen Fleck heften und keinen neuen Most in alte Schläuche bringen. Beide halten das nicht aus. Das Kleid zerreißt, und der Schlauch zerspringt. Es muß also vorerst das alte Kleid oder der alte Schlauch beseitigt, der alte Adam ausgezogen werden, soll der neue an dessen Stelle treten. Es müssen zuvor die Sünden, die Urheber des Übels, vergeben, d. h. ausgemerzt werden, — dann erst kann der frühere Kranke als geheilt rüstig seine Wege weitergehen. Zu alldem muß aber jedes Wort, jede Tat, jedes Ereignis beitragen, um die Arbeiter zu vermehren, die zur Ernte nötig sind.

Schon einmal sagte Ich: „Viele sind berufen, doch wenige auserwählt!" Viele Lahme, Blinde und Gichtbrüchige gibt es noch. Sie müssen alle gesunden. Dazu bedarf es tüchtiger Arbeiter in Meinem Weinberge, und diese Arbeiter, sollen sie ihren Dienst erfüllen, müssen selbst jeder Arbeit gewachsen sein. Dies ist nur dann möglich, wenn auch sie durch die Schule der Erkenntnis, die sie andern bringen wollen, gegangen sind.

So bildet sich für sie eine Kette von Prüfungen, Leiden und Kämpfen, die als letztes Resultat das Abstreifen des Angewohnten und die Erneuerung mit dem Kleid der göttlichen Wahrheit haben sollen, damit auch sie alle dem Ruf folgen können: „Steh auf, nimm dein Bett und gehe heim!"

Ihr alle wart krank, mehr oder minder gichtbrüchig. Ich habe euch die Mittel zur Heilung in Fülle dargereicht. Wenn ihr ganz geheilt sein werdet, werdet ihr die Arbeiter zur Ernte sein, die binnen kurzem in größerem Maßstab als bis jetzt betrieben werden wird.

Trachtet daher danach, daß ein jeder von euch seine Pflicht, wie Ich sie von ihm verlangen kann und darf, auf seinem Platz recht erfülle, da es bei euch an Heilmitteln nicht fehlt! Amen.

45

Am 19. Trinitatissonntage

Das Gleichnis von der königlichen Hochzeit

Matth. 22, 1—14: Jesus antwortete und redete abermals durch Gleichnisse zu ihnen und sprach: „Das Himmelreich ist gleich einem Könige, der seinem Sohn Hochzeit machte. Und er sandte Knechte aus, daß sie die Gäste zur Hochzeit riefen, und sie wollten nicht kommen. Abermal sandte er andere Knechte aus und sprach: ‚Saget den Gästen: Siehe, meine Mahlzeit habe ich bereitet, meine Ochsen und mein Mastvieh ist geschlachtet, und alles bereit; kommt zur Hochzeit!' Aber sie verachteten das und gingen hin, einer auf seinen Acker, der andre zu seiner Hantierung. Etliche aber griffen seine Knechte, höhnten und töteten sie. Da das der König hörte, ward er zornig, schickte seine Heere aus, brachte diese Mörder um und zündete ihre Stadt an. Da sprach er zu seinen Knechten: ‚Die Hochzeit ist zwar bereit; aber die Gäste waren's nicht wert. Darum gehet hin auf die Straßen und ladet zur Hochzeit, wen ihr findet!' Und die Knechte gingen aus auf die Straßen und brachten zusammen, wen sie fanden: Böse und Gute; und die Tische wurden alle voll. Da ging der König hinein, die Gäste zu besehen, und er sah allda einen Menschen, der hatte kein hochzeitlich Kleid an. Er sprach zu ihm: ‚Freund, wie bist du hereingekommen und hast doch kein hochzeitlich Kleid an?' Er aber verstummte. Da sprach der König zu seinen Dienern: ‚Bindet ihm Hände und Füße und werfet ihn in die Finsternis hinaus! Da wird sein Heulen und Zähneklappern. Denn viele sind berufen; aber wenige sind auserwählt.'"

(Den 26. April 1872)

Hier liegt das Gleichnis einer Hochzeit vor euch, mit dem Ich den Pharisäern ihre eigenen Umtriebe und deren Folgen begreiflich machen wollte; denn sie lebten stets in dem Wahne, daß niemand ihre Schliche durchschaue. Ich aber, dem an ihrer Besserung gelegen war, verhüllte bei vielen Gelegenheiten Meine Worte und Mahnungen, welche Ich an sie richtete, durch Gleichnisse, welche den Pharisäern wohl, aber dem Volk nicht immer verständlich waren. Ich wollte ihre Autorität, ihr Ansehen beim Volk nicht ganz vernichten, solange sie noch einer Besserung fähig waren. Weil Ich aber stets den Nagel auf den Kopf traf, so war ihr Ingrimm gegen Mich stets im Wachsen, bis ihnen endlich, wie es bestimmt war, Gelegenheit und Macht erteilt wurde, an Mir zu erfüllen, was die Propheten schon längst vorhergesagt hatten, und was auch Ich Meinen Jüngern als Mein künftiges Schicksal und Ende prophezeit hatte.

Hier nun, in diesem Gleichnis, verglich Ich das Himmelreich oder den Vater im Himmel mit einem König, der zum Festmahl seines Sohnes Einladungen an Freunde und Bekannte ergehen ließ, jedoch überall eine ausweichende oder abschlägige Antwort erhielt. Der König, darüber erzürnt, rächte sich an ihnen, indem er ihnen Hab und Gut verbrannte und sie selbst töten ließ.

Bei der zweiten Aussendung seiner Knechte ließ er alle einladen, die sie auf den Straßen und Plätzen finden würden, und die Knechte brachten Gute und Böse zum Tisch des Herrn. Unter diesen hereingebrachten Gästen befand sich auch einer, der kein hochzeitliches Kleid anhatte. Als er nichts zur Entschuldigung antworten konnte, wurde er hinausgewiesen in die äußerste Finsternis, um dort seinen Fehler zu büßen. Und das Ende des Gleichnisses waren die gewichtigen Worte: „Viele sind berufen, aber wenige sind erwählt!"

Das ist der Inhalt dieses Gleichnisses. Um es aber geistig auffassen zu können, müssen wir alle in ihm angeführten Umstände genau prüfen, bis wir zu dem eigentlich geistigen Sinn des Gleichnisses kommen und seine Anwendung auf jene, sowie auch auf die jetzige und künftige Zeit deutlich finden. Ihr müßt immer bedenken, daß in den Worten aus Meinem Mund eine größere Bedeutung liegt, als es die Zuhörer in jener Zeit ahnten und es auch viele Leser der jetzigen und künftigen Zeit vermuten werden. Wir wollen also vorerst mit der Form dieses Gleichnisses anfangen, damit ihr seht, wie alles seine tiefe, geistige Bedeutung hat, wenn es geistig beleuchtet vor das innere Auge des Seelenmenschen gestellt wird.

Ich verglich das Himmelreich mit einem König, der seinem Sohn ein Hochzeitsmahl geben wollte. Nun seht, dieser Vergleich bedeutet im höchsten Sinne die einstige, gänzliche Vermählung oder Vereinigung des Materiellen mit der Geisterwelt oder die Auflösung der Materie und die Befreiung des in der Materie eingeschlossenen Geistes, um ihre Vereinigung mit dem Höherstehenden zu verwirklichen.

Das erste Bild — eine Hochzeit — bedeutet die Vereinigung zweier zu *einem* geistigen Wesen, wenn auch getrennt in zwei Körpern. Die Hochzeit ist das Bild der hohen oder höchsten Zeit, in der Gleichgesinntes sich findet und vereint das vollführt, was dem einzelnen nicht möglich gewesen wäre.

Zu dieser Vereinigung oder Hochzeit, welche — wie gebräuchlich — auf Erden mit einem Hochzeitsschmause gefeiert wird, waren alle geladen, die solcher Teilnahme für würdig befunden wurden; das Gleichnis aber sagt, daß die Eingeladenen ihre Teilnahme an dem Hochzeitsmahle verweigerten.

Seht, dieses Hochzeitsmahl bedeutet die ganze Periode von der Erschaffung der Menschen bis zur Sündflut. Die Erde, in ihrem Hochzeitsschmuck prangend, lud alle Menschen zur geistigen Vereinigung ein. Als materielles Abbild des freudigen Entwicklungsprozesses der ganzen Schöpfung wollte sie die geistigen Wesen, die Menschen zu diesem Freudenfeste heranziehen. Die Menschen aber, der Sinnenwelt und ihren Genüssen mehr als dem Geistigen huldigend, achteten nicht auf die Einladung und Aufforderung, sich nach oben zu richten, sondern zogen das Streben nach unten vor. Und so mußte, damit die Vereinigung Meines Geisterreiches mit der Materie doch geschehe, die Sündflut der ganzen damals lebenden Menschheit ein Ende machen, und gerade jene Menschen treffen, welche Ich mit allen Vorzügen ausgestattet hatte und durch alle möglichen Mittel belehrte und erziehen ließ.

Nach dieser Katastrophe erging an die übriggebliebenen Nachkommen in späteren Zeiten wieder eine Einladung, sich zum Vereinigungsfest anzuschicken, und es verlangte die damals lebende Menschheit, erschreckt vom früheren Strafgericht, als auch vom inneren Gefühl getrieben, eine Vereinigung des Geistigen, des in ihrem Körper Gebundenen mit den höheren Regionen der Geisterwelt. Dieses Verlangen war jedoch nicht klar ausgeprägt und wurde von den verschiedenen Menschen verschieden gedeutet; deswegen kamen zu diesem Hochzeitstisch — wie das Gleichnis sagt — Gute und Böse.

Nun — fährt das Gleichnis fort — befand sich auch ein Mensch unter diesen Geladenen, welcher das Hochzeitskleid nicht anhatte und deshalb in die äußerste Finsternis hinausgestoßen wurde. Dies will soviel sagen als: Alle, die wenigstens einen Drang nach geistiger Besserung empfanden, waren der süßen Hoffnung, ihre Wünsche, ihre Ideen erfüllt zu sehen. Sie waren alle voll freudiger Hoffnung, d. h. ein jeder zog — bildlich gesprochen — das Beste, das er hatte, als Hochzeitskleid an. So trugen die Guten ihre innere Liebe, ihr inneres, wahres Streben, stets reiner und besser zu werden, offen zur Schau, ja, selbst die weniger Guten und sogar die Bösen zierten sich nach außen hin mit den Abzeichen der Frommen, weil sie doch besser scheinen wollten, als sie in Wirklichkeit waren.

Nur ein einziger — wie das Gleichnis sagt — kümmerte sich weder um das Sein, noch um den Schein. Er wollte sich zeigen, wie er war, wollte aber auch an dieser Vereinigung teilnehmen, vorausgesetzt, daß sie seinen Ansichten entsprechen würde. Und dieser einzige, der Mir, dem König, so frech die Stirn bieten wollte, ist niemand anders als der von Mir längst verstoßene Geist Luzifer oder Satana, welcher als personifiziertes böses Prinzip den Gegenpol Meines eigenen Ichs ausmacht. Nun, dieser Böse, mit *Willen* böseste Geist, wurde in die äußerste Finsternis gestoßen, in der Heulen und Zähneklappern ist, oder — mit andern Worten gesagt — in der er, der Finsternis des eigenen Gemüts überlassen, so lange harren kann, bis eine in ihm selbst auftauchende Besserung seine Rückkehr möglich macht.

Was nun der Satan als Person ist, das vertritt auf eurer Erde diejenige Gattung von Menschen, die des Guten und Edlen wohl kundig ist, doch mit Willen das Böse liebt und ausübt. Mit der Bezeichnung ‚Gute' und ‚Böse', die am Hochzeitstisch saßen, sind alle jene gemeint, welche sündigen, weil sie zu schwach sind, aber, teilweise ihren eigenen Schwachheiten unterliegend, doch nicht im mindesten den Trieb zum Besserwerden verloren haben, ihn weder verachten noch mit Füßen treten. Die Ärgsten, Unverbesserlichsten und die am meisten in der Schöpfung Zurückstehenden sind jene Geister und Seelen, welche das Gute wohl kennen, aber es aus Haß gegen dasselbe nicht ausführen und womöglich andere zum Abfalle von demselben verleiten wollen. Dieses Trachten ist teuflischer Natur, weil der in alle Geister und Wesen von Mir eingelegte Trieb der Liebe sich statt dem Guten dem Schlechten zugewendet hat.

Daß die Pharisäer unter dem Bild des Menschen ohne Hochzeitskleid sich getroffen fühlten, das war es, was sie mit Ingrimm erfüllte. Sie merkten, daß sie aus eigener Schuld von allen künftigen Genüssen im Geisterreich ausgeschlossen seien, solange nicht freiwillige Umkehr sie würdig mache, sich Mir zu nähern. Daher lautet das Schlußwort des

Gleichnisses: „Viele sind berufen, aber wenige sind auserwählt!“ Dies will soviel sagen als: Allen Geistern Meiner Schöpfung waren und sind die Tore Meines großen Geisterreiches offen, aber nur wenigen wird es gelingen, in jene Räume zu dringen, wo ewig Friede, Ruhe und Seligkeit herrschen. Es wird nicht eher möglich sein, als bis sie alles Weltliche und Sinnliche aus ihrem Herzen vertrieben haben. Nur dann sind sie als Auserwählte der Teilhaftigkeit an Meinem Reich fähig; nur dann kann ihr geistiges Auge — wenn aus demselben ein ähnlicher Himmelsstrahl leuchtet, der nur im Widerscheine des großen Geisterlichthimmels seine Befriedigung, seine gänzliche Sättigung finden kann und muß — den Glanz Meines Liebe- und Lichthimmels ertragen.

Hier habt ihr die geistige Bedeutung dieses Gleichnisses, welches von der Zeit an, da es von Mir gegeben wurde, bis auf heute seine Bedeutung bewahrt hat.

Seit jener Zeit sandte Ich Meine Knechte aus, um alle zum Hochzeitsschmaus in Meine Wohnung einzuladen; aber unverrichteter Sache kehrten sie oft wieder zurück. Ein Jahrhundert nach dem andern rollt hinab in den Abgrund der Vergangenheit, und Ich ließ nicht ab einzuladen. Es kamen wohl Geladene; aber töricht erwarteten sie von *Mir* und Meinem Reich, was Ich von *ihnen* forderte. Sie kehrten dem Geisterreich den Rücken und zogen die lange Straße dem kürzeren, beschwerlicheren Weg vor.

Noch immer lasse Ich nicht ab, Boten auszusenden, die Meinen Willen verkünden, die den Menschen begreiflich machen sollen, was der eigentliche Zweck ihres Daseins ist, und daß sie trotz allen Sträubens über kurz oder lang doch dahin kommen müssen, wohin Ich sie haben will. Viele wenden ihre Ohren ab, um die Stimme der Liebe, des Friedens nicht zu vernehmen; sie sind auf lange Zeit verloren. Mit Trauern sehe Ich, wie die große Masse anfängt, Mir nach und nach den Rücken zu kehren und statt Mir zu folgen, dem folgt, das ihnen als böse bekannt ist.

Wie Ich einst, da Mein Einladen umsonst war, durch die Sündflut die verlorene Menschheit retten mußte, so werde Ich auch jetzt gezwungen sein, um der Guten willen und um den Zweck der Menschheit nicht aus dem Auge zu verlieren, eine ähnliche Katastrophe über die Menschheit ergehen zu lassen. Nur wird das materielle Wasser jener Zeit durch das geistige Wasser Meiner Lichtwahrheit ersetzt werden. Und wie damals die Menschen sich vor dem Steigen der materiellen Flut retten wollten, so werde Ich sie jetzt mit Licht übergießen und werde bessere Geister erwecken, daß sie dasselbe verbreiten; und wenn dann überall Licht sein wird, bleibt den Finsterlingen nichts anderes übrig, als vor dem Glanz desselben zu fliehen und sich in der äußersten Finsternis ihrer eigenen Schwächen zu verbergen.

So wird sich geistig erfüllen, was Ich den Pharisäern bildlich sagte. Auch jetzt werden sich manche über dieses gewaltige Licht erzürnen, weil es ihren lange im Finstern gehaltenen Bau erleuchten wird. Allein, es *muß* Licht werden, — und mag sich Satana noch so sträuben; denn Mein Reich ist ein Reich des Lichts! Entweder in ewiger Finsternis der eigenen Seele, der dichtesten Materie gleich, einen langen Reinigungsprozeß vor sich sehend oder mit Aufopferung und Kraftanstrengung, mit Leiden und Kämpfen den kürzeren Weg der Erkenntnis gehend: Das ist das Los der Geister und der von Mir geschaffenen Wesen, sowie der ganzen Menschheit.

Geladen sind sie alle als Geister; doch wehe, wer ohne Hochzeitskleid ins Reich des Lichts eindringen wollte! Es würde ihm ergehen wie dem, von dem dieses Gleichnis erzählt: er würde hinausgestoßen werden in die Finsternis, bis es in seinem Innern von selbst zu dämmern anfängt! So wie Ich in jener Zeit Meines sichtbaren Wandels auf eurer Erde durch Meine Worte alle finsteren Winkel des menschlichen Herzens erleuchten wollte, ebenso müssen auch bei Meiner nahen Ankunft alle Herzen Licht haben oder doch wenigstens für das Licht aufnahmefähig gemacht sein, damit das Hochzeitsfest gefeiert werden kann. Dann werde Ich als König und Vater dem Sohn, Meinen Geistern, den Hochzeitstisch bereiten, und wir werden, *ein* Herz und *ein* Sinn, das Jubelfest der größten geistigen Einigung feiern, deswegen Ich in jenen Zeiten das größte Beispiel der Demut und Liebe für euch alle gegeben habe. Amen.

Am 20. Trinitatissonntage

Die Heilung des Sohnes eines Königlichen

Joh. 4, 47—53: Es war ein Königischer, dessen Sohn lag krank zu Kapernaum. Dieser hörte, daß Jesus kam aus Judäa nach Galiläa. Und er ging hin zu ihm und bat ihn, daß er hinabkäme und hülfe seinem Sohne; denn er war todkrank. Und Jesus sprach zu ihm: „Wenn ihr nicht Zeichen und Wunder sehet, so glaubet ihr nicht.“ Der Königische sprach zu ihm: „Herr, komm hinab, ehe denn mein Kind stirbt!“ Jesus spricht zu ihm: „Gehe hin, dein Sohn lebt!“ Der Mensch glaubte dem Wort, das Jesus zu ihm sagte, und ging hin. Und indem er hinabging, begegneten ihm seine Knechte, verkündigten ihm und sprachen: „Dein Kind lebt!“ Da forschte er von ihnen die Stunde, in welcher es besser mit ihm geworden war. Und sie sprachen zu ihm: „Gestern um die siebente Stunde verließ ihn das Fieber.“ Da merkte der Vater, daß es um die Stunde wäre, in welcher Jesus zu ihm gesagt hatte: „Dein Sohn lebt!“ Und er glaubte mit seinem ganzen Hause.

(Den 27. April 1872)

Dieses Kapitel gibt eine Tat kund, da Ich einem sterbenden Kinde nur durch das Wort seine Gesundheit wiedergab. Es beweist euch, wie mächtig das Wort ist, und wie es, begleitet vom festen Willen, Dinge bewirken kann, welche dem gewöhnlichen Menschen unmöglich erscheinen.

Auch dieser Königische erfuhr dasselbe, als er heimkehrend schon durch seine ihm entgegeneilenden Knechte vernahm, daß sein Kind im gleichen Augenblick das Leben zurückerhielt, als Ich das bedeutsame Wort ausgesprochen hatte.

Bei dieser Tat hatte Ich dreierlei Absichten. Ich wollte Meinen Jüngern und den Mir Angehörigen zeigen, daß der Königische erstens ein Mann aus einem höheren Stande und zweitens noch dazu ein Heide war, und drittens sollte seine Erprobung als Festgläubiger allen, die anwesend waren, die Augen öffnen über das, was ihnen noch am meisten fehlte.

Schon an anderer Stelle sagte Ich zu den Juden, daß ihnen alles genommen und den Heiden übergeben werde, weil gerade sie, die an erster Stelle Auserkorenen, so halsstarrig waren, Mich und Meine Mission nicht anzuerkennen, — daß ihnen dieser Segen genommen und den Heiden gegeben werde, weil bei diesen Meine Lehre einen besseren Acker finden werde.

Dann wollte Ich ihnen zeigen, daß nicht nur unverständliches Volk der niedersten Klasse zu Mir kam, sondern auch Leute aus höheren Ständen, welche mit wissenschaftlicher Bildung ausgezeichnet waren, sich nicht schämten, zu Mir zu eilen und Mich um Hilfe durch Wort und Tat anzuflehen.

Hier war es wohl nicht die Überzeugung von Meiner Macht allein, sondern vielmehr die Liebe zu seinem Kinde, die diesen Römer zu Mir trieb; denn der *Heilung* erst folgte die Überzeugung auf dem Fuße. Deswegen sagte Ich auch ihm: „Wenn ihr nicht Zeichen und Wunder seht, so glaubt ihr nicht!" Ich sagte das, weil Ich wohl wußte, daß dieser Mann nach der Heilung seines Kindes nicht anders konnte, als zu glauben. Die Tatsache stand doch greifbar vor ihm, nämlich: statt seines toten, sein genesenes Kind.

Am allerwichtigsten aber war die dritte Absicht. Ich wollte Meinen Jüngern und sonstigen Verehrern Meines Wortes mit Beispielen zeigen, daß zu allen Taten als Hauptfaktor von seiten der Bittenden das Vertrauen auf Mein Wort nötig sei, das ihnen gerade vielmals mangelte. So war diese Begebenheit geeignet, ihnen zu zeigen, daß man nie betrogen sein wird, wenn man Meinem Wort unbedingt glaubt und darauf vertraut.

Der Königische ging von Mir hinweg und hatte eine weite Strecke bis zu seinem Hause zu gehen; aber er verließ Mich mit dem festen Vertrauen, daß sein Sohn leben müsse, weil Ich ihm sagte: „Dein Sohn lebt!" Eben dieses Vertrauen auf Meine Worte und dieses feste Glauben, das möglich sein kann und stets vorhanden sein soll, wollte Ich Meinen Jüngern und Zuhörern durch eine Tat zeigen.

So war diese Tat für Meine Umgebung fruchtbringend; denn Ich unterließ nicht, ihr diese drei Gründe und Meine damit verbundenen Absichten auseinanderzusetzen.

Zweifler gab es auch dort; ja selbst dieser Königische war ein Zweifler, trotz seines Glaubens an Mich. Er forschte bei seinen Knechten nach, *wann* diese Umwandlung in dem kranken Zustand seines Sohnes stattgefunden habe. Und erst als er erfuhr, daß es in dem gleichen Augenblick war, als Ich es zu ihm gesagt hatte, da erst war er von Meiner Göttlichkeit fest überzeugt, und er, sowie sein ganzes Haus glaubten an Mich und Meine Sendung.

Seht nun, wie dieses Beispiel — als ein Glied der großen Kette, mit welcher Ich Meine Lehre auf Erden befestigen und dauernd verankern wollte — euch zeigt, daß ein glücklicher Erfolg nur dann zu verzeichnen ist, wenn das feste Zutrauen des Flehenden dabei ist. Auch jetzt will Ich euch in Erinnerung bringen, daß ohne festes Vertrauen auf Mich und ohne Zutrauen auf die Verheißungen, welche Ich euch oft gebe, kein befriedigendes Resultat erwartet werden kann. So wie bei einer körperlichen Heilung nicht der Arzt allein der Gesundheitsbringer ist, sondern das Vertrauen zu ihm und die feste Überzeugung von der Wirksamkeit der Mittel, welche er anwendet, ein Hauptfaktor, ja oft *der* Hauptfaktor sind, welcher die Genesung herbeiführen kann, ebenso ist bei jeder Bitte an Mich — um geistige und auch weltliche Dinge — das Vertrauen oder Zutrauen zu Mir der mächtigste Hebel, welcher die Erfüllung beschleunigen und verwirklichen kann. Dieses feste Vertrauen bindet Mich direkt, das zu gewähren, was Mein Kind von Mir als seinem Vater erbittet; wo anders sollte die Vaterliebe sich zeigen können, als eben im Gewähren? Im Verweigern gewiß nicht!

Schon früher habe Ich euch ein Wort über ‚Vertrauen' gegeben, vor kurzem ein anderes über ‚Glauben', und jetzt soll diese Ausführung von *beiden* — aber in einem andern Sinn — handeln. Das Vertrauen soll hier als Zutrauen zu Mir erklärt werden und der Glaube nicht als der mächtige Hebel, selbst Taten zu vollbringen, sondern als feste Überzeugung von dem Gewicht Meiner Worte und Meiner Verheißungen.

Jener Hauptmann im Evangelium hatte das Zutrauen und die feste Überzeugung, daß Meine Worte nicht trügen können, deshalb verließ er Mich getrost und ging nach Hause. Er war überzeugt, er müsse sein Kind gesund wiederfinden.

Begreift ihr, was das für ein Glaube ist, der in der Brust eines Vaters so mächtig wirken kann, daß er auf Meine persönliche Ankunft in seinem Hause verzichtet und nur Meinen Worten, Meiner Versicherung glaubt, da es sich um das Leben seines einzigen Kindes handelt?

Wo habt *ihr* dieses Vertrauen schon gezeigt, ihr, die Ich mit so vielen

Gnadenworten überschüttet und so oft durch die Tat gezeigt habe, wie Ich stets mit euch bin? — Legt die Hand aufs Herz und bekennt offen und frei, daß ihr im Glauben und Zutrauen noch weit hinter diesem Manne im Evangelium zurück seid!

Ihr seid bei dem kleinsten Mißgeschick, das euch trifft, verzagt. Sogleich eilt ihr zu Meinem Schreiber und verlangt direkte Worte von Mir, weil ihr noch taub gegen Meine Stimme seid, die euch in eurem Herzen so oft Trost zusprechen will. So seid *ihr*, die ihr euch zu den Auserwählten zählen wollt!

Ich will euch durch dieses Beispiel wieder auf das rechte Maß der Selbstschätzung zurückführen, damit ihr erkennt, was euch abgeht, und wieweit ihr noch von dem eigentlichen Ziel eines Wiedergeborenen entfernt seid.

Wenn ihr Bevorzugten so seid, was soll Ich von denen erwarten, denen diese Gnadenworte mangeln, die im Strom des Weltgewirrs hin- und hergeworfen werden und trotz aller Mahnworte und Leiden, die Ich über sie hereinbrechen lasse, nicht zur Besinnung kommen können?

Hier in diesem Wort will Ich euch zeigen, wo der Grenzstein des Fragens an Mich sein sollte, damit ihr nicht bei jeder Gelegenheit fragt und von Mir Bescheid haben wollt.

Jede Frage von euch an Mich ist ein Beweis von Mangel an Zutrauen, Mangel an Vertrauen, Mangel an Glauben, Mangel an dem eigentlichen Verständnis Meiner Worte und Mangel an der Erkenntnis, was es eigentlich heißt, Mich fragen zu wollen. Hättet ihr einen rechten Begriff von Meiner Größe und Meiner Heiligkeit, so wäre auch die Wahrheit Meiner Worte festgestellt, die Ich euch in den Evangelien, in Antworten auf eure oft einfältigen Fragen gegeben habe. Ich verfolgte den Zweck, euch alle Geheimnisse Meiner Natur, eures Herzens, Meiner Darniederkunft und Meines künftigen Wiederkommens klar zu machen.

Allein, ihr seid noch lange nicht zur Einsicht gekommen, was ein Schöpfer und Herr des Universums ist, deswegen übernehmt ihr euch oft in euren Fragen, auf welche Ich natürlich nicht als Herr, sondern als liebender Vater geduldig antworte. Aber es stünde euch zu, etwas reifer darüber nachzudenken, wozu die vielen Worte da sind, welche

Ich euch durch Meinen Schreiber bis jetzt gegeben habe. Ihr sollt sie nicht bloß lesen, abschreiben und in Bücher binden lassen, nein, ihr sollt euch bestreben, sie zu eurem eigenen Ich zu machen. Ihr sollt durch sie Meine ganze materielle Schöpfung, den eigentlichen Wert der weltlichen Güter und eure Mission und Stellung im Weltall immer mehr begreifen lernen. Ihr sollt in dem kleinsten Atom und Sonnenstäubchen, das in der Luft herumfliegt, bis zu dem größten, fernsten Stern, der als eine Zentralsonne euch sein Licht aus Millionen und Millionen Meilen zusendet, überall euern Vater erkennen, der obwohl groß, im Kleinsten und im Geringsten gerade am mächtigsten erscheint.

Aus diesen Betrachtungen sollt ihr den Beweis schöpfen, daß Seine Wort gerade so wahr und wirkend sind wie die Sprache Seiner Schöpfung, und wie Er so groß, unermeßlich, gut und liebend ist. Seinen Versprechungen und Verheißungen muß der größte Glaube geschenkt werden, weil es nicht Worte eines endlichen, wohl aber eines unendlichen, höchsten Wesens sind, das sich in geringer Menschengestalt herabgelassen hat, euch den Beweis der größten Demut und der größten Verleugnung seiner selbst zu geben.

Lernt von jenem Hauptmann im Evangelium, was es heißen will, Vertrauen auf Meine Worte haben! Er stellte im höchsten Schmerz, dem Verlust seines Kindes, Meine Worte höher als diesen Schmerz, warf sich vertrauensvoll in Meine Arme und wurde in seinen Erwartungen nicht betrogen.

Diese euch im Evangelium Johannes mitgeteilte Tat nahm Ich zum Gegenstand der Belehrung, nicht um der ganzen künftigen Menschheit, sondern um Meinen Auserwählten einen Maßstab zu geben, wie sie alle Meine Worte auffassen und auf sie vertrauen sollen; denn nur dann, wenn sie in diesem Vertrauen fest und wahres Zutrauen zu Mir haben werden, können sie auch hoffen, ähnliches bei andern zu erwecken. Sonst sind sie den meisten Priestern eurer Zeit gleich, die etwas predigen, was sie selbst nicht glauben. So kann Mein Reich auf Erden nicht gefestigt, nicht einmal gegründet werden.

Zuerst müßt ihr und alle späteren Erwählten, wie einst Meine Jünger, mit gutem Beispiel vorangehen, wenn ihr wollt, daß euch jemand folgen soll!

So nehmt euch diesen Königischen zum Beispiel! Erstarkt im Vertrauen und Glauben, und ihr werdet Ruhe und Frieden haben und beides überall verbreiten können! Amen.

47

Am 21. Trinitatissonntage

Das Gleichnis vom Schalksknecht

Matth. 18, 23—35: Darum ist das Himmelreich gleich einem König, der mit seinen Knechten rechnen wollte. Und als er anfing zu rechnen, kam ihm einer vor, der war ihm zehntausend Pfund schuldig. Da er's nun nicht hatte, zu bezahlen, hieß der Herr verkaufen ihn, sein Weib, seine Kinder und alles, was er hatte, und bezahlen. Da fiel der Knecht nieder und betete ihn an, und sprach: „Herr, habe Geduld mit mir, ich will dir alles bezahlen!" Da jammerte den Herrn des Knechtes, und er ließ ihn los, und die Schuld erließ er ihm auch. Da ging derselbe Knecht hinaus und fand einen seiner Mitknechte, der war ihm hundert Groschen schuldig; und er griff ihn an, würgte ihn und sprach: „Bezahle mir, was du mir schuldig bist!" Da fiel sein Mitknecht nieder, bat ihn und sprach: „Habe Geduld mit mir, ich will dir alles bezahlen!" Er wollte aber nicht, sondern ging hin und warf ihn ins Gefängnis, bis daß er bezahlte, was er schuldig war. Da aber seine Mitknechte solches sahen, wurden sie sehr betrübt und kamen und brachten vor ihren Herrn alles, das sich begeben hatte. Da forderte ihn sein Herr vor sich und sprach zu ihm: „Du Schalksknecht, alle diese Schuld habe ich dir erlassen, dieweil du mich batest; solltest du denn dich nicht auch erbarmen über deinen Mitknecht, wie ich mich über dich erbarmet habe?" Und sein Herr ward zornig und überantwortete ihn den Peinigern, bis daß er bezahlte alles, was er ihm schuldig war. — Also wird euch mein himmlischer Vater auch tun, so ihr nicht vergebet von eurem Herzen, ein jeglicher seinem Bruder seine Fehle.

(Den 28. April 1872)

Schon öfters habe Ich euch gesagt, daß Ich Meinen Jüngern und sonstigen Anhängern alles einzeln auslegen mußte, was in Meinen zwei Liebesgeboten gesagt und in den zehn Geboten Mosis noch deutlicher erklärt ist. Allein, da Ich mit Leuten zu tun hatte, die gern ausführliche Gebote wollten, damit sie genau wüßten, wie sie sich in verschiedenen Fällen zu benehmen hätten, so war Ich gezwungen, dieser Neigung wegen alles zu erläutern, ihnen bei allen Gelegenheiten die Gebote entweder durch nähere Erklärungen oder durch Gleichnisse so darzustellen, daß sie für jeden vorkommenden Fall im Leben einen Anhaltspunkt boten.

So findet ihr in diesem Kapitel vom Anfang bis zum Ende Verhaltungsmaßregeln, teils klar, teils in Bildern und Gleichnissen ausgesprochen, um Meine Jünger und künftigen Anhänger Meiner Lehre nicht im Zweifel zu lassen, wie sie sich bei allen vorkommenden Fällen benehmen sollten, und wie sie auch andere erfolgreich darüber belehren könnten.

Meine Jünger waren noch wie unmündige Kinder, die anfangs von Mir und Meinem Reich nicht die hohen Begriffe fassen konnten wie später nach dem Überkommen Meines Geistes. So findet ihr oft Fragen, so unschuldig und einfach, daß es zum Verwundern ist. Wie konnten Meine Jünger, stets unter dem Einfluß Meiner Gegenwart, Meiner Worte und Taten, noch fragen: „Wer ist der Größte im Himmel?" Wenn nun Meine *Jünger* noch so fragen konnten, so könnt ihr euch denken, wie erst die *andern,* minder Eingeweihten dachten. Deswegen ist auch die Antwort, die Ich ihnen darauf gab, und das Folgende in den anderen Versen einfach.

Ich verglich die Einfalt des Kindes mit dem Engelsinn Meiner Mir am nächsten stehenden Wesen. Wie Meine Engel nicht beleidigt werden sollen, so sollen auch die an Kindeseinfalt reichen Gemüter nicht erzürnt werden, weil in ihnen kein Falsch ist und die Kinder im allgemeinen mit vollem Vertrauen einem jeden entgegenkommen, der sich ihnen nähert. Deswegen ist es die größte Sünde, dieser Einfalt mit Falsch, Hohn, Spott und Haß entgegenzutreten. Darauf beziehen sich die andern Verse, in denen bildlich gesagt ist, daß, wenn eine Leidenschaft die Seele eines Menschen beherrscht, es besser ist, diese zu überwinden zu suchen, als daß die ganze Seele durch diese einzige Leidenschaft verlorengehe.

Diese Beispiele und Gleichnisse sind in Bildern der Sprache jener Zeit gegeben, wie auch heute noch im Orient die Bildersprache gang und gäbe ist.

Nachdem Ich Meinen Jüngern vorgestellt hatte, daß es besser sei, einen *Teil* des Ichs anstatt den *ganzen* Seelenmenschen zu opfern, deutete Ich ihnen in den nachfolgenden Versen die Freude an, die Ich als Schöpfer habe, wenn nichts verlorengeht, was Ich in die Welt hinausgesetzt habe, sondern alles einst gereinigt und vergeistigt zu Mir zurückkehrt. Das ist in den Gleichnissen vom Hirten und dem verlorenen Schaf zur Genüge ausgedrückt.

Um die Verlorenen zu gewinnen, gab Ich — wie die weiteren Verse berichten — Meinen Jüngern die Mittel an, wie sie die Verirrten und Fehlenden, ohne ihrer Eigenliebe zu nahe zu treten, bessern könnten. Ich gab ihnen Ratschläge, was bei verstockten Sündern oder minder hartnäckigen zu tun sei. Ich gab ihnen ferner die Versicherung, daß wenn zwei sich vereinigt haben, in ihren Ansichten eins geworden sind und Mich um Meinen Segen bitten, Ich ihnen diesen nie verweigern werde. Ich sagte ihnen, daß, wo zwei in Meinem Namen versammelt sind, Ich als Dritter, als Vereinigungs- und Friedensgeist mitten unter ihnen sein werde. Ich stellte ihnen vor, daß dem reuigen Bruder seine Fehler nicht nur einmal, sondern unendliche Male vergeben werden sollen, um seine Besserung zu ermöglichen. Ich sagte ihnen auch: wenn sie, mit der Tugend der Duldung ausgerüstet, einem Bruder seine Fehler vergeben, so würden sie ihm auch von Mir vergeben und vergessen werden.

Ich führte ihnen das Gleichnis vom Schalksknecht vor Augen. Mit diesem Gleichnisse wollte Ich sagen, was Ich schon in dem ihnen von Mir hinterlassenen Gebet lehrte, in welchem es heißt: „Vergib uns unsere Schuld, wie auch wir vergeben unsern Schuldigern!", — daß sie in hartnäckigen Fällen nicht die Geduld verlieren, nicht verdammen, wo sie verzeihen, nicht fluchen, wo sie segnen sollten.

Ich stellte das Beispiel des Schalksknechts deshalb in so grellem Licht dar, damit sie keinen Grund finden sollten, hart zu sein — auch nicht in einzelnen Worten —, sei es aus übertriebenem Eifer, sei es aus wirklicher, falscher Beurteilung und Intoleranz gegenüber den menschlichen Fehlern. So lehrte Ich sie Meine Langmut und Meine unbegrenzte Geduld begreifen, so bewies Ich ihnen, warum Ich Meine Sonne über Gute und Böse aufgehen lasse, weil eben Mein Ich nur Liebe ist und Liebe nicht strafen, sondern nur bessern will.

In diesem Kapitel findet ihr das ganze menschliche Leben geschildert, wie es sein sollte: wie der Mensch, nur durch Liebe geleitet, vorerst wie ein Kind vertrauensvoll auf Mich blicken, alles ohne Falsch und ohne Hintergedanken tun und keinen andern Zweck im Auge haben soll, als nur Mir, seinem Vater, zu gefallen um so des Namens ‚Mein Kind' würdig zu werden. Ferner wird gezeigt, wie der Mensch mit Kindeseinfalt stets wieder Liebe erwecken soll und es böse wäre, einem solchen mit aller Einfalt und Zutrauen entgegenkommenden Menschen das Gute, das er will, mit Bösem zu vergelten. Es wird gezeigt, wie der Mensch die Nächstenliebe verstehen und höchst zart und sanft versuchen soll, seinen Bruder auf seine Fehler aufmerksam zu machen und nur in den schlimmsten Fällen zu strengen Mitteln greifen, aber stets verzeihen, vergessen und sogar am Ende Böses mit Gutem vergelten soll.

In diesem Kapitel liegt die ganze geistige Mission des Menschen, wie er sich selbst zu dem Kinde erziehen soll, wie Ich es wünsche, und wie er auf seine Mitwelt einwirken soll, um auch sie Mir in die Arme zu führen, um dann im Jenseits als das dazustehen, was Ich bei Erschaffung des ersten Menschen gewollt habe, nämlich als Mein würdiges Ebenbild.

So sollt ihr Meine Evangelien lesen und auffassen, dann wird euch das Gnadenlicht erleuchten, und ihr werdet in den Gleichnissen nicht die harte Rinde des Lebensbaumes, sondern den hinter ihr versteckten Kern der göttlichen Wahrheit erkennen. Um dieses zu vermögen und zu verstehen, was dem profanen Auge verborgen ist, dazu gehören geistige Augen und ein tiefes Verständnis.

So wird die Bibel eine Fundgrube und eine Lichtquelle für alle menschlichen Verhältnisse, und der verständige Leser wird finden, daß schon seit mehr als tausend Jahren die höchsten Schätze in diesem Buch aufbewahrt liegen, um der Menschheit einziger Führer und Leiter zu sein, und ihr zu zeigen, wie Ich schon in jenen Zeiten gesorgt habe, daß nichts von dem verlorengehe, was für alle Zeiten und Ewigkeiten gesagt wurde.

Jetzt, da bald die Zeit herannaht, wo die Menschen strenger gefragt werden, ob sie denn eigentlich wissen, wozu sie auf der Welt sind, und ob sie auch wissen, warum Ich auf diese Erde kam, jetzt ist es an der Zeit, die Rinde des Buchstabens und Wortlauts Meiner Evangelien wegzunehmen und den Menschen unter dieser scheinbar harten Rinde den glänzenden Strom des göttlichen Lichts zu zeigen, damit sie in dieser letzten Zeit noch das Versäumte an sich und an anderen einholen und so ihre Mission erfüllen können. Deswegen Meine vielen Erläuterungen und Erklärungen an euch, deswegen diese ganze Reihe von Sonntagspredigten, damit ja niemand sagen kann, dieses oder jenes habe er nicht gewußt, nicht verstanden.

Ich bin der Gott des Lichts, der Liebe und der Weisheit. Wenn Ich einst wiederkomme, kann keine Finsternis neben Mir bestehen. Es muß deshalb in den Herzen aller Menschen Licht werden. Sie müssen alle lieben lernen, um diese Liebe, mit Weisheit verbunden, an ihren Nächsten anzuwenden.

Der Grund Meiner Worte, die Ursache Meiner Mahnungen und das Endziel Meines Strebens ist, euch auf diese Art zu Meinen Kindern zu machen und die Welt wieder in ein Paradies zu verwandeln, wie sie zur Zeit der ersten Menschen war, in dem kein Haß, kein Zorn, kein Spott, sondern Liebe, Friede und Ruhe alle Geschöpfe beseelte und der Mensch, das letzte Schöpfungswerk der Erde, alle die göttlichen Eigenschaften in sich vereinte.

So muß es kommen, und dahin muß alles streben! Trachtet danach — ihr und alle Menschen —, eure Mission zu erfüllen, indem ihr so gut als möglich werdet! Tragt aus allen Kräften dazu bei, euren Mitmenschen den Weg zu dem gleichen Ziel zu zeigen, dann sind Meine Worte an euch nicht verschwendet, und ihr werdet, des Namens Meiner Kinder würdig, auch den Vater im Jenseits finden, der hier schon mit so viel Liebe und Geduld Seine verirrten Schafe zu retten sucht! Amen.

48

Am 22. Trinitatissonntage

Die Stellung des Herrn zur Obrigkeit

Matth. 22, 15—22: Da gingen die Pharisäer hin und hielten einen Rat, wie sie Jesus fingen in seiner Rede. Sie sandten zu ihm ihre Jünger samt des Herodes Dienern und sprachen: „Meister, wir wissen, daß du wahrhaftig bist und lehrst den Weg Gottes recht und fragst nach niemand; denn du achtest nicht das Ansehen der Menschen. Darum sage uns, was dünkt dich? Ist es recht, daß man dem Kaiser Zins gebe oder nicht?" Da nun Jesus ihre Schalkheit merkte, sprach er: „Ihr Heuchler, was versuchet ihr mich? Weist mir die Zinsmünze!" Und sie reichten ihm einen Groschen dar. Und er sprach zu ihnen: „Wes ist das Bild und die Überschrift?" Sie sprachen zu ihm: „Des Kaisers." Da sprach er zu ihnen: „So gebet dem Kaiser, was des Kaisers ist, und Gott, was Gottes ist!" Da sie das hörten, verwunderten sie sich, ließen ihn und gingen davon.

(Den 29. April 1872)

Dieses 22. Kapitel ist voller Gleichnisse, die Ich den Pharisäern und Schriftgelehrten vortrug, um allen ihren Einwürfen richtig zu begegnen.

Die obigen Verse behandeln eine jener Fallen, welche Mir die Pharisäer legten, um Mich durch eine unvorsichtige Antwort der Obrigkeit überliefern zu können.

Die Römer, als ihre Herren, kümmerten sich um nichts anderes als um ihre Oberherrschaft im Judenland; was aber die Religion der Juden und ihre Reformatoren — seien es Propheten oder Prediger, wie Mein Vorläufer Johannes oder gar der erwartete Messias, wie Ich ihn vorstellte — betrifft, so war ihnen dies ganz gleichgültig, solange diese Neuerungen auf kirchlichem Gebiet blieben und nicht ins Politische hinüberreichten. Deswegen war es den Pharisäern hauptsächlich darum zu tun, eine Frage zu finden, bei deren gewissenhafter Beantwortung Ich unmöglich das Politische umgehen konnte.

So sandten denn die Pharisäer ihre Jünger samt einigen Dienern des Herodes zu Mir mit der zweideutigen Frage: „Ist es recht, dem Kaiser den Zinsgroschen zu entrichten?"

Es war dies eine Frage, bei der sie vermuteten, daß Ich ihnen zur Antwort geben würde, vor allem gehe das Opfer des Tempels vor, und die Steuer für den Kaiser sei eine ungerechte, durch die Macht des Schwertes aufgedrungene Last. — Indem sie durch solch eine Antwort die schlagendsten Beweise dafür in der Hand hätten, daß Ich das Volk mit schlechten Erklärungen betöre und es feindlich gegen die Regierung stimme, glaubten sie, Mich mit der Obrigkeit verwickeln zu können. Damit aber nicht der Schein auf *sie* fiele und sie im Falle des Leugnens Meinerseits auch Zeugen hätten, schickten sie Diener des Herodes mit, welche Meine von ihnen erwarteten Aussagen bestätigen sollten.

Ich muß gestehen, die Frage war verfänglich. Da die Römer nicht die rechtmäßigen Herren, sondern nur die durch die Umstände aufgedrungenen Besitzer dieses Landes waren, vermuteten die Pharisäer, daß Ich als geborener Jude die Fremdherrschaft verachten und derselben entgegentreten werde. Ich aber, der Herzen und Nieren der Menschen erforscht und wohl wußte, was die Pharisäer wollten, antwortete ihnen mit wenigen Worten so, daß eine weitere Frage ihrerseits unmöglich wurde. Denn in der Antwort: „Gebet dem Kaiser, was des Kaisers, und Gott, was Gottes ist!“ lag schon die ganze Erklärung, die nur Ich als Der, welcher Ich war, geben konnte, — die aber eben nicht die von ihnen erwartete Antwort war.

Da Ich ihnen auf der Mir dargereichten Münze das Bildnis des Kaisers und seine Überschrift gezeigt hatte, konnte Ich nicht anders sprechen als: „Dieses Bildnis auf der einen Seite der Münze zeigt euch, wessen Untertanen ihr seid; und wenn ihr die Bedeutung des Bildnisses nicht verstehen wollt, so beweist es euch die Aufschrift auf der andern Seite noch besser. Diese Münze ist eine Scheidemünze, mit welcher ihr Handel und Wandel treiben und damit eure weltlichen Bedürfnisse befriedigen könnt; das Geistige aber ist erhaben über alle Münzen — sie mögen von Gold oder sonstigem Metall sein —, das Geistige hat einen anderen Anfang, einen anderen Grund und ein anderes Ziel!“ Damit schied Ich streng den pflichtmäßigen Tribut der *weltlichen* Macht gegenüber dem der *geistigen.*

Meine an sie gerichtete Antwort sollte ihnen sagen: „Mit den Abgaben an den Kaiser erkauft ihr euch eure *weltliche* Ordnung, Ruhe und Sicherheit; mit den geistigen Opfern aber verschafft ihr euch Ordnung in eurem *Innern,* die Ruhe eines reinen Gewissens und die Sicherheit im Handeln, so daß ihr wißt, was und warum ihr etwas tut. So erlangt ihr auf beiden Wegen das gleiche Ziel, hier im Geistigen und dort im Weltlichen. Beide müssen bestehen; denn ohne sie ist kein Zusammenleben mehrerer möglich, und ohne sie ist nicht klar ausgesprochen, was eigentlich das Wichtigere ist: die Schätze der Welt oder die Schätze des Geistes.

Was Ich zu den Pharisäern sprach, das hat auch für alle späteren Zeiten seine Geltung gehabt und wird sie noch ferner haben, solange Menschen in Städten und Dörfern beisammenleben, und solange noch Religion und Glauben an ein höchstes Wesen in ihren Herzen leben. So gut wie ein Herrscher als weltliches Oberhaupt nötig ist, ebensogut ist auch ein Gott nötig, der das ganze Universum zusammenhält. Beide sind Ordnungsstifter, Ordnungserhalter und darum auch die alleinigen Gesetzgeber. Die weltlichen Herrscher mögen heißen wie sie wollen, stets wird die Exekutivgewalt nur einem *einzigen* übertragen werden; ebenso kann es auch in geistiger Beziehung nur *einen* Regenten und nicht mehrere Götter geben.

Daß es immer Menschen gegeben hat, welche als Herrscher ihre Gewalt mißbrauchten und andere, die keine Macht *über* sich anerkennen wollten, ist ebenso natürlich, wie es Menschen und Völker gegeben hat, denen *ein* Gott nicht genügte, und die sich ein ganzes Heer von Göttern und Göttinnen schufen, um bequem ihren weltlichen Leidenschaften leben zu können, — in welchem Falle aber auch wieder jede Tat durch einen göttlichen Beschluß sanktioniert war. Ebenso gab und gibt es noch Menschen, die gar keinen Herrscher, gar keinen Gott haben wollen — als nur ihr eigenes Ich.

Und doch — die Menschen mögen es machen, wie sie wollen, den Zinsgroschen müssen sie überall zahlen! Sie müssen dem *weltlichen* Herrscher einen Teil ihres Erwerbs und dem *geistigen* Herrscher, nämlich Gott, alle weltlichen Leidenschaften opfern, wollen sie bei ersterem in gutem Ansehen stehen und bei letzterem das Ziel erreichen, das Er ihnen gesetzt hat.

Überall droht Strafe beim Nichtbezahlen — hier weltliche, dort geistige —, und so hatte Ich wohl recht, wenn Ich den Pharisäern sagte: „Gebet dem Kaiser, was des Kaisers, und Gott, was Gottes ist!"; das heißt: „Erfüllt eure sozialen Pflichten so gut wie die geistigen! Erkennt eure Stellung als Menschen zu euren Nächsten und zu dem weltlichen Herrscher! Vergeßt aber dabei eure Verpflichtungen nicht, die ihr gegen Den habt, der euch in die Welt setzte und euch Talente oder Pfunde gab, von denen Er einst den Zehent oder Zinsgroschen fordern wird! Vermengt beide Pflichten nicht und trachtet nicht danach, auf *einem* Weg *beide* zufriedenstellen zu wollen, was nicht möglich ist; denn ihr könnt euch des Weltlichen sowenig wie des Geistigen ganz entledigen!"

Was für euch aus diesem Spruch an die Pharisäer erhellt, ist, daß auch ihr der Welt den Zinsgroschen nicht verweigern sollt, ohne jedoch das Geistige eures Wesens dabei einzubüßen, ohne aber auch dabei ganz Geist sein zu wollen, solange ihr noch in der Körperhülle diesen Erdball bewohnen müßt! Es ist so nötig, sowohl hier im irdischen Leben, wie auch jenseits im höchsten Geistleben die rechte Mittelstraße zu kennen, damit niemand in die Extreme verfällt, in welchen er niemand nützen kann, sondern sich und andern nur schadet.

Daher beachtet auch ihr dieses Wort an die Pharisäer, dessen tiefer Sinn euer ganzes irdisches und künftiges Leben beleuchtet, damit nicht eine falsche Auffassung verkehrte Resultate hervorbringe! Wie Ich sagte, daß die Liebe, als Liebe allein, dem Liebenden wie dem Geliebten nur verderblich wäre, würde sie nicht durch die Weisheit geleitet und gemildert, ebenso kann eine jede Tugend — auch die beste — verderblich werden, sobald sie über die Grenzen des Möglichen hinauswill.

Vergeßt nie in eurem ganzen irdischen Lebenswandel, der Welt das zu geben, was sie von euch zu verlangen berechtigt ist!

Gebt der Welt, was der Welt ist, laßt aber nicht weltliche Triebe ins Geistige hinüberschweifen! Vergeistigt, wenn ihr wollt, alle möglichen Beschäftigungen, aber verweltlicht nicht eure heiligen, geistigen Eigenschaften, die für länger als für dieses kleine Pilgerleben dauern sollen! Gebt Gott, was Gottes ist! Betrachtet auch die weltlichen Güter als Geschenke des Himmels; vergeßt aber ob der vergänglichen, weltlichen Glücksgüter die ewigen, bleibenden nicht! Obwohl Welt und Gott dem Anscheine nach zwei verschiedene Dinge sind, die verschiedene Ziele verfolgen, so ist es doch möglich, beiden nicht nur zu genügen, sondern sie auch zu vereinen, insofern als auch die Welt von Gott als Mittel erschaffen wurde, die geistigen Eigenschaften Seiner Wesen zu steigern und zu kräftigen und so auf diese Art das Weltlich-Grobe oder Materielle wieder zu seinem Ursprung zurückzuführen, von dem es ausgegangen ist.

Der Tribut oder Zinsgroschen muß der Welt gegeben werden; denn sie ist die Führerin zum Geistigen. Wie man das Licht nur deswegen schätzt, weil man die Finsternis kennt, so wird man auch das Unvergängliche dann höher schätzen, wenn man das Vergängliche, das Weltliche kennt. Der Zinsgroschen, den ihr der Welt geben müßt, besteht in der Bekämpfung ihrer Versuchungen, ferner in der klaren Ansicht über den eigentlichen Wert ihrer Güter, welche nur dann gut verwertet sind, wenn sie ein geistiges Produkt der Liebe liefern können. Auch der materielle Zinsgroschen an den Kaiser gibt dem Menschen, dem Untertan die Ruhe, seinen friedlichen Arbeiten nachzugehen und dadurch für sich und das Wohl seiner Familie sorgen zu können. So sorgt der Richter fürs allgemeine und der Bürger fürs eigene Wohl.

So ist das irdische Leben nur der Grund eines höheren Baues, welcher auf den rohen Steinen der materiellen Wirklichkeit angefangen, in den letzten, geistigen Lichtelementen einer anderen, höheren Welt enden soll. Um das höhere Leben zu erreichen, muß der weltliche Zinsgroschen reichlich fließen, damit er viel Gutes und Erhabenes im Geistigen erwirkt. Auf diese Art kann das, was des Kaisers ist, und das, was Gottes ist, vereinigt werden. Dies kann das geistige Leben der einzelnen Menschen nur fördern und entspricht dem eigentlichen Zweck, warum Ich euch in die Welt setzte und mit so vielen, verschiedenen Eigenschaften — guten sowohl wie schlechten — ausrüstete. Die letzteren bekämpft, sie sollen zur Stärkung der ersteren beitragen und werden euch zu Meinem geistigen Ebenbild gestalten.

Beachtet daher dieses Wort, das Ich euch in diesem Evangelium gegeben habe; auch in ihm liegt des Tiefen viel, woraus der Verständige und Umsichtige Regeln für sein ganzes Leben ziehen kann! Er wird dann nicht Extreme von sich, von seinem Nächsten und von der Welt verlangen, sondern den rechten Mittelweg wandeln, indem er durch Zahlung des Zinsgroschens seinem Nächsten das Beibringen des Tributs erleichtert. So wird er seine Mission und Meinen Zweck erfüllen, deswegen Ich überhaupt Geister und Materie erschuf, welch letztere, das Bindungsmittel der ersteren, am Ende auflösen und das wiedervereinigen soll und muß, was Ich getrennt in den großen Weltschöpfungsraum hinausgestellt habe.

So wollt auch ihr, indem ihr den Mittelweg geht, dazu beitragen, daß das Materielle vergeistigt werde, damit Mein Wiederkommen auf eurer Erde durch eure und der Menschheit Vergeistigung gerechtfertigt werde. Dann wird es sich herausstellen, was ihr dem Kaiser, und was ihr Gott gegeben habt, und inwieweit in diesem Geben das rechte Maß und das rechte Gewicht vorherrschte. Nur wenn ihr fähig geworden seid, auch das geringste Meiner Worte im rechten, tiefen und geistigen Sinn aufzufassen, ist eine Vereinigung mit Mir und Meiner Geisterwelt möglich. Ich unterlasse zu diesem Zweck kein Mittel, euch zu zeigen, was der Welt oder des Kaisers ist; Ich erinnere euch aber auch stets daran, was Gottes oder Mein ist, und wie beides, obwohl getrennt, doch vereint werden kann, wenn zum rechten Verständnis auch die rechte Ausführung kommt. Amen.

49

Am 23. Trinitatissonntage

Die Erweckung der Tochter des Jairus

Matth. 9. 18—19, 23—25: Es kam der Obersten einer, fiel vor Jesus nieder und sprach: „Herr, meine Tochter ist jetzt gestorben! Komm, und lege deine Hand auf sie, so wird sie lebendig!" Und Jesus stand auf und folgte ihm nach und seine Jünger. — Als er in des Obersten Haus kam und die Pfeifer und das Getümmel des Volks sah, sprach er zu ihnen: „Weichet; denn das Mägdlein ist nicht tot, sondern es schläft!" Und sie verlachten ihn. Als aber das Volk ausgetrieben war, ging er hinein und ergriff sie bei der Hand. Da stand das Mägdlein auf.

(Den 30. April 1872)

Dieses Kapitel handelt wieder von Heilungen, teils durch Auflegen der Hände, teils durch den festen Glauben der Leidenden; und unser Text behandelt sogar die Wiedererweckung der toten Tochter eines Obersten, der so viel Glauben und Vertrauen auf Meine Macht hatte, daß — wie das Evangelium sagt — er Mich bat, in sein Haus zu kommen, damit seine Tochter durch Auflegung Meiner Hände lebendig würde.

Seht, wo sich so viel Vertrauen zu Mir zeigt, da kann Ich nicht anders, als dem Flehenden seine Bitte zu gewähren, um allen zu zeigen, was man durch unbedingtes Vertrauen auf Mich erlangen kann. Wenn ein Kind mit Inbrunst seinen Vater um Erfüllung seiner Wünsche bittet, so erhört er es gewiß. Was vom rechten Glauben schon früher gesagt wurde, bezieht sich auch auf diesen Akt der Totenerweckung, und es wäre überflüssig, dasselbe zu wiederholen. Diese Beispiele zeigen euch alle nur zu deutlich, welchen Weg die Menschen einschlagen sollen, um der Erfüllung ihrer Wünsche — vorausgesetzt, daß sie gerecht sind — gewiß zu sein.

Wenngleich Ich in jenen Zeiten körperlich sichtbar diese Handlung vollbrachte, so kann nichtsdestoweniger jetzt das gleiche geschehen; denn der Körper gibt hier nicht den Ausschlag, sondern Mein Geist. Wie er dort unter Meinen Jüngern und Verehrern Meines Wortes weilte, so ist er auch bei euch. Nur die Sichtbarkeit Meiner Person mangelt; diese dürfte euch aber, die ihr wißt, wer Ich eigentlich bin, nur stören. Bei Meinen Jüngern und dem Mir nachfolgenden Volk war das anders, da sie in Mir wohl einen mächtigen Propheten oder den von ihnen erwarteten Messias, aber nicht den Herrn der Schöpfung, der alles erschaffen hat, zu sehen glaubten.

Was die Erweckung der Tochter des Obersten betrifft, so war sie der Lohn für den unbegrenzten Glauben des Vaters und zugleich ein Wegweiser und Fingerzeig für die erweckte Tochter.

Dieses körperliche Erwecken in jener Zeit ist dem geistigen der Jetztzeit entsprechend; denn was in jener Zeit durch Mich geschah, bewirkt und von Mir gesprochen wurde, das geht jetzt wieder vor sich, nur in geistiger Beziehung. In jenen Zeiten zog Ich von Stadt zu Stadt, von Dorf zu Dorf, predigte, heilte und tat Gutes, gab den halb Eingeschlafenen wieder Anregung und erweckte körperlich und geistig Tote. Und auch jetzt, schon seit langer Zeit geschieht das gleiche. Überall erwecke Ich durch einen unbewußten Trieb der Seelen innerste Eigenschaften, erwecke durch Verkettung von Verhältnissen, durch Unglücksfälle und Leiden aller Art die Menschen, auf daß sie nicht ganz vergessen, daß sie aus *mehr* als einer Substanz geformt sind, und damit sie das Geistig-Seelische nicht ganz hinwegleugnen. Überall treibe Ich, wie bei dem Obersten, die Pfeifer und Schmauser, welche einer Totenfeier sogar den Anschein einer fröhlichen Szene geben wollen, aus dem Hause. Das Leben und sein Zweck sind zu ernst, als daß man mit seinen Perioden und Wechselfällen wie mit Kinderspielsachen tändeln dürfte.

Es muß, ehe die wahre Einsicht kommt, im innern Hause stille werden, damit die Seele Zeit gewinnt, sich in ihrer Lage wieder zurechtzufinden, damit sie nach und nach darauf aufmerksam gemacht werden kann, wie wenig Gehalt und Dauer im Weltlichen ist, damit sie das Geistige vorzieht und keine Mühe und kein Opfer scheut, sich dieses anzueignen.

So erwecke Ich manchen von seinem geistigen Schlaf. Ich lege ihm Meine Hand auf oder rühre ihn nur mit einem Finger an, damit er nicht ganz verlorengehe und im Materiellen seinen geistigen Untergang finde; denn aus dieser Nacht ist nur ein langsames Erwachen möglich.

Wie Ich zu den Umstehenden sagte: „Das Mägdlein ist nicht tot, sondern es schläft nur!", so zeige Ich auch jetzt den Menschen oft, daß manche, dem Anschein nach die verdorbensten Menschen, nur in den geistigen Schlaf versunken sind und es des rechten Weckrufs bedarf, um diese Lethargie zu beheben und aus dem Siebenschläfer einen tätigen Arbeiter in Meinem Weinberg zu machen.

Wie viele habe Ich schon erweckt, die es Mir jetzt tausendmal danken, wenngleich die Art und Weise des Erkennens nicht nach ihrem Geschmack war. Jedoch, gemäß der geistigen Individualität waren oft Reizmittel nötig, die allein den Endzweck zu fördern vermochten. Auch euch, die ihr alle in einen gemächlichen Geistesschlaf eingewiegt wart, indem ihr euch eure Glaubensanschauung so bequem wie möglich machtet, habe Ich durch verschiedene Mittel erweckt, um die ruhenden Eigenschaften der Seele wieder in Anregung zu bringen. Auch unter euch legte Ich so manchem Meine Hand auf, und manchen berührte Ich mit dem Finger, je nachdem der eine eine leise, der andere eine stärkere, einflußreichere Berührung nötig hatte, um zur Erkenntnis zu kommen, wo er eigentlich steht, und wieviel ihm noch fehlt, um zu dem angestrebten Ziel zu gelangen oder es wenigstens zu erkennen. Da Mein euch vorgestecktes Ziel nicht so nahe und nicht so leicht zu erreichen ist, so mußte Ich bei euch, so wie Ich einst die Musikanten bei Trauerfällen auswies, zuvor die alt angewöhnten Vorurteile ausmerzen, ehe zur Kenntnis Meiner Lehre geschritten werden konnte.

Was Ich bei euch in so verschiedener Weise bewirkte, das geschieht auch jetzt noch mit ganzen Völkern. Auch bei ihnen vertreibe Ich die lärmenden Musikanten, Pfeifer und Trommler, die selbst über Gräbern noch Freudentage anregen möchten. Ich mache die Völker durch Not nüchtern. Ich reiße sie aus dem Wahn heraus, daß die weltliche, nur nach Genuß strebende Sucht das erste sei, was der Mensch suchen müsse. Ich lehre sie — leider durch unangenehme Ereignisse — die Vergänglichkeit weltlichen Eigendünkels, weltlichen Ruhmes und weltlicher Glücksgüter und beweise ihnen nebenbei die ewige Dauer geistiger Schätze.

So ergeht es dem einzelnen, so den Völkern, so den Herrschern, so den Priestern. Allen zeige Ich, daß über ihnen noch ein anderer steht, der sie zwar machen läßt, was sie wollen, der aber die Fäden der Verkettung der Umstände und Verhältnisse *allein* in der Hand hält und alles — selbst das Schlechteste, von Menschen ausgeführt — zum Besten der Gesamtmenschheit wie auch des einzelnen zu verwerten weiß.

So geht der Entwicklungsprozeß zwar langsam vorwärts, nähert sich aber unaufhaltsam seinem Ziel. Ich erwecke alle Menschen, alle Völker, alle Könige und Priester. Alle sollen einsehen und begreifen, daß sie vorher geschlafen haben. Alle sollen aber auch erkennen, daß man nicht immer schlafen kann, und daß der Schlaf, nur dann gut und nützlich ist, wenn er dazu dient, die verbrauchten Kräfte wiederzuersetzen. Wo er aber dieses nicht bewirkt, ist er nutzlos, schädlich und verschlimmert nur. So ist der geistige Schlaf, in den viele eingelullt wurden oder sich selbst eingewiegt haben, nur als eine große Versäumnis auf der Bahn der geistigen Entwicklung zu betrachten. Daher ist das Erwecken nötig, umsomehr jetzt in dieser Zeit, in der die Lösung der ganzen geistigen Bestimmungsfrage des Menschengeschlechts vor der Tür steht und die meisten Menschen sich so in das weltliche, egoistische Treiben hineingelebt haben, daß durch leise Berührung mit einem Finger fast niemand mehr erweckt werden kann, sondern für die so tief in den Schlamm der Welt Versunkenen zumeist Gewaltmittel angewendet werden müssen, um sie herauszuziehen.

Die Menschen sind jetzt so weit von ihrem eigentlichen Ziel abgekommen, daß keine menschliche Macht mehr imstande wäre, sie aus ihren Träumen zu erwecken und sie von ihrem Jagen nach Genuß abzubringen. Jetzt muß Ich Mich mehr als sonst ins Mittel legen, da auch die Herrscher wie ihre Völker, vom gleichen Wahn befangen sind. Eben deswegen ertönt überall und unter verschiedenen Formen der Weckruf sowohl an einzelne, als auch an ganze Völker.

Bis jetzt sind sich weder die Menschen noch die Völker darüber klar, was sie wollen. Doch, nur Geduld! Laßt erst die Musikanten vertrieben sein, dann wird die ernstere Stimmung, die Besinnung schon nachkommen! Die Verhältnisse werden sich klären, und das Unnatürliche, Ungesetzliche und Überspannte wird dem Reellen, dem Unvergänglichen Platz machen müssen. Des Sträubens von seiten vieler wird übergenug sein, — doch, die Arznei muß genommen und der Kelch des Bitteren bis auf die Hefe geleert werden!

Sind die Menschen einmal so weit vom rechten Weg abgekommen, so muß natürlich auch der Rückweg ein längerer sein, — aber umgekehrt muß werden! Sie müssen zur Einsicht kommen, daß es nur *einen* Gott und ein Geisterreich gibt, dem alles andere zum Fußschemel dienen muß, und daß das Materielle, mag es noch so verehrt werden, doch keinen bleibenden Gehalt hat und keinen bleibenden Genuß gewähren kann.

Tausende von Verirrten eilen auf dem Irrweg ins frühe Grab. Sie gehen unreif aus dieser Welt und kommen noch unreifer drüben an. Was soll aus solchen werden? Hier konnten sie nicht bleiben, und dort behagt es ihnen auch nicht. Oh, ihr kennt nicht die Qualen solcher Seelen, die unentschlossen umherirren! Das verlorene Irdische ist ihnen nicht mehr zugänglich, und das Geistige ist für ihre Ansichten und ihr Wesen nicht passend.

So geht es, wenn Menschen, ja ganze Völker ihr geistiges Glück mit Füßen treten, nur dem Weltlichen nachhängend und am Ende, nachdem sie das Weltliche verloren haben, nicht fähig sind, sich das Geistige anzueignen. Es ist ihre eigene Schuld. — Dies ist der Grund des Erwekkens Meinerseits. Nicht umsonst sagte Ich: „Wenn dich ein Auge ärgert, so reiße es aus; denn es ist besser, daß du mit *einem* Auge in einer besseren Welt ankommst, als daß du dich mit *zwei* Augen der größten, geistigen Qual aussetzest!“

Nehmt alle Ereignisse, wie und wann sie kommen mögen, als Gaben der Liebe an; denn Ich weiß am besten, wie, wann und womit Ich verwahrloste Menschen und verirrte Völker auf den rechten Weg bringen und sie so noch beizeiten vom gänzlichen Verfall retten kann!

Man lehrte euch ein Fegefeuer, worin die Seelen von den schlechten Leidenschaften gereinigt werden sollen, ehe sie ins Paradies oder in den Himmel aufgenommen werden könnten. Ich sage euch: So, wie man euch das Fegefeuer beschrieb, ist es ein wahrer Unsinn; aber geistig existiert es wohl, nämlich im Menschen selbst, Dort muß alles Schlechte erst weggefegt werden, bis man sich in besseren Verhältnissen heimisch fühlen kann, und zu diesem Wegfegen trage Ich durch Schickung von allerlei Kämpfen und Leiden bei. Ich erwecke dadurch die schlummernden guten Eigenschaften in der menschlichen Seele, damit sie sich ermannen und aufraffen soll, das Böse mit Energie zu bekämpfen und alles wegzufegen, was ihr Schaden bringen könnte.

Als Ich einst sagte: „Das Mägdlein ist nicht tot, es schläft nur!“, wurde Ich von den andern verlacht. Ebenso werde Ich auch heute von den wenigsten verstanden, wenn Ich sie erwecken will, obgleich es zu ihrem Besten ist. Daher trachtet danach, Meine Winke und Mahnungen zu verstehen, damit ihr es merkt, wenn Ich euch zu eurem Besten auch nur mit dem Finger berühre! Denn ein liebender Vater, dem es um das Wohl seiner Kinder zu tun ist, kann nur bessern, nie strafen. Dessen seid stets eingedenk! Amen.

50

Am 24. Trinitatissonntage

Die Stillung des Sturmes

Matth. 8, 23—27: Jesus trat in das Schiff, und seine Jünger folgten ihm. Und siehe, da erhob sich ein großes Ungestüm im Meer, also daß auch das Schifflein mit Wellen bedeckt ward; und er schlief. Und die Jünger traten zu ihm, weckten ihn auf und sprachen: „Herr, hilf uns, wir verderben!" Da sagte er zu ihnen: „Ihr Kleingläubigen, warum seid ihr so furchtsam?" Er stand auf und bedrohte den Wind und das Meer. Da ward es ganz stille. Die Menschen aber verwunderten sich und sprachen: „Was ist das für ein Mann, daß ihm Wind und Meer gehorsam ist?"

(Den 1. Mai 1872)

Dieses Evangelium erzählt davon, wie Ich einst in ein Schiff stieg und, als sich ein großer Sturm erhob und Ich eingeschlafen war, von Meinen Jüngern aufgeweckt wurde, damit Ich dem Sturm und dem Meer Ruhe gebieten möchte.

Diese Tat geschah nur vor den Augen Meiner Jünger, obwohl auch am Land stehende Menschen beobachtet hatten, wie auf Mein Geheiß die Wogen sich legten und der Sturm verstummte. So gab Ich Meinen Begleitern einen neuen Beweis, daß Ich nicht allein Herr des Todes und des Lebens, sondern auch Herr der ganzen sichtbaren Natur bin.

Obwohl diese Tat manchem hätte die Augen öffnen können, mit wem er es zu tun habe, begriffen doch wenige, daß Ich *mehr* als Mensch, daß Ich Gottes Sohn oder Gott selbst war. Meine Jünger verloren den Mut, als der Sturm seine Kraft vermehrte, und weckten Mich voll Angst, weil sie glaubten, ihr Ende sei nahe. Sie hätten das nicht denken sollen, da sie Mich so ruhig schlafen sahen. Aber ihnen war der Begriff ‚Sohn Gottes' noch nicht klar, und deswegen seht ihr sie in verschiedenen Fällen verzagt und an Meiner Allmacht zweifeln, obgleich sie Mich erst einige Augenblicke vorher Taten verrichten sahen, die kein gewöhnlicher Mensch, sondern nur Der verrichten kann, der weit über alles Körperlich-Materielle hinaus die Fäden der ganzen Schöpfung fest in Seiner Hand hält. Meinen Jüngern zeigte Ich oftmals durch Wundertaten Meine Macht, und doch konnten sie sich nicht ganz mit dem Gedanken befreunden, daß sie es mit keinem gewöhnlichen Erden-, sondern mit einem Gottmenschen zu tun hätten. Stets ließ Ich die Umstände sich so gestalten, daß außer Meiner Lehre Meine *Taten* noch deutlicher von Dem zeugen sollten, der Mich gesandt hatte. Sogar nach Meinem Tode, bei Meinem Wiedererscheinen unter Meinen Jüngern, gab es noch Zweifler, wie Thomas zum Beispiel einer war.

Was in jenen Zeiten unter Meinem direkten, sichtbaren Einfluß so schwer war, ist jetzt, wo Ich entweder durch eigens dazu bestimmte Schreiber oder durchs Herz eines jeden Menschen mit ihm rede, noch schwerer und zweifelhafter geworden. Jetzt sollen und müssen Meine *Worte* genügen, da die Zeit des notgedrungenen Glaubens vorbei ist und keine Wundertaten mehr ausgeführt, noch durch Mitwirkung anderer Menschen zugelassen werden. Die meisten, welche jetzt an Mein Wort glauben, sind nicht im mindesten von der Unfehlbarkeit desselben überzeugt. Auch ihnen ergeht es bei der geringsten Gefahr wie den Jüngern, d. h. auch sie zweifeln an Meinen Versprechungen, an Meinen Worten.

Die Lage, als Ich mit Meinen Jüngern in einem Schiff weilte, entspricht bei einem jeden Menschen seinem eigenen Lebensschiff, in welchem Ich als göttlicher Funke schlummere, bis Unglücksfälle aller Art den Menschen drängen, seine Zuflucht bei Mir zu suchen.

Es geht den meisten Menschen wie Meinen Jüngern. Solange es ihnen nicht schlecht geht, kommen sie nicht zu Mir. Meine Jünger glaubten sich verloren und riefen Mich an. Der Mensch sucht in bedrängten Lagen, in denen ihm die Gebrechlichkeit alles Irdischen die Maske der nackten Wirklichkeit zeigt, im Innern seines Herzens Trost und Ruhe zu gewinnen, welche er von der Außenwelt umsonst erwartet. Bis dahin schlummerte Ich auch bei diesem Menschen. Er betrachtete Mich nicht als etwas Notwendiges und Wirkliches, sondern als etwas Eingebildetes, ihm von anderen, z. B. von Priestern Eingeredetes, das aller Realität entbehrend den Menschen nur aus *dem* Grunde gelehrt wurde, um die Macht der Priester zu vermehren, während das geistige Wohl der Menschen gar nicht in Betracht gezogen wurde.

Wenn dann das Lebensschifflein, von weltlichen Stürmen gepeitscht, umhergeworfen wird, dann kommen Angst, Zweifel und Furcht. Man sucht alle Lehren hervor, die der Seele durch die Erziehung eingebleut wurden, erfährt aber mit Schaudern, daß alle diese Dogmen und schönen Sprüche nicht geeignet sind, der geängstigten Seele Ruhe und Frieden zu geben. Dann wendet sich der Mensch an den in ihm schlummernden göttlichen Geist. Dann sucht er in der bis dahin nicht beachteten Innenseite des menschlichen Lebens eine Stütze, damit er unter der Macht der Umstände nicht zugrunde gehe. Und wenn er diesen inneren Schatz gefunden hat, wenn er begriffen hat, wie wenig alles Materielle gegen einen einzigen Gedankenblitz aus diesem Heiligtum ausmacht, dann glätten sich die Wellen. Es schweigen die Winde der Leidenschaften, der Besorgnisse, und Ruhe und Frieden kehren mit ihm in die Außenwelt zurück; denn die Außenwelt selbst war nicht trüber, sondern nur der *Blick* in diese war getrübt. Da sagt dann der im Innern geweckte göttliche Funken zur geängstigten Seele: „Aber warum bist du denn so kleinmütig, wo du doch einen solchen Herrn über alles Leibliche in dir trägst?"

Seht, so hat diese Tat auf dem See ihre geistige Entsprechung im menschlichen Einzelleben.

Auch im Leben der Völker ist ein Funken göttlicher Triebkraft, welcher sie zuzeiten zum Denken anregt, damit ebenso wie der einzelne auch ein ganzes Volk sich seiner Mission auf dieser Erde bewußt werde. Denn alles, was auf dieser sichtbaren Welt vorgeht, ist nur ein einfaches Wirken der Liebe, um das Seelisch-Geistige im Menschen zur Geltung zu bringen.

Es geht dieser Prozeß aber auch im Leben der Tiere, Pflanzen und Steine vor sich, ist dort aber nur geistigen Augen sichtbar. Das Sich-Gestalten, Sich-Formen und Sich-wiederZersetzen aller Materie ist kein anderer Drang als der des erweckten Geistes, welcher in der Materie gebunden und schlummernd lag. Das Aufwärtsschreiten von Stufe zu Stufe, das Sich-Vervollkommnen könnte nicht stattfinden, wäre nicht im Innersten der Materie der durch äußere Umstände geweckte Geist.

Wie in jener Zeit das Schifflein mit Meinen Jüngern und mit Mir die ganze Welt ausmachte, welche auf dem beweglichen Element, dem Wasser, herumgeschleudert wurde, ebenso ist das durch äußere Einwirkung hervorgerufene Anregen des in der Materie liegenden Geistes das gleiche, das zum Fortschreiten und zur Vervollkommnung drängt. Meine Jünger mußten ebenfalls durch verschiedene Ereignisse zum

Fortschreiten im Glauben und Vertrauen veranlaßt werden. Sie mußten erstarken, damit sie in den künftigen Lebensstürmen nicht zweifelten, sondern fest vertrauten.

Der Geist ist in der festen Materie ein unbewußter Trieb, offenbart sich beim Tier als Instinkt und ist beim Menschen der am höchsten ausgebildete göttliche Funken. Der Mensch soll erstarken in dem Bewußtsein, daß er nicht nur ein Erden-, sondern auch ein Weltenbürger ist, der zwischen zwei Welten stehend auf dieser Erde zwar die materielle Überkleidung hat, dabei aber auch das geistige Ebenbild eines höchsten Wesens, des Schöpfers ist, der weit hinaus über alle Vergänglichkeit im Unendlichen wohnt. Er will Seine Abkömmlinge zu dem erziehen, wozu Er sie erschaffen hat, zu Veredlern der Materie, zu Vergeistigern des Groben und Festen und zu ewigen Bewohnern eines Geisterreiches, in dem die Materie einst ihren ersten Ursprung genommen hat und ihr letztes Ende finden muß und wird.

Daher seid auch ihr beflissen, den göttlichen Funken im Innern zu wecken, zu kultivieren und zu verstehen, damit ihr auf des Lebens bewegten Wogen, unter den Stürmen der Leidenschaften, Verhältnisse und Ereignisse nicht den Mut verliert wie einst Meine Jünger im Schifflein, sondern stets dessen eingedenk seid, daß euer Vater bei euch ist. Wenn auch Seine Stimme nicht immer vernehmbar ist, so schläft Er doch nicht, sowenig als Mein göttlicher Geist in dem Schifflein Meiner Jünger geschlafen hat, sondern nur geduldig abwartete, bis eine neue Kleinmütigkeit die Schwäche Meiner Jünger offen an den Tag legte.

Dort gebot Ich den Winden und dem Meer Ruhe; ebenso wird der, welcher Mich in seinem Innern suchen wird, durch den in ihm geweckten göttlichen Geist auch Ruhe und Frieden — vorerst in seinem Innern — haben und dann diese Ruhe auch auf die Außenwelt übertragen können.

Dies merket euch, und verzweifelt nicht sogleich, wenn eure Wünsche nicht immer so erfüllt werden, wie ihr es gerne haben möchtet! Erstarket auch ihr im Glauben und im Vertrauen auf euren in euch gelegten göttlichen Geist! Amen.

51

Am 25. Trinitatissonntage

Das Gleichnis vom Unkraut auf dem Acker

Matth. 13, 24—30: Jesus legte ihnen ein anderes Gleichnis vor und sprach: „Das Himmelreich ist gleich einem Menschen, der guten Samen auf seinen Acker säte. Da aber die Leute schliefen, kam sein Feind, säte Unkraut zwischen den Weizen und ging davon. Da nun das Kraut wuchs und Frucht brachte, da fand sich auch das Unkraut. Da traten die Knechte zu dem Hausvater und sprachen: ‚Herr, hast du nicht guten Samen auf deinen Acker gesät? Woher hat er denn das Unkraut?‘ Er sprach zu ihnen: ‚Das hat der Feind getan.‘ Da sprachen die Knechte: ‚Willst du denn, daß wir hingehen und es ausjäten?‘ Er sprach: ‚Nein, auf daß ihr nicht zugleich den Weizen mit ausraufet, so ihr das Unkraut ausjätet! Lasset beides miteinander wachsen bis zu der Ernte, und um der Ernte Zeit will ich zu den Schnittern sagen: Sammelt zuvor das Unkraut und bindet es in Bündlein, daß man es verbrenne; aber den Weizen sammelt mir in meine Scheuer!‘“

(Den 2. Mai 1872)

Die Gleichnisse dieses Kapitels enthalten die ganze Geschichte Meiner Lehre und die Geschichte Meiner Schöpfung vom Anfang bis zum Ende. Die Geschichte Meiner *Lehre,* weil sie euch zeigt, auf welch verschiedenen Boden Meine Lehre und Meine Worte fallen, und die Geschichte Meiner *Schöpfung,* weil sie euch klar vor Augen stellt, wie das göttliche Wort der höchsten Geistesweihe, von Stufe zu Stufe aufwärts steigend, in den Millionen von Welten seinen Ausdruck findet. Und wie der Eindruck, den Mein Wort auf Millionen von Menschen macht, bei jedem verschieden ist, so ist auch der Entwicklungsprozeß einer jeden Welt verschieden von dem einer anderen.

Diese Gleichnisse, wie Ich sie zum Volke Israel redete, waren dem gewöhnlichen Leben entnommen, damit sie die Zuhörer leicht verstehen konnten. Aber sie begriffen in dem Gleichnis, welches für diesen Sonntag bestimmt ist, trotzdem nicht, wer unter ihnen mit dem guten, wer mit dem steinigten Boden, und wer mit dem Wege, auf den der ausgestreute Samen fällt, zu vergleichen sei.

Dieses Gleichnis bezeugt, daß Ich wohl durch Taten und Worte die Leute zum Besseren bekehren möchte, daß aber der gute Same, da die

Welt mit ihren Genüssen sich darein mengt, nur vereinzelt an manchen Stellen gedeiht, doch im allgemeinen nicht solche Frucht bringt, wie es den Worten aus Meinem Munde gemäß verlangt werden könnte. Es bezeugt euch, daß das Ende, die Ernte, Gutes vom Schlechten scheiden wird und die Guten den gerechten Lohn empfangen werden, die Halsstarrigen und Bösen aber den langen Weg der Materie werden durchmachen müssen, bis sie alles Unreine abgelegt haben und sich in Meinem Himmel- und Geisterreich als ein geistiger Ton zur dort herrschenden Harmonie gesellen können.

Seht, seit dem Abfall Luzifers hat in der ganzen Schöpfung das Gute oder Leichte, Geistige — im Bösen oder Schweren, Materiellen seinen Gegensatz!

Die ungeheure Menge abgefallener Geister, welche mit Luzifer fielen und dann als Träger der Materie in ihr gebunden wurden, sie alle klassifizieren die ganze Weltenschöpfung nach dem geistigen Inhalt, und die Welten sind deswegen mehr oder minder moralisch-geistig leicht oder schwer, was nichts anderes heißt als: Auf allen Welten ist das große Prinzip der höchsten Eigenschaften Meines eigenen Ichs als höchste *Liebe* mit allen von ihr abhängenden Eigenschaften ausgedrückt.

Wenn Ich Meine Jünger lehrte und selbst auf eure Erde kam, so hatte dies keinen andern Zweck, als allen geschaffenen Wesen Mein geistiges Reich, seine Gesetze und seine Grundprinzipien kundzugeben. Als Ich auf Erden lehrte, sagte Ich nichts Neues, sondern immer das gleiche, was Ich von Anbeginn der Welt all Meinen Geistern eingeprägt hatte, nämlich: was ihr endliches Ziel und ihr ganzes Streben sein soll. Selbst der Materie mit ihren in sie eingeschlossenen Geistern legte Ich den Trieb ein, nach Vervollkommnung zu ringen, um so die Außenseite, die Bestandteile der Materie zu vergeistigen, bis diese endlich, mit dem Innern in Übereinstimmung, sich zu höheren Potenzen der Lebensentwicklung, vom schweren Gestein bis zum sich seiner selbst bewußten Menschen aufschwingen kann, der dann — mit dem *Bewußtsein* seiner Mission — sein eigenes Materielles vergeistigen muß, bis er, wenn sein Äußeres mit seinem Inneren gleich geistig geworden ist, zur Aufnahme in Mein Reich reif ist.

Dem Durchlaufen dieser Phasen entsprechen die Gleichnisse mit dem Samen; denn der ausgestreute Samen wird, auf verschiedenes

Erdreich fallend, verschiedene Produkte hervorbringen, je nachdem, was für Elemente er zu seinem Gedeihen dort vorfindet. Das Freigeben der menschlichen Natur, d. h. der freie Wille, bedingt diese verschiedene Auffassung Meiner Lehre, so wie Ich sie einst Meinen Jüngern predigte und jetzt nur wenigen auf dieser Erde wieder kundgebe. Die Menschen, mitten zwischen den beiden Polen von Gut und Böse stehend, mußten natürlich auch verschiedene Reaktionen zeigen, wie sie Meine Lehre auffassen wollten oder konnten.

Wie die Welten in Meiner ganzen Schöpfung millionenartig verschieden sind und dadurch bildlich das verschiedene Auffassen der reinen Wahrheit ausdrücken, ebenso verschieden mit Millionen von Abweichungen sind die Menschen, ein jeder einzelne als *geistige* Welt für sich betrachtet.

Ihr erseht also aus diesen Gleichnissen die weitgehende Bedeutung des Samens, des Wortes „Es werde!", das Ich einst gesprochen habe, das heute noch fortwirkt und am Ende alle Geister in einem Geisterreich vereinen wird, wenngleich einzelne Welten und Individuen längere und andere kürzere Wege dahin zurücklegen müssen.

Mein Wort, oder der Ausdruck der *Liebe* in jeder Bedeutung, enthält die ganze Schöpfung und enthält Meine ganze Lehre. Das beweist, daß Ich nur Gesetze der Liebe, und zwar nur zwei, gegeben habe, die aber nur dann von Wert sind, wenn eins das andere ergänzt.

Diese Gesetze der Liebe sind der Same, den Ich materiell in Meiner ganzen Schöpfung und geistig in den Herzen aller vernünftigen Wesen gesät habe. Das Aufkeimen dieses Samens, je nach dem mehr oder minder großen Einfluß der materiellen Welt, bedingt das Fortschreiten zum Guten oder das Zurückschreiten zum Bösen, zum Materiellen.

Eingedenk der Freiheit des Menschen und aller geschaffenen Geister mußte auch unterm guten Weizen Unkraut aufkeimen, wie Ich es im Gleichnis bildlich sagte. In diesem Fall werden die Menschen, welche nicht auf rechten Wegen gehen, erst am Ende ihrer irdischen Lebensbahn erkennen, wie weit sie von der eigentlichen Straße zu ihrem Heil abgekommen sind. In der andern Welt muß dann dieser Kampf, den so manche mit dem Ende auf dieser Welt beendet glaubten, unter anderen Verhältnissen und mit wenig Mitteln und großen Hindernissen von innen nach außen wieder neu begonnen werden.

Was für einen jeden Menschen als kleine geistige Welt der Körpertod ist, das ist für die Menschheit auf der Erde das Ende alles Materiellen, das Ende aller weltlichen Versuchungen, welches noch vor Meiner Wiederkunft eintreten wird, da nach derselben das geistige Reich auf eurer Erde seinen Anfang nehmen und Mein Same oder Mein Wort überall gleiche Früchte tragen wird.

Dahin zielen alle Meine Vorbereitungen in eurer Zeit; denn auf eurer Erde ist leider schon mehr das Unkraut als der gute Weizen vorherrschend, es ist beinahe nur noch steiniger und sandiger Boden zu finden, und Disteln und Dornen sind die Hauptgewächse, die die Oberfläche eurer Erde verunzieren. Meine Schnitter sind schon längst in Tätigkeit und rotten das wuchernde Unkraut mit allen Mitteln aus; aber es wird noch ärger kommen, weil eben der freie Mensch wirklich ein beinahe steinernes Herz bekommen hat, auf dem, wie auf einem harten Stein, eine Berührung keine Spur mehr zurückläßt, sondern über dessen Oberfläche alles spurlos weggleitet.

Seht euch vor, daß in euren Herzen nicht so manches Unkraut schlechter Leidenschaften, durch weltliche Einflüsse begünstigt, aufkeimt! Ich sage euch wie einst Meinen Zuhörern: „Wer Ohren hat, der höre, und wer Augen hat, der sehe!“ Denn leider gibt es noch viele, die Ohren haben, aber den geistigen Wind, der durch die ganze Schöpfung geht, nicht hören, und die Augen haben und nichts bemerken von dem Lichtstrahl aus Meinem ewigen Geisterreich, welcher anfängt, nach und nach alle Winkel eurer finsteren Erde zu erleuchten, damit bei Meiner Ankunft als König des Lichts kein Schatten, keine Finsternis mehr vorhanden sei.

Viele gibt es noch, die, bloß weltlichen Genüssen und weltlichen Gütern nachjagend, keine geistige Welt, kein höheres geistiges Prinzip, keinen Gott als Schöpfer anerkennen wollen. Sie sind wie die Disteln und Dornen. Entfernt euch von ihnen! Ihre Stacheln lassen es euch wahrnehmen, daß ihr euch solchen Scheinphilosophen und Gelehrten nur mit Vorsicht nähern dürft. Sie werden, wie es geschrieben steht, ins Feuer geworfen, ins Feuer der Drangsal und Leiden. Dann erst, nach langem Kampf geläutert, werden sie an dem geistigen Reich teilnehmen können, das sie vorher so fest hinweggeleugnet haben.

Ihnen gelten die Naturereignisse und Epidemien, welche sie in Massen hinwegraffen. Andere werden durch den Verlust geliebter Personen daran gemahnt, daß es noch eine andere als nur diese natürlich-materielle Welt gibt. Ihr Erwachen wird traurig sein, — und doch muß Ich sie erwecken, weil Ich nicht ein Atom, viel weniger eine Menschenseele, die Ich einst von innen wie außen nach Meinem Ebenbilde geschaffen habe, verlieren möchte.

Lernt auch ihr zu hören, aber mit geistigen Ohren, was Ich euch sage, was die Ereignisse der Welt euch sagen, und was die ganze Natur euch zuruft: ‚Es ist ein Gott, und dieser ist ein Gott der Liebe!'

Unbekümmert um den Boden sät Er Seinen Samen aus, es mag die Heerstraße oder steiniger Boden oder auch zwischen Dornen und Disteln sein. Frei ist der Mensch, und der Same kann daher je nach der Individualität des einzelnen wirken; aber am Ende wird doch der Zweck erfüllt werden, den Ich als Sämann im Auge hatte.

Es wird trotz des verschiedenen Ackerbodens am Ende doch eine reichliche Ernte kommen, die Ewigkeit sichert Mir den Erfolg. Mein Wort, nachdem es alle Phasen durchlaufen hat, indem es von den einen mit Füßen getreten und von den andern mit freudigem Herzen begrüßt wurde, muß doch das gleiche Resultat hervorbringen; denn Mein Wort — der Same — ist göttliches Wort, und deswegen kann und muß es den Boden, worauf es fällt, verbessern und vergeistigen, wenn auch nicht auf dieser Erde, so doch gewiß jenseits.

Mein Streben und der Zweck dieser Mitteilung ist ja nur, den Menschen diesen Weg zu verkürzen und ihnen das Vorwärtsschreiten zu erleichtern. Daher der wiederholte Mahnruf in diesem Kapitel: „Wer Ohren hat zu hören, der höre!"

Versteht und faßt es wohl und handelt danach, und ihr werdet es an euch selbst verspüren, ob der Same auf guten oder steinigen Boden gefallen ist! Amen!

52

Am 26. Trinitatissonntage

Die Erklärung des Himmelreiches

Matth. 13, 31—33, 44—50: Ein anderes Gleichnis legte er ihnen vor, und sprach: „Das Himmelreich ist gleich einem Senfkorn, das ein Mensch nahm und säte es auf seinen Acker, welches das kleinste ist unter allem Samen. Wenn es aber erwächst, so ist es das größte unter dem Kohl und wird ein Baum, daß die Vögel unter dem Himmel kommen und wohnen unter seinen Zweigen."

Ein ander Gleichnis redete er zu ihnen: „Das Himmelreich ist einem Sauerteig gleich, den ein Weib nahm und vermengte ihn unter drei Scheffel Mehl, bis daß es ganz durchsäuert ward."

„Abermals ist gleich das Himmelreich einem verborgenen Schatz im Acker, welchen ein Mensch fand, und verbarg ihn. Er ging hin vor Freuden über denselben, verkaufte alles, was er hatte, und kaufte den Acker.

„Abermals ist gleich das Himmelreich einem Kaufmann, der gute Perlen suchte. Und da er eine köstliche Perle fand, ging er hin und verkaufte alles, was er hatte, und kaufte sie.

„Abermals ist gleich das Himmelreich einem Netze, das ins Meer geworfen ist, damit man allerlei Gattung fängt. Wenn es aber voll ist, so ziehen sie es heraus an das Ufer, sitzen und lesen die guten in ein Gefäß zusammen; aber die faulen werfen sie weg. Also wird es auch am Ende der Welt gehen: die Engel werden ausgehen, die Bösen von den Gerechten scheiden und sie in den Feuerofen werfen; da wird Heulen und Zähneklappern sein."

(Den 3. Mai. 1872)

In diesen Versen ist das Himmelreich mit verschiedenen Dingen bildlich verglichen, um Meinen Jüngern und dem um Mich versammelten Volk begreiflich zu machen, was für ein Reich sie alle nach ihrem Lebensende erwartet, um ferner darauf aufmerksam zu machen, wie sie dessen teilhaftig werden können, aber auch, was ihr Los sein wird, wenn sie, den göttlichen Gesetzen zuwiderhandelnd, sich desselben unwürdig machen.

Vom Himmelreich, von der andern geistigen Welt haben die Menschen leider nie den rechten und wahren Begriff; denn hätten sie diesen, so würden sie gewiß alles aufbieten, es zu gewinnen und es sich nicht so leichtsinnig verscherzen, wie sie es heutzutage tun.

Alles, was in der Welt sichtbar ist, hat durch seine Sicht- und Tastbarkeit bei weitem mehr Beweisendes an sich als eine geistige Potenz, welche sich nicht sehen, nicht greifen, nicht wiegen läßt. Deswegen auch der größere Einfluß dieser materiellen Welt auf das Gemüt der Menschen im Vergleich zu dem der geistigen Welt! Es ist wahr, würden die Menschen die materielle Welt recht begreifen und beurteilen, wie sie wirklich ist, woraus sie besteht, wie sie erhalten wird, und zu welchem Zweck sie da ist, so würden sie auch aus diesem großen Buch Meiner Schöpfung so manches herauslesen können, was ihnen die Türe zur geistigen Welt leicht öffnet.

Wenn man irgendeine Maschine betrachtet und deren Einrichtung begreifen gelernt hat, wird man anerkennen müssen, daß diese jemand gemacht haben muß, und man wird vor ihrem Erbauer immer mehr Achtung bekommen, je mehr man in die Geheimnisse dieser Maschine eindringt. Es leuchtet einem ein, daß kein Zufall, sondern ein wohlberechnetes System alles so und nicht anders geordnet sein läßt.

Daß man es bei Betrachtung Meiner Natur ebenfalls so halten sollte, wäre zu wünschen, aber leider geschieht es nicht. Eine jede Entdeckung auf naturwissenschaftlichem Gebiet wird von euren Gelehrten auf falsche Art erklärt und nur zu materiellen Zwecken ausgebeutet, woraus wenig Gewinn für den Schöpfer dieser kunstfertigen Maschine der Natur herausschaut. Findet auch der eine oder andere Spuren einer höheren, geistigen Macht als gerade die schon längst bekannten Elemente, so gibt er sich alle Mühe, auf weiten Umwegen und mit großen, wissenschaftlich gelehrten Worten das wegzuleugnen, was so nahe vor ihm liegt, oder er erklärt es nach seinem Gutdünken anders, weil er keinen Gott anerkennen will. Wenn es einen geben *muß,* so möchte er es *selbst* sein!

Diese falsche Auffassung Meiner Natur ist schuld, daß gerade das größte Buch irreführt, das vor den Augen der Menschheit Tag und Nacht offen daliegt. Ein jeder könnte darin lesen, was Ich alles tue, um Meinen Geschöpfen Meine Liebe begreiflich zu machen, und wie kurz der Weg zu Mir wäre, wenn die Menschen diese Natur und ihre Gesetze beachten, und nicht den göttlichen Gesetzen zuwiderhandelnd, sich durch die verkehrte Auffassung der materiellen, sichtbaren Welt die weit größere, ewige unzugänglich machten.

In jener Zeit, in der Ich diese im Evangelium erwähnten Gleichnisse dem Volk zur geistigen Verarbeitung gab, mußte Ich alle wissenschaftlichen Vergleiche weglassen und Mich nur solcher bedienen, welche als bekanntes Bild leichter verstanden werden konnten.

Das zuerst angeführte Gleichnis vom Senfkörnlein bezeugt schon, daß Ich einen Vergleich mit einem Samenkorn machte, das sowohl als Same wie auch als Pflanze dem Volk wohlbekannt war. So wollte Ich ihnen andeuten: Wie in diesem kleinsten Samen eine so große Pflanze eingeschlossen ist, ebenso ruht in dem menschlichen Herzen das ganze künftige Geisterreich, das Himmelreich verborgen. Es braucht nur beim menschlichen Herzen, wie beim Samen die Feuchtigkeit, die allmächtige Liebe als geistiger Wecker hinzuzukommen, um diesen eingeschlossenen Keim göttlicher Abkunft zu entwickeln, welche Entwicklung dann in einem so großen Maße fortschreitet, daß — wie das Evangelium sagt — selbst die Vögel unter dem Himmel kommen und unter den Zweigen Wohnung nehmen. Geistig will das besagen, daß selbst die Engel, die leichten, seligen Bewohner der geistigen Sphären — wie die Vögel, die Bewohner der Luft —, an dem Himmel, welcher von einem gottbegeisterten Herzen ausgeht und Friede und Freude überall umher verbreitet, Anteil nehmen.

So wollte Ich mit diesem Gleichnis von einem kleinen Samenkörnchen und dessen Entwicklung beweisen, wie unendlich die Kraft des göttlichen Wortes ist, wenn es gleich dem Samen auf guten Grund fällt und somit Stoff zu seiner Entwicklung findet.

Das weitere Gleichnis, in dem das Himmelreich mit einem Sauerteig verglichen wird, stellt den geistigen Prozeß dar, der in einem menschlichen Herzen vor sich geht, sobald dasselbe das Wort in sich aufnimmt und anfängt, das Gute vom Bösen zu scheiden, wie auch der Sauerteig unter dem mit Wasser zubereiteten Mehl einen Gärungsprozeß bewirkt, wodurch die verschiedenen Elemente der Mehlsubstanz in Streit geraten. Dieser Prozeß endet damit, daß durch ihn das erzeugte Brot dem menschlichen Organismus weniger schädlich gemacht wird, was besonders bei verschiedenen künstlich erzielten Mehlgattungen beinahe unumgänglich notwendig ist.

So sollte mit diesem Gleichnis der Kampf angezeigt werden, der beginnt, sobald sich das menschliche Herz vom Weltlichen ab- und dem Geistigen zuwendet.

Weiter ist ein Gleichnis erwähnt von einem Menschen, der einen verborgenen Schatz in einem Acker fand und alles verkaufte, um Eigentümer dieses Ackers und somit des Schatzes zu werden. Das will besagen: Wer einmal erkannt hat, welche Genüsse und Freuden von nie geahnter Seligkeit aus der Aufnahme des göttlichen Wortes und dessen Befolgung erwachsen, der läßt alles andere hinter sich und folgt nur dem Trieb, diese geistigen Genüsse ja nicht mehr entbehren zu müssen, ebenso wie der Kaufmann, welcher einer Perle zuliebe alles opferte, um sich deren Besitz zu sichern.

So waren diese Gleichnisse Bilder vom Himmelreich, welche alle etwas Wichtiges bezeichnen sollten. Das erste zeigt die großartige Entwicklung des Himmelreichs, wenn es einmal im menschlichen Herzen Wurzel gefaßt hat; das zweite den Kampf, den das Himmelreich zwischen Welt und Himmel oder Materie und Geist hervorruft; das dritte den Wert des Himmelreiches und die damit verbundene Ruhe und Seligkeit. Mit diesem Schatz kann sich alles Irdische nicht messen oder mit ihm in die Schranken treten.

Es liegt uns noch ein anderes Gleichnis vor, nämlich das mit dem Netz, das im großen Meer ausgeworfen wird, um reiche Beute aufzunehmen. Dieses Gleichnis besagt, daß das göttliche Wort für alle zugänglich ist, für Schwache und Starke, für Gute und Böse, und daß erst am Ende der Fang gesichtet wird und die Guten ihren Lohn empfangen werden, während die Verächter dieses Wortes die Folgen sich selbst zuzuschreiben haben.

Wie dieses Gleichnis sagt, wird eine Sichtung zwischen denen stattfinden, die Mein Wort, das allen gegeben wurde, geistig in sich aufgenommen haben, und denen, die es unbeachtet ließen. Das sollte Meinen Zuhörern in jenen Zeiten begreiflich machen, daß es nicht gerade in ihrem Ermessen stehe, Mein Wort anzunehmen oder nicht, sondern daß die Menschen durch mancherlei Umstände gezwungen werden können, ihrem freien Willen eine bessere Richtung zu geben.

Ich schilderte ihnen die Folgen der Nichtbeachtung Meiner Lehre mit den Ausdrücken ‚Ins Feuer werfen' und ‚Ewige Finsternis', was gleichbedeutend ist mit geistig peinigenden Vorwürfen und einem vernachlässigten Herzen. Mein Geist sollte doch Licht und nicht Finsternis verbreiten!

So sagte Ich ihnen das Ende oder die Scheidung voraus, die endlich zwischen Hell und Dunkel kommen muß, damit alle begreifen sollten, daß ein Gott mit dem was Er schuf auch einen Zweck verband, den Er aber nicht wegen der Halsstarrigkeit der einen oder der andern aufzugeben gewillt ist.

Daß solche und ähnliche Reden unter dem Volk Aufsehen erregten, war vorauszusehen, da ihnen von ihren Priestern und Gelehrten der Weg zum künftigen Genusse geistiger Seligkeiten und selbst das nach ihren Begriffen rechtliche Handeln sehr leicht und bequem gemacht wurde, während Ich zwar die gleichen Seligkeiten versprach, ihnen jedoch den Gewinn nicht gar so leicht darstellte und sie vor den Folgen der Übertretung der gegebenen Gesetze warnte.

Daher ihr Entsetzen über Meine Sprache, und daher ihr Ärger über Mich, was Mich zu dem Ausspruch veranlaßte: „Der Prophet gilt in seinem eigenen Lande nie etwas!“, ein Sprichwort, welches noch heutzutage bei euch gang und gäbe ist und durch Tausende von Beispielen bestätigt werden kann.

Die Welt ist noch immer dieselbe, wie sie zur Zeit Meines Erdenwandels war. Damals predigte Ich vielen tauben Ohren, und jetzt ist ebenfalls die Taubheit in geistigen Dingen Mode geworden. Ein jeder glaubt, er wäre kein gebildeter Mensch, wenn er sich nicht dieser Taubheit rühmen könnte. In jenen Zeiten war es öfter der Fall, daß man seine Taubheit hinter schön tönenden Worten verbarg, in der jetzigen Zeit der Aufklärung aber schämt man sich der geistigen Taubheit nicht mehr, sondern man legt gerade ein großes Gewicht darauf, so recht stocktaub zu sein und auf diese Art gleichsam Mich selbst zum Wettkampf herauszufordern, etwas Besseres zu beweisen, wenn Ich dazu imstande sei.

Nun, diesen sogenannten starken Geistern setze Ich eine unendlich große Langmut entgegen, und am Ende werden wir schon sehen, ob sich nicht ein Mittel finden läßt, auch ihre Taubheit zu heilen. Den übrigen aber — bei weitem kleiner an der Zahl —, welche von Meinem Himmelreich eine leise Ahnung haben, lasse Ich ein Senfkörnchen Meiner Liebe zukommen. Ich beobachte, ob das Körnchen die Macht hat, in ihren Herzen zu wachsen und einen Kampf, gleich dem des Scheidungs- oder Gärungsprozesses im Sauerteig hervorzurufen, und ob es fähig ist, ihnen den verborgenen Wert des Schatzes in ihrem eigenen Herzen erkennbar zu machen, damit sie alles andere über Bord werfen, um diesen Schatz allein zu besitzen. Dann warte Ich ab, wieviel des Ausgestreuten in Mein geistiges Netz zurückkehrt. Endlich wird die Sichtung vorgenommen und entschieden, ob der Mensch der geistigen Seligkeit würdig ist, oder ob er erst durch langes Umhertappen im Finstern zu der Erkenntnis gelangen muß, daß es *doch* göttliche Gesetze gibt, die man ungestraft nicht übertreten darf.

Um die Menschen allgemein zu dieser Ansicht zu bringen, und damit es ihnen nicht an Gelegenheit fehle, auch den kleinsten Funken ihres besseren Ichs in Tätigkeit zu erhalten, sind schon längst alle Vorbereitungen getroffen worden. Schon längere Zeit gehen alle Weltereignisse, wie auch die Schicksale der einzelnen Menschen darauf hinaus, den Boden zuzubereiten, damit Mein Wort dort, wo es noch keinen oder nur wenig Anklang gefunden hat, aufgenommen werde und als Senfkörnlein seine allmächtige Entwicklung beginne.

An euch habt ihr es selbst schon erfahren, wie, wann und womit Ich die Menschen zu wecken verstehe. Ihr selbst kennt Meine Mittel. Es ist wahr, sie waren und sind nicht immer die angenehmsten; allein, Ich als der größte und einzige Seelenarzt weiß am besten, welcher Reizmittel es bedarf, um die in scheinbar religiösen Schlummer versunkenen Seelen zu erwecken.

Ich habe euch geweckt und dann in eure blutenden Herzen durch Mitteilung Meines Wortes das Senfkörnlein der Liebe gelegt, und wenngleich der erste Moment ein Reiz und nicht gerade angenehm war, so habt ihr doch in der Folge erkannt, daß ihr Mir danken müßt für das, was Ich euch als Ersatz für das Genommene gegeben habe.

So ist bei euch der Gärungsprozeß eingetreten, und ihr habt dann endlich den Wert des verborgenen Schatzes in eurem Innern selbst erkannt und die kostbare Perle gegen alles andere eingetauscht. So habt ihr Mir beim Netzauswerfen den Fang und das Scheiden der Guten und Bösen erleichtert, indem ihr durch euer eigenes Beispiel andere vom geistigen Verderben errettet und ihnen den Weg zu Mir bedeutend verkürzt und erleichtert habt.

Fahrt daher fort, die Senfkörnlein der Liebe in euren Herzen zu pflegen; denn das Himmelreich — wie Ich einst Meinen Zuhörern sagte

— liegt *in* euch und nicht *außer* euch! Ihr könnt es überall finden, wenn ihr es dorthin mitbringt. Durch euer Inneres wird alles vergeistigt werden, wenn nur das Innerste, euer Herz Geist ist.

Daher laßt nicht ab von dem Streben nach Vergeistigung! Mit dem Fortschreiten darin wachsen die wahren Genüsse, und mit dem Fortschreiten in der Lehre wächst auch eure Erkenntnis. Dann werdet ihr reif sein für die andere, ewige, große, geistige Welt, der alles Wirken und Handeln hier als Grundlage dienen muß, und in der ihr Mir mit reichem Segen die euch anvertrauten Pfunde reichlich zurückgeben könnt!

Bereitet euch vor und fürchtet euch nicht! Wer bei Mir ist und auf Mich vertraut, der wird auch bei allen Schrecknissen, die vielleicht noch über eure kleine Erde hereinbrechen werden — gleich einem Gärungsprozeß, weil Ich Mein Wort als Sauerteig, als ätzendes Mittel in die Herzen der Völker geworfen habe —, nicht verzagen. Er weiß, daß der Vater Sein Netz in das große Meer der Seelen und Geister auswarf. Und wenn er auch dadurch mitgefangen wird, so kann doch der Gute stets wieder nur Gutes ernten.

So mit der Perle des Vertrauens und der Liebe ausgerüstet, bewahrt euren Schatz bis zur Umwandlung! Ich werde dann in anderen Welten und unter anderen Verhältnissen diesen hier auf Erden erworbenen Schatz mit einem größeren vertauschen, der als Ergänzung des früheren, des Senfkörnleins, den großen Baum darstellen wird, in dessen Zweigen dann die Engel mit euch Mir den Lobgesang der Liebe und des Vertrauens anstimmen werden. Amen.

53

Am 27. Trinitatissonntage

Die letzte Zeit

Matth. 24, 15—28: Wenn ihr nun sehen werdet den Greuel der Verwüstung, davon gesagt ist durch den Propheten Daniel, daß er steht an der heiligen Stätte, alsdann fliehe auf die Berge, wer im jüdischen Lande ist; wer auf dem Dach ist, der steige nicht hernieder, etwas aus seinem Hause zu holen; wer auf dem Felde ist, der kehre nicht um, seine Kleider zu holen. Wehe aber den Schwangeren und Säugerinnen zu der Zeit! Bittet aber, daß eure Flucht nicht geschehe im Winter oder am Sabbat! Denn es wird alsdann eine große Trübsal sein, wie sie nicht gewesen ist von Anfang der Welt bis her und auch nicht mehr werden wird. Und wo diese Tage nicht würden verkürzt, so würde kein Mensch selig: aber um der Auserwählten willen werden die Tage verkürzt. So alsdann jemand zu euch wird sagen: „Siehe, hier ist Christus!“, oder: „da!“, so sollt ihr's nicht glauben. Denn es werden falsche Christi und falsche Propheten aufstehen und große Zeichen und Wunder tun, daß verführt werden in den Irrtum, wo es möglich wäre, auch die Auserwählten. Siehe, ich habe es euch zuvor gesagt! Darum, wenn sie zu euch sagen werden: „Siehe, er ist in der Wüste!“, so gehet nicht hinaus, — „Siehe, er ist in der Kammer!“, so glaubet nicht! Denn gleich wie der Blitz ausgeht vom Aufgang und scheint bis zum Niedergang, also wird auch sein die Zukunft des Menschensohns. Wo aber ein Aas ist, da sammeln sich die Adler.

(Den 4. Mai 1872)

Dieses Wort ist das letzte Evangelium, welches Ich euch erklären will. Es behandelt die letzte Zeit des Judentums, sowie die letzten Zustände der Menschheit und endlich sogar die letzten Ereignisse am Ende der sichtbaren Welt, welche wieder, in andere Formen und in höhere Stufen übergehend, einen neuen Kreislauf beginnen wird.

Einst sagte Ich Meinen Jüngern den Untergang des Tempels in Jerusalem voraus, den ersten Akt des Endes der Juden als Volk. Sie hatten damals als solches ihre Rolle ausgespielt und waren nicht weiter wert, im Verbande miteinander auf diesem Erdboden ein Reich zu bilden, nachdem sie das größte Reich, welches es je gegeben, Mein ewiges, geistiges Reich zerstören wollten. So wie sie vom Anfang an auserkoren waren, durch ihre Religion und ihre Propheten dasjenige Volk zu sein, in dessen Mitte Ich Mein Darniederkommen auf diese eure Erde bewirken konnte, so untauglich zeigten sie sich später, diese Meine Lehre anzunehmen und weiterzuverbreiten.

Nur Meinen Jüngern und wenigen Auserwählten dieses Volkes ward das Licht der Wahrheit gegeben. Die übrigen verschmähten es und zogen ihm die Finsternis und das Festhalten am toten Buchstaben vor, eine Eigenschaft, die sie, obwohl sie unter allen Völkern zerstreut leben müssen, heutzutage noch nicht abgelegt haben.

Die Geschichte erzählt euch deutlich, daß alles, was Ich voraussagte, wirklich eingetroffen ist, und zwar kurze Zeit nach Meinem Hingange in Mein Reich. So endete mit dem Tempel, der geistig zwar schon längst zerstört war, auch die Geschichte eines Volkes, welches Ich aus vielen auserwählt hatte, Träger und Förderer Meiner ewigen Wahrheit zu werden.

Ich sagte Meinen Jüngern auch voraus, wie in der Folge Meine Religion, Meine Lehre, im Kampf mit dem Judentume sich nach und nach stets kräftigen und stets vorwärtsschreitend auch ihre Verehrer stets mehr fördern werde, während das Judentum mit seinem Kultus bis auf eure Zeiten, statt vorwärtszugehen, stehengeblieben ist und die an ihm Hängenden noch heute ihren Messias mit denselben weltlichen Ideen wie vor mehr als tausend Jahren erwarten. Über die Unrichtigkeit ihrer Vorstellungen suchte Ich sie schon damals aufzuklären; aber an der Halsstarrigkeit der Juden hatte Ich den größten Gegner.

Alles in Meiner Schöpfung schreitet vorwärts. Alles verändert sich und vervollkommnet sich in der Veränderung. Nur die Juden wollten keine Neuerung, keine Veränderung, und so müssen sie ihr jetziges Los sich selbst zuschreiben, indem sie, nur dem Niedrigsten auf Erden, dem Mammon allein huldigend, von allen andern Völkern verachtet sind. So straft sich, wer nach dem Materiellen und nicht nach dem Geistigen strebt; denn Mein Reich, obgleich es sichtbar Materie zu sein scheint, ist doch nur Geist und nicht Materie.

Was den Juden zur Zeit der Zerstörung Jerusalems begegnete, das wird sich auch als Ende der jetzt lebenden Menschheit wiederholen; denn die Greuel des Krieges und der Zerstörung werden wieder auftreten, nur in anderen Formen. Und wie in jenen Zeiten nur die wenigen, die an Mich glaubten, entweder ein besseres Los hatten, oder wenn es schon hart war, es leichter zu ertragen vermochten, weil sie im Glauben und im Vertrauen auf Mich nicht wankten, so wird es auch in der Zeit sein, die Meiner Wiederkunft vorausgeht. Auch dann werden Treue und Glauben auf Erden verschwunden sein, da die Menschheit oder wenigstens der größte Teil der Menschen, der Materie, der Welt und ihren Genüssen huldigt, wie ihr es jetzt schon überall bemerken könnt.

So muß die Reinigung und Läuterung des geistigen Seelenreichs vorgenommen werden, wie Ich es im Evangelium vom Feigenbaume sagte. Wenn er anfängt, seine Blätter zu treiben und saftig zu werden, so ist das die Vorzeit des Sommers, die Vorzeit der Entwicklungs- und Fruchtbildungsperiode, welche uns geistig an die Scheidungs- und Prüfungszeit erinnert, in der Rechenschaft über das den Menschen anvertraute geistige Gut gefordert werden wird.

Die Elementarereignisse, die Unglücksfälle und Krankheiten, welche dieser Zeit vorangehen, sind die letzten Versuche, noch zu retten, was zu retten möglich ist, damit nicht alle im Schlamm des Egoismus ersticken. Nur durch Unglück und herbe Schicksalsschläge wird das stolze Menschenherz mürbe.

Die Wahrheit muß sich wie die Wirklichkeit nackt zeigen, damit keine Illusion sie verschönt. Nur so wirkt sie heilend. Und wenn die materielle Welt sich in ihrem eigentlichen Gewand der Vergänglichkeit und des Truges zeigt, wenn sie den Menschen mit Hohn zurückstößt und ihm, der sie liebkosen wollte, mit Verachtung den Rücken wendet, dann erst — meist leider nur zu spät — beginnt das Geistige seinen Einfluß auszuüben, dann erst erwachen bessere Gedanken und reinere Gefühle. So muß Ich als liebender Vater den Menschen führen, damit er den wahren Wert der Dinge erkennt und Den findet, der die stete Ruhe ist.

Daß gegen diese sich steigernden Versuche, den Menschen in die Enge zu treiben, mit allen möglichen Mitteln gearbeitet wird, daß Spott, Rache und Verfolgung die Gläubigen treffen, daß falsche, aber auch wahre Propheten das Volk zu belehren suchen werden, daß am Ende bei den meisten eine gänzliche Verwirrung der Begriffe eintreten wird — das versteht sich von selbst. Alle Meine Mahnungen werden, wie vor der Sündflut, bei vielen fruchtlos bleiben, und nur wenige werden sich bekehren. Wenn die Ereignisse sich aber überstürzen, so wird doch die Mehrzahl geistig gerettet werden, und sie werden Mir danken, daß Ich sie durch solche strengen Mittel der allgemeinen Verderbnis entrissen habe.

Wenn all diese unglücklichen Ereignisse über die Menschheit hereinbrechen werden, wie einst bei den Juden die Zerstörung des Tempels und Jerusalems — wer ist dann schuld daran? Bin Ich ein Rachegott, der das Blut und das Elend von so vielen Tausenden will? Oder sind sie es nicht vielmehr selbst, die alles unter ihren Sinn beugen und selbst die großen Gesetze der materiellen und geistigen Welt — wenn es nur möglich wäre! — umstoßen möchten?

Seht, Ich lasse es hier niederschreiben, damit alle Welt es weiß! Wie Ich einst den Verfall des Judenvolkes voraussagte und derselbe auch wirklich eintraf, so habt ihr hier in 53 Predigten der Mahnungen und Voraussagungen genug, in denen Ich euch deutlich gesagt habe, was kommen wird, wie und wann es eintreffen muß, um Meine verirrten Kinder auf den rechten Weg zu bringen. Schon in jener Zeit sagte Ich zu Meinen Jüngern: „Es wird gepredigt werden das Evangelium vom Reiche Gottes in der ganzen Welt!“, und dieses Evangelium ist dieses Werk, das Ich euch hier als Zeichen Meiner Liebe und Gnade überlasse.

Die Zeit der Greuel und der Verwüstung ist mehr geistig als materiell zu verstehen; denn was im Evangelium steht, wie z. B.: „Wer auf dem Dache ist, der steige nicht hernieder!“ usw., dies alles besagt: Laßt das Weltliche fahren und haltet euch an das Unverwesliche, Geistige! Dort ist der Anker, der euer Lebensschiff in den Stürmen des materiellen Unglücks und der geistigen Not festhalten kann! Ohne diesen Anker findet ihr keine Ruhe, keinen Frieden!

Deswegen sammelt euch um Mich und haltet fest an Mir und Meiner Lehre! Denn — wie geschrieben steht —: „Himmel und Erde werden vergehen!“ Ja, Himmel und Erde werden vergehen; sie werden sich in andere Elemente auflösen, und aus ihnen werden andere Formen und andere Welten hervorgehen. Die ganze Schöpfung wird den gleichen Prozeß durchmachen, den auch das Judenvolk, welches mit seinen Traditionen und mit seiner Religion die Grundlage Meiner Lehre war, durchzumachen hatte.

Ich habe bei der Schöpfung in alles, auch in das geringste Atom, Meinen Geist hineingelegt, um die Materie fähig zu machen, sich zu etwas Größerem und Höherem zu entwickeln. Ebenso war das Judenvolk das geeignete Element, in welchem Ich Meine Darniederkunft bewerkstelligen und — ähnlich wie in der ganzen sichtbaren Schöpfung — Mein großes Geisteswerk vollenden konnte. Jedoch wie das Judenvolk nach seiner Mission aufhörte ein Volk zu sein, und wie die Menschheit nach ihrer Läuterung aufhören wird, Träger aller egoistischen Leidenschaften zu sein, weil Besserem Platz gemacht werden muß, ebenso wird die ganze Schöpfung, die bis jetzt noch die Grundlage Meiner Liebe zu allen geschaffenen Wesen ist, einst auch aufhören müssen, der Ausdruck Meiner göttlichen Gedanken zu sein.

Wenn die Wesen der Schöpfung, der Vergeistigung reif, an dem Punkt angekommen sein werden, wo auch die feinste Materie noch als grob erscheinen muß, dann ist diese, mit so vielen Wundern und Schönheiten ausgestattete Welt ein zu grober Träger für das Rein-Geistige, und es muß dann die ganze Schöpfung als Wohnort den Wohnenden gemäß eingerichtet werden, was die Auflösung bedingt. Zu dieser Zeit wird der Menschensohn in aller Herrlichkeit erscheinen — wie Ich einst sagte —, weil auch die geschaffenen Wesen in einem geistigen Verfassungszustand sein werden, diesen Glanz und diese Herrlichkeit ertragen zu können. Dann werden die höchsten Geister und Engel die Auserwählten aus allen vier Winden und von einem Ende des Himmels zum andern sammeln.

Ja, so wird es noch oft geschehen, stets auf höheren Stufen und verbunden mit größeren Seligkeiten. Ich kann Mich Meinen Geistern immer nur so zeigen, wie sie Mich fassen können. Da Ich aber unendlich bin, so sind auch die Auffassungen von Mir unendlich, und Mein Reich wäre kein unendliches, wenn nicht eine stete Steigerung der geistigen Potenzen möglich wäre.

Dies alles sagte Ich in jener Zeit Meinen Jüngern in Bildern voraus, nicht nur damit sie es wissen, sondern damit bewiesen werde, daß Meine Worte nie vergänglich sind und stets wahr bleiben werden! Glaubt ja nicht, daß Ich für euch allein auf die Welt kam, daß Ich alles der kleinen Erde und ihrer Bewohner wegen erduldete, nein, Meine Taten sind Taten der Unendlichkeit! Auch die Bibel, worin zum Teil Meine Worte, die Ich während Meiner Erdenjahre sprach, geschrieben stehen, ist nicht für euch allein — sie gehört der ganzen Schöpfung.

Und wenn Millionen von Welten von Meiner Existenz bis jetzt noch nichts wissen, so wird doch die Zeit kommen, wo auch diese Worte Gottes zu ihnen dringen und von ihnen, entsprechend ihrer geistigen Bildung, verstanden werden. Dann wird bei den geistig vollkommen Wiedergeborenen die harte Rinde des Buchstabens und die wörtliche Auffassung verschwinden, und es wird der reine und tiefe Sinn der Worte Gottes, der Worte eines liebenden Vaters, klar und helleuchtend, der ganzen Schöpfung verständlich, allen zurufen: „Liebet, o liebet nur alle einander!" Denn aus Liebe habe Ich die Welt erschaffen, aus Liebe den größten Akt der Demut auf eurer Erde vollführt, aus Liebe die Menschheit geläutert durch Drangsale und Leiden, damit Meine Worte, die Ich einst sprach und in diesem Evangelium erklärte, stets wahr bleiben! Sie haben keinen anderen Zweck, als Meine Kinder wirklich zu dem zu machen, was viele nur dem Namen nach waren.

So soll nach dem Greuel der Verwüstung, wie nach Gewitter, Regen und Sturm, allen wieder die Gnadensonne in ihrem ganzen Glanze leuchten! Wenn die geistige Luft von allen schlechten Giften gereinigt sein wird, dann bereitet sich, wie die erfrischte Erde nach einem Gewitter, alles zu einem neuen, tätigen Leben vor. Amen.

NACHWORT

So sind nun diese 53 Predigten vollendet, und ihr habt einen Schatz vor euch, den ihr, wenn ihr ihn gleich hochschätzt, dennoch nicht ganz fassen könnt; denn in Meinen Worten liegt Unendliches. Individuell genommen, seid auch ihr unendlich verschieden, daher die geistige Auffassung, wenngleich sie auch schon geistig ist, stets doch noch eine höhere zuläßt.

Das Wort ist einem Senfkorn gleich, das wachsend stets Neues gebiert und aus *einem* Wunder das andere entwickelt. So ist auch dieses Buch bestimmt, euch Wunder über Wunder zu zeigen, je mehr ihr in der Erkenntnis fortschreitet.

Nehmt daher am Sonntag die betreffende Predigt zur Hand, lest sie und feiert wenigstens ihr unter vielen Tausenden von Menschen den Sonn- oder Ruhetag nach materieller Arbeit auf eine Weise, die Meiner und euer würdig ist!

So wird Ruhe und Zufriedenheit in euer Herz fließen, und ihr werdet in manchen Fällen erleben, wie gerade die eine oder die andere Predigt aus Meinem Munde so recht den Umständen angemessen und geeignet ist, in euch das geistige Gleichgewicht wieder herzustellen, das ihr wahrscheinlich auf eine andere Art nicht erlangt.

Der Mensch muß einen Trost haben! Die Welt mit ihren Ereignissen, die Verwicklungen im Gesellschafts- und Familienleben rauben ihm oft in einem Augenblick längst genährte Hoffnungen und lassen in ihm Enttäuschungen zurück. Wo soll nun der Mensch, von allen möglichen Leiden und Mißhelligkeiten verfolgt, einen besseren Trost finden als in den Worten, die aus Meinem Munde flossen?

Seht, Meine Kinder, jeder Tag hat seine Sorgen, jede Woche bringt euch — wenigstens von außen — mehr Bitteres als Angenehmes! Wo soll da das durch äußere Einflüsse halbgeknickte Blümchen des Vertrauens und der Liebe zu Mir eine bessere Stütze und einen stärkeren Nährstoff finden als wieder in Meinem Wort, durch die Tröstungen eures liebenden Vaters, der sie schon vor mehr als tausend Jahren für euch bestimmt hatte?

Sie liegen im Buch der Bibel vor euch; aber kurzsichtig, wie ihr seid, erkennt ihr nicht, was aus ihren Worten hervorleuchtet. Darum habe Ich Mich herbeigelassen, euch diesen Schleier lüften zu helfen. Ich sage euch: Arme Kinder, was blickt ihr oft so trostlos in die Ferne, in den unendlichen, blauen Himmel hinauf, wo doch der Himmel mit seinem Glanz und seinem Licht so nahe liegt? Nehmt diese Predigten zur Hand, lest vorher das dort angeführte Evangelium der Bibel, vertieft euch in den Sinn des angeführten Textes, und ihr werdet bald gewahr werden, welche Helle und welche Wärme euch aus diesen Worten väterlicher Liebe entgegenstrahlen wird! Fühlt ihr euch öfters getroffen und erschreckt selbst vor eurem Innern, wenn ihr gewahr werdet, wie weit ihr noch von dem entfernt seid, was ihr schon lange zu sein glaubtet, so tröstet euch damit, daß jeder Fehler verbessert werden kann, wenn man ihn kennt! Hat euch die Predigt den Fehler aufgedeckt, so dankt Mir, daß Ich euch zeigte, wo es euch fehlt! Es liegt dann allein in euren Händen, diesen Fehler, den ihr früher nicht einmal für einen Fehler gehalten habt, sorgfältigst zu vermeiden.

Stets werden euch diese hier niedergelegten Worte Ruhe und Trost schaffen, wenn auch nicht augenblicklich. Sie werden euch oft den Anstoß geben und euch als Leitfaden dienen, wie beides gewonnen werden kann.

So sollen diese Predigten Stufen gleichen, die euch nach und nach Mich, Meine Worte und euch selbst stets mehr kennen und eure Einsicht erweitern lehren, denn was in Meinen zwei einzigen Geboten der Liebe enthalten ist, das alles zu erläutern, würden Äonen von Zeiten nicht ausreichen.

Und nun du, Mein lieber Schreiber, der du mit fester Beharrung dieses Werk zu Ende geführt hast, und zwar nicht immer unter den günstigsten Umständen, da dich äußerlich und innerlich manche Stürme aus dem Geleise brachten, — tröste dich! Wenn Ich dir auch Bitteres schickte, so, weil nur durch Herbes die beste Heilung erzielt werden kann.

Du wirst geheilt werden, und durch das, was Ich durch deinen Stift für andere schreiben ließ, werden auch sie der Heilung und der Erkenntnis ihrer selbst näherkommen. Damit hast du zwei Dinge im gleichen Werk erfüllt. Du hast es zwar unter bitteren Umständen geschrieben, aber Segen wird dir daraus erwachsen; denn du hast anderen Hohes, Göttliches gegeben, das ebenfalls für sie Segen, Ruhe und Frieden in bewegten Augenblicken bringen wird. So hast du deine Aufgabe gelöst.

Das lebende und künftige Geschlecht wird in diesem Buch den Schlüssel finden, seine Mission und seine Bestimmung besser zu verstehen, wozu Ich allen und überall Meinen väterlichen Segen geben werde. Amen.

INHALT